Три конца

Дмитрий Мамин-Сибиряк

СОДЕРЖАНИЕ

ЧАСТЬ ПЕРВАЯ

I

В кухне господского дома Егор сидел уже давно и терпеливо ждал, когда проснется приказчик. Толстая и румяная стряпка Домнушка, гремевшая у печи ухватами, время от времени взглядывала в его сторону и думала про себя: "Настоящий медведь... Ишь как шарами-то[1] ворочает!" Она вспомнила, что сегодня среда — постный день, а Егор — кержак[2]. На залавке между тем лежала приготовленная для щей говядина; кучер Семка в углу на лавке, подложив под деревянное корыто свои рукавицы, рубил говядину для котлет; на окне в тарелке стояло коровье масло и кринка молока, — одним словом, Домнушка почувствовала себя кругом виноватою. И в самом-то деле, эти приказчики всегда нехристями живут, да и других на грех наводят. В открытое окно кухни, выходившее во двор, наносило табачным дымом: это караульщик Антип сидел на завалинке с своей трубкой и дремал. Чтобы сорвать на ком-нибудь собственное неловкое положение, Домнушка высунулась в окошко и закричала на старика:

— Чтой-то, Антип, задушил ты нас своей поганой трубкой!.. Шел бы в караушку али в машинную: там все табашники!

— Ну, ну... будет, кума, перестань... — ворчал антип, насасывая трубочку.

— Да я кому говорю, старый черт? — озлилась Домнушка, всей полною грудью вылезая из окна, так что где-то треснул сарафан или рубашка. — Вот ужо встанет Петр Елисеич, так я ему сейчас побегу жаловаться...

— Ступай, кума, ступай... На свой жир сперва пожалуйся, корова колмогорская!

Егор тихонько отплюнулся в уголок, — очень уж ему показалось все скверно, точно самый воздух был пропитан грехом и всяческим соблазном. Про Домнушку по заводу ходила нехорошая слава: бабенка путалась со всею господскою конюшней. Все они, мочеганки[3], на одну стать. Рубивший говядину Семка возмущал Егора еще больше, чем Домнушка: истрепался в кучерах, а еще каких отца-матери сын... На легкую работу польстился, — ну, и руби всякую погань: Петр-то Елисеич и зайчину, как сказывают, потреблял. Раскольник с унынием обвел всю кухню глазами и остановился на

---

[1] Шары — глаза (Прим. Д.Н.Мамина-Сибиряка.)

[2] Кержаками на Урале, в заводах, называют старообрядцев, потому что большинство из них выходцы с р.Керженца. (Прим. Д.Н.Мамина-Сибиряка.)

[3] Мочеганами на заводах называют пришлых жителей. (Прим. Д.Н.Мамина-Сибиряка.)

лестнице, которая вела из кухни во второй этаж, прямо в столовую. На лестнице, ухватившись одною рукой за потолочину, а другою за балясник перил, стояла девочка лет семи, в розовом ситцевом платьице, и улыбающимися, большим серыми глазами смотрела на него, Егора. Он сразу узнал в ней дочь Петра Елисеича, хотя раньше никогда ее и не видал.

— Домнушка, где Катря? — спрашивала девочка, косясь на смешного мужика.

— А ушла... — нехотя ответила стряпка, с особенным азартом накидываясь на работу, чтобы не упустить топившуюся печь.

— Куда ушла? — не отставала девочка с детскою навязчивостью.

— А ушла... Не приставайте, барышня, — без вас тошнехонько!

Домнушка знала, что Катря в сарайной и точит там лясы с казачком Тишкой, — каждое утро так-то с жиру бесятся... И нашла с кем время терять: Тишке никак пятнадцатый год только в доходе. Глупая эта Катря, а тут еще барышня пристает: куда ушла... Вон и Семка скалит зубы: тоже на Катрю заглядывается, пес, да только опасится. У Домнушки в голове зашевелилось много своих бабьих расчетов, и она машинально совала приготовленную говядину по горшкам, вытаскивала чугун с кипятком и вообще управлялась за четверых.

— Куда ушла Катря? — капризно спрашивала девочка, топая ножкой.

В Егоре девочка узнала кержака: и по покрою кафтана, и по волосам, гладко подстриженным до бровей, от одного уха до другого, и по особому складу всего лица, — такое сердитое и скуластое лицо, с узкими темными глазками и окладистою бородой, скатавшиеся пряди которой были запрятаны под ворот рубахи из домашней пестрядины. Наверное, этот кержак ждет, когда проснется папа, а папа только напьется чаю и сейчас пойдет в завод.

— Панночка, тату проснувсь, — окликнула девочку Катря, наклоняясь над западней в кухню. — Тату до вас приходив у вашу комнату, а панночки нэма.

— Катря, скажи Петру Елисеичу, что его дожидает Егор из Самосадки! — крикнула Домнушка вслед убегавшей девушке. — Очень, говорит, надо повидать... давно дожидает!

"Проклятущие мочеганки! — думал Егор, не могший равнодушно слышать мочеганской речи. — Нашли тоже "пана".

Катря скоро вернулась и, сбежав по лестнице в кухню, задыхавшимся голосом объявила:

— Пан у кабинети... просив вас до себе.

— Ступай за ней наверх, — коротко объявила Домнушка, довольная, что закоснелый кержак, наконец, выйдет из кухни и она может всласть наругаться с "шаропучим" Семкой.

Катре было лет семнадцать. Красивое смуглое лицо так и смеялось из-под кумачного платка, кокетливо надвинутого на лоб. Она посторонилась, чтобы дать Егору дорогу, и с недоумением посмотрела ему вслед своими бархатными глазами, — "кержак, а пан велел прямо в кабинет провести".

— Родной брат будет Петру-то Елисеичу... — шепнула на ухо Катре слабая на язык Домнушка. — Лет, поди, с десять не видались, а теперь вот пришел. Насчет воли допытаться пришел, — прибавила она, оглядываясь. — Эти долгоспинники хитрящие... Ничего спроста у них не делается. Настоящие выворотни!

Из этих слов Катря поняла только одно, что этот кержак родной брат Петру Елисеичу, и поэтому стояла посредине кухни с раскрытым от удивления ртом. Апрельское солнце ласково заглядывало в кухню, разбегалось игравшими зайчиками по выбеленным стенам и заставляло гореть, как жар, медную посуду, разложенную на двух полках над кухонным залавком. В открытое окно можно было разглядеть часть широкого двора, выстланного деревянными половицами, привязанную к столбу гнедую лошадь и лысую голову Антипа, который давно дремал на своей завалинке вместе с лохматою собакой Султаном. Осторожно скрипнувшая дверь пропустила кудрявую голову Тишки. Он посмотрел лукавыми темными глазами на кучера Семку, на Домнушку и хотел благоразумно скрыться.

— Эй ты, выворотень, поди-ка сюды... ну, вылезай! — кричала Домнушка, становясь в боевую позицию. — Умеешь по сарайным шляться... а?.. Нету стыда-то, да и ты, Катря, хороша.

— Што подсарайная... — ворчал Тишка, стараясь принять равнодушный вид. — Петр Елисеич наказал... Потому гостей из Мурмоса ждем. Вот тебе и подсарайная!

— Нет, стыд-то у тебя где, змей?! — азартно наступала на него Домнушка и даже замахнулась деревянною скалкой. — Разе у меня глаз нет, выворотень проклятый?.. Еще материно молоко на губах не обсохло, а он девке проходу не дает...

Тишка, красивый парень, в смазных сапогах со скрипом, нерешительно переминался с ноги на ногу и смотрел исподлобья на ухмылявшегося Семку. Он решительно не испытывал никакого раскаяния и с удовольствием смазал бы Домнушку прямо по толстому рылу, если бы не Семка. Катря стояла посредине кухни с опущенными глазами и перебирала подол своего запона. Ей было совестно и обидно, что Тишка постоянно ругается со стряпкой: Домнушка хоть и гулящая бабенка, а все-таки добрая. Первая пожалеет и первая научит, чуть что приключись.

— Дай поесть, — неожиданно проговорил Тишка, опускаясь на лавку. — С утра еще маковой росинки во рту не бывало, Домнушка.

— Ишь какой ласковый нашелся, — подзуживал Семка, заглядываясь на Катрю. — Домна, дай ему по шее, вот и будет закуска.

Кормить всю дворню было слабостью Домнушки, особенно когда с ней обращались ласково. Погрозив Тишке кулаком, она сейчас же полезла в залавок, где в чашке стояла накрошенная капуста с луком и квасом.

— Ступай наверх, нечего тебе здесь делать... — толкнула она по пути зазевавшуюся Катрю. — Да и Семка глаза проглядел на тебя.

Катря стрелой поднялась наверх. В столовой сидела одна Нюрочка, — девочка пила свою утреннюю порцию молока, набивая рот крошками вчерашних сухарей. Она взглянула на горничную и показала головой на кабинет, где теперь сидел смешной мужик.

— Грешно божий дар сорить, — строго проговорила Катря, указывая на разбросанные по скатерти крошки хлеба.

Столовая помещалась между кабинетом и спальней Нюрочки. У печи-голландки со старинною лежанкой почикивали на стене старинные часы. Вся комната была выкрашена серою краской, а потолок выбелен; на полу лежала дорожка. Буфет, стеклянный шкаф с разною посудой, дюжина березовых желтых стульев и две полуведерных бутылки с наливками составляли всю обстановку приказчичьей столовой. Мы сказали, что Нюрочка была одна, потому что сидевший тут же за столом седой господин не шел в счет, как часы на стене или мебель. Он был в халате и сосредоточенно курил длинную трубку. Давно небритое лицо обросло седою щетиной, потухшие темные глаза смотрели неподвижно в одну точку, и вся фигура имела такой убитый, подавленный вид, точно старик что-то забыл и не мог припомнить. Время от времени он подымал худую, жилистую руку и тер ею свой лоб.

— Сидор Карпыч, хотите еще чаю? — спрашивала девочка, лукаво посматривая на своего молчаливого соседа.

— А давайте жь, колы есть, — мягким хохлацким выговором ответил старик, исчезая в клубах табачного дыма. — Пожалуй, выпью.

— Пан пил чай, — заметила Катря, прибирая посуду на столе. — Пан не хоче чаю. Який пану чай, колы вин напывсь?

— Пожалуй, пил, — соглашался старик равнодушно. — Пожалуй, не хочу.

Из столовой маленькая дверка вела в коридор, который соединял переднюю с кабинетом и комнатой для приезжих гостей. Теперь дверь в кабинет была приперта и слышались только мерные тяжелые шаги. Кержак Егор сидел в кабинете у письменного стола и сосредоточенно молчал. Кабинет двумя светлыми и большими окнами выходил на двор. Клеенчатая широкая кушетка у внутренней стены заменяла кровать. Во всю ширину другой внутренней стены тянулся другой стол из простых сосновых досок, заваленный планами, чертежами, образцами руд и чугуна, целою коллекцией склянок с разноцветными жидкостями и какими-то мудреными приборами для химических опытов. По обе стороны стола помещались две массивные этажерки, плотно набитые книгами; большой шкаф с книгами стоял между печью и входною дверью. Над письменным столом на стене висел литографированный вид Парижа.

— Так чего же вы хотите от меня? — спрашивал Петр Елисеич, останавливаясь перед Егором.

— Матушка послала... Поди, говорит, к брату и спроси все. Так и наказывала, потому как, говорит, своя кровь, хоть и не видались лет с десять...

— Да я же тебе говорю, что ничего не знаю, как и все другие. Никто ничего не знает, а потом видно будет.

— Матушка наказывала... Своя кровь, говорит, а мне все равно, родимый мой. Не моя причина... Известно, темные мы люди, прямо сказать: от пня народ. Ну, матушка и наказала: поди к брату и спроси...

Хозяин сделал нетерпеливое движение своею волосатою рукой и даже поправил ворот крахмальной сорочки, точно она его душила. Среднего роста, сутуловатый, с широкою впалою грудью и совершенно седою головой, этот Петр Елисеич совсем не походил на брата. Гладко выбритое лицо и завивавшиеся на висках волосы придавали ему скорее вид старого немца-аптекаря. Неопределенного цвета глаза смотрели из-за больших, сильно увеличивавших очков в золотой оправе с застенчивою недоверчивостью, исчезавшею при первой улыбке. Привычка нюхать табак сказывалась в том, что старик никогда не выпускал из левой руки шелкового носового платка и в минуты волнения постоянно размахивал им, точно флагом, как было и сейчас. Черный суконный сюртук старинного покроя сидел на нем мешковато. Такие сюртуки носили еще в тридцатых годах: с широким воротником и длинными узкими рукавами, наползавшими на кисти рук. Бархатный пестрый жилет и вычурная золотая цепочка дополняли костюм.

— Я ничего не знаю, — повторял Петр Елисеич, размахивая платком.

Егор встряхнул своими по-кержацки подстриженными волосами и неожиданно проговорил:

— А как же Мосей сказывал, што везде уж воля прошла?.. А у вас, говорит, управители да приказчики всё скроют. Так прямо и говорит Мосей-то, тоже ведь он родной наш брат, одна кровь.

— Да где он теперь, Мосей-то?

— У нас в Самосадке гостит... Вторую неделю околачивается и все рассказывает, потому грамотный человек.

— Отчего же ты мне прямо не сказал, что у вас Мосей смутьянит? — накинулся Петр Елисеич и даже покраснел. — Толкуешь-толкуешь тут, а о главном молчишь... Удивительные, право, люди: все с подходцем нужно сделать, выведать, перехитрить. И совершенно напрасно... Что вам говорил Мосей про волю?

— Все говорил... Как по крестьянам она прошла: молебны служили, попы по церквам манифест читали. Потом по городам воля разошлась и на заводах, окромя наших... Мосей-то говорит, што большая может выйти ошибка, ежели время упустить. Спрячут, говорит, приказчики вашу волю — и конец тому делу.

— Он врет, а вы слушаете!.. Как же можно верить всякому вздору?.. Мосей, может, спьяна болтал?

— Это точно, родимый мой... Есть грех: зашибает. Ну, а

5

пристанские за него, значит, за брата Мосея, и всё водкой его накачивают.

— Ты и скажи своим пристанским, что волю никто не спрячет и в свое время объявят, как и в других местах. Вот приедет главный управляющий Лука Назарыч, приедет исправник и объявят... В Мурмосе уж все было и у нас будет, а брат Мосей врет, чтобы его больше водкой поили. Волю объявят, а как и что будет — никто сейчас не знает. Приказчикам обманывать народ тоже не из чего: сами крепостные.

— Оно, конечно, родимый мой... И матушка говорит то же самое.

— А зачем Мосея слушаете?

— Да уж так... Большое сумление на всех, — ну и слушают всякого. Главная причина, темные мы люди, народ все от пня...

— Матушка здорова? — спрашивал Петр Елисеич, чтобы переменить неприятный для него разговор.

— Ничего, слава богу... Ногами все скудается, да поясницу к ненастью ломит. И то оказать: старо уж место. Наказывала больно кланяться тебе... Говорит: хоть он и табашник и бритоус, а все-таки кланяйся. Моя, говорит, кровь, обо всех матерьнее сердце болит.

— Кланяйся и ты старухе... Как-нибудь заеду, давно не бывал у вас, на Самосадке-то... Дядья как поживают?

— Всё по-старому, родимый мой... По лесу больше промышляют, — по родителям, значит, пошли.

Скрипнувшая дверь заставила обоих оглянуться. На пороге стояла Нюрочка, такая свеженькая и чистенькая, как вылетевшая из гнезда птичка.

— Папа, там запасчик пришел к тебе.

— Ну, пусть подождет, Нюрочка. А вот иди-ка сюда... Это твой дядя, Егор Елисеич. Поцелуй его.

Девочка сделала несколько шагов вперед и остановилась в нерешительности. Егор не шевелился с места и угрюмо смотрел то на заплетенные в две косы русые волосы девочки, то на выставлявшиеся из-под платья белые оборочки кальсон.

— Подходи, не бойся, — подталкивал ее осторожно в спину отец, стараясь подвести к Егору. — Это мой брат, а твой дядя. Поцелуй его.

Егор поднялся с места и, глядя в угол, сердито проговорил:

— А зачем по-бабьи волосы девке плетут? Тоже и штаны не подходящее дело... Матушка наказывала, потому как слухи и до нас пали, что полумужичьем девку обряжаете. Не порядок это, родимый мой...

— Ах, какие вы, право: вам-то какая печаль? Ведь Нюрочка никому не мешает... Вы по-своему живете, мы — по-своему. Нюрочка, поцелуй дядю.

Суровый тон, каким говорил дядя, заставил девочку ухватиться за полу отцовского сюртука и спрятаться. Плотно сжав губы, она отрицательно покачивала своею русою головкой.

— Я дело говорю, — не унимался Егор. — Тоже вот в куфне сидел

6

даве... Какой севодни у нас день-от, а стряпка говядину по горшкам сует... Семка тоже говядину сечкой рубит... Это как?..

Петр Елисеич покраснел и замахал своим платком, но в самый критический момент в кабинет вбежала запыхавшаяся Катря и объявила:

— Паны едуть с Мурмоса... На двух повозках с колокольцами. Уж Туляцкий конец проехалы и по мосту едуть.

— Хорошо, хорошо... — забормотал Петр Елисеич. — Ты, Егор, теперь ступай домой, после договорим... Кланяйся матери: приеду скоро. Катря, скажи Семке, чтобы отворял ворота, да готово ли все в сарайной?

— Усё готово, — ответила Катря, пропуская как-то боком вылезавшего из кабинета Егора. — И постели настланы, и паутину Тишка везде выскреб. Усё готово...

III

Дорога из Мурмосского завода проходила широкою улицей по всему Туляцкому концу, спускалась на поемный луг, где разлилась бойкая горная речонка Култым, и круто поднималась в гору прямо к господскому дому, который лицом выдвинулся к фабрике. Всю эту дорогу отлично было видно только из сарайной, где в критических случаях и устраивался сторожевой пункт. Караулили гостей или казачок Тишка, или Катря.

— С фалетуром зажаривают!.. — кричал из сарайной Тишка, счастливый, что первый "узорил" гостей. — Вон как заухивает... Казаки на вершных гонят!

Мирно дремавший господский дом пришел в страшное движение, точно неожиданно налетела буря. Уханье форейтора и звон колокольчиков приутихли — это поднимались в гору. Вся дворня знала, что с "фалетуром" гонял с завода на завод один Лука Назарыч, главный управляющий, гроза всего заводского населения. Антип распахнул ворота и ждал без шапки у вереи; Семка в глубине двора торопливо прятал бочку с водой. На крыльце показался Петр Елисеич и тревожно прислушивался к каждому звуку: вот ярко дрогнул дорожный колокольчик, завыл форейтор, и два тяжелых экипажа с грохотом вкатились во двор, а за ними, вытянувшись в седлах, как гончие, на мохноногих и горбоносых киргизах, влетели четыре оренбургских казака.

Из первого экипажа грузно вылез сам Лука Назарыч, толстый седой старик в длиннополом сюртуке и котиковом картузе с прямым козырем; он устало кивнул головой хозяину, но руки не подал. За ним бойко выскочил чахоточный и сгорбленный молодой человек — личный секретарь главного управляющего Овсянников. Он везде следовал за своим начальством, как тень. Из второго экипажа горошком выкатился коротенький и толстенький старичок исправник в военном мундире, в белых лайковых перчатках и с болтавшеюся на боку саблей. Он коротко тряхнул руку Петра Елисеича и на ходу успел ему что-то шепнуть, а подвернувшуюся на дороге Нюрочку подхватил на руки и звонко расцеловал в губы. Через минуту он уже бежал через двор в сарайную, а перед ним летел казачок Тишка, прогремевший ногами по лестнице во второй этаж. Высунувшаяся из окна Домнушка кивнула ласково головой бойкому старичку.

— Эге, кума, ты еще жива, — подмигивая, ответил ей исправник. — Готовь нам закуску: треба выпить горилки...

— Пожалуйте-с, — приглашал Тишка, встречая гостя в дверях сарайной.

Опрометью летевшая по двору Катря набежала на "фалетура" и чуть не сшибла его с ног, за что и получила в бок здорового тумака. Она даже не оглянулась на эту любезность, и только голые ноги мелькнули в дверях погреба: Лука Назарыч первым делом потребовал холодного квасу, своего любимого напитка, с которым ходил даже в баню. Кержак Егор спрятался за дверью конюшни и отсюда наблюдал приехавших гостей: его кержацкое сердце предчувствовало, что начались важные события.

В небольшой гостиной господского дома на старинном диванчике с выцветшею ситцевою обивкой сидит "сам" и сердито отдувается. Его сильно расколотило дорогой, да и самая цель поездки — нож острый сердцу старого крепостного управляющего. Скуластое характерное лицо с жирным налетом подернуто неприятною гримасой, как у больного, которому предстоит глотать горькое лекарство; густые седые брови сдвинуты; растопыренные жирные пальцы несколько раз переходят от ручки дивана к туго перетянутой шелковою косынкой шее, — Лука Назарыч сильно не в духе, а еще недавно все трепетали перед его сдвинутыми бровями. Боже сохрани, если Лука Назарыч встанет левою ногой, а теперь старик сидит и не знает, что ему делать и с чего начать. Его возмущает проклятый француз, как он мысленно называет Петра Елисеича, — ведь знает, зачем приехали, а прикидывается, что удивлен, и этот исправник Чермаченко, который, переодевшись в сарайной, теперь коротенькими шажками мельтесит у него перед глазами, точно бес. Ходит и папиросы курит, — очень обидно Луке Назарычу, хотя исправник и раньше курил в его присутствии, а француз всегда валял набитого дурака.

Катря подала кружку с пенившимся квасом, который издали приятно шибанул старика по носу своим специфическим кисленьким букетом. Он разгладил усы и совсем поднес было кружку ко рту, но отвел руку и хрипло проговорил:

— Иван Семеныч, брось ты свою соску ради истинного Христа... Мутит и без тебя. Вот садись тут, а то бродишь перед глазами, как маятник.

— Нельзя, ангел мой, кровь застоялась... — добродушно оправдывается исправник, зажигая новую папиросу. — Ноги совсем

8

отсидел, да и кашель у меня анафемский, Лука Назарыч; точно западней запрет в горле, не передохнешь. А табачку хватишь — и полегчает...

— Хоть бы в сенки вышел, что ли... — ворчит старик, припадая седою головой к кружке.

— Господа, закусить с дороги, может быть, желаете? — предлагает хозяин, оставаясь на ногах. — Чай готов... Эй, Катря, подавай чай!

Старик ничего не ответил и долго смотрел в угол, а потом быстро поднял голову и заговорил:

— Мы свою хорошую закуску привезли, француз... да. Вот Иван Семеныч тебе скажет, а ты сейчас пошли за попом... Ох, грехи наши тяжкие!..

— Ничего, ангел мой, как-нибудь... — успокаивает исправник, оплевывая в угол. — Это только сначала оно страшно кажется, а потом, глядишь, и обойдется.

Старик вскочил с диванчика, ударил кулаком по столу, так что звякнула кружка с квасом, и забегал по комнате.

— Ну, что фабрика? — накинулся он на Петра Елисеича.

— Ничего, все в исправности... Работы в полном ходу.

— А у нас Мурмос стал... Кое-как набрали народу на одни домны, да и то чуть не Христа ради упросили. Ошалел народ... Что же это будет?

Исправник и хозяин угнетенно молчали, а старик так и остался посреди комнаты знаком вопроса.

Тишка во весь дух слетал за попом Сергеем, который и пришел в господский дом через полчаса, одетый в новую люстриновую рясу. Это был молодой священник с окладистою русою бородой и добродушным бледным лицом. Он вошел в гостиную и поздоровался с гостями за руку, как человек, привыкший к заводским порядкам. Лука Назарыч хотя официально и числился единоверцем, но сильно "прикержачивал" и не любил получать поповское благословение. Появление этого лица сразу смягчило общее тяжелое настроение.

— Ну, ангел мой, как вы тут поживаете? — спрашивал Иван Семеныч, любовно обнимая батюшку за талию. — Завтра в гости к тебе приду...

— Милости просим...

— Вот что, отец Сергей, — заговорил Лука Назарыч, не приглашая священника садиться. — Завтра нужно будет молебствие отслужить на площади... чтобы по всей форме. Образа поднять, хоругви, звон во вся, — ну, уж вы там знаете, как и что...

— Что же, можно, Лука Назарыч...

— А манифест... Ну, манифест завтра получите. А ты, француз, оповести поутру народ, чтобы все шли.

Петр Елисеич пригласил гостей в столовую откушать, что бог послал. О.Сергей сделал нерешительное движение убраться восвояси, но исправник взял его под руку и потащил в столовую, как хозяин.

— Пропустим по рюмочке, ангел мой, стомаха ради и частых недугов, — бормотал он, счастливый предстоящим серьезным делом.

— Я не пью, Иван Семеныч, — отказывался священник.

— Пустяки: и курица пьет, ангел мой. А если не умеешь, так нужно учиться у людей опытных.

Несмотря на эти уговоры, о.Сергей с мягкою настойчивостью остался при своем, что заставило Луку Назарыча посмотреть на попа подозрительно: "Приглашают, а он кочевряжится... Вот еще невидаль какая!" Нюрочка ласково подбежала к батюшке и, прижавшись головой к широкому рукаву его рясы, крепко ухватилась за его руку. Она побаивалась седого сердитого старика.

— Эй, коза, хочешь за меня замуж? — шутил с ней Иван Семеныч, показывая короткою рукой козу.

— Нет, ты старый... — шептала Нюрочка, хихикая от удовольствия.

Обед вышел поздний и прошел так же натянуто, как и начался. Лука Назарыч вздыхал, морщил брови и молчал. На дворе уже спускался быстрый весенний вечер, и в открытую форточку потянуло холодком. Катря внесла зажженные свечи и подставила их под самый нос Луке Назарычу.

— Дура, что я, разе архирей или покойник? — накинулся старик, топая ногами.

— Не так, ангел мой, — бормотал исправник, переставляя свечи. — Учись у меня, пока жив.

Несчастная Катря растерянно смотрела на всех, бледная и жалкая, с раскрытым ртом, что немного развлекло Луку Назарыча, любившего нагнать страху.

IV

После обеда Лука Назарыч, против обыкновения, не лег спать, а отправился прямо на фабрику. Петр Елисеич торопливо накинул на худые плечи свою суконную шинель серостального цвета с широким краганом и по обычаю готов был сопутствовать владыке.

— Не нужно! — проронил всего одно слово упрямый старик и даже махнул рукой.

Он один пошел от заводского дома к заводской конторе, а потом по плотине к крутому спуску на фабрику. Старый коморник, по прозванию Слепень, не узнал его и даже не снял шапки, приняв за кого-нибудь из служащих с медного рудника, завертывавших по вечерам на фабрику, чтобы в конторке сразиться в шашки. В воротах доменного корпуса на деревянной лавочке, точно облизанной от долгого употребления, сидели ожидавшие выпуска чугуна рабочие с главным доменным мастером Никитичем во главе. Конечно, вся фабрика уже знала о приезде главного управляющего и по-своему приготовилась, как предстать пред грозные очи страшного владыки, одно имя которого производило панику. Это было привычное чувство, выросшее вместе со всею этою "огненною работой". Сидевшие на лавочке рабочие знали, что опасность грозит именно с этой лестницы, но узнали Луку Назарыча только тогда, когда он уже прошел мимо них и завернул за угол формовочной.

— Да ведь это сам! — ахнул чей-то голос, и лавочка опустела, точно по ней выстрелили.

Против формовочной стоял длинный кричный корпус; открытые настежь двери позволяли издалека видеть целый ряд ярко пылавших горнов, а у внутренней стены долбили по наковальням двенадцать кричных молотов, осыпая искрами тянувших полосы кричных мастеров. Картина получалась самая оживленная, и лязг железа разносился далеко, точно здесь какие-то гигантские челюсти давили и плющили раскаленный добела металл. Ключевской завод славился своим полосовым кричным железом, и Лука Назарыч невольно остановился, чтобы полюбоваться артистическою работой ключевских кричных мастеров. Он узнал трех братанов Гущиных, имевших дареные господские кафтаны, туляка Афоньку, двух хохлов — отличные мастера, каких не найдешь с огнем. На стоявшего старика набежал дозорный Полуэхт, по прозвищу Самоварник, и прянул назад, как облитый кипятком. По кричному корпусу точно дунуло ветром: все почуяли близость грозы. Размахивая правилом, торопливо бежал плотинный "сестра" и тоже остановился рядом с Полуэхтом как вкопанный.

Молота стучали, рабочие двигались, как тени, не смея дохнуть, а Лука Назарыч все стоял и смотрел, не имея сил оторваться. Заметив остававшихся без шапок дозорного и плотинного, он махнул им рукой и тихо проговорил:

— Не нужно...

За кричным корпусом в особом помещении тяжело отдувались новые меха, устроенные всего год назад. Слышно было, как тяжело ворочалось двухсаженное водяное колесо, точно оно хотело разворотить всю фабрику, и как пыхтели воздуходувные цилиндры, набирая в себя воздух со свистом и резкими хрипами. Старик обошел меховой корпус и повернул к пудлинговому, самому большому из всех; в ближайшей половине, выступавшей внутрь двора глаголем, ослепительным жаром горели пудлинговые печи, середину корпуса занимал обжимочный молот, а в глубине с лязгом и змеиным шипеньем работала катальная машина. В особом притыке со свистом и подавленным грохотом вертелся маховик, заставлявший сливавшиеся в мутную полосу чугунные валы глотать добела раскаленные пакеты сварочного железа и выплевывать их обратно гнувшимися под собственною тяжестью яркокрасными железными полосами.

При входе в этот корпус Луку Назарыча уже встречал заводский надзиратель Подседельников, держа снятую фуражку наотлет. Его круглое розовое лицо так и застыло от умиления, а круглые темные глаза ловили каждое движение патрона. Когда рассылка сообщил ему, что Лука Назарыч ходит по фабрике, Подседельников обежал все корпуса кругом, чтобы встретить начальство при исполнении обязанностей. Рядом с ним вытянулся в струнку старик уставщик, — плотинного и уставщика рабочие звали "сестрами".

— Не нужно! — махнул на них рукой Лука Назарыч и медленно прошел прямо к обжимочному молоту, у которого знаменитый обжимочный мастер Пимка Соболев ворочал семипудовую крицу.

Этот прием обескуражил все заводское начальство, и они, собравшись кучкой, следили за владыкой издали. Случай выдался совсем небывалый, и у всех подводило со страху животики. Крут был Лука Назарыч, и его боялись хуже огня. Только покажется на фабрике, а завтра, глядишь, несколько человек и пошло "в гору", то есть в шахту медного рудника, а других порют в машинной при конторе. Как самоучка-практик, прошедший все ступени заводской иерархии, старик понимал мельчайшие тонкости заводского дела и с первого взгляда видел все недочеты.

А Лука Назарыч медленно шел дальше и окидывал хозяйским взглядом все. В одном месте он было остановился и, нахмурив брови, посмотрел на мастера в кожаной защитке и пряжениках: лежавшая на полу, только что прокатанная железная полоса была с отщепиной... У несчастного мастера екнуло сердце, но Лука Назарыч только махнул рукой, повернулся и пошел дальше.

Оставался последний корпус, где прокатывали листовое железо. Это было старинное здание, упиравшееся одним концом в плотину. Между ним и пудлинговым помещалась небольшая механическая мастерская. Листовое кровельное железо составляло главный предмет заводского производства, и Лука Назарыч особенно следил за ним, как и за кричным: это было старинное кондовое дело, возникшее здесь с основания фабрики и составлявшее славу Мурмосских заводов. На рынке была своя кличка для него: "старый горностай". В Мурмосском заводском округе Ключевской завод считался самым старейшим, а ключевская домна — одной из первых на Урале.

Обогнув механическую, Лука Назарыч в нерешительности остановился перед листокатальной, — его и тянуло туда, и точно он боялся чего. Постояв с минуту, он быстро повернулся и пошел назад тем же путем. Все корпуса замерли, как один человек, и работа шла молча, точно в заколдованном царстве. Старик чувствовал, что он в последний раз проходит полным и бесконтрольным хозяином по своему царству, — проходит, как страшная тень, оставлявшая за собой трепет... Рабочие снимали перед ним свои шляпы и кланялись, но старику казалось, что уже все было не так и что над ним смеются. В действительности же этого не было: заводские рабочие хотя и ждали воли с часу на час, но в них теперь говорила жестокая заводская муштра, те рабьи инстинкты, которые искореняются только годами. Самая мысль о воле как-то совсем не укладывалась в общий инвентарь заводских соображений и дум.

Выбравшись на плотину, Лука Назарыч остановился перевести дух, а потом прошел к запорам. Над самым шлюзом, по которому на большой глубине глухо бурлила вода, выдвигалась деревянная площадка, обнесенная балясником. Здесь стояла деревянная скамейка, на которой "сестры" любили посидеть, — вся фабрика была внизу как на ладони. Старик подошел к самой решетке и долго смотрел на расцвеченные яркими огнями корпуса, на пылавшую домну и чутко прислушивался к лязгу и грохоту железа, к глухим ударам обжимочного молота. Целая полоса пестрых звуков поднималась к нему снизу, и его заводское сердце обливалось кровью.

— Не нужно... ничего не нужно... — повторял он, не замечая, как по его лицу катились рабьи крепостные слезы.

В этот момент чья-то рука ударила старика по плечу, и над его ухом раздался сумасшедший хохот: это был дурачок Терешка, подкравшийся к Луке Назарычу босыми ногами совершенно незаметно.

— Сорок восемь серебром, Иваныч... — бормотал Терешка, скаля белые зубы. — Приказываю... Не узнал начальства, Иваныч?.. Завтра хоронить будем... кисель будет с попами...

Лука Назарыч, опомнившись, торопливо зашагал по плотине к господскому дому, а Терешка провожал его своим сумасшедшим хохотом. На небе показался молодой месяц; со стороны пруда тянуло сыростью. Господский дом был ярко освещен, как и сарайная, где все окна были открыты настежь. Придя домой, Лука Назарыч отказался от ужина и заперся в комнате Сидора Карпыча, которую кое-как успели прибрать для него.

V

В десять часов в господском доме было совершенно темно, а прислуга ходила на цыпочках, не смея дохнуть. Огонь светился только в кухне у Домнушки и в сарайной, где секретарь Овсянников и исправник Чермаченко истребляли ужин, приготовленный Луке Назарычу.

Как стемнелось, кержак Егор все время бродил около господского дома, — ему нужно было увидать Петра Елисеича. Егор видел, как торопливо возвращался с фабрики Лука Назарыч, убегавший от дурака Терешки, и сам спрятался в караушку сторожа Антипа. Потом Петр Елисеич прошел на фабрику. Пришлось дожидаться его возвращения.

— А, это ты! — обрадовался Петр Елисеич, когда на обратном пути с фабрики из ночной мглы выступила фигура брата Егора. — Вот что, Егор, поспевай сегодня же ночью домой на Самосадку и объяви всем пристанским, что завтра будут читать манифест о воле. Я уж хотел нарочного посылать... Так и скажи, что исправник приехал.

— Не пойдут наши пристанские... — угрюмо отвечал Егор, почесывая в затылке.

— Это почему?

— А так... Попы будут манифесты читать, какая это воля?..

— Ну, что же я могу сделать?.. Как знаете, а мое дело — сказать.

Егор молча повернулся и, не простившись с братом, пропал в темноте. Петр Елисеич только пожал плечами и побрел на огонек в сарайную, — ему еще не хотелось спать, а на людях все-таки веселее. Поднимаясь по лестнице в сарайную, Петр Елисеич в раздумье остановился, — до него донесся знакомый голос рудникового управителя Чебакова, с которым он вообще не желал встречаться. Слышался рассыпчатый смех старика Чермаченко и бормотанье Сидора Карпыча. "Этот зачем попал сюда?" — подумал Петр Елисеич, но не вернулся и спокойно пошел на шум голосов. Отворив дверь, он увидел такую картину: секретарь Овсянников лежал на диване и дремал, Чермаченко ходил по комнате, а за столом сидели Чебаков и Сидор Карпыч.

— Водки хочешь, Сидор Карпыч? — спрашивал Чебаков, наливая две рюмки.

— Пожалуй... — равнодушно соглашался Сидор Карпыч.

— А может быть, и не хочешь?

— Пожалуй.

— Так уж лучше я выпью за твое здоровье...

— Пожалуй...

Чебаков был высокий красавец мужчина с румяным круглым лицом, большими темными глазами и целою шапкой русых кудрей. Он носил всегда черный суконный сюртук и крахмальные сорочки. Бритые щеки и закрученные усы придавали ему вид военного в отставке. По заводам Чебаков прославился своею жестокостью и в среде рабочих был известен под кличкой Палача. Главный управляющий, Лука Назарыч, души не чаял в Чебакове и спускал ему многое, за что других служащих разжаловал бы давно в рабочие. Чебаков, как и Петр Елисеич, оставался крепостным. Петр Елисеич ненавидел Палача вместе с другими и теперь с трудом преодолел себя, чтобы войти в сарайную.

— Про вовка промовка, а вовк у хату, — встретил его Чермаченко, расставляя свои короткие ручки. — А мы тут жартуем...

— Спать пора, — ответил Мухин. — Завтра рано вставать.

— Щось таке: спать?.. А ты лягай, голубчику, вместе з нами, з козаками, о-тут, покотом.

Явившаяся убирать ужин Катря старалась обойти веселого старичка подальше и сердито отмахивалась свободною рукой, когда Чермаченко тянулся ее ущипнуть. Собственно говоря, к такому заигрыванью приезжих "панов" Катря давно привыкла, но сейчас ее смущало присутствие Петра Елисеича.

— Отто гарна дивчина! — повторял Чермаченко, продолжая мешать Катре убирать со стола. — А ну, писанка, перевэрнись!.. Да кажи Домне, що я ж стосковавсь по ней... Вона ласая на гроши.

В этих "жартах" и "размовах" Овсянников не принимал никакого участия. Это был угрюмый и несообщительный человек, весь

14

ушедший в свою тяжелую собачью службу крепостного письмоводителя. Теперь он, переглянувшись с Чебаковым, покосился на Мухина.

— Чему вы-таки веселитесь, Иван Семеныч? — удивлялся Овсянников, вытягивая свои ноги, как палки.

— Все добрые люди веселятся, Илья Савельич.

— Есть чему радоваться... — ворчал Чебаков. — Только что и будет!.. Народ и сейчас сбесился.

— Это вам так кажется, — заметил Мухин. — Пока никто еще и ничего не сделал... Царь жалует всех волей и всем нужно радоваться!.. Мы все здесь крепостные, а завтра все будем вольные, — как же не радоваться?.. Конечно, теперь нельзя уж будет тянуть жилы из людей... гноить их заживо... да.

— Это вы насчет рудника, Петр Елисеич? — спрашивал Чебаков.

— И насчет рудника и насчет остального.

— Та-ак-с... — протянул Чебаков и опять переглянулся с Овсянниковым. — Только не рано ли вы радуетесь, Петр Елисеич?.. Как бы не пожалеть потом...

— Ну уж нет! Конец нашей крепостной муке... Дети по крайней мере поживут вольными. Вот вам, Никон Авдеич, нравится смеяться над сумасшедшим человеком, а я считаю это гнусностью. Это в вас привычка глумиться над подневольными людьми, а дети этого уже не будут знать. Есть человеческое достоинство... да...

От волнения Мухин даже покраснел и усиленно принялся размахивать носовым платком.

— Бачь, як хранцуз расходился, — смеялся исправник. — А буде, що буде... Хуже не буде.

— Хуже будет насильникам и кровопийцам! — уже кричал Мухин, ударив себя в грудь. — Рабство еще никому не приносило пользы... Крепостные — такие же люди, как и все другие. Да, есть человеческое достоинство, как есть зверство...

Петр Елисеич хотел сказать еще что-то, но круто повернулся на каблуках, махнул платком и, взяв Сидора Карпыча за руку, потащил его из сарайной. Он даже ни с кем не простился, о чем вспомнил только на лестнице.

— Пожалуй, пойдем... — соглашался Сидор Карпыч.

Вспышка у Мухина прошла так же быстро, как появилась. Конечно, он напрасно погорячился, но зачем Палач устраивает посмешище из сумасшедшего человека? Пусть же он узнает, что есть люди, которые думают иначе. Пора им всем узнать то, чего не знали до нынешнего дня.

— Нет, каково он разговаривает, а? — удивлялся Палач, оглядываясь кругом. — Вот ужо Лука Назарыч покажет ему человеческое достоинство...

— Теперь уж поздно, ангел мой, — смеялся исправник.

— Ничего, не мытьем, так катаньем можно донять, — поддерживал Овсянников своего приятеля Чебакова. — Ведь как расхорохорился, проклятый француз!.. Велика корысть, что завтра все вольные будем: тот же Лука Назарыч возьмет да со службы и прогонит... Кому воля, а кому и хуже неволи придется.

— Ко мне бы в гору его послали, француза, так я бы ему показал!.. — грозился Чебаков в пространство.

— Да ведь он и бывал в горе, — заметил Чермаченко. — Это еще при твоем родителе было, Никон Авдеич. Уж ты извини меня, а родителя-то тоже Палачом звали... Ну, тогда француз нагрубил что-то главному управляющему, его сейчас в гору, на шестидесяти саженях работал... Я-то ведь все хорошо помню... Ох-хо-хо... всячины бывало...

Скоро весь господский дом заснул, и только еще долго светился огонек в кабинете Петра Елисеича. Он все ходил из угла в угол и снова переживал неприятную сцену с Палачом. Сколько лет выдерживал, терпел, а тут соломинкой прорвало... Не следовало горячиться, конечно, а все-таки есть человеческое достоинство, черт возьми!..

Караульный Антип ходил вокруг господского дома и с особенным усердием колотил в чугунную доску: нельзя, "служба требует порядок", а пусть Лука Назарыч послушает, как на Ключевском сторожа в доску звонят. Небойсь на Мурмосе сторожа харчистые, подолгу спать любят. Антип был человек самолюбивый. Чтобы не задремать, Антип думал вслух:

— Эй, Антип, воля пришла... Завтра, брат, все вольные будем! Если бы тебе еще зубы новые дать на воле-то...

Старик Антип был из беглых и числился в разряде непомнящих родства. Никто не помнил, когда он поселился на Ключевском заводе, да и сам он забыл об этом. Ох, давно это было, как бежал он "из-под помещика", подпалив барскую усадьбу, долго колесил по России, побывал в Сибири и, наконец, пристроился на Мурмосских заводах, где принимали в былое время всяких беглых, как даровую рабочую силу. Припомнил Антип сейчас и свою Курскую губернию, и мазанки, и вишневые садочки, и тихие зори, и еще сердитее застучал в свою доску, которая точно жаловалась, раскачиваясь в руке.

— Э, дураки, чему обрадовались: воля...

VI

Ключевской завод принадлежал к числу знаменитейших Мурмосских заводов, дача которых своими сотнями тысяч десятин залегла на самом перевале Среднего Урала. С запада на восток Мурмосская заводская дача растянулась больше чем на сто верст, да почти столько же по оси горного кряжа. Главную красоту дачи составляли еще сохранившиеся леса, а потом целая сеть глубоких горных озер, соединявшихся протоками с озерами степными. Заводский центр составлял громадный Мурмосский завод, расположившийся между двумя громадными озерами — Октыл и

16

Черчеж. Свое название завод получил от глубокого протока, соединяющего между собой эти два озера. Дорога из Мурмосского завода в Ключевской завод почти все время шла по берегу озера Черчеж, а затем выходила на бойкую горную речку Березайку. Ключевской завод поместился в узле трех горных речек — Урья, Сойга и Култым, которые образовали здесь большой заводский пруд, а дальше шли уже под именем одной реки Березайки, вливавшейся в Черчеж. На восточном склоне таких горных речек, речонок и просто ручьев тысячи. Все они в жаркие летние дни почти пересыхают, но зато первый дождь заставляет их весело бурлить и пениться, а весной последняя безыменная речонка надувалась, как будто настоящая большая река, выступала из берегов и заливала поемные луга. Живая горная вода сочилась из-под каждой горы, катилась по логам и уклонам, сливалась в бойкие речки, проходила через озера и, повернув тысячи тяжелых заводских и мельничных колес, вырывалась, наконец, на степной простор, где, как шелковые ленты, ровно и свободно плыли красивые степные реки.

В прежние времена, когда еще не было заводов, в этих местах прятались всего два раскольничьих выселка: на р.Березайке стояли Ключи, да на р.Каменке, сбегавшей по западному склону Урала, пристань Самосадка. Место было глухое, леса непроходимые, топи и болота. Осевшее здесь население сбежалось на Урал из коренной России, а потом пополнялось беглыми и непомнящими родства. Когда, в середине прошлого столетия, эта полоса целиком попала в одни крепкие руки, Ключи превратились в Ключевской завод, а Самосадка так и осталась пристанью. Как первый завод в даче, Ключевской долго назывался старым, а Мурмосский — новым, но когда были выстроены другие заводы, то и эти названия утратили всякий смысл и постепенно забылись. "Фундатором" этого заводского округа был выходец из Балахны, какой-то промышленный человек по фамилии Устюжанин. Когда впоследствии эта фамилия вошла в силу и добилась дворянства, то и самую фамилию перекрестили в Устюжаниновых. При старике Устюжанине в Ключевском заводе было не больше сотни домов. У только что запруженной Березайки поставилась первая доменная печь, а к ней прилажен был небольшой кирпичный корпус. Верстах в двух ниже по течению той же реки Березайки, на месте старой чудской копи, вырос первый медный рудник Крутяш, — это был один из лучших медных рудников на всем Урале. Устюжаниновы повели заводское дело сильною рукой, а так как на Урале в то время рабочих рук было мало, то они охотно принимали беглых раскольников и просто бродяг, тянувших на Урал из далекой помещичьей "Расеи". Сами Устюжаниновы тоже считались "по старой вере", и это обстоятельство помогло быстрому заселению дачи.

Если смотреть на Ключевской завод откуда-нибудь с высоты, как, например, вершина ближайшей к заводу горы Еловой, то можно было залюбоваться открывавшеюся широкою горною панорамой. На западе громоздились и синели горы с своими утесистыми вершинами, а к востоку местность быстро понижалась широким обрывом. Десятки озер глядели из зеленой рамы леса, как громадные окна, связанные протоками и речками, как серебряными нитями. В самом Ключевском заводе невольно бросалась в глаза прежде всего расчлененность "жила", раскидавшего свои домишки по берегам трех речек и заводского пруда. Первоначальное "жило" расположилось на левом крутом берегу реки Урьи, где она впадала в Березайку. Утесистый берег точно был усыпан бревенчатыми избами, поставленными по-раскольничьи: избы с высокими коньками, маленькими окошечками и глухими, крытыми со всех сторон дворами. Эти почерневшие постройки кондового раскольничьего "жила" были известны под общим именем "Кержацкого конца".

Когда река Березайка была запружена и три реки слились в один пруд, заводским центром сделалась фабрика. Если идти из Кержацкого конца по заводской плотине, то на другом берегу пруда вы попадали прямо в заводскую контору. Это было низкое деревянное здание с мезонином, выкрашенное желтою краской; фронтон составляли толстые белые колонны, как строились при Александре I. Громадный двор конторы был занят конюшнями, где стояли "казенные" лошади, швальней, где шорники шили всякую сбрую, кучерской, машинной, где хранились пожарные машины, и длинным флигелем, где помещались аптека и больница. Машинная, кроме своего прямого назначения, служила еще местом заключения и наказания, — конюха, между прочим, обязаны были пороть виноватых. Контора со всеми принадлежавшими к ней пристройками стояла уже на мысу, то есть занимала часть того угла, который образовали речки Сойга и Култым. От конторы шла по берегу пруда большая квадратная площадь. Господский дом стоял как раз против конторы, а между ними в глубине площади тянулись каменные хлебные магазины. На другом конце площади на пригорке красовался деревянный базар, а на самом берегу пруда стояла старинная деревянная церковь, совсем потонувшая в мягкой зелени лип и черемух. Отдельный порядок, соединявший базар с господским домом, составляли так называемые "служительские дома", где жили заводские служащие и церковный причт.

В таком виде Ключевской завод оставался до тридцатых годов. Заводское действие расширялось, а заводских рук было мало. Именно в тридцатых годах одному из Устюжаниновых удалось выгодно приобрести две большие партии помещичьих крестьян, — одну в Черниговской губернии, а другую — в Тульской. Малороссы и великороссы были "пригнаны" на Урал и попали в Ключевской завод, где и заняли свободные места по р.Сойге и Култыму. Таким образом образовались два новых "конца": Туляцкий на Сойге и Хохлацкий — на Култыме. Новые поселенцы получили от кержаков обидное прозвище "мочеган", а мочегане в свою очередь окрестили кержаков "обушниками". Разница в постройках сразу определяла характеристику концов, особенно Хохлацкого, где избы были поставлены кое-как. Туляки строились "на расейскую руку", а самые богатые сейчас же переняли всю кержацкую повадку, благо лесу кругом много. Хохлы селились как-то врозь, с большими усадами, лицом к реке, а туляки осели груднее и к реке огородами.

Всех дворов в трех концах насчитывали до тысячи, следовательно, население достигало тысяч до пяти, причем между концами оно делилось неравномерно: Кержацкий конец занимал половину, а другая половина делилась почти поровну между двумя остальными концами.

Мы уже сказали, что в двух верстах от завода открыт был медный рудник Крутяш. Сюда со всех заводов ссылали провинившихся рабочих, так что этот рудник служил чем-то вроде домашней каторги. Попасть "в медную гору", как мочегане называли рудник, считалось величайшею бедой, гораздо хуже, чем "огненная работа" на фабрике, не говоря уже о вспомогательных заводских работах, как поставка дров, угля и руды или перевозка вообще. Ссыльное население постепенно образовало по течению Березайки особый выселок, который получил название Пеньковки. В течение времени Пеньковка так разрослась, что крайними домишками почти совсем подошла к Кержацкому концу, — их разделила только громадная дровяная площадь и черневшие угольные валы. Постройки в Пеньковке сгорожены были кое-как, потому что каждый строился на живую руку, пока что, да и народ сошелся здесь самый нехозяйственный. Пеньковка славилась как самое отчаянное место, поставлявшее заводских конюхов, поденщиц на фабрику и рабочих в рудник. Через Пеньковку шла дорога на пристань Самосадку, которая была уже по ту сторону Урала. До нее считалось от Ключевского завода верст двадцать, хотя версты и мерили заводские приказчики. По дороге в Самосадку особенно сильное движение происходило зимой, когда на пристань везли "металл", а с пристани и из дальних куреней уголь и дрова.

Отдельно от всех других построек стояла заимка старика Основы, приткнувшись на правом берегу р.Березайки, почти напротив Крутяша. Основа был кержак и слыл за богатого человека. Он первый расчистил лес под пашню и завел пчел; занимался он, главным образом, рыболовством на озерах, хотя эти озера и сдавались крупным арендаторам, так что население лишено было права пользоваться рыбой. Заимка Основы являлась каким-то таинственным местом, про которое ходило много рассказов. Старик жил крепко и редко куда показывался, а попасть к нему на заимку было трудно, — ее сторожила целая стая злых собак.

VII

Последняя крепостная ночь над Ключевским заводом миновала.

Рано утром, еще совсем "на брезгу", по дороге с пристани Самосадки, с настоящими валдайскими колокольчиками под дугой, в Ключевской завод весело подкатил новенький троечный экипаж с поднятым кожаным верхом. По звону колокольчиков все знали, что едет Самойло Евтихыч, первый заводский богатей, проживавший на Самосадке, — он был из самосадских "долгоспинников" и приходился Мухину какою-то дальнею родней. Из разбогатевших подрядчиков Самойло Евтихыч Груздев на Мурмосских заводах представлял своею особой громадную силу: он отправлял заводский караван по р.Каменке, он владел десятком лавок с красным товаром, и, главное, он содержал кабаки по всем заводам. Обыкновенно Груздев останавливался на заимке у старика Основы, но теперь его запыхавшаяся тройка в наборной сбруе подъехала прямо к господскому дому. С козел не торопясь слез здоровенный мужик Матвей Гущин, первый борец по заводам, ездивший с Груздевым в качестве "обережного".

Из экипажа сам Груздев выскочил очень легко для своих пятидесяти лет и восьми пудов веса. Он схватил за плечо спавшего Антипа и начал его трясти.

— Разе так караулят господские дома, старый черт? — кричал он, довольный, что испугал старика.

— Лука Назарыч здесь... — едва мог проговорить Антип, напрасно стараясь освободиться из медвежьей лапы Груздева. — Он в дому, а гости в сарайной.

Это известие заставило Груздева утихнуть. Он по старой мужицкой привычке провел всею ладонью по своему широкому бородатому лицу с плутоватыми темными глазками, тряхнул головой и весело подумал: "А мы чем хуже других?" С заводскою администрацией Груздев сильно дружил и с управителями был за панибрата, но Луки Назарыча побаивался старым рабьим страхом. В другое время он не посмел бы въехать во двор господского дома и разбудить "самого", но теперь было все равно: сегодня Лука Назарыч велик, а завтра неизвестно, что будет.

— Отворяй ворота, старый черт! — крикнул Груздев сторожу и сладко потянулся.

Одет был Груздев на господскую руку: верхнее "французское" пальто из синего драпа, под французским пальто суконный черный сюртук, под сюртуком жилет и крахмальная сорочка, на голове мягкая дорожная шляпа, — одним словом, все форменно.

— Эй, Васюк, вставай! — будил Груздев мальчика лет десяти, который спал на подушках в экипаже счастливым детским сном. — Пора, брат, а то я уеду один...

Эта угроза заставила подняться черноволосую головку с заспанными красивыми глазами. Груздев вынул ребенка из экипажа, как перышко, и на руках понес в сарайную. Топанье лошадиных ног и усталое позвякиванье колокольчиков заставило выглянуть из кухни Домнушку и кучера Семку.

— Эку рань принесло гостей!.. — ворчала Домнушка, зевая и крестя рот.

— Ехал бы на заимку к Основе, требушина этакая! — ругался Семка, соображая, что нужно идти принимать лошадей.

— Нет, Самойло Евтихыч славный... — сонно проговорила Домнушка и, встряхнувшись, как курица, принялась за свою работу: квашня поспела, надо печку топить, потом коров отпустить в пасево, а там пора "хлеб творить", "мягки катать" и к завтраку какую-нибудь постряпеньку Луке Назарычу налаживать.

Разбитная была бабенка, увертливая, как говорил Антип, и успевала управляться одна со всем хозяйством. Горничная Катря спала в комнате барышни и благодаря этому являлась в кухню часам к семи, когда и самовар готов, и печка дотапливается, и скатанные хлебы "доходят" в деревянных чашках на полках. Теперь Домнушка ругнула сонулю-хохлушку и принялась за работу одна.

Появление Груздева в сарайной разбудило первым исправника, который крепко обругал раннего гостя, перевернулся на другой бок, попытался было заснуть, но сон был "переломлен", и ничего не оставалось, как подняться и еще раз обругать долгоспинника.

— Куда торопишься ни свет ни заря? — обрушился на Груздева старик, охая от застарелых ревматизмов. — Не беспокойся: твое и без того не уйдет.

— Кто рано встает, тому бог подает, Иван Семеныч, — отшучивался Груздев, укладывая спавшего на руках мальчика на полу в уголку, где кучер разложил дорожные подушки. — Можно один-то день и не поспать: не много таких дней насчитаешь. А я, между прочим, Домнушке наказал самоварчик наставить... Вот оно сон-то как рукой и снимет. А это кто там спит? А, конторская крыса Овсянников... Чего-то с дороги поясницу разломило, Иван Семеныч!

— Самосадские старухи вылечат...

— И то кровь давно не отворял. Это ты верно!

Домнушка знала свычаи Груздева хорошо, и самовар скоро появился в сарайной. Туда же Домнушка уже сама притащила на сковороде только что испеченную в масле пшеничную лепешку, как любил Самойло Евтихыч: один бочок подрумянен, а другой совсем пухлый.

— Так-то вот, ваше благородие! — говорил Груздев, разливая чай по стаканам. — Приходится, видно, по-новому жить...

— Тебе-то большая печаль: новые деньги загребать...

— Ну, это еще старуха надвое сказала, Иван Семеныч. В глупой копейке толку мало, а умная любит, чтобы ее умненько и брали... Ну что, как Лука-то Назарыч?

— Как ночь темная...

— Так, так... Ндравный старик, характерный, а тут вдруг: всякий сам себе главный управляющий. У Луки-то Назарыча и со

21

служащими короткий был разговор: "В гору!" Да... Вон как он Мухина-то прежде донимал... На моих памятях дело было, как он с блендочкой[4] в гору по стремянке лазил, даром что в Париже выучился. Трудно, пожалуй, будет старичку, то есть Луке Назарычу. По Расее-то давно воля прошла, Иван Семеныч, а у нас запозднилась немножко. Большое сумление для простого народу от этого было. Как уж они, то есть мужики, все знают — удивительно. Газет не читают, посторонних людей не видят, а все им доподлинно известно. Затянули волю на Мурмосе: апрель месяц на дворе.

— Куда торопиться-то? Не такое дело... Торопятся, душа моя, только блох ловить. Да и не от нас это самое дело зависит...

— Ну, да уж сколько ни ждали, а все-таки дождались.

Эти разговоры разбудили Овсянникова. Он встал недовольный и сердитый и, не умывшись, подсел к самовару.

— Скоро семь часов... Ух, как время-то катится! — удивлялся Груздев, вытаскивая из жилетного кармана массивные золотые часы.

— Да вон и поп в церковь побрел, — заметил исправник, заглядывая в окно. — И денек славный выдался, солнышко так и жарит.

Овсянников молча и сосредоточенно пил один стакан чая за другим, вытирал свое зеленое лицо платком и как-то исподлобья упорно смотрел на хозяйничавшего Груздева.

— Что ты на меня уставился, как бык? — заметил тот, начиная чувствовать себя неловко.

— Да так... Денег, говорят, у тебя очень много, Самойло Евтихыч, так вот и любопытно поглядеть на богатого человека.

— Завидно, что ли?.. Ведь не считали вы деньги-то у меня в кармане...

— А вот, душа моя, Самойло-то Евтихыч с волей распыхается у нас, — заговорил исправник и даже развел руками. — Тогда его и рукой не достанешь.

— По осени гусей считают, Иван Семеныч, — скромничал Груздев, очень польщенный таким вниманием. — Наше такое дело: сегодня богат, все есть, а завтра в трубу вылетел.

Прибежавший Тишка шепотом объявил, что Лука Назарыч проснулся и требует к себе Овсянникова. Последний не допил блюдечка, торопливо застегнул на ходу сюртук и разбитою походкой, как опоенная лошадь, пошел за казачком.

— Глиста!.. — проговорил Груздев вслед Овсянникову. — Таким бы людям и на свет лучше не родиться. Наверное, лежал и подслушивал, что мы тут калякали с тобой, Иван Семеныч, потом в уши Луке Назарычу и надует.

Груздев пожалел про себя, что не во-время развязал язык с

---

[4] Блендой называется рудничная лампа, какую рабочие прикрепляют к поясу; стремянка — деревянная лестница, по которой спускаются в шахты. (Прим. Д.Н.Мамина-Сибиряка.)

исправником, но уж ничего не поделаешь. Сказанное слово не воробей: вылетит — не поймаешь.

VIII

Ровно в девять часов на церкви загудел большой колокол, и народ толпами повалил на площадь. Из Туляцкого и Хохлацкого концов, как муравьи, ползли мужики, а за ними пестрели бабьи платки и сарафаны. Всевозможная детвора скоро облепила всю церковную ограду, паперть и даже церковные липы. Церковь была маленькая и не могла вместить столько народа. А колокол гудел, разливая в воздухе мерную, торжественную волну. Народ столпился везде. На базаре стояли в своих жупанах и кожухах хохлы, у поповского порядка — туляки; бабы пестрою волнующеюся кучей ждали у церковной ограды. Старухи хохлушки в больших сапогах и выставлявшихся из-под жупанов длинных белых рубахах, с длинными черемуховыми палками в руках, переходили площадь разбитою, усталою походкой, не обращая внимания ни на кого. Худые и тонкие, с загоревшею, сморщенною кожей шеи, как у жареного гуся, замотанные тяжелыми платками головы и сгорбленные, натруженные спины этих старух представляли резкий контраст с плотными и белыми тулянками, носившими свои понитки в накидку. Великорусский тип особенно сказывался на стариках: важный и степенный народ, с такими открытыми лицами и белыми патриархальными бородами.

Колокол все гудел, народ прибывал, и на площади становилось тесно. Около заводской конторы и на крылечке сидели служащие и мелкая заводская сошка, а у машинной, где висел на высоком столбе медный колокол, шушукалась и хихикала расцвеченная толпа заводских поденщиц, вырядившихся в ситцевые сарафаны, кумачные платки и станушки с пестрыми подзорами. Тут были и хохлушки, и тулянки, и кержанки, но заводская поденщина давно сгладила всякую племенную разницу. Заводские конюха и приехавшие с гостями кучера заигрывали с этою веселою толпой, которая взвизгивала, отмахивалась руками и бросала в конюхов комьями земли. Кое-кто из мужиков насмелился подойти к самому господскому дому. У ворот стояли отдельною кучкой лесообъездчики и мастера в дареных господских кафтанах из синего сукна с позументом по вороту и на полах.

Фабрика была остановлена, и дымилась одна доменная печь, да на медном руднике высокая зеленая железная труба водокачки пускала густые клубы черного дыма. В общем движении не принимал никакого участия один Кержацкий конец, — там было совсем тихо, точно все вымерли. В Пеньковке уже слышались песни: оголтелые

23

рудничные рабочие успели напиться по рудниковой поговорке: "кто празднику рад, тот до свету пьян".

На дворе господского дома у крыльца стоял выездной экипаж, дожидавшийся "самого". Лука Назарыч еще не выходил из своей комнаты, а гости и свои служащие ждали его появления в гостиной и переговаривались сдержанным шепотом. Слышно было, как переминалась с ноги на ногу застоявшаяся у крыльца лошадь да как в кухне поднималась бабья трескотня: у Домнушки сидела в гостях шинкарка Рачителиха, красивая и хитрая баба, потом испитая старуха, надрывавшаяся от кашля, — мать Катри, заводская дурочка Парасковея-Пятница и еще какие-то звонкоголосые заводские бабенки. Маленькая Нюрочка занимала свой обычный пост на лестнице и со страхом и любопытством смотрела на дурочку, которая в окошко плевала на дразнившего ее Васю Груздева.

— Ты, балун, перестань... — уговаривала Домнушка мальчика и качала головой, когда тот показывал ей язык.

До десятка ребятишек, как воробьи, заглядывали в ворота, а Вася жевал пряники и бросал им жвачку. Мальчишки гурьбой бросались на приманку и рассыпались в сторону, когда Вася принимался колотить их тонкою камышовою тросточкой; он плевал на Парасковею-Пятницу, ущипнул пробегавшую мимо Катрю, два раза пребольно поколотил Нюрочку, а когда за нее вступилась Домнушка, он укусил ей руку, как волчонок.

— У, озорник проклятый!.. — ругалась Домнушка и грозила мальчику своим кулаком. — Ужо вот скажу отцу-то.

— Ну, скажи, что ты круглая дура! — бойко отвечал мальчик и был совершенно счастлив, что его слова вызывали сдержанный смех набравшейся во двор толпы. — У тебя и рожа глупая, как решето!

Наконец, показался и Лука Назарыч, грузно уселся в экипаж и вместе с исправником, нарядившимся в мундир и белые перчатки, отправился в церковь. За ним двинулись гурьбой остальные — Груздев, Овсянников и сам Мухин, который вел за руку свою Нюрочку, разодевшуюся в коротенькое желтенькое платьице и соломенную летнюю шляпу с полинявшими лентами. Девочка бойко семенила маленькими ножками и боязливо оглядывалась назад, потому что Вася потихоньку от отца дергал ее за юбки. От конторы к ним присоединились заводские служащие: целая семья Подседельниковых и семья Чебаковых, дозорные, уставщик Корнило, плотинный Евстигней, лесообъездчики и кафтанники. Трапезник Павел, худой черноволосый туляк, завидев выезжавший из господского дома экипаж, ударил во вся, — он звонил отлично, с замиравшими переходами, когда колокола чуть гудели, и громкими трелями, от которых дрожала, как живая, вся деревянная колокольня. Навстречу заводской власти из церковной ограды показались зеленые хоругви, ярко блеснули иконы, а за ними мерным шагом двигался церковный причт в полном праздничном облачении.

Поднятые иконы несли все туляки, опоясанные через плечо белыми полотенцами. Вся площадь глухо замерла. Место для

24

молебна было оцеплено лесообъездчиками и приехавшими с исправником казаками, которые гарцевали на своих мохноногих лошадках и помахивали на напиравшую толпу нагайками.

Парчовый низенький аналои служил центром. Перед ним полукругом выстроились иконы; хоругви колыхались на высоких древках по бокам. Старичок дьякон, откашлявшись, провозгласил эктению, а ему ответил целый хор с дьячком Евгеньичем во главе. Пели свои заводские служащие, как фельдшер Хитров, учитель Агап Горбатый, заводский надзиратель Ястребок, рудничный надзиратель Ефим Андреич и целовальник Рачитель. Посыпались дождем усердные кресты, головы наклонились, как под напором ветра стелются лоснящеюся волной спелые колосья на ниве. Лука Назарыч стоял впереди всех, сумрачный и желтый. Он старался не смотреть кругом и откладывал порывистые кресты, глядя на одну старинную икону, — раскольникам под открытым небом позволяется молиться старинным писаным иконам, какие выносят из православных церквей. Около него стояла Нюрочка и все оглядывалась на отца, который, наклонившись к ней, сдавленным от слез голосом шептал ей:

— Нюрочка, молись богу...

Мухин еще дорогой подхватил дочь на руки и, горячо поцеловав в щеку, шепнул на ухо:

— Нюрочка, помни этот день: другого такого дня не будет... Молись хорошенько богу, твоя детская чистая молитва дойдет скорее нашей.

Нюрочка все смотрела на светлые пуговицы исправника, на трясущуюся голову дьячка Евгеньича с двумя смешными косичками, вылезавшими из-под засаленного ворота старого нанкового подрясника, на молившийся со слезами на глазах народ и казачьи нагайки. Вот о.Сергей начал читать прерывавшимся голосом евангелие о трехдневном Лазаре, потом дьячок Евгеньич уныло запел: "Тебе бога хвалим..." Потом все затихло.

О.Сергей обернулся лицом к Луке Назарычу, вынул из-под ризы свернутую вчетверо бумагу, развернул ее своими белыми руками и внятно начал читать манифест: "Осени себя крестным знамением, русский народ..." Глубокая тишина воцарилась кругом. Многие стояли на коленях. Какая-то старушка тулянка припала головой к земле, и видно было, как вздрагивало у ней все тело от подавленных глухих рыданий. Дурачок Терешка стоял около дьячка и сердито смотрел кругом. На левой, бабьей стороне мелькала простоволосая голова Парасковеи-Пятницы. В кучках служащих виднелись красные заплаканные лица. Старик запасчик стоял на коленях и, откладывая широкие кресты, благочестиво качал головой, точно он хотел запомнить каждое слово манифеста.

Великая и единственная минута во всей русской истории свершилась... Освобожденный народ стоял на коленях. Многие плакали навзрыд. По загорелым старым мужицким лицам катились крупные слезы, плакал батюшка о.Сергей, когда начали прикладываться ко кресту, а Мухин закрыл лицо платком и ничего больше не видел и не слышал. Груздев старался спрятать свое покрасневшее от слез лицо, и только один Палач сурово смотрел на взволнованную и подавленную величием совершившегося толпу своими красивыми темными глазами.

Солнце ярко светило, обливая смешавшийся кругом аналоя народ густыми золотыми пятнами. Зеленые хоругви качались, высоко поднятые иконы горели на солнце своею позолотой, из кадила дьякона синеватою кудрявою струйкой поднимался быстро таявший в воздухе дымок, и слышно было, как, раскачиваясь в руке, позванивало оно медными колечками.

— Иванычи, господи помилуй идет! — вскрикивал Терешка, становясь в голове обратной процессии.

Сейчас после молебна Лука Назарыч отправился в Мурмос. Он даже не зашел в комнату. С ним рядом сидел красавец Палач. Опять звонко завыл "фалетур", и бешеная пятерка полетела через мост по мурмосской дороге. Исчезавшее впереди облачко пыли показывало след угнавших вперед загонщиков. За экипажем главного управляющего в виде почетного конвоя скакали лесообъездчики, погромыхивая своими лядунками. В это время исправник объяснил столпившимся около него мужикам, что нужно составлять уставную грамоту, выбирать старшину и т.д. Через заводскую плотину валила на площадь густая толпа раскольников, — тронулся весь Кержацкий конец, чтобы послушать, как будет читать царский манифест не поп, а сам исправник.

IX

С отъездом Луки Назарыча весь Ключевской завод вздохнул свободнее, особенно господский дом, контора и фабрика. Конечно, волю объявили, — отлично, а все-таки кто его знает... Груздев отвел Петра Елисеича в кабинет и там допрашивал:

— Зачем так скоро угнал Лука-то Назарыч? Даже в горницы не зашел...

— Право, не знаю... Вообще он такой недовольный и озлобленный.

— Отошла, видно, пора, вот и злится.

Господский дом был переполнен народом. Заводский люд по привычке льнул к нему, полный недоумения и смутных вопросов. Любопытные заглядывали в окна, другие продирались во двор, где на особом положении чинно сидели на деревянных скамьях кафтанники, кричные мастера и особенно почтенные старики. Всю лестницу и переднюю заняли лесообъездчики и такие служащие, как дозорный Самоварник и "сестры", уставщик Корнило и плотинный

Евстигней. Между ними толкался доменный мастер Никитич, который всегда что-нибудь бормотал, как было и теперь.

— Родимые мои, слава тебе, господи... Ну, и народичку понаперло: здорово! Эх, родимые вы мои...

Заводские служащие дожидались приглашения в конторе и пришли в господский дом двумя партиями: сначала пришли Подседельниковы, а за ними Чебакова родня. Мужики снимали шляпы и шапки, а Никитич как-то по-бабьи причитал: "Благодетели, родимые... Ефиму Андреичу нижайшее... Ах, голубь ты наш сизокрылый..." Служащие кланялись и степенно проходили в "горницы", где их встречал Петр Елисеич. Эти две фамилии заводских служащих враждовали между собой с испокон веку и теперь сошлись вместе в полном своем составе, кажется, еще в первый раз. Во главе фамилии Чебаковых стояли меднорудянский надзиратель старичок Ефим Андреич и Палач, а во главе Подседельниковых — заводский надзиратель Ястребок; первые с испокон веку обращались, главным образом, около медного рудника Крутяша, а вторые на фабрике и в заводской конторе, хотя и встречались перебежчики. Были служащие, как фельдшер Хитров или учитель Агап Горбатый, которые не принадлежали ни к той, ни к другой партии: фельдшер приехал из Мурмоса, а учитель вышел из мочеган. Все они были крепостные.

Отдельно держались приезжие, как своего рода заводская аристократия, Овсянников, Груздев, исправник, старик Основа и о.Сергей. К ним присоединились потом Ефим Андреич и Ястребок. Основа, плечистый и широкий в кости старик, держал себя совершенно свободно, как свой человек. Он степенно разглаживал свою седую, окладистую бороду и вполголоса разговаривал больше с Груздевым. В своем раскольничьем полукафтане, с подстриженными в скобку волосами, Основа резко выделялся из остальных гостей.

— Ну, господа, теперь можно и выпить, — предлагал Мухин, стараясь занимать своих гостей.

— Тот не добрый человек, хто не пье горилки, — поддерживал его отдыхавший после молебна исправник.

Домнушка, Катря и казачок Тишка выбивались из сил: нужно было приготовить два стола для панов, а там еще стол в сарайной для дозорных, плотинного, уставщиков и кафтанников и самый большой стол для лесообъездчиков и мастеров во дворе. После первых рюмок на Домнушку посыпался целый ряд непрошенных любезностей, так что она отбивалась даже ногами, особенно когда пробегала через крыльцо мимо лесообъездчиков.

Больше всех надоедал Домнушке гонявшийся за ней по пятам Вася Груздев, который толкал ее в спину, щипал и все старался подставить ногу, когда она тащила какую-нибудь посуду. Этот "пристанской разбойник", как окрестила его прислуга, вообще всем надоел. Когда ему наскучило дразнить Сидора Карпыча, он приставал к Нюрочке, и бедная девочка не знала, куда от него спрятаться. Она

27

спаслась только тем, что ушла за отцом в сарайную. Петр Елисеич, по обычаю, должен был поднести всем по стакану водки "из своих рук".

— Родимый мой, Петр Елисеич, — причитал Никитич, уже успевший где-то хлебнуть. — Родимый мой, дай я тебя поцелую от желань-сердца.

— А ты уж ушел клюкнуть? — удивлялся Петр Елисеич.

— Да ведь, родимый мой, Петр Елисеич... а-ах, голубь ты наш сизокрылый! Ведь однова нам волю-то справить, а другой не будет...

— Смотри, чтобы козла[5] в домну для праздника не посадить.

— Я? А-ах, родимый ты мой... Да я, как родную мать, ее стерегу, доменку-то свою. А ты уж нам из своих рук подай, голубь.

Петр Елисеич наливал стаканы, а Нюрочка подавала их по очереди. Девочка была счастлива, что могла принять, наконец, деятельное участие в этой церемонии, и с удовольствием следила, как стаканы быстро выпивались, лица веселели, и везде поднимался смутный говор, точно закипала приставленная к огню вода.

Предобеденная закуска развязала языки и в господском доме, где тоже все заметно оживились.

— Теперь я... ежели, например, я двадцать пять лет, по два раза в сутки, изо дня в день в шахту спускался, — ораторствовал старик Ефим Андреич, размахивая руками. — Какая мне воля, ежели я к ненастью поясницы не могу разогнуть?

Старик Чебаков принадлежал к типу крепостных заводских служащих фанатиков. Он точно родился в своем медном руднике. Желтый и сгорбленный, с кривыми короткими ногами, с остриженными под гребенку, серыми от седины волосами и узкими, глубоко посаженными глазками, он походил на крота. Рудниковые рабочие боялись его, как огня, потому что он на два аршина под землей видел все. Служащие уважали его, как отчаянного "делягу", и охотно теперь слушали, сбившись в кучку. О воле точно боялись говорить, — кто знает, что еще будет? — а старики грустно вздыхали: может, и хуже будет.

Обед начался очень весело, и на время все забыли про свои личные счеты и мелкие недоразумения. Незаметно сгладилась даже разница, разделявшая ключевских служащих от приезжих. Нюрочка сидела около отца и слушала, что говорят другие. Ей было весело безотчетно, потому что веселились другие. Особенно смешил ее исправник Иван Семеныч, который то пугал ее козой, то делал из салфетки зайчика и даже кудахтал по-индюшечьи. Только в разгар обеда, когда все окончательно развеселились, произошел неприятный случай. Захмелевший Овсянников ни с того ни с чего начал придираться к Ивану Семенычу. Сначала старик отшучивался, а потом покраснел.

— Эти хохлы — упрямые черти, — продолжал Овсянников.

---

[5] "Посадить козла" на заводском жаргоне значит остудить доменную печь, когда в ней образуется застывшая масса из чугуна, шлаков и угля. (Прим. Д.Н.Мамина-Сибиряка.)

Петр Елисеич заговорился с Груздевым и не успел предупредить неприятности.

— Не упрямее других, — отвечал Иван Семеныч.

— А как ты отпорол Сидора Карпыча тогда, а? — приставал Овсянников. — Ну-ка, расскажи?

— И тебя бы отпорол, ежели бы ты так же сделал.

— Да ты расскажи, как дело было!..

— Ничего не было... Тогда я еще только на службу поступал в Мурмос, а Сидор Карпыч с Петром Елисеичем из-за границы приехали. Ну, Сидор Карпыч — свой хохол, в гостях друг у друга бывали, всякое прочее, да. А потом Сидор Карпыч нагрубил Луке Назарычу, а Лука Назарыч посылает его ко мне. Ну, что я буду делать с ним? Знакомый человек, хлеб-соль водили, — ну, я ему и говорю: "Сидор Карпыч, теперь ты будешь бумаги в правление носить", а он мне: "Не хочу!" Я его посадил на три дня в темную, а он свое: "Не хочу!" Что же было мне с ним делать? Он меня подводил... Других я за это порол и его должен был отпороть. Служба. Для себя он заграничный, а для меня крепостной.

Сидор Карпыч сидел тут же за столом и равнодушно слушал рассказ Ивана Семеныча. Кто-то даже засмеялся над добродушным объяснением исправника, но в этот момент Нюрочка дико вскрикнула и, бледная как полотно, схватила отца за руку.

— Нюрочка, что с тобой? — расспрашивал Петр Елисеич, с недоумением глядя на всех.

— Папа... папочка... — шептала девочка, заливаясь слезами, — Иван Семеныч дрянной, он высек Сидора Карпыча...

Петр Елисеич на руках унес истерически рыдавшую девочку к себе в кабинет и здесь долго отваживался с ней. У Нюрочки сделался нервный припадок. Она и плакала, и целовала отца, и, обнимая его шею, все повторяла:

— Папочка, миленький, мне страшно... я боюсь... зачем Иван Семеныч дрянной?

Что мог объяснить Петр Елисеич чистой детской душе, когда этот случай был каплей в море крепостного заводского зла?

— Теперь все свободные, деточка, — шептал он, вытирая своим платком заплаканное лицо Нюрочки и не замечая своих собственных слез. — Это было давно и больше не будет...

Оставив с Нюрочкой горничную Катрю, Петр Елисеич вернулся к гостям. Радостный день был для него испорчен этим эпизодом: в душе поднялись старые воспоминания. Иван Семеныч старался не смотреть на него.

29

X

По улицам везде бродил народ. Из Самосадки наехали пристановляне, и в Кержацком конце точно открылась ярмарка, хотя пьяных и не было видно, как в Пеньковке. Кержаки кучками проходили через плотину к заводской конторе, прислушивались к веселью в господском доме и возвращались назад; по глухо застегнутым на медные пуговицы полукафтаньям старинного покроя и низеньким валеным шляпам с широкими полями этих кержаков можно было сразу отличить в толпе. Крепкий и прижимистый народ, не скажет слова спроста.

Из гулявшей Пеньковки веселье точно перекинулось в Хохлацкий конец: не вытерпели старики и отправились "под горку", где стоял единственный кабак Дуньки Рачителихи. Да и как было сидеть по хатам, когда так и тянуло разузнать, что делается на белом свете, а где же это можно было получить, как не в Дунькином кабаке? Многие видели, как туда уже прошел дьячок Евгеньич, потом из господского дома задами прокрался караульщик Антип, завертывала на минутку проворная Домнушка и подвалила целая гурьба загулявших мастеров, отправившаяся с угощения из господского дома допивать на свои. Дунькин кабак был замечательным местом в истории Ключевского завода, как связующее звено между тремя концами. Общая работа на фабрике или в руднике не сближала в такой степени, как галденье у кабацкой стойки. Любопытно было то, что теперь из кабака не погонит дозорный, как бывало раньше: хоть умри у стойки. Рудниковые приезжали уж в кабак верхами и забирали вино. Другие просто пришли потолкаться на народе и "послухать", что "гуторят добрые люди". Низенькое бревенчатое здание кабака точно присело к земле, выкинув к дороге гостеприимное крылечко, над которым вместо вывески была прибита небольшая елочка с покрасневшею хвоей. Часть кабацкой публики столпилась около этого крылечка, потому что в кабаке было уж очень людно и не вдруг пробьешься к стойке, у которой ловко управлялась сама Рачителиха, видная и гладкая баба в кумачном сарафане.

У стойки беседовали сам Рачитель, вихлястый мужик в красной рубахе, и дьячок Евгеньич. Оба уже были заметно навеселе, и Рачителиха посматривала на них очень недружелюбно. Старички постепеннее заняли лавки около стен и вслух толковали про свои дела. Дверь была открыта, и новые гости входили и выходили сплошною толпой. Два маленьких оконца едва освещали эту галдевшую толпу; в воздухе висел табачный дым, и делалось жарко, как в бане. Небольшая захватанная дверка вела из-за стойки в следующую комнату, где помещалась вся домашность кабацкой семьи, а у целовальничихи было шестеро ребят и меньшенький еще ползал по полу. Приходившие гости почище забирались в эту комнату, а также и знакомые.

— Обезножила, поди, Дунюшка? — спрашивала Домнушка целовальничиху участливым тоном.

— Уж и то смаялась... А Рачитель мой вон с дьячком канпанию завел да с учителем Агапом. Нету на них пропасти, на окаянных!

Рачителиха знала, зачем прилетела Домнушка: из господского дома в кабак прошел кричный мастер Спирька Гущин, первый красавец, которого шустрая стряпка давно подманивала и теперь из-за косячка поглядывала на него маслеными, улыбавшимися глазами.

— Мало тебе машинной-то, несытые твои глаза? — попрекнула Рачителиха гостью. — У Спирьки своих кержанок много.

— А тебе завидно?

Красавец Спирька, польщенный заигрываньем Домнушки, выпил лишний стакан водки, молодцевато крякнул и проворчал:

— Ишь мочеганки лупоглазые!.. Эй, Домна, выходи, я тебе одно словечко скажу. Чего спряталась, как таракан?

— Ступай к своим обушницам, нечего зубы-то мыть, — огрызалась Домнушка, вызывающе хихикая.

— Хошь стаканчик бальзану? — предлагал Спирька.

— Отойди, грех... Вот еще навязался человек, как короста!

— Н-но-о?.. Брысь, мочеганка!.. Но, бальзану хошь?

Домнушка поломалась для порядку и выпила. Очень уж ей нравился чистяк-мастер, на которого девки из Кержацкого конца все глаза проглядели.

Рачитель потащил дьячка к учителя в комнату, где ревели позабытые ребятишки.

— У, прощелыги!.. — обругала целовальничиха гостей вдогонку.

Худой, изможденный учитель Агап, в казинетовом пальтишке и дырявых сапогах, добыл из кармана кошелек с деньгами и послал Рачителя за новым полуштофом: "Пировать так пировать, а там пусть дома жена ест, как ржавчина". С этою счастливою мыслью были согласны Евгеньич и Рачитель, как люди опытные в житейских делах.

— Однова она, воля-то наша, прилетела... — говорил Рачитель, возвращаясь с полуштофом. — Вон как народ поворачивает с радости: скоро новую бочку починать... Агап, а батьку своего видел? Тоже в кабак прибрел, вместе с старым Ковальчуком... Загуляли старики.

— А ну их! — отмахивался учитель костлявою рукой. — Разе они что могут понимать?.. Необразованные люди...

Действительно, в углу кабака, на лавочке, примостились старик хохол Дорох Ковальчук и старик туляк Тит Горбатый. Хохол был широкий в плечах старик, с целою шапкой седых волос на голове и маленькими серыми глазками; несмотря на теплое время, он был в полушубке, или, по-хохлацки, в кожухе. Рядом с ним Тит Горбатый выглядел сморчком: низенький, сгорбленный, с бородкой клинышком и длинными худыми руками, мотавшимися, как деревянные.

— И што тилько будет? — повторял Тит Горбатый, набивая нос табаком. — Ты, Дорох, как своею, этово-тово, головой полагаешь, а?

— Та я такочки вгадаю: чи були паны и будуть, чи були мужики и зостануться... Така в мене голова, Тит.

31

— А ты неладно, Дорох... нет, неладно! Теперь надо так говорить, этово-тово, што всякой о своей голове промышляй... верно. За барином жили — барин промышлял, а теперь сам доходи... Вот оно куда пошло!.. Теперь вот у меня пять сынов — пять забот.

— Нашел заботу, Тит... ха-ха!.. Одна девка стоит пятерых сынов... Повырастают большие, батьку и замена. Повертай, як хто хоче... Нэхай им, сынам. Була бы своя голова у каждого... Вот як кажу тоби, старый.

— Старичкам наше почтение! — здоровался с ними дозорный Самоварник. — Чего ворожите, старички?

— А так, Полуэхт, промежду себя балакаем, — уклончиво отвечал Тит, недолюбливавший пустого человека. — То то, то другое... Один говорит, а другой слухает, всего и работы...

— Верно, старички... верно, родимые.

Самоварник осмотрел кабацкую публику, уткнул руки в бока, так что черный халат из тонкого сукна болтался назади, как хвост, и, наклонив свое "шадривое" лицо с вороватыми глазами к старикам, проговорил вполголоса:

— Вот што, старички, родимые мои... Прожили вы на свете долго, всего насмотрелись, а скажите мне такую штуку: кто теперь будет у нас на фабрике робить, а?

Старики переглянулись, посмотрели на Полуэхта, известного заводского враля, и одновременно почесали в затылках: им эта мысль еще не приходила в голову.

— А кто в гору полезет? — не унимался Самоварник, накренивая новенький картуз на одно ухо. — Ха-ха!.. Вот оно в чем дело-то, родимые мои... Так, Дорох?

— Пранци твоему батьку, якое слово вывернул! — добродушно удивлялся Ковальчук и опять смотрел на Тита. — Уси запануем, а хто буде робить?

— Да меня на веревке теперь на фабрику не затащишь! — орал Самоварник, размахивая руками. — Сам большой — сам маленький, и близко не подходи ко мне... А фабрика стой, рудник стой... Ха-ха!.. Я в лавку к Груздеву торговать сяду, заведу сапоги со скрипом.

Около Самоварника собралась целая толпа, что его еще больше ободрило. Что же, пустой он человек, а все-таки и пустой человек может хорошим словом обмолвиться. Кто в самом деле пойдет теперь в огненную работу или полезет в гору? Весь кабак загалдел, как пчелиный улей, а Самоварник орал пуще всех и даже ругал неизвестно кого.

— Да, оно точно што тово... — повторял Тит Горбатый, ошеломленный общим галденьем. — Оно действительно... Как ты думаешь, Дорох?

— А кажу бисова сына этому выворотню, Тит... Ото так!.. Пидем та и потягнем горилки, Тит, бо в мене голова як гарбуз.

XI

— Козак иде... шире дорогу! — кричал голос на улице.

— Ото дурень, Терешка мой... — самодовольно говорил старик Ковальчук, толкая локтем Тита Горбатого. — Такой уродивсь: дурня не выпрямишь.

Горбатый посмотрел на приятеля слезившимися глазами и покачал головой.

— Бачь, як разщирився мой козак... го!.. — радовался Ковальчук, заглядывая в двери. — Запорожец, кажу бисова сына... Гей, Терешка!.. А батька не побачив, бисова дитына?

К старикам протолкался приземистый хохол Терешка, старший сын Дороха. Он был в кумачной красной рубахе; новенький чекмень, накинутый на одно плечо, тащился полой по земле. Смуглое лицо с русою бородкой и карими глазами было бы красиво, если бы его не портил открытый пьяный рот.

— А, это ты, батько!.. — проговорил Терешка, пошатываясь. — А я, батько, в козаки... запорожец... Чи нэма в вас, тату, горилки?

— Ото так, сынку... Доходи ближе, вже жь покажу тоби, пранцеватому, батькову горилку!.. Як потягну за чупрыну, тогда и будешь козак.

Терешка махнул рукой, повернулся на каблуках и побрел к стойке. С ним пришел в кабак степенный, седобородый старик туляк Деян, известный по всему заводу под названием Поперешного, — он всегда шел поперек миру и теперь высматривал кругом, к чему бы "почипляться". Завидев Тита Горбатого, Деян поздоровался с ним и, мотнув головой на галдевшего Терешку, проговорил:

— Вот они, эти хохлы, какие: батьков в грош не ставят, а?.. Ты, Дорох, как полагаешь, порядок это али нет?

— Якого же тебе порядка треба? — удивлялся Дорох.

— Вот ты и толкуй с ними... — презрительно заметил Деян, не отвечая хохлу. — Отец в кабак — и сын в кабак, да еще Терешка же перед отцом и величается. Нашим ребятам повадку дают... Пришел бы мой сын в кабак, да я бы из него целую сажень дров сделал!

— Верно... Это ты верно, Деян, этово-тово, — соглашался Тит Горбатый. — Надо порядок в дому, чтобы острастка... Не надо баловать парней. Это ты верно, Деян... Слабый народ — хохлы, у них никаких порядков в дому не полагается, а, значит, родители совсем ни в грош. Вот Дорох с Терешкой же и разговаривает, этово-тово, заместо того, штобы взять орясину да Терешку орясиной.

— Да за волосья! — добавлял Деян, делая правою рукой соответствующее движение. — Да по зубам!

— Можно и по зубам, — соглашался Тит.

— Одною рукой за волосья, а другою в зубы, — вот тебе и будет твой сын, а то... тьфу!.. Глядеть-то на них один срам.

— Одчепись, глиндра! — ругался старый Ковальчук, возмущенный назойливостью Деяна. — Поперешный человик...

33

Побачимо, шо-то з ваших сынов буде, а наши до нас зостануться: свое лихо.

Эта размолвка стариков прекратилась сейчас же, как Деян отошел к стойке и пристал к Самоварнику.

— Друг ты мне или нет, Деян? — лез обниматься к нему подгулявший дозорный. — Родимый мой, вкусим по единой.

— Чему ты обрадовался! — отталкивал его Деян. — Воля нам, православным, вышла, а кержаков пуще того будут корчить... Обрадовались, обушники!.. А знаешь поговорку: "взвыла собака на свою голову"?

— Родимый мой, а?.. Какое я тебе слово скажу, а?.. Кто Устюжанинову робить на фабрике будет, а?.. Родимый мой, а еще что я тебе скажу, а?..

В кабаке стоял дым коромыслом. Из дверей к стойке едва можно было пробиться. Одна сальная свечка, стоявшая у выручки, едва освещала небольшое пространство, где действовала Рачителиха. Ей помогал красивый двенадцатилетний мальчик с большими темными глазами. Он с снисходительною важностью принимал деньги, пересчитывал и прятал под стойку в стоявшую там деревянную "шкатунку".

— Илюшка, ты смотри, не просчитайся, — повторяла ему Рачителиха. — Получил, што ли, с Терешки?

— Не приставай, знаем без тебя, — небрежно отвечал мальчик и с важностью смотрел на напиравшую толпу. — Вон Деяну отпущай четушку. Дядя Деян, хошь наливки?

— Ах ты, клоп... А как ты матке сейчас ответил? — привязался к нему Поперешный. — Дунюшка, не поважай парнишка: теперь пожалеешь — после наплачешься от него.

— Ну, ну, у себя на печи командуй, — спокойно огрызнулся мальчик и лениво зевнул. — Экая прорва народу наперла!..

Время от времени мальчик приотворял дверь в комнату, где сидел отец с гостями, и сердито сдвигал брови. Дьячок Евгеньич был совсем пьян и, пошатываясь, размахивал рукой, как это делают настоящие регенты. Рачитель и учитель Агап пели козлиными голосами, закрывая от удовольствия глаза.

— "Многая, многая, многая лета... мно-о-о-га-ая ле-еее-та!" — вытягивал своим дребезжащим, жиденьким тенорком Евгеньич. — Ну, еще, братие... Агап, слушай: си-до-ре!.. А ты, Рачитель, подхватывай. Ну, братие... Илюшка, пострел, подавай еще водки, чего глядишь?

— Давай деньги... Даром-то гуси по воде плавают.

Тит Горбатый и старый Ковальчук успели еще раза два сходить к стойке и теперь вполне благодушествовали. Хохол достал кисет с табаком, набил тютюном люльку и попыхивал дымом, как заводская труба.

— Кум... а кум? — повторял Тит, покачиваясь на месте.

— Який я тоби кум? Ото выворачиве человик...

34

— Нет, ты постой, Дорох... Теперь мы так с тобой, этово-тово, будем говорить. Есть у меня сын Павел?

— Щось таке?

— Есть, говорю, сын у меня меньшой? Пашка сын, десятый ему годочек с спожинок пошел. Значит, Пашка... А у тебя, Дорох, есть дочь, как ее звать-то?.. Лукерьей дочь-то звать?

— Та нэт же: ни якой Лукерьи нэма... Старшая Матрена, удовая, ну, Катрина матка — Катря, що у пана в горницах. Нэма Лукерьи.

— А меньшую-то как звать?

— Э, экий же ты, Тит, недогадливый: Федоркой звать.

— Так, так, Федорка... вспомнил. В нашем Туляцком конце видал, этово-тово, как с девчонками бегала. Славная девушка, ничего, а выправится — невеста будет.

— А то як же? У старого Коваля як дочка подрастет — ведмедица буде... У меня все дочки ведмедицы!

— Так, так... Так я тово, Дорох, про Федорку-то, значит, тово... Ведь жениха ей нужно будет приспособить? Ну, так у меня, значит, Пашка к тому времени в пору войдет.

— Ну, нэхай ему, твоему Пашке... Усе хлопцы так: маленький, маленький, а потом вырости большой дурень, як мой Терешка.

— Хочешь сватом быть, Дорох?.. Сейчас ударим по рукам — и дело свято... Пропьем, значит, твою девку, коли на то пошло!

— А ну вдарим, Тит... Ведмедица, кажу, Федорка буде!

Подгулявшие старики ударили по рукам и начали перекоряться относительно заклада, даров, количества водки и других необходимых принадлежностей всякой свадьбы.

— А ну поцалуемся, Тит, — предлагал Ковальчук и облапил будущего свата, как настоящий медведь. — Оттак!.. Да пидем к Дуньке, пусть руки разнимет.

Пошатываясь, старики побрели прямо к стойке; они не заметили, что кабак быстро опустел, точно весь народ вымели. Только в дверях нерешительно шушукались чьи-то голоса. У стойки на скамье сидел плечистый мужик в одной красной рубахе и тихо разговаривал о чем-то с целовальничихой. Другой в чекмене и синих пестрядинных шароварах пил водку, поглядывая на сердитое лицо целовальничихина сына Илюшки, который косился на мужика в красной рубахе.

— Дунька... А вот разойми у нас руки: сватами будем, — заговорил Тит Горбатый, останавливаясь у стойки.

Взглянув на мужика в красной рубахе, он так и проглотил какое-то слово, которое хотел сказать. Дорох во-время успел его толкнуть в бок и прошептал:

— Сват, бачишь?.. Эге, Окулко...

Но сват уже пятился к дверям, озираясь по сторонам: Окулко был знаменитый разбойник, державший в страхе все заводы. В дверях старики натолкнулись на дурака Терешку и Параскове́ю-Пятницу, которых подталкивали в спину другие.

— Эге, сват, пора втикать до дому, — шептал Ковальчук,

выскакивая на крыльцо. — Оттак Дунька... Другий-то тоже разбойник: Беспалого слыхал?

XII

Беспалый попрежнему стоял у стойки и сосредоточенно пил водку. Его сердитое лицо с черноватою бородкой и черными, как угли, глазами производило неприятное впечатление; подстриженные в скобку волосы и раскольничьего покроя кафтан говорили о его происхождении — это был закоснелый кержак, отрубивший себе палец на правой руке, чтобы не идти под красную шапку. Окулко был симпатичнее: светло-русая окладистая бородка, серые большие глаза и шапка кудрявых волос на голове. К ним подошел третий товарищ, хохол Челыш, громадный мужик с маленькою головкой, длинными руками и сутулою спиной, как у всех силачей.

— Где ты пропадал, Челыш? — окликнул его Окулко.

— А до господского дома ходив, — вяло ответил хохол и знаком приказал целовальничихе подать целый полуштоф водки. — Паны гуляют у господском дому, — ну, я на исправника поглядел... Давно не видались.

Воцарившаяся в кабаке тишина заставила дьячка Евгеньича высунуть голову. Увидав разбойников, он поспешил мгновенно скрыться, точно кто его ударил. Окулко продолжал сидеть у стойки и сумрачно поглядывал на Рачителиху.

— Нашли тоже и время прийти... — ворчала та, стараясь не смотреть на Окулка. — Народу полный кабак, а они лезут... Ты, Окулко, одурел совсем... Возьму вот, да всех в шею!.. Какой народ-то, поди уж к исправнику побежали.

— А Самоварник у встречу попавсь: бегит-бегит к господскому дому, — смеялся Челыш, расправляя усы. — До исправника побег, собачий сын, а мы що зуспеем покантовать, Дуня.

— Пора кабак запирать, вот что! — не вытерпел, наконец, Илюшка, вызывающе поглядывая на кутивших разбойников. — Ступайте, откуда пришли...

— Вишь змееныш! — взбурил Окулко и ударил кулаком по стойке.

Целовальничиха посмотрела на него умоляющим взглядом и вся покраснела, точно он ударил ее этим словом по сердцу. Она так и обмерла давеча, когда у стойки точно из земли вырос Окулко. И каждый раз так, а он сидит и смотрит на нее. О, как любила когда-то она вот эту кудрявую голову, сколько приняла из-за нее всякого сраму, а он на свою же кровь поднимается... Вон как на Илюшку взбурил, как медведь. Но это было минутное чувство: Дуня забыла о себе и думала теперь об этих разбойниках, которым одна своя воля осталась. Бабье сердце так и заныло от жалости, и целовальничиха

36

смотрела на всех троих такими ласковыми глазами. Не будет воли вот этим отпетым, забубенным головушкам да бабам...

— Окулко, ступай, коли ум есть, — ласково прошептала она, наклоняясь к разбойнику. — Сейчас народ нагонят... неровен час...

— Тошно мне, Дунюшка... — тихо ответил Окулко и так хорошо посмотрел на целовальничиху, что у ней точно что порвалось. — Стосковался я об тебе, вот и пришел. Всем радость, а мы, как волки, по лесу бродим... Давай водки!

Челыш и Беспалый в это время шептались относительно Груздева. Его теперь можно будет взять, потому как и остановился он не у Основы, а в господском доме. Антип обещал подать весточку, по какой дороге Груздев поедет, а он большие тысячи везет с собой. Антип-то ловко все разведал у кучера: водку даве вместе пили, — ну, кучер и разболтался, а обережного обещался напоить. Проворный черт, этот Матюшка Гущин, дай бог троим с ним одним управиться.

— Работишка будет... — толкнул Беспалый разнежившегося Окулка. — Толстое брюхо поедет.

В это время, пошатываясь, в кабак входил Антип. Он размахивал шапкой и напевал крепостную московскую песню, которую выучил в одном сибирском остроге:

Собаки борзые,
Крестьяне босые...

Разбойники не обратили на него никакого внимания, как на незнакомого человека, а Беспалый так его толкнул, что старик отлетел от стойки сажени на две и начал ругаться.

— А ты не дерись, слышишь? — приставал Антип к Беспалому, разыгрывая постороннего человека. — Мы и сами сдачи дадим мелкими...

Подбодренные смелостью старика, в дверях показались два-три человека с единственным заводским вором Мороком во главе. Они продолжали подталкивать дурачка Терешку, Парасковею-Пятницу и другого дурака, Марзака, высокого старика с лысою головою. Морок, плечистый мужик с окладистою бородой и темными глазами навыкате, слыл за отчаянную башку и не боялся никого. С ним под руку ворвался в кабак совсем пьяный Терешка-казак.

— Сорок восемь серебром... приказываю... — бормотал Терешка и полез к стойке.

— Терешка, хочешь водки? — окликнул его Окулко. — Рачителиха, давай им всем по стакану... Парасковея, аль не узнала?.. Наливай еще по стакану! — командовал развеселившийся Окулко. — Всем воля вышла... Гуляй на все, сдачи не будет.

— Окулко, возьмите меня с собой козаковать? — приставал к разбойнику Терешка-казак, не понимавший, что делает. — Я верхом поеду... Теперь, брат, всем воля: не тронь!

— У нас хлеб дорогой, а ты глуп. Нет, брат, нам с тобой не по пути... — отвечал Окулко, чутко прислушиваясь к каждому звуку.

37

— Я?.. Запорожец... эге!.. Хочешь, потянемся на палке...

— Ступай к своему батьке да скажи ему, чтобы по спине тебя вытянул палкой-то... — смеялся Окулко. — Вот Морока возьмем, ежели пойдет, потому как он промыслит и для себя и для нас. Так я говорю, Морок?

— Угости стаканчиком, Окулко!

— Ах ты, горе гороховое!.. Рачителиха, лени ему стаканчик... Пусть с Параскевеей повеселятся в мою голову. А давно тебя били в последний раз, Морок?

— Третьева дни... Так взбодрили, что страсть.

— За какие качества?

— А так... Сапоги нашли... Знаешь Самоварника? Ну, так его сапоги... Только как жив остался — удивительно!

Морок был удивительный человек, умевший отбиться от работы даже в крепостное время. Он произошел все заводские работы, какие только существовали, и нигде не мог ужиться. Сначала как будто и работает, а потом все бросит, и его гонят в три шеи. Окончательно Морок отбился от господской работы, когда поставили на руднике паровую машину. "Что я за собака, чтобы на свист стал ходить?" — объявил Морок и не стал ходить на работу. Что с ним ни делали, он устоял на своем. Сам Палач отказался от Морока. Добившись воли, Морок превратился в кабацкого завсегдатая и слыл по заводу, как единственный вор. Он ходил в лохмотьях, но держался гордо, как свободный человек. И теперь, выпив стакан водки, он тряхнул своею косматою бородой, хлопнул Окулка по плечу и проговорил:

— Вот я, Окулко, раньше всех волю получил... Уж драли-драли, тиранили-тиранили, Палач выбился из сил, а я все-таки устоял... Вот каков я есть человек, Окулко!.. Разе ищо ошарашить стаканчик за твое здоровье? Больно уж меня избили третьева дни... на смерть били.

Окулко только мотнул головой Рачителихе, и та налила Мороку второй стаканчик. Она терпеть не могла этого пропойцу, потому что он вечно пьянствовал с Рачителем, и теперь смотрела на него злыми глазами.

В кабаке после недавнего затишья опять поднялся шум. Пьяный Терешка-казак орал песни и обнимался с Челышем, Марзак и Парасковея-Пятница горланили песни, дурачок Терешка хохотал, как сумасшедший.

— Над чем ты хохочешь, Терешка? — спрашивала его участливо Рачителиха.

— Весело, браковка... — отвечал дурачок и, протянув руку с деревянною коробкой, прибавил: — Часы купи... днем и ночью ходят...

Коробка была выдолблена из куска дерева и закрыта крышкой. Отодвинув крышку, Терешка показал бегавшего в коробке таракана и опять залился своим детским смехом. Всех мужиков он звал Иванычами, а баб — браковками.

Захмелевший Морок подсел к Окулку и, облапив его одною рукой, заговорил:

— Ну, как вы теперь, Окулко?.. Всем вышла воля, а вы всё на лесном положении... Так я говорю?

XIII

После веселого обеда весь господский дом спал до вечернего чая. Все так устали, что на два часа дом точно вымер. В сарайной отдыхали Груздев и Овсянников, в комнате Луки Назарыча почивал исправник Иван Семеныч, а Петр Елисеич прилег в своем кабинете. Домнушка тоже прикорнула у себя в кухне. Бодрствовали только дети.

Нюрочка спряталась в кабинете отца и хотела здесь просидеть до вечера, пока все не проснутся: она боялась Васи. Ей сделалось ужасно скучно и еще не улеглось нервное состояние после рассказа Ивана Семеныча за обедом, как он высек Сидора Карпыча. Окружавшая ее тишина усиливала невидимую душевную работу. Под конец Нюрочка расплакалась, сидя тихонько в своем уголке, как плачут сироты. В этот критический момент дверь в кабинете осторожно отворилась и в нее высунулась кудрявая русая головка Васи, — она что-то шептала и делала таинственные знаки. Нюрочка отлично понимала этот немой язык, но только отрицательно покачала головой. Знаки повторились с новою силой, и Васина голова делала такие уморительные гримасы, что Нюрочка рассмеялась сквозь слезы. Это ее погубило. Голова сначала показала ей язык, а потом приняла хныкающее выражение. Осторожно, на цыпочках, чтобы не разбудить спавшего отца, Нюрочка вышла из своей засады и подошла к двери.

— Ты опять будешь драться? — спросила она на всякий случай.

— А ты плакса... — шепотом ответила голова, и это показалось Нюрочке настолько убедительным, что она вышла из кабинета.

Очутившись за дверью, она вдруг струсила; но Вася и не думал ее бить, а только схватил за руку и стремительно потащил за собой.

— Пойдем, Нюра, я тебе покажу такую штуку... — задыхающимся шепотом повторял он.

Глаза у пристанского разбойника так и горели, и охватившее его воодушевление передалось Нюрочке, как зараза. Она шла теперь за Васей, сама не отдавая себе отчета. Они сначала вышли во двор, потом за ворота, а через площадь к конторе уже бежали бегом, так что у Нюрочки захватывало дух.

— Вот так штука!.. — повторял Вася, задыхаясь от волнения.

Они прибежали в контору. Через темный коридор Вася провел свою приятельницу к лестнице наверх, где помещался заводский архив. Нюрочка здесь никогда не бывала и остановилась в нерешительности, но Вася уже тащил ее за руку по лестнице вверх. Дети прошли какой-то темный коридор, где стояла поломанная мебель, и очутились, наконец, в большой низкой комнате, уставленной по стенам шкафами с связками бумаг. Все здесь было покрыто толстым слоем пыли, как и следует быть настоящему архиву.

— А это что? — торжественно объявил Вася, указывая на громадный черный щит из картона, на котором был вырезан вензель, подклеенный зеленою и красною бумагой.

Нюрочка еще никогда не видала вензелей и с удивлением смотрела на эту мудреную штуку, пока Вася объяснял ей его значение и заставлял пощупать и картон, и бумагу, и полочку для свечей на задней стенке вензеля.

— Все это зажгут, — объяснял Вася тоном знатока. — Плошки приготовлены в машинной... А мы будем кричать "ура", и твой папа и мой — все.

Нюрочке вдруг сделалось ужасно весело, и Вася в ее глазах совсем изменился. Ей даже нравилось ничего не думать, а слепо подчиняться чужой воле. Она чувствовала то же сладко-замирающее ощущение, как на высоких качелях. Когда же, наконец, наступит вечер и зажгут иллюминацию? Ей казалось, что она просто не доживет до этого, и маленькое сердце замирало от волнения. Дальше все происходило в каком-то тумане: Вася водил свою спутницу по всей конторе, потом они бегали на плотину, где так ужасно шумела вода, и, наконец, очутились на крыше господского дома. Как случилось это последнее, Нюрочка не могла объяснить. Одна она умерла бы от страха, а за Васей карабкалась везде, как коза, и была счастлива, если он ее одобрял взглядом или жестом.

Петра Елисеича разбудила Катря, объясняя своим ломаным хохлацким говором, что панночка на крыше и ни за что не хочет спуститься оттуда.

— Нюрочка? На крыше? — повторял машинально Петр Елисеич, ничего не понимая.

— Аж страшно глядеть... — объясняла Катря.

— Не может быть! — решил он. — Ты что-нибудь путаешь...

Когда он вышел на двор, то действительно увидал Нюрочку, которая в своем желтом платьице карабкалась по самому коньку крыши. У него даже замерло сердце от ужаса... А Нюрочка улыбалась ему с крыши, напрасно отыскивая глазами своего веселого спутника, — пристанской разбойник, завидев Петра Елисеича, с ловкостью обезьяны кубарем скатился по крыше, прыгнул на росшую в саду липу, а по ней уже добрался благополучно до земли. Нюрочка увидала его уже в саду; он опять кривлялся и показывал ей язык, а она только сейчас поняла свою полную беспомощность, и давешний страх опять охватил ее. Снял ее с крыши уже кучер Семка.

— Ах ты, коза, коза... — ласково журил ее Петр Елисеич. — Так нельзя, Нюрочка.

Петр Елисеич в радостном волнении унес Нюрочку на руках в комнату и заставил наливать себе чай, — в столовой уже кипел на столе самовар.

Господский дом проснулся как-то разом, и опять в нем закипело веселье, на время прерванное сном. Иван Семеныч потребовал себе пунша, потому что у него голова требовала починки. Потом стали пить пунш все, а на дворе опять появились кафтанники, лесообъездчики и разный другой заводский люд.

— Ах ты, француз, француз!.. — говорил исправник, хлопая Петра Елисеича по плечу. — Ну-ка, расскажи, как ты с французским королем в Париже обедал?

— Давно это было, Иван Семеныч, позабыл, — отнекивался Петр Елисеич.

— Сегодня можно и припомнить... Да ну же, ангел мой, расскажи!..

— Да самая простая вещь: все первые ученики, кончившие курс в Ecole polytechnique[6], обедали с королем... Такой обычай существовал, а Луи-Филипп был добряк. Ну, и я обедал...

— А страшно было, ангел мой? Ну, признайся... хе-хе!.. Какой-нибудь кержак из Самосадки и вдруг обедает за одним столом с французским королем. Это, черт возьми, ангел мой... Ты как полагаешь, Самойло Евтихыч?

— А?.. Выпьем!.. — как-то мычал Груздев; он редко пил и под влиянием вина превращался из бойкого и говорливого человека в меланхолика.

Нюрочка перебегала из столовой в залу и смотрела в окно на галдевшую на дворе толпу. Ей опять было весело, и она только избегала встречаться с Иваном Семенычем, которого сразу разлюбила. Добрый старик замечал эту детскую ненависть и не знал, как опять подружиться с Нюрочкой. Улучив минуту, когда она проходила мимо него, он поймал ее за какую-то оборку и прошептал, указывая глазами на Овсянникова:

— Писанка, ну, спроси у его про часы...

В другое время Нюрочка не посмела бы обратиться к сердитому и недовольному секретарю Луки Назарыча, но сейчас на нее накатился шаловливый стих.

— Илья Савельич, покажите часы!.. — звонко проговорила она, развязно подходя к угрюмому человеку.

Овсянников дремал за стаканом пунша, когда Нюрочка подбежала к нему, и с удивлением посмотрел на нее. Слово "часы" сразу подняло его на ноги. Он достал их из кармана жилета, вытер платком и начал объяснять необыкновенные достоинства.

— Анкерные-с... с парашютом... — повторял он, показывая Нюрочке внутреннее устройство часов.

У закостеневшего на заводской работе Овсянникова была всего единственная слабость, именно эти золотые часы. Если кто хотел найти доступ в его канцелярское сердце, стоило только завести речь об его часах и с большею или меньшею ловкостью похвалить их. Эту слабость многие знали и пользовались ею самым бессовестным образом. На именинах, когда Овсянников выпивал лишнюю рюмку,

---

[6] Политехнической школе (франц.).

41

он бросал их за окно, чтобы доказать прочность. То же самое проделал он и теперь, и Нюрочка хохотала до слез, как сумасшедшая.

— Ото дурень! — шептал ей Иван Семеныч, стараясь обнять. — А ты все еще сердишься на меня, писанка?

— Вы — злой... — отвечала Нюрочка, стараясь побороть в себе зарождавшуюся симпатию к Ивану Семенычу. — Нехороший...

Нюрочка совсем не заметила, как наступил вечер, и пропустила главный момент, когда зажигали иллюминацию, главным образом, когда устанавливали над воротами вензель. Как весело горели плошки на крыше, по карнизам, на окнах, а собравшийся на площади народ кричал "ура". Петр Елисеич разошелся, как никогда, и в окно бросал в народ медные деньги и пряники.

— Песенников!.. — скомандовал он кому-то из дозорных.

Скоро под окнами образовался круг, и грянула проголосная песня. Певцы были все кержаки, — отличались брательники Гущины. Обережной Груздева, силач Матюшка Гущин, достал берестяной рожок и заводил необыкновенно кудрявые колена; в Ключевском заводе на этом рожке играли всего двое, Матюшка да доменный мастер Никитич. Проголосная песня полилась широкою рекой, и все затихло кругом.

> Не взвивайся, мой голубчик,
> Да выше лесу, выше гор... -

выводил чей-то жалобный фальцетик, а рожок Матюшки подхватывал мотив, и песня поднималась точно на крыльях. Мочеганка Домнушка присела к окну, подперла рукой щеку и слушала, вся слушала, — очень уж хорошо поют кержаки, хоть и обушники. У мочеган и песен таких нет... Свое бабье одиночество обступило Домнушку, непокрытую головушку, и она растужилась, расплакалась. Нету дна бабьему горюшку... Домнушка совсем забылась, как чья-то могучая рука обняла ее.

— Не весь голову, не печаль хозяина... — ласково проговорил над самым ее ухом голос красавца Спирьки Гущина.

Домнушка не двинулась, точно она вся застыла, очарованная проголосною старинною песней.

Какое-то стихийное веселье охватило весь господский дом. Иван Семеныч развернулся и потребовал песенников в горницы, а когда круг грянул:

> Уж ты, зимонька-зима,
> Студеная была зима! -

он пошел вприсядку с Васей Груздевым, который плясал, как скоморох.

— Куму подавайте!.. — кричал Иван Семеныч. — Где кума?

Притащили Домнушку из кухни и, как она ни упиралась, заставили выпить целый стакан наливки и поставили в круг.

Домнушка вытерла губы, округлила правую руку и, помахивая своим фартуком, поплыла павой, — плясать была она первая мастерица.

— Ах, ешь тебя мухи с комарами! — кричал Иван Семеныч, избоченивась и притопывая ногами на месте. — Ахти... хти, хти...

Он только что хотел выделывать свое колено, как в круг протиснулся Полуэхт Самоварник и остановил его за плечо.

— Родимый мой... — бормотал он, делая какие-то знаки.

— Ну, и нашел время, — ворчал Иван Семеныч.

Круг замолк, Домнушка уныряула в свою кухню, а Самоварник шептал исправнику:

— В кабаке все трое... Вот сейчас провалиться, своем глазам видел: и Окулко, и Челыш, и Беспалый...

— Я им покажу, ангел мой...

Набат точно вымел весь народ из господского дома, остались только Домнушка, Катря и Нюрочка, да бродил еще по двору пьяный коморник Антип. Народ с площади бросился к кабаку, — всех гнало любопытство посмотреть, как будет исправник ловить Окулка. Перепуганные Катря и Нюрочка прибежали в кухню к Домнушке и не знали, куда им спрятаться.

— Я боюсь... боюсь... — плакала Нюрочка. — Все убежали...

— Христос с нами, барышня, — уговаривала девочку захмелевшая от наливки Домнушка. — Легкое место сказать: весь завод бросился ловить одного Окулка... А он уйдет от них!

— Он с ножом, Домнушка?

— Конечно, с ножом, потому как в лесу живет... Тьфу!.. Не пымать им Окулка... Туда же и наш Аника-то воин потрепался, Иван-то Семеныч!..

Замирающею трелью заливался колокол у заводской конторы, как звонили только на пожар. Вскинулась за своею стойкой Рачителиха, когда донесся до нее этот звук.

— Чу, это нам благовестят!.. — проговорил Беспалый, пряча руку за пазуху, где лежал у него нож.

— Уходи, уходи... — шептала Дуня, хватая Окулка за его могучее плечо и напрасно стараясь сдвинуть с места.

— Не впервой... — лениво ответил Окулко. — Давай водки, Дуня.

Замерло все в кабаке и около кабака. Со стороны конторы близился гулкий топот, — это гнали верхами лесообъездчики и исправничьи казаки. Дверь в кабаке была отворена попрежнему, но никто не смел войти в нее. К двум окнам припали усатые казачьи рожи и глядели в кабак.

Когда к кабаку подъехал Иван Семеныч, единственная сальная свеча, горевшая на стойке, погасла и наступила зловещая тишина.

— Берите его! — кричал Иван Семеныч, бросаясь в дверь.

В мгновение ока произошла невообразимая свалка. Зазвенели стекла в окнах, полетели откуда-то поленья, поднялся крик и отчаянный свист.

— Вяжи их, ангелы вы мои!.. — кричал Иван Семеныч, перелезая к стойке по живой куче катавшихся по полу мужицких тел.

— Готово!.. — отвечал Матюшка Гущин, который бросился в кабак в числе первых и теперь пластом лежал на разбойнике. — Тут ён, вашескородие... здесь... Надо полагать, самый Окулко и есть!

Разбойник делал отчаянные усилия освободиться: бил Матюшку ногами, кусался, но все было напрасно.

— Всех перевязали? — спрашивал в темноте охриплый голос Ивана Семеныча.

— Усех, вашескородие... — отвечал голос туляка-лесообъездчика.

Когда добыли огня и осветили картину побоища, оказалось, что вместо разбойников перевязали Терешку-казака, вора Морока и обоих дураков.

— Который Окулко? — спрашивал Иван Семеныч.

Все сконфуженно молчали. Иван Семеныч, когда узнал, в чем дело, даже побелел от злости и дрожащими губами сказал Рачителихе:

— Ну, душа моя, я тебя сейчас так посеребрю, что...

Но он во-время опомнился, махнул рукой и вышел из кабака.

— Пусть эти подлецы переночуют в машинной, — указал он на связанных, а потом обернулся, выругал Рачителиху, плюнул и вышел.

Окулко в это время успел забраться в сарайную, где захватил исправничий чемодан, и благополучно с ним скрылся.

XIV

Набат поднял весь завод на ноги, и всякий, кто мог бежать, летел к кабаку. В общем движении и сумятице не мог принять участия только один доменный мастер Никитич, дожидавшийся под домной выпуска. Его так и подмывало бросить все и побежать к кабаку вместе с народом, который из Кержацкого конца и Пеньковки бросился по плотине толпами.

Убежит Никитич под домну, посмотрит "в глаз"[7], откуда сочился расплавленный шлак, и опять к лестнице. Слепень бормотал ему сверху, как осенний глухарь с листвени.

Кто-нибудь завернет, тогда узнаем, — решил Никитич, окончательно удаляясь на свой пост.

В доменном корпусе было совсем темно, и только небольшое слабо освещенное пространство оставалось около напряженно красневшего глаза. Заспанный мальчик тыкал пучком березовой лучины в шлак, но огонь не показывался, а только дымилась лучина, с треском откидывая тонкие синеватые искры. Когда, наконец, она вспыхнула, прежде всего осветилась глубокая арка самой печи. Направо в земле шла под глазом канавка с порогом, а налево у самой

---

[7] Глазом у доменной печи называют отверстие для выпуска шлаков и чугуна. (Прим. Д.Н.Мамина-Сибиряка.)

44

арки стояла деревянная скамеечка, на которой обыкновенно сидел Никитич, наблюдая свою "хозяйку", как он называл доменную печь.

— Да ты откуда объявился-то, Сидор Карпыч? — удивился Никитич, только теперь заметив сидевшего на его месте сумасшедшего.

— А пришел...

— Знаю, что пришел... Михалко, посвети-ка на изложницы, все ли канавки проделаны...

Сидор Карпыч каждый вечер исправно являлся на фабрику и обходил все корпуса, где шла огненная работа. К огню он питал какое-то болезненное пристрастие и по целым часам неподвижно смотрел на пылавшие кричные огни, на раскаленные добела пудлинговые печи, на внутренность домны через стеклышко в фурме, и на его неподвижном, бесстрастном лице появлялась точно тень пробегавшей мысли. В застывшем лице на мгновение вспыхивало сознание и так же быстро потухало, стоило Сидору Карпычу отвернуться от яркого света. Теперь все корпуса были закрыты, кроме доменного, и Сидор Карпыч смотрел на доменный глаз, светившийся огненно-красною слезой. Рабочие так привыкли к безмолвному присутствию "немого", как называли его, что не замечали даже, когда он приходил и когда уходил: явится, как тень, и, как тень, скроется.

Теперь он наблюдал колеблющееся световое пятно, которое ходило по корпусу вместе с Михалкой, — это весело горел пук лучины в руках Михалки. Вверху, под горбившеюся запыленною железною крышей едва обозначались длинные железные связи и скрепления, точно в воздухе висела железная паутина. На вороте, который опускал над изложницами блестевшие от частого употребления железные цепи, дремали доменные голуби, — в каждом корпусе были свои голуби, и рабочие их прикармливали.

— Мир вам — и я к вам, — послышался голос в дверях, и показался сам Полуэхт Самоварник в своем кержацком халате, форсисто перекинутом с руки на руку. — Эй, Никитич, родимый мой, чего ты тут ворожишь?

— Ты из кабака, Полуэхт?

— Было дело... Ушел Окулко-то, а казаки впотьмах связали Морока, Терешку Ковальчука, да Марзака, да еще дурачка Терешку. Чистая галуха![8]

— Так и ушел?

— Ушел, да еще у исправника чемодан прихватил, родимый мой.

— Н-ноо?.. Ловко!

Полуэхт посмотрел на Никитича и присел на скамеечку, рядом с Сидором Карпычем, который все следил за горевшею лучиной и падавшими от нее красными искрами.

— Ну, как твоя хозяйка? — спрашивал Самоварник, чтобы

---

[8] На фабричном жаргоне "галуха" — умора. (Прим. Д.Н.Мамина-Сибиряка.)

угодить Никитичу, который в своей доменной печи видел живое существо.

— Пошаливать начинает для праздника... — ответил Никитич и, подойдя к деревянной полочке с пробой, показал свежий образчик. — Половик выкинула, потому не любит она наших праздников.

Самоварник посмотрел пробу и покачал головой. Лучшим чугуном считался серый, потому что легко идет в передел, а белый плохим; половиком называют средний сорт.

— Наверху, видно, празднуют... — глубокомысленно заметил Самоварник, поднимая голову кверху. — Засыпки и подсыпки[9] плохо робят. Да и то сказать, родимый мой, суди на волка, суди и по волку: все загуляли.

К разговаривавшим подошел казачок Тишка, приходившийся Никитичу племянником. Он страшно запыхался, потому что бежал из господского дома во весь дух, чтобы сообщить дяде последние новости, но, увидев сидевшего на скамейке Самоварника, понял, что напрасно торопился.

— Ну что, малец? — спрашивал Никитич, зажигая новый пук лучины.

— Все то же... У нас в дому дым коромыслом стоит: пируют страсть!

— И Окулка не боятся?

— Антипа заставили играть на балалайке, а Груздев пляшет с Домнушкой... Вприсядку так и зажаривает, только брюхо трясется. Даве наклался было плясать исправник, да Окулко помешал... И Петр Елисеич наш тоже вот как развернулся, только платочком помахивает.

— Вот что, Никитич, родимый мой, скажу я тебе одно словечко, — перебил мальчика Самоварник. — Смотрю я на фабрику нашу, родимый мой, и раскидываю своим умом так: кто теперь Устюжанинову робить на ней будет, а? Тоже вот и медный рудник взять: вся Пеньковка расползется, как тараканы из лукошка.

— Как ты сказал? — удивился Никитич и даже опустил зажженную лучину, не замечая, что у него уже начала тлеть пола кафтана.

— Я говорю, родимый мой: кто Устюжанинову робить будет? Все уйдут с огненной работы и с рудника тоже.

Никитич только теперь понял все значение вопроса и совершенно остолбенел.

— Теперь вольны стали, не заманишь на фабрику, — продолжал Самоварник уже с азартом. — Мочегане-то все поднялись даве, как один человек, когда я им сказал это самое словечко... Да я первый не пойду на фабрику, плевать мне на нее! Я торговать сяду в лавку к Груздеву.

— Постой, постой... — остановил его Никитич, все еще не имея

_____

[9] Засыпки и подсыпки — рабочие, которые засыпают в печь уголь, руду и флюсы. (Прим. Д.Н.Мамина-Сибиряка.)

сил совладать с мыслью, никак не хотевшей укладываться в его заводскую голову. — Как ты сказал: кто будет на фабрике робить?

— Да я первый!.. Да мне плевать... да пусть сам Устюжанинов жарится в огненной-то работе!..

Довольный произведенным впечатлением, Самоварник поднялся на ноги и размахивал своим халатом под самым носом у Никитича, точно петух. Казачок Тишка смотрел своими большими глазами то на дядю, то на развоевавшегося Самоварника и, затаив дыхание, ждал, что скажет дядя.

— А как же, например, моя-то домна останется? — накинулся Никитич с азартом, — для него вдруг сделалось все совершенно ясно. — Ну, как ее оставить хоть на час?.. Сейчас козла посадишь — и конец!

— Хошь десять козлов сади, черт с ней, с твоею домной!

— Ну, нет, брат, это уж ты врешь, Полуэхт! Я теперь тридцать лет около нее хожу, сколько раз отваживался, а тут вдруг брошу за здорово живешь.

— И бросишь, когда все уйдут: летухи, засыпки, печатальщики... Сиди и любуйся на нее, когда некому будет робить. Уж мочегане не пойдут, а наши кержаки чем грешнее сделались?

— Врешь, врешь!.. — орал Никитич, как бешеный: в нем сказался фанатик-мастеровой, выросший на огненной работе третьим поколением. — Ну, чего ты орешь-то, Полуэхт?.. Если тебе охота — уходи, черт с тобой, а как же домну оставить?.. Ну, кричные мастера, обжимочные, пудлинговые, листокатальные... Да ты сбесился никак, Полуэхт?

Казачок Тишка вполне понимал дядю и хохотал до слез над Самоварником, который только раскрывал рот и махал руками, как ворона, а Никитич на него все наступает, все наступает.

— Ты его в ухо засвети, дядя! — посоветовал Тишка. — Вот так галуха, братцы...

— Меня не будет, Тишка пойдет под домну! — ревел Никитич, оттесняя Самоварника к выходу. — Сынишка подрастет, он заменит меня, а домна все-таки не станет.

— Да ведь и сына-то у тебя нет! — кричал Самоварник.

— Все равно: дочь Оленку пошлю.

Этот шум обратил на себя внимание литухов, которые тоже бегали в кабак ловить Окулка и теперь сбились в одну кучку в воротах доменного корпуса. Они помирали со смеху над Самоварником, и только один Сидор Карпыч был невозмутим и попрежнему смотрел на красный глаз печи.

Эта сцена кончилась тем, что Самоварник обругал Никитича варнаком и убежал.

XV

Праздник для Петра Елисеича закончился очень печально: неожиданно расхворалась Нюрочка. Когда все вернулись из неудачной экспедиции на Окулка, веселье в господском доме закипело с новою силой, — полились веселые песни, поднялся гам пьяных голосов и топот неистовой пляски. Петр Елисеич в суматохе как-то совсем забыл про Нюрочку и вспомнил про нее только тогда, когда прибежала Катря и заявила, что панночка лежит в постели и бредит.

— Папочка, мне страшно, — повторяла девочка. — Окулко придет с ножом и зарежет нас всех.

Комната Нюрочки помещалась рядом с столовой. В ней стояли две кровати, одна Нюрочкина, другая — Катри. Девочка, совсем раздетая, лежала в своей постели и показалась Петру Елисеичу такою худенькой и слабой. Лихорадочный румянец разошелся по ее тонкому лицу пятнами, глаза казались темнее обыкновенного. Маленькие ручки были холодны, как лед.

— Я посижу с тобой, моя крошка, — успокаивал больную Петр Елисеич.

— С тобой я не боюсь, папа, — шептала Нюрочка, закрывая глаза от утомления.

Пульс был нехороший, и Петр Елисеич только покачал головой. Такие лихорадочные припадки были с Нюрочкой и раньше, и Домнушка называла их "ростучкой", — к росту девочка скудается здоровьем, вот и все. Но теперь Петр Елисеич невольно припомнил, как Нюрочка провела целый день. Вообще слишком много впечатлений для одного дня.

— Папочка, его очень били? — неожиданно спросила Нюрочка, продолжая лежать с закрытыми глазами.

— Нет, Окулко убежал...

— Куда же он убежал, папочка?.. Ведь теперь темно... Я знаю, что его били. Вот всем весело, все смеются, а он, как зверь, бежит в лес... Мне его жаль, папочка!..

— Да ведь ты его боишься и другие боятся тоже, поэтому и ловили.

— А если бы поймали, тогда Иван Семеныч высек бы его, как Сидора Карпыча?

— Не нужно об этом думать, глупенькая. Спи...

— Когда тебя нет, папочка, мне ужасно страшно делается, а когда ты со мной, мне опять жаль Окулка... отчего это?..

Разгулявшиеся гости не нуждались больше в присутствии хозяина, и Петр Елисеич был рад, что может, наконец, отдохнуть в Нюрочкиной комнате. Этот детский лепет всегда как-то освежающе действовал на него. В детском мозгу мысль просыпалась такая же чистая и светлая, как вода где-нибудь в горном ключике. Вот и теперь встревоженный детский ум так трогательно ищет опоры, разумного объяснения и, главное, сочувствия, как молодое растение тянется к свету и теплу. Чтобы отец не ушел, Нюрочка держала его руку за палец и так дремала.

— Ты здесь, папочка?

— Я здесь, Нюрочка.

Детское лицо улыбалось в полусне счастливою улыбкой, и слышалось ровное дыхание засыпающего человека. Лихорадка проходила, и только красные пятна попрежнему играли на худеньком личике. О, как Петр Елисеич любил его, это детское лицо, напоминавшее ему другое, которого он уже не увидит!.. А между тем именно сегодня он страстно хотел его видеть, и щемящая боль охватывала его старое сердце, и в голове проносилась одна картина за другой.

Вот на пристани Самосадке живет "жигаль"[10] Елеска Мухин. Старик Палач, отец нынешнего Палача, заметил его и взял к себе на рудник Крутяш в дозорные, как верного человека, а маленького Елескина сына записал в заводскую ключевскую школу. Маленький кержачонок, попавший в учебу, был горько оплакан в Самосадке, где мать и разные старухи отчитывали его, как покойника. Жигаль Елеска тоже хмурился, потому что боялся гражданской печати хуже медведя, но разговаривать с старым Палачом не полагалось.

— Дурак, человеком будет твой Петька, — коротко объяснил Палач, по-медвежьи покровительствовавший Елеске. — Выучится, в контору служителем определят.

На Мурмосских заводах было всего две школы — одна в Мурмосе, другая в Ключевском. Учили одинаково скверно в обеих, а требовался, главным образом, красивый почерк. Маленький кержачонок Петька Жигаль, как прозвали его школяры по отцу, оказался одним из первых, потому что уже выучился церковной печати еще в Самосадке у своих старух мастериц. Выучился бы он в школе, поступил бы на службу в завод и превратился бы в обыкновенного крепостного служителя, но случилось иначе. Проживавший за границей заводовладелец Устюжанинов как-то вспомнил про свои заводы на Урале, и ему пришла дикая блажь насадить в них плоды настоящего европейского просвещения, а для этого стоило только написать коротенькую записочку главному заводскому управляющему. Сказано — сделано. Когда эта записочка прилетела на Урал, то последовала немедленная резолюция: выбрать из числа заводских школьников десять лучших и отправить их в Париж, где проживал тогда сам Устюжанинов. В это роковое число попали Петька Жигаль и хохленок Сидор Карпыч. Можно себе представить, как с Самосадки отправляли мальчугана в неведомую, басурманскую сторону. Даже "красная шапка" не производила такого панического ужаса: бабы выли и ревели над Петькой хуже, чем если

---

[10] Жигалями в куренной работе называют рабочих, которые жгут дровяные кучи в уголь: работа очень трудная и еще больше ответственная. (Прим. Д.Н.Мамина-Сибиряка.)

бы его живого закапывали в землю, — совсем несмысленый еще мальчонко, а бритоусы и табашники обасурманят его.

Маленькому Пете Мухину было двенадцать лет, когда он распрощался с своею Самосадкой, увозя с собой твердую решимость во что бы то ни стало бежать от антихристовой учебы. Лучше умереть, чем погубить маленькую самосадскую душу, уже пропитанную раскольничьим духом под руководством разных исправщиц, мастериц и начетчиц. Три раза пытался бежать с дороги маленький самосадский дикарь и три раза был жестоко наказан родными розгами, а дальше следовало ошеломляющее впечатление новой парижской жизни. Устюжанинов не поскупился на средства для своей "академии", как он называл своих заграничных учеников. К крепостным детям были поставлены дорогие учителя, и вообще они воспитывались в прекрасной обстановке, что не помешало Пете Мухину сделать последнюю отчаянную попытку к бегству. Он был возвращен в "академию" уже французским комиссаром и должен был помириться с неизбежною судьбой. Боже мой, как это было давно, и из всей "академии" в живых оставались только двое: он, Петька Жигаль, да еще Сидор Карпыч.

Десять лет, проведенных в Париже, совершенно переработали уральских дикарей, усвоивших не только внешний вид проклятых басурман, но и душевный строй. Блага европейской цивилизации совершенно победили черноземную силу. Родное оставалось в такой дали, что о нем думали, как о чем-то чужом. Часть воспитанников получила дипломы в Ecole des mines[11], а другие в знаменитой Ecole polytechnique. К последним принадлежал и Pierre Mouchine, окончивший курс первым учеником. Мещанский король Луи-Филипп ежегодно приглашал первого ученика из Ecole polytechnique к своему обеду, и таким образом самосадский кержак, сын жигаля Елески, попал в Елисейский дворец. Это был какой-то блестящий и фантастический сон, который разбился потом самым безжалостным образом.

Меценатствовавший заводовладелец Устюжанинов был доволен успехами своей "академии" и мечтал о том времени, когда своих крепостных самородков-управителей заменит на заводах европейски-образованными специалистами. Неожиданная смерть прервала эти замыслы, а "академия" осталась крепостной: меценат забыл выдать вольные. Оставался, конечно, наследник, но он был еще настолько мал, что не мог поправить эту маленькую ошибку, как и окружавшая его опека. Это маленькое затруднение, впрочем, нисколько не беспокоило молодых инженеров, возвращавшихся на родину с легким сердцем. Большинство из них переженились, кто в Париже, кто в Германии, кто в Бельгии. Мухин тоже женился на француженке, небогатой девушке, дочери механика.

Появление "заграничных" в Мурмосе произвело общую сенсацию. На вернувшуюся из далеких краев молодежь сбегались

---

[11] Горной школе (франц.).

смотреть, как на невиданных зверей. Положим, на заводах всегда проживали какие-нибудь механики-немцы, но тут получались свои немцы. Всего более удивляли одеревеневший в напастях заводский люд европейские костюмы "заграничных", потом их жены-"немки" и, наконец, та свобода, с какой они держали себя. С первых же шагов на родной почве произошли драматические столкновения: родная, кровная среда не узнавала в "заграничных" свою плоть и кровь. Так, например, обедавший с французским королем Мухин на Самосадке был встречен проклятиями. Самого жигаля Елески уже не было в живых, а раскольница-мать не пустила "француза" даже на глаза к себе, чтобы не осквернить родного пепелища. Он был проклят, как бритоус, табашник и, особенно, как муж "немки". Но самое ужасное было еще впереди. Главным управляющим тогда только что был назначен Лука Назарыч, выдвинувшийся из безличной крепостной массы своею неукротимою энергией. Появление "заграничных" уже вперед стало ему костью поперек горла. Они жили в Мурмосе уже около месяца, а он все еще не желал их принять, выжидая распоряжения из Петербурга. Наконец, получено было и оно: делайте с "заграничными" что знаете и как знаете, по своему личному благоусмотрению. Это только и было нужно. Заводский рассыла оповестил "заграничных", чтобы они явились в контору в шесть часов утра. Они явились и должны были ждать два часа в передней, пока не позвал "сам". Их уже предупредили, что они должны остановиться у порога и здесь выслушать милостивое слово своего начальства.

— Прежде всего вы все крепостные, — заговорил Лука Назарыч, тогда еще средних лет человек. — Я тоже крепостной. Вот и все. О дальнейших моих распоряжениях вы узнаете через контору.

Это было ударом грома. Одно слово "крепостной" убивало все: значит, и их жены тоже крепостные, и дети, и все вместе отданы на полный произвол крепостному заводскому начальству. Нет слов выразить то отчаяние, которое овладело всею "академией". Чтобы не произошло чего-нибудь, всех "заграничных" рассортировали по отдельным заводам. Гений крепостного управляющего проявился в полном блеске: горные инженеры получили места писцов в бухгалтерии, техники были приставлены приемщиками угля и т.д. Мухин, как удостоившийся чести обедать с французским королем, получил и особый почет. Лука Назарыч ни с того ни с чего возненавидел его и отправил в "медную гору", к старому Палачу, что делалось только в наказание за особенно важные провинности. Первый ученик Ecole polytechnique каждый день должен был спускаться по стремянке с киркой в руках и с блендочкой на кожаном поясе на глубину шестидесяти сажен и работать там наравне с другими; он представлял в заводском хозяйстве ценность, как мускульная сила, а в его знаниях никто не нуждался. Мухина спасло то, что старый Палач еще не забыл жигаля Елеску и не особенно притеснял нового рабочего.

Нужно ли говорить, что произошло потом: все "заграничные" кончили очень быстро; двое спились, один застрелился, трое умерли от чахотки, а остальные сошли с ума. К этому тяжелому времени относится эпизод с Сидором Карпычем, которого отодрал Иван Семеныч. Сидор Карпыч кончил сумасшествием, и Петр Елисеич держал его при себе, как товарища по несчастию, которому даже и деваться было некуда. Уцелел один Петр Елисеич, да и тот слыл за человека повихнувшегося. В течение пятнадцати лет его преследовала неукротимая ненависть Луки Назарыча, и только впоследствии он мог кое-как выбиться из числа простых рабочих.

Главный управляющий торжествовал вполне.

Жена Мухина героически переносила свои испытания, но слишком рано сделалась задумчивой, молчаливой и как-то вся ушла в себя. Ее почти не видали посторонние люди. Это нелюдимство походило на сумасшествие, за исключением тех редких минут, когда мелькали проблески сознания. К этому служило поводом и то, что первые дети умирали, и оставалась одна Нюрочка. Умирая, эта "немка" умоляла мужа отправить дочь туда, на Запад, где и свет, и справедливость, и счастье. Ах, как она тосковала, что даже мертвым ее тело должно оставаться в русских снегах, хотя и верила, что наступит счастливая пора и для крепостной России.

Все это происходило за пять лет до этого дня, и Петр Елисеич снова переживал свою жизнь, сидя у Нюрочкиной кроватки. Он не слыхал шума в соседних комнатах, не слыхал, как расходились гости, и опомнился только тогда, когда в господском доме наступила полная тишина. Мельники, говорят, просыпаются, когда остановится мельничное колесо, так было и теперь.

Убедившись, что Нюрочка спит крепко, Петр Елисеич отправился к себе в кабинет, где горел огонь и Сидор Карпыч гулял, по обыкновению, из угла в угол.

— Ну, что же ты ничего не скажешь? — заговорил с ним Мухин. — Ты понимаешь ведь, что случилось, да? Ты рад?

— Пожалуй...

Петр Елисеич схватил себя за голову и упал на кушетку; его только теперь взяло то горе, которое давило камнем целую жизнь.

— Старые, дряхлые, никому не нужные... — шептал он, сдерживая глухие рыдания. — Поздно наша воля пришла, Сидор Карпыч. Ведь ты понимаешь, что я говорю?

Единственный человек, который мог разделить и горе и радость великого дня, не мог даже ответить.

ЧАСТЬ ВТОРАЯ

I

Когда старый Коваль вернулся вечером из кабака домой, он прямо объявил жене Ганне, что, слава богу, просватал Федорку. Это известие старая хохлушка приняла за обыкновенные выкрутасы и не обратила внимания на подгулявшего старика.

— Пошел вывертать на уси боки... — ворчала она, толкая мужа в спину.

— Ганна, що я тоби кажу? — бормотал упрямый хохол, хватаясь за косяки дверей в сенцы. — А вот устану и буду стоять... Не трошь старого козака!..

— Оце лядащо... чего вин товчется, як баран?

Старушка напрасно старалась своими худыми руками разнять руки пьяницы, но ей на подмогу выскочила из избы сноха Лукерья и помогла втащить Коваля в хату.

— А где Терёх? — спрашивала Лукерья. — Две пьяницы, право... Сидели бы дома, как добрые люди, а то нашли место в кабаке.

Эта тулянка Лукерья была сердитая баба и любила покомандовать над пьяными мужиками, а своего Тереха, по великорусскому обычаю, совсем под голик загнала.

— Геть, бабы!.. Чего мордуете?.. — командовал старик, продолжая упираться ногами. — А якого я свата нашел... по рукам вдарили... Эге, моя Федорка ведмедица... сват Тит тоже хвалит... а у него хлопец Пашка... Ну, чего вы на мене зуставились, як две козы?

— Матушка, да ведь старики и в самом деле, надо быть, пропили Федорку! — спохватилась Лукерья и даже всплеснула руками. — С Титом Горбатым весь день в кабаке сидели, ну и ударили по рукам...

Это известие совсем ошеломило Ганну, у ней даже руки повело от ужаса, и она только смотрела на сноху. Изба едва освещалась чадившим ночником. На лавке, подложив старую свитку в головы, спала мертвым сном Федора.

— Дорох, вже то правда? — спрашивала несчастная Ганна, чувствуя, как ее подкатывает "до пиченок".

— А то як же?.. В мене така голова, Ганна... тягнем горилку с Титом, а сами по рукам...

— Ой, лышечко!.. — заголосила Ганна, набрасываясь на старика. — Вот ледачи люди... выворотни проклятущи... Та я ж не отдам Федорку: помру, а не отдам!

— Нашел, куда просватать!.. — качала головой Лукерья. — Дом большой, одних снох четыре... Да и свекровь хороша: изъедуга...

Федорка проснулась, села на лавке, посмотрела на плакавшую мать и тоже заревела благим матом. Этот рев и вой несколько умерили блаженное состояние Коваля, и он с удивлением смотрел по сторонам.

— От тоби на... — проговорил он, наконец, разводя руками. — Лукерья, а где твой Терёх, вгадай?

— Да я почем знаю... Вместе сидели в кабаке...

— А я ж тоби кажу: побигай до машинной, там твой и Терёх. Попавсь, бисова дитына, як индык!

Теперь запричитала Лукерья и бросилась в свою заднюю избу, где на полу спали двое маленьких ребятишек. Накинув на плечи пониток, она вернулась, чтобы расспросить старика, что и как случилось, но Коваль уже спал на лавке и, как бабы ни тормошили его, только мычал. Старая Ганна не знала, о ком теперь сокрушаться: о просватанной Федорке или о посаженном в машинную Терешке.

— А я в контору сбегаю проведать... — решила сердитая на все Лукерья и полетела на улицу.

Через полчаса она вернулась: Терешка спал в машинной мертвецки пьяный, и Лукерья, заливаясь слезами, от души желала, чтобы завтра исправник хорошенько отодрал его. Старая Ганна слушала сноху и качала головой. Закричавший в задней избе ребенок заставил Лукерью уйти, наконец, к себе.

Всю ночь до свету не спала Ганна. И кашель ее мучил и разные нехорошие думки. Терешка, конечно, проспится, а вот как Федорка... Слезы так и душили старую хохлушку, когда она начинала думать об этом несчастном сватовстве и представляла свою Федорку снохой Тита Горбатого. Хохлы охотно женились на тулянках, как это было и с Терешкой. Ганна сама этого пожелала и выбрала Лукерью. Тулянки такие работящие и не зорят семьи, как хохлушки. Куда бы девалась та же Ганна, если бы Лукерья начала подбивать Терешку к отделу? Конечно, она сердитая и ни в чем не уступает Ганне, но зато ведет целый дом и никогда не пожалуется. Тулянки сами охотно шли за хохлов, потому что там не было больших семей, а хохлушки боялись женихаться с туляками. В большом дому ленивую и неумелую хохлушку-сноху забьют проворные на все тулянки, чему и было несколько примеров.

Старшая дочь Матрена сколько горя приняла со своим вдовством, а теперь последнюю родной отец хочет загубить.

Рано утром, отпустив корову в пасево, Ганна успела прибраться по хозяйству. Дом у Коваля был небольшой, но исправный. Изба делилась сенями по-москалиному на две половины: в передней жил сам старик со старухой и дочерью, а в задней — Терешка с своей семьей. Было у них два хлева, где стояли Терешкина лошадь и корова Пестренка, под навесом красовалась новая телега, под другим жили овцы, а в огороде была устроена особая загородка для свиней. Дорох любил, чтобы к рождеству заколоть своего "кабана" и есть коржики с своим салом. Вообще все хозяйство как следует быть: своя шерсть от овец и овчины (это уж Лукерья завела овец), свое молоко и свое мясо к празднику.

Когда сноха проснулась и затопила печку, Ганна накинула на

54

плечи старый жупан и торопливо вышла из ворот: стадо уже угнали в лес, и только проспавшие хозяйки гнали своих коровенок. Изба старого Коваля выходила лицом к речке Култыму, которая отделяла Хохлацкий конец от Туляцкого. Старая Ганна торопливо перебежала по берегу, поднялась на пригорок, где по праздникам девки играли песни, и через покосившийся старый мост перешла на туляцкую сторону, где правильными рядами вытянулись всё такие крепкие, хорошие избы.

— Вон какие славные избы у туляков... — невольно сравнила старуха туляцкую постройку с своей хохлацкой. — Наши хохлы ленивые да пьянчуги... о, чтоб им пусто было!.. Вон тулянки уж печки истопили, а наши хохлушки только еще поднимаются...

Когда-то давно Ганна была и красива и "товста", а теперь остались у ней кожа да кости. Даже сквозь жупан выступали на спине худые лопатки. Сгорбленные плечи, тонкая шея и сморщенное лицо делали Ганну старше ее лет, а обмотанная бумажною шалью голова точно была чужая. Стоптанные старые сапоги так и болтались у ней на ногах. С моста нужно было подняться опять в горку, и Ганна приостановилась, чтобы перевести немного дух: у ней давно болела грудь.

Большая пятистенная изба Горбатого стояла на большой Туляцкой улице, по которой шла большая дорога в Мурмос. Она резко выделялась среди других построек своею высокою тесовою крышей и целым рядом разных пристроек, сгрудившихся на задах. Недавно старик покрыл весь двор сплошною крышей, как у кержаков, и новые тесницы так и горели на солнце. Все знали, что старику помог второй сын, Макар, который попал в лесообъездчики и стал получать доходы. Таких крытых дворов в Туляцком конце было уже штук пять, а у хохлов ни одного. Рядом с избой Горбатого стыдливо присела развалившаяся избенка пьяницы Рачителя и своим убожеством еще сильнее выделяла богатого соседа.

У ворот стояла запряженная телега. Тит Горбатый давно встал и собирался ехать на покос. У старика трещала с похмелья голова, и он неприветливо покосился на Ганну, которая спросила его, где старая Палагея.

— А в избе киснет... — едва ответил старик, рассматривая рассыхавшееся колесо. — Она, тово-этово, со снохами воюет.

Поднимаясь на крылечко, Ганна натолкнулась на молодую сноху Агафью, которая стремглав вылетела из избы и на ходу поправляла сбившийся на затылок платок. Красное лицо и заплаканные глаза не требовали объяснений. Отворив дверь в избу, Ганна увидела старшую сноху у печи, а сама Палагея усаживалась за кросна. Обернувшись, старуха с удивлением посмотрела на раннюю гостью. Помолившись на образ, Ганна присела на лавочку к кроснам и завела речь о лишней ярочке, которую не знала куда девать. Палагея внимательно слушала, опустив глаза, — она чувствовала, что хохлушка пришла не за этим. Когда возившаяся около печи сноха вывернулась зачем-то из избы, Ганна рассказала про вчерашнее сватовство.

— Ну, так что тебе? — сурово спросила Палагея, неприятно пораженная этою новостью. Тит не любил разбалтывать в своей семье и ничего не сказал жене про вчерашнее.

— Та будь ласкова, разговори своего-то старика, — уговаривала Ганна со слезами на глазах. — Глупая моя Федорка, какая она сноха в таком большом дому... И делать ничего не вмеет, — совсем ледаща.

— Отец да мать не выучат — добрые люди выучат... Что же, разве мы цыгана, чтобы словами-то меняться?.. Может, родниться не хочешь?

Вернувшаяся в избу сноха прекратила этот разговор, и Ганна торопливо вытерла непрошенные слезы и опять заговорила про свою ярочку.

— А наших тулянок любите брать? — спрашивала рассердившаяся старуха, не обращая внимания на политику гостьи. — Сама тоже для Терешки присмотрела не хохлушку... Вишь старая!.. А как самой довелось...

— Да ведь тулянки сами бегут за наших хохлов, — оправдывалась Ганна. — Спроси Лукерью...

— Потакаете снохам, вот и бегут... Да еще нашим повадка нехорошая идет. А про Федорку не беспокойся: выучится помаленьку.

Кросна сердито защелкали, и Ганна поняла, что пора уходить: не во-время пришла. "У, ведьма!" — подумала она, шагая через порог богатой избы, по которой снохи бегали, как мыши в мышеловке.

За воротами Ганна натолкнулась на новую неприятную сцену. Тит стоял у телеги с черемуховою палкой в руках и смотрел на подъезжавшего верхом второго сына, Макара. Лесообъездчик прогулял где-то целую ночь с товарищами и теперь едва держался в седле. Завидев отца, Макар выпрямился и расправил болтавшиеся на нем лядунки.

— Слезай, — коротко приказал Тит.

Макар, не торопясь, слез с лошади, снял шапку и подошел к отцу.

— Тятя... прости... — бормотал он и повалился в ноги.

Тит схватил его за волосы и принялся колотить своею палкой что было силы. Гибкий черемуховый прут только свистел в воздухе, а Макар даже не пробовал защищаться. Это был красивый, широкоплечий парень, и Ганне стало до смерти его жаль.

— Будешь по ночам пропадать, а?.. — кричал на всю улицу Тит, продолжая работать палкой. — Будешь?..

— Хорошенько его, — поощрял Деян Поперешный, который жил напротив и теперь высунул голову в окошко. — От рук ребята отбиваются, глядя на хохлов. Ты его за волосья да по спине... вот так... Поболтай его хорошенько, дольше не рассохнется.

— Тятя, прости! — взвыл Макар, валяясь по земле.

Эта сцена привлекла общее внимание. Везде из окон показались туляцкие головы. Из ворот выскакивали белоголовые ребятишки и торопливо прятались назад. Общественное мнение безраздельно было за старика Тита, который совсем умаялся.

— Буде тоби хлопца увечить, — вступилась было Ганна и даже

56

сделала попытку схватить черемуховую палку у расходившегося старика.

— Убирайся, потатчица, — закричала на нее в окошко Палагея. — Вишь выискалась какая добрая... Вот я еще, Макарка, прибавлю тебе, иди-ка в избу-то.

— Што взяла, старая? — накинулся Деян из своего окна на Ганну. — Терешка-то придет из машинной, так ты позови меня поучить его... А то вместе с Титом придем.

Но старая Ганна уже не слушала его и торопливо шла на свою хохлацкую сторону с худыми избами и пьянчугами хозяевами.

— А бог с вами! — бормотала она, шаркая сапогами по земле. — Бо зна, що роблять...

На мосту ей попались Пашка Горбатый, шустрый мальчик, и Илюшка Рачитель, — это были закадычные друзья. Они ходили вместе в школу, а потом бегали в лес, затевали разные игры и баловались. Огороды избенки Рачителя и горбатовской избы были рядом, что и связывало ребят: вышел Пашка в огород, а уж Илюшка сидит на прясле, или наоборот. Старая Ганна пристально посмотрела на будущего мужа своей ненаглядной Федорки и даже остановилась: проворный парнишка будет, ежели бы не семья ихняя.

— Ты чего шары-то вытаращила? — оборвал ее Пашка и показал язык. — У, старая карга... глиндра!..

Илюшка поднял ком сухой грязи и ловко запустил им в старуху.

— Оце, змееныши! — ругалась Ганна, защищая лицо рукой. — Я вас, пранцеватых... Геть, щидрики!..

— Глиндра!..

II

Мальчишки что есть духу запустили от моста домой, и зоркий Илюшка крикнул:

— Гли, Пашка, гли: важно взбулындывает отец Макарку! Даром что лесообъездчик, а только лядунки трясутся.

Сорванцы остановились в приличном отдалении: им хотелось и любопытную историю досмотреть до конца, да и на глаза старику черту не попасться, — пожалуй, еще вздует за здорово живешь.

— Айда к нам в избу, — приглашал Илюшка и перекинулся на руках прямо через прясло. — Испугался небойсь тятьки-то, а?.. Тит и тебя отвзбулындывает.

Бойкий Илюшка любил дразнить Пашку, как вообще всех богатых товарищей. В нем сказывалось завистливое, нехорошее чувство, — вон какая изба у Тита, а у них какая-то гнилушка.

— Я буду непременно разбойником, как Окулко, — говорил он, толкая покосившуюся дверку в сени избушки. — Поедет богатый мужик с деньгами, а я его за горло: стой, глиндра!

— А богатый тебя по лбу треснет.

— В красной кумачной рубахе буду ходить, как Окулко, и в плисовых шароварах. Приду в кабак — все и расступятся... Разбойник Илька пришел!..

В избе жила мать Домнушки и Рачителя, глухая жалкая старуха, вечно лежавшая на печи. Мальчишки постоянно приходили подразнить ее и при случае стащить что-нибудь из съестного. Домнушка на неделе завертывала проведать мать раза три и непременно тащила с собой какой-нибудь узелок с разною господскою едой: то кусок пирога, то телятины, то целую жареную рыбу, а иногда и шкалик сладкой наливки. Старуха не прочь была выпить, причем стонала и жаловалась на свою судьбу еще больше, чем обыкновенно. Заслышав теперь шаги своих врагов, старуха закричала на них:

— Куда вы, пострелы, лезете?.. Илюшка, это ты?

— Я, баушка Акулина.

— А с тобой кто?

— Пашка Горбатый... В гости пришли, баушка.

— Как ты сказал: в гости?.. Вот я ужо слезу с печки-то да Титу и пожалуюсь... Он вам таких гостинцев насыплет, пострелы.

Ребята обшарили всю избушку и ничего не нашли: рано пришли, а Домнушка еще не бывала.

— Этакая шлюха эта Домнушка! — тоном большого обругался Илюшка. — Отец-то куды у тебя собрался?

— А на покос... Меня хотел везти, да я убег от него. Больно злой с похмелья-то, старый черт... Всех по зубам так и чистит с утра.

Пашка старался усвоить грубый тон Илюшки, которому вообще подражал во всем, — Илюшка был старше его и везде лез в первую голову. Из избы ребята прошли в огород, где и спрятались за худою баней, — отсюда через прясло было отлично видно, как Тит поедет на покос.

— Пашка... эй, Пашка! — кричал сердитый старик, выглядывая в свой огород. — Ужо я тебя, этово-тово... Пашка!

— Не откликайся: вздует, — поучил Илюшка.

Ребятишки прятались за баней и хихикали над сердившимся стариком. Домой он приедет к вечеру, а тогда Пашка заберется на полати в переднюю избу и мать не даст обижать.

— Эх вы, богатей! — презрительно заметил Илюшка, хватая приятеля за вихры, и прибавил с гордостью: — Третьева дни я бегал к тетке на рудник...

— К приказчице? — хихикнул Пашка, закрывая рот рукой. — Ведь Анисья с Палачом живет.

— Ну, живет... Ну, мать меня к ей посылала... Я нарочно по Кержацкому концу прошел и двух кержаков отболтал.

— Не подавись врать-то!

— Я?.. Верно тебе говорю... Ну, прихожу к тетке, она меня сейчас давай чаем угощать, а сама в матерчатом платье ходит... Шалевый платок ей подарил Палач на пасхе, да Козловы ботинки, да шкатунку. Вот тебе и приказчица!

Это хвастовство взбесило Пашку, — уж очень этот Илюшка нос стал задирать... Лучше их нет, Рачителей, а и вся-то цена им: кабацкая затычка. Последнего Пашка из туляцкого благоразумия не сказал, а только подумал. Но Илюшка, поощренный его вниманием, продолжал еще сильнее хвастать: у матери двои Козловы ботинки, потом шелковое платье хочет купить и т.д.

— А откуда деньги-то? — лукаво хихикнул Пашка.

— Известно, откуда: из выручки. От Груздева небось отсчитаемся... Целую бочку на неделе-то продали.

— Вот и врешь: Окулко дает твоей матери деньги, — неожиданно заявил Пашка с убеждением.

Это заявление обескуражило Илюшку, так что он не нашелся даже, что ему ответить.

— А ты не знал, зачем Окулко к вам в кабак ходит? — не унимался Пашка, ободренный произведенным впечатлением. — Вот тебе и двои Козловы ботинки... Окулко-то ведь жил с твоею матерью, когда она еще в девках была. Ее в хомуте водили по всему заводу... А все из-за Окулка!..

Илюшка молчал и только смотрел на Пашку широко раскрытыми глазами. Он мог, конечно, сейчас же исколотить приятеля, но что-то точно связывало его по рукам и по ногам, и он ждал с мучительным любопытством, что еще скажет Пашка. И злость, и слезы, и обидное щемящее чувство захватывали ему дух, а Пашка продолжал свое, наслаждаясь мучениями благоприятеля. Ему страстно хотелось, чтобы Илюшка заревел и даже побил бы его. Вот тебе, хвастун!

— У вас вся семья такая, — продолжал Пашка. — Домнушку на фабрике как дразнят, а твоя тетка в приказчицах живет у Палача. Деян постоянно рассказывает, как мать-то в хомуте водили тогда. Он рассказывает, а мужики хохочут. Рачитель потом как колотил твою-то мать: за волосья по улицам таскал, чересседельником хлестал... страсть!.. Вот тебе и козловы ботинки...

В это мгновение Илюшка прыжком насел на Пашку, повалил его на землю и принялся отчаянно бить по лицу кулаками. Он был страшен в эту минуту: лицо покрылось смертельною бледностью, глаза горели, губы тряслись от бешенства. Пашка сначала крепился, а потом заревел благим матом. На крик выбежала молодая сноха Агафья, копавшая в огороде гряды, и накинулась на разбойника Илюшку.

— Ах ты, собачье мясо! — кричала она, стараясь разнять катавшихся по земле ребятишек, но ничего не могла поделать и бросилась за помощью в избу.

Расстервенившийся Илюшка ничего не сознавал, — он точно одеревенел, вцепившись в обидчика. Прибежавшая старуха Палагея ударила его по спине палкой, а старшая сноха ухватила за волосы, но Илюшка не выпускал хрипевшего Пашки и ругал баб нехорошими словами. Только появление Макарки прекратило побоище: он, как кошку, отбросил Илюшку в сторону и поднял с земли жениха Федорки в самом жалком виде, — лицо было в крови, губы распухли. На шум выползла из своей избушки даже бабушка Акулина, на которую и накинулась Палагея, — Илюшка уже давно летел по улице к кабаку.

— Сейчас видно разбойничье-то отродье... — корила Палагея, размахивая руками. — Вот навязались суседи, прости господи!

— Ну, вы, бабы: будет! — окрикнул Макар, дал затрещину хныкавшему Пашке и, пошатываясь, пошел домой.

Высокая, здоровая старуха Палагея долго не могла успокоиться. Поругавшись с бабушкой Акулиной, она цыкнула на снох, стоявших у прясла с разинутыми ртами, и с ворчаньем, как медведица, побрела к своему двору. В пестрядинном сарафане своей домашней работы из домашнего холста, она имела что-то внушительное, а старушечье лицо смотрело серыми глазами так строго и холодно. Старшая сноха, красивая толстая баба, повязанная кумачным платком, высоко подтыкала свой будничный сарафан и, не торопясь, тоже пошла домой, — она по очереди сегодня управлялась в избе. Младшая сноха, Агафья, белобрысая бабенка с узкими и покатыми плечами, следовала за ней по пятам, чтобы не попадаться на глаза рассерженной свекрови. Она не пошла к своей гряде, где в борозде валялась брошенная второпях лопатка, а поскорее нырнула в ворота и спряталась от старухи в конюшне.

Пашка в семье Горбатого был младшим и поэтому пользовался большими льготами, особенно у матери. Снохи за это терпеть не могли баловня и при случае натравляли на него старика, который никому в доме спуску не давал. Да и трудно было увернуться от родительской руки, когда четыре семьи жались в двух избах. О выделе никто не смел и помышлять, да он был и немыслим: тогда рухнуло бы все горбатовское благосостояние.

Макар ушел к себе в заднюю избу, где его жена Татьяна стирала на ребят. Он все еще не мог прочухаться от родительской трепки и недружелюбно смотрел на широкую спину безответной жены, взятой в богатую семью за свою лошадиную силу.

— Это ты нажалилась отцу? — придирался Макар к жене, едва удерживаясь от желания хлобыснуть Татьяну по спине.

— Штой-то, Макар, все ты присыкаешься ко мне... — слезливо ответила несчастная баба, инстинктивно убирая свою спину от замахнувшегося кулака.

— У, ведьма!.. — рычал Макар, тыкая жену в бок.

Та схватилась за "убитое" место и жалко захныкала, что еще сильнее рассердило Макара, и он больно ударил жену ногой прямо в живот.

Положение Татьяны в семье было очень тяжелое. Это было всем хорошо известно, но каждый смотрел на это, как на что-то неизбежное. Макар пьянствовал, Макар походя бил жену, Макар вообще безобразничал, но где дело касалось жены — вся семья молчала и делала вид, что ничего не видит и не слышит. Особенно фальшивили в этом случае старики, подставлявшие несчастную бабу под обух своими руками. Когда соседки начинали приставать к Палагее, она подбирала строго губы и всегда отвечала одно и то же:

— Промежду мужем и женой один бог судья...

Даже сегодняшняя проволочка Макару, заданная от старика, имела более хозяйственный интерес, а не нравственный: он его бил не как плохого мужа, а как плохого члена семьи, баловавшего на стороне на неизвестные деньги. Старший сын, Федор, был смирный и забитый мужик, не могший служить опорой дому в качестве большака. Когда пришлось женить Макара, горбатовская семья была большая, но всё подростки или ребята, так что у Палагеи со старшею снохой "управа не брала". Нужно было взять работящую, безответную бабу, какую сам Тит и подыскал в лице Татьяны. Макар, конечно, знал отлично эти домашние расчеты и все-таки женился, не смея перечить родительской воле. Пока семья крепла и разрасталась, Татьяна была необходима для работы, — баба "воротила весь дом", — но когда остальные дети подросли и в дом взяли третью сноху, Агафью, жену четвертого сына, Фрола, честь Татьяне сразу отошла. Три снохи управятся с каким угодно хозяйством, и в ней не было теперь особенной необходимости. Вместе с приливавшим довольством явились и новые требования: Агафью взяли уже из богатого дома, — значит, ею нельзя было так помыкать, как Татьяной, да и работать по-настоящему еще нужно было учить. Выходило так, что Татьяна своим слишком рабочим видом точно конфузила горбатовскую семью, особенно наряду с другими снохами, и ее держали в черном теле, как изработавшуюся скотину, какая околачивается по задним дворам на подножном корму.

Были у Горбатого еще два сына: один — Артем, муж Домнушки, женившийся на ней "по соседству", против родительской воли, а другой — учитель Агап. Артем ушел в солдаты. Считая сыновей, Тит откладывал всего пять пальцев и откидывал Агапа, как отрезанный ломоть. Да и какой это человек для семьи: учитель заводской народной школы? Еще был бы служащий или просто попал куда "на доходы", как лесообъездчик Макар, тогда другое дело, а то учитель — последнее дело. Братья подшучивали над пьяницей Агапом, как над посторонним человеком, и в грош его не ставили. Даже большак Федор, околачивавшийся в доменной печи подсыпкой, и тот чувствовал свое превосходство. Агап и Домнушка совсем были исключены из семьи, как чужие, потому что от них не было дому никакой пользы.

Семья Тита славилась как хорошие, исправные работники. Сам старик работал всю жизнь в куренях, куда уводил с собой двух сыновей. Куренная работа тяжелая и ответственная, потом нужно иметь скотину и большое хозяйственное обзаведение, но большие туляцкие семьи держались именно за нее, потому что она представляла больше свободы, — в курене не скоро достанешь, да и

61

как уследишь за самою работой? На дворе у Тита всегда стояли угольные коробья, дровни и тому подобная углепоставщицкая снасть.

III

Когда у кабака Дуньки Рачителихи стояла сивая кобыла, все знали, что в кабаке засел Морок. Эта кобыла ходила за хозяином, как собака, и Морок никогда ее не кормил: если захочет жрать, так и сама найдет. Сейчас кобыла стояла у кабака, понурив голову и сонно моргая глазами, а Морок сидел у стойки с учителем Агапом и Рачителем. Сегодня происходило великое торжество: друзья делали вспрыски по поводу отправления Морока в пасево. Единственный заводский вор знал только одну работу: пасти лошадей. Это был каторжный и крайне ответственный труд, но Морок пользовался громкою репутацией лучшего конского пастуха. Ключевляне доверялись ему на основании принципа, что если уж кто убережет, так, конечно, сам вор. У Морока был свой гонор, и в течение лета он оставался почти честным человеком, за исключением мелких краж где-нибудь на покосе. Получив задаток, Морок первым делом, конечно, отправился в кабак, где его уже дожидались благоприятели.

— Молодец ты, Морок!.. — льстиво повторял учитель Агап. — Найди-ка другого такого конского пастуха...

— Это ты верно... — поддакивал захмелевший прежде других Рачитель.

— У меня в позапрошлом году медведь мою кобылу хватал, — рассказывал Морок с самодовольным видом. — Только и хитра скотинка, эта кобыла самая... Он, медведь, как ее облапит, а она в чащу, да к озеру, да в воду, — ей-богу!.. Отстал ведь медведь-то, потому удивила его кобыла своею догадкой.

"Три пьяницы" вообще чувствовали себя прекрасно, что бесило Рачителиху, несколько раз выглядывавшую из дверей своей каморки в кабак. За стойкой управлялся один Илюшка, потому что днем в кабаке народу было немного, а набивались к вечеру. Рачителиха успевала в это время управиться около печи, прибрать ребятишек и вообще повернуть все свое бабье дело, чтобы вечером уже самой выйти за стойку.

— Илюшка, ты смотри за отцом-то, — наставляла она детище. — Куды-нибудь отвернешься, а он как раз полштоф и стащит...

Илюшка упорно отмалчивался, что еще больше злило Рачителиху. С парнишкой что-то сделалось: то молчит, то так зверем на нее и смотрит. Раньше Рачителиха спускала сыну разные грубые выходки, а теперь, обозленная радовавшимися пьяницами, она не вытерпела.

— Ты чего молчишь, как пень? — накинулась она на Илюшку. — Кому говорят-то?.. Недавно оглох, так не можешь ответить матери-то?

Илюшка продолжал молчать; он стоял спиной к окну и равнодушно смотрел в сторону, точно мать говорила стене. Это уже окончательно взбесило Рачителиху. Она выскочила за стойку и ударила Илюшку по щеке. Мальчик весь побелел от бешенства и, глядя на мать своими большими темными глазами, обругал ее нехорошим мужицким словом.

— Ах ты, змееныш!..

Рачителиха вся затряслась от бешенства и бросилась на сына, как смертельно раненная медведица. Она сбила его с ног и таскала по полу за волосы, а Илюшка в это время на весь кабак выкрикивал все, что слышал от Пашки Горбатого про Окулка.

— Будь же ты от меня проклят, змееныш! — заголосила Рачителиха, с ужасом отступая от своей взбунтовавшейся плоти и крови. — Не тебе, змеенышу, родную мать судить...

Остервенившийся Илюшка больно укусил ей палец, но она не чувствовала боли, а только слышала проклятое слово, которым обругал ее Илюшка. Пьяный Рачитель громко хохотал над этою дикою сценой и кричал сыну:

— Валяй ее, Илюшка!..

Опомнившись от потасовки и поощренный отцом, Илюшка опять обругал мать, но не успел он докончить ругани, как чья-то могучая рука протянулась через стойку, схватила его и подняла за волосы.

— Давай веревку, Дуня... — хрипло говорил Морок, выхвативший Илюшку из-за стойки, как годовалого щенка. — Я его поучу, как с матерью разговаривать.

Рачителиха бросилась в свою каморку, схватила опояску и сама принялась крутить Илюшке руки за спину. Озверевший мальчишка принялся отчаянно защищаться, ругал мать и одною рукой успел выхватить из бороды Морока целый клок волос. Связанный по рукам и ногам, он хрипел от злости.

— Ну, и зверь! — удивлялся Морок, показывая Рачителихе укушенный палец.

В этот момент подкатил к кабаку, заливаясь колокольчиками, экипаж Груздева. Войдя в кабак, Самойло Евтихыч нашел Илюшку еще связанным. Рачителиха так растерялась, что не успела утащить связанного хоть за стойку.

— Кто это тебя так стреножил, мальчуга? — весело спрашивал Груздев, узнавший Илюшку.

Это участие растрогало Рачителиху, и она залилась слезами. Груздев ее любил, как разбитную шинкарку, у которой дело горело в руках, — ключевской кабак давал самую большую выручку. Расспросив, в чем дело, он только строго покачал головой.

— Ну, дело дрянь, Илюшка, — строго проговорил Груздев. — Надо будет тебя и в сам-деле поучить, а матери где же с тобой справиться?.. Вот что скажу я тебе, Дуня: отдай ты его мне, Илюшку, а я из него шелкового сделаю. У меня, брат, разговоры короткие.

— Самойло Евтихыч, будь отцом родным! — причитала Рачителиха, бросаясь в ноги благодетелю. — Бога за тебя буду молить, ежели возьмешь его.

— Встань, Дуня... — ласково говорил Груздев, поднимая ревевшую неладом бабу. — Золотые у тебя руки, кабы вон не твой-то сахар...

Груздев мотнул головой на Рачителя и поморщился.

— Ну, давай счеты.

К особенностям Груздева принадлежала феноменальная память. На трех заводах он почти каждого знал в лицо и мог назвать по имени и отчеству, а в своих десяти кабаках вел счеты на память, без всяких книг. Так было и теперь. Присел к стойке, взял счеты в руки и пошел пощелкивать, а Рачителиха тоже на память отсчиталась за две недели своей торговли. Разница вышла в двух полуштофах.

— Это уж мне в жалованье накинь, Самойло Евтихыч, — печально проговорила Рачителиха. — Моя неустойка.

— Рачитель выпил? — коротко спросил Груздев и, поморщившись, скостил два украденных Рачителем полуштофа. — Ну, смотри, чтобы вперед у меня этого не было... не люблю.

— И то рук не покладаючи бьюсь, Самойло Евтихыч, а где же углядеть; тоже какое ни на есть хозяйство, за робятами должна углядеть, а замениться некем.

— Знаю, знаю, Дунюшка... Не разорваться тебе в сам-то деле!.. Руки-то твои золотые жалею... Ну, собирай Илюшку, я его сейчас же и увезу с собой на Самосадку.

Все время расчета Илюшка лежал связанный посреди кабака, как мертвый. Когда Груздев сделал знак, Морок бросился его развязывать, от усердия к благодетелю у него даже руки дрожали, и узлы он развязывал зубами. Груздев, конечно, отлично знал единственного заводского вора и с улыбкой смотрел на его широчайшую спину. Развязанный Илюшка бросился было стремглав в открытую дверь кабака, но здесь попал прямо в лапы к обережному Матюшке Гущину.

— Подержи его малым делом, Матюшка, — приказывал Груздев.

Сборы Илюшки были окончены в пять минут: две новых рубахи, новые сапоги и суконное пальтишко были связаны в один узел и засунуты в повозку Груздева под козла. Рачителиха, заливаясь слезами, остановилась в дверях кабака.

— Перестань, Дуня, — ласково уговаривал ее Груздев и потрепал по плечу. — Наши самосадские старухи говорят так: "Маленькие детки матери спать не дают, а большие вырастут — сам не уснешь". Ну, прощай пока, горюшка.

Так как место около кучера на козлах было занято обережным, то Груздев усадил Илюшку в экипаж рядом с собой.

— Вот ужо я тебе задам, — ворчал он, засовывая себе за спину дорожную кожаную подушку.

Лихо рванула с места отдохнувшая тройка в наборной сбруе, залились серебристым смехом настоящие валдайские колокольчики, и экипаж птицей полетел в гору, по дороге в Самосадку. Рачителиха стояла в дверях кабака и причитала, как по покойнике. Очень уж любила она этого Илюшку, а он даже и не оглянулся на мать.

Целый день проревела Рачителиха, оплакивая свое ненаглядное детище. К вечеру народу в кабаке набралось много, и она торговала с опухшими от слез глазами. Урвется свободная минутка, и Рачителиха где-нибудь в уголке припадет своею горькою головой и зальется рекой. Она ли не любила, она ли не лелеяла Илюшку, а он первый поднял на нее свою детскую руку! Этот случай поднял в ее душе все прошлое, которое довело ее до кабацкой стойки. Родом она была из богатого туляцкого дома и рано заневестилась. От женихов не было отбоя, а пока отец с матерью думали да передумывали, кого выбрать в зятья, она познакомилась на покосе в страду с Окулком, и эта встреча решила ее судьбу. Окулко тогда не был разбойником и работал на фабрике, как один из лучших кричных мастеров, — сам Лука Назарыч только любовался, когда Окулко вытягивал под молотом полосу. Видный был парень Окулко и содержал всю семью, да попутал его грех: наткнулся он на Палача-отца. За какую-то провинность Окулко послан был на исправление в медную гору (лучшие мастера не избегали этого наказания). Когда дело дошло до плетей, Окулко с ножом бросился на Палача и зарезал бы его, да спасли старика большие старинные серебряные часы луковицей: нож изгадал по часам, и Палач остался жив. Окулко бежал в горы, где и присоединился к другим крепостным разбойникам, как Беспалый, бегавший от рекрутчины. Этим и закончился роман Дуни. Чтобы смотать дочь с рук, отец подыскал ей самого завалящего жениха — Рачителя, который за двадцать рублей взялся прикрыть венцом девичий грех.

Избывая дочь, старики просчитались и не ушли от срама. Страшное это было дело, когда оба конца, Туляцкий и Хохлацкий, сбежались смотреть на даровой позор невесты с провинкой. Самая свадьба походила на похороны. На другой день, когда свахи подняли молодых, мужняя родня накинулась на молодую. На Дуньку надели лошадиный хомут и в таком виде водили по всему заводу. Как бил жену Рачитель — это знала она одна. Этот стыд и мужнины побои навеки озлобили Дунькину душу, и она два раза пыталась "стравить мужа", хотя последний и уцелел благодаря слишком большим приемам яда. Конечно, Рачитель бил жену насмерть, пока не спился окончательно с круга. Она взяла, наконец, верх над мужем-пропойцей, отвоевав право существования, и села в кабак.

Когда родился первый ребенок, Илюшка, Рачитель избил жену поленом до полусмерти: это было отродье Окулка. Если Дунька не наложила на себя рук, то благодаря именно этому ребенку, к которому она привязалась с болезненною нежностью, — она все перенесла для своего любимого детища, все износила и все умела забыть. Много лет прошло, и только сегодняшний случай поднял наверх старую беду. Вот о чем плакала Рачителиха, проводив своего Илюшку на Самосадку.

Когда в сумерки в кабак задами прибежала Домнушка, ловившая Спирьку Гущина, она долго утешала убивавшуюся Рачителиху своими бессмысленными бабьими наговорами, какими знахарки унимают кровь. По пути свои утешения она пересыпала разными новостями, каких всегда приносила с собой целый ворох.

— А наши-то тулянки чего придумали, — трещала участливо Домнушка. — С ног сбились, всё про свой хлеб толкуют. И всё старухи... С заводу хотят уезжать куда-то в орду, где земля дешевая. Право... У самих зубов нет, а своего хлеба захотели, старые... И хохлушек туда же подманивают, а доведись до дела, так на снохах и поедут. Удумали!.. Воля вышла, вот все и зашевелились: кто куда, — объясняла Домнушка. — Старики-то так и поднялись, особенно в нашем Туляцком конце.

— Это мужикам воля вышла, Домнушка, а не бабам, — грустно ответила Рачителиха.

IV

Обыкновенно фабрику останавливали после Петрова дня до успенья: это была заводская страда. Нынче всякое заводское действие остановилось само собой двумя месяцами раньше. Главная контора в Мурмосе сделала распоряжение не начинать работ до осени, чтобы дать народу одуматься и самим тоже подумать. Все заводское управление было связано по рукам и ногам распоряжениями петербургской конторы, где тоже думали. Таким образом, заводские служащие получили полную свободу до осени. Мухин воспользовался этим временем, чтобы помириться с матерью.

— Нюрочка, мы поедем в Самосадку, — весело объявил он дочери. — Бабушку свою увидишь.

До Самосадки было верст двадцать с небольшим. Рано утром дорожная повозка, заложенная тройкой, ждала у крыльца господского дома. Кучер Семка несколько раз принимался оправлять лошадей, садился на козла, выравнивал вожжи и вообще проделывал необходимые предварительные церемонии настоящего господского кучера. Антип и казачок Тишка усердно ему помогали. Особенно хлопотал последний: он выпросился тоже ехать на пристань и раз десять пробовал свое место рядом с Семкой, который толкал его локтем.

— Какая отличная погода, папа, — лепетала Нюрочка, когда они усаживались, наконец, в экипаж. — На деревьях уж листочки развернулись... травка зеленая... цветы.

Катря и Домнушка все-таки укутали барышню в большую шаль, ноги покрыли одеялом, а за спину насовали подушек. Но и это испытание кончилось, — Антип растворил ворота, и экипаж весело покатил на Самосадку. Мелькнула контора, потом фабрика, дальше почерневшие от дыма избушки Пеньковки, высокая зеленая труба медного рудника, прогремел под колесами деревянный мост через

Березайку, а дальше уже начинался бесконечный лес и тронутые первою зеленью лужайки. Дорога от р.Березайки пошла прямо в гору.

— Эвон дядя Никитич лопочет по стороне, — проговорил Тишка, оборачивая свое улыбавшееся, счастливое лицо.

Никитич шел с кучкой кержанок. Он был одет по-праздничному: в плисовые шаровары, в красную рубаху и суконный черный халат. На голове красовалась старинная шелковая шляпа вроде цилиндра, — в Ключевском заводе все раскольники щеголяли в таких цилиндрах. Только сапоги Никитич пожалел, он шел босиком, а новые сапоги болтались за плечами, перекинутые на дорожную палку. Троица — годовой праздник на Самосадке, и Никитич выпросился погулять. Когда экипаж поровнялся, Никитич весело приподнял свой цилиндр наотлет и крикнул:

— Гулять на Самосадку, Петр Елисеич, родимый мой!

Попадались и другие пешеходы, тоже разодетые по-праздничному. Мужики и бабы кланялись господскому экипажу, — на заводах рабочие привыкли кланяться каждой фуражке. Все шли на пристань. Николин день считался годовым праздником на Ключевском, и тогда самосадские шли в завод, а в троицу заводские на пристань. Впрочем, так "гостились" одни раскольники, связанные родством и многолетнею дружбой, а мочегане оставались сами по себе.

— И дочь Оленку дядя-то повел на пристань, — сообщил Тишка. — Девчонка махонькая, по восьмому году, а он ее волокет... Тоже не от ума человек!

С Никитичем действительно торопливо семенила ножками маленькая девочка с большими серыми глазами и серьезным не по летам личиком. Когда она уставала, Никитич вскидывал ее на одну руку и шел с своею живою ношей как ни в чем не бывало. Эта Оленка очень заинтересовала Нюрочку, и девочка долго оглядывалась назад, пока Никитич не остался за поворотом дороги.

На половине дороги обогнали телегу, в которой ехал старик Основа с двумя маленькими дочерями, а потом другую телегу, в которой лежали и сидели брательники Гущины. Лошадью правила их сестра Аграфена, первая заводская красавица.

— Куды телят-то повезла, Аграфена? — спрашивал Семка, молодцевато подтягиваясь на козлах; он частенько похаживал под окнами гущинской избы, и Спирька Гущин пообещался наломать ему шею за такие прогулки.

— Бороться едут, — объяснил Тишка. — Беспременно на пристани круг унесут, ежели Матюшка Гущин не напьется до поры. Матюшка с Груздевым третьева дни проехали на Самосадку.

Нюрочка всю дорогу щебетала, как птичка. Каждая горная речка, лужок, распустившаяся верба — все ее приводило в восторг. В одном месте Тишка соскочил с козел и сорвал большой бледножелтый цветок с пушистою мохнатою ножкой.

— Ах, какой славный цветок! Папа, как он называется?.. Ветреница? Какое смешное название!..

Вон там еще желтеют ветреницы — это первые весенние цветы на Урале, с тонким ароматом и меланхолическою окраской. Странная эта детская память: Нюрочка забыла молебен на площади, когда объявляли волю, а эту поездку на Самосадку запомнила хорошо и, главным образом, дорогу туда. Стоило закрыть глаза, как отчетливо представлялся Никитич с сапогами за спиной, улыбавшийся Тишка, телега с брательниками Гущиными, которых Семка назвал телятами, первые весенние цветы.

— Эвон она, Самосадка-то! — крикнул Семка, осаживая взмыленную тройку на глинистом косогоре, где дорога шла корытом и оставленные весеннею водой водороины встряхивали экипаж, как машинку для взбивания сливочного масла.

Под горой бойкая горная река Каменка разлилась широким плесом, который огибал круглый мыс, образовавшийся при впадении в нее Березайки, и там далеко упиралась в большую гору, спускавшуюся к воде желтым открытым боком. Жило[12] раскинуто было на этом круглом мысу, где домишки высыпали, точно стадо овец. Из общей массы построек крупными зданиями выделялись караванная контора с зеленою железною крышей и дом Груздева, грузно присевший к земле своими крепкими пристройками из кондового старинного леса. За избами сейчас же тянулись ярко зеленевшие "перемены"[13], огороженные легкими пряслами. На Самосадке народ жил справно, благо сплав заводского каравана давал всем работу: зимой рубили лес и строили барки, весной сплавляли караван, а остальное время шло на свои домашние работы, на перевозку металлов из Ключевского завода и на куренную работу. Самосадка была основана раскольничьими выходцами с реки Керженца и из Выгорецких обителей, когда Мурмосских заводов еще и в помине не было. Весь Кержацкий конец в Ключевском заводе образовался из переселенцев с Самосадки, поэтому между заводом и пристанью сохранялись неразрывные, кровные сношения.

Кучер не спрашивал, куда ехать. Подтянув лошадей, он лихо прокатил мимо перемен, проехал по берегу Березайки и, повернув на мыс, с шиком въехал в открытые ворота груздевского дома, глядевшего на реку своими расписными ставнями, узорчатою вышкой и зеленым палисадником. Было еще рано, но хозяин выскочил на крыльцо в шелковом халате с болтавшимися кистями, в каком всегда ходил дома и даже принимал гостей.

— Вот это уж настоящий праздник!.. — кричал Груздев, вытаскивая из экипажа Нюрочку и целуя ее на лету. — Ай да Петр Елисеич, молодец... Давно бы так-то собраться!

На звон колокольчиков выбежал Вася, пропадавший по целым дням на голубятне, а Матюшка Гущин, как медведь, навьючил на себя все, что было в экипаже, и потащил в горницы.

---

[12] На Урале сохранилось старинное слово "жило", которым обозначается всякое жилье и вообще селитьба. (Прим. Д.Н.Мамина-Сибиряка.)

[13] Переменами называются покосы, обнесенные изгородями или "пряслами", по-уральски. (Прим. Д.Н.Мамина-Сибиряка.)

— Ты повозку-то хоть оставь, черт деревянный!.. — огрызнулся на него Семка. — Право, черт, как есть...

— Вот что, Матвей, — заговорил Мухин, останавливая обережного, — ты сходи за братом Егором...

Матюшка с медвежьею силой соединял в себе великую глупость, поэтому остановился и не знал, что ему делать: донести приказчичьи пожитки до горницы или бросить их и бежать за Егором...

— Тащи, чего встал? — окрикнул его Груздев, втащивший Нюрочку на крыльцо на руках. — Петр Елисеич, еще успеется... куда торопиться?.. Ну, Нюрочка, пойдем ко мне в гости.

Дом у Груздева был поставлен на славу. В два этажа с вышкой, он точно оброс какими-то переходами, боковушками и светелками, а дальше шли громадные амбары, конюшни, подсарайные, людские и сеновалы. Громадный двор был закрыт только наполовину, чтобы не отнимать света у людской. Комнаты в доме были небольшие, с крашеными потолками, вылощенными полами и пестрыми обоями. Хорошая мебель была набита везде, так что трудно было ходить. Нюрочку особенно удивили мягкие персидские ковры и то, что решительно все было выкрашено. В горницах встретила гостей жена Груздева, полная и красивая женщина с белым лицом и точно выцветшими глазами.

— Милости просим, дорогие гости! — кланялась она, шумя тяжелым шелковым сарафаном с позументами и золотыми пуговицами.

Вася вертелся около матери и показывал дорогой гостье свои крепкие кулаки, что ее очень огорчало: этот мальчишка-драчун отравил ей все удовольствие поездки, и Нюрочка жалась к отцу, ухватив его за руку.

— Забыли вы нас, Петр Елисеич, — говорила хозяйка, покачивая головой, прикрытой большим шелковым платком с заткаными по широкой кайме серебряными цветами. — Давно не бывали на пристани! Вон дочку вырастили...

— Давненько-таки, Анфиса Егоровна, — отвечал Мухин, размахивая по своей привычке платком. — Много новых домов, лес вырубили...

Анфиса Егоровна опять качала головой, как фарфоровая кукла, и гладила ненаглядное дитятко, Васеньку, по головке.

Пока пили чай и разговаривали о разных пустяках, о каких говорят с дороги, обережной успел сходить за Егором и доложил, что он ждет на дворе.

— Что же ты не ввел его в горницы? — смутился Груздев. — Ты всегда так... Никуда послать нельзя.

— Я его звал, да он уперся, как пень, Самойло Евтихыч.

Мухин вышел на крыльцо, переговорил с Егором и, вернувшись в горницу, сказал Нюрочке:

— Теперь ты ступай к бабушке... Дядя Егор тебя проводит.

Девочка пытливо посмотрела на отца и, догадавшись, что ее посылают одну, капризно надула губки и решительно заявила, что одна не пойдет. Ее начали уговаривать, а Анфиса Егоровна пообещала целую коробку конфет.

— Нельзя же, Нюрочка, упрямиться... Нужно идти к бабушке. Ручку у ней поцелуй... Нужно стариков уважать.

Поупрямившись, Нюрочка согласилась. Егор дожидался ее во дворе. Он пошел впереди, смешно болтая на ходу руками, а она легкою походкой шла за ним. Соломенная шляпа с выцветшими лентами обратила на себя общее внимание самосадских ребятишек, которые тыкали на нее пальцами и говорили какие-то непонятные слова. Нюрочка боялась, что Вася догонит ее и прибьет, поэтому особенно торопливо семенила своими крошечными ножками в прюнелевых ботинках. Они шли по береговой улице, мимо больших бревенчатых изб с высокими коньками, маленькими оконцами и шатровыми воротами. Около одной из таких изб Егор остановился, отворил калитку и пропустил девочку вперед.

— Иди сюда, деушка, — послышался в темноте крытого двора знакомый ласковый голос. — Не бойся, голубушка, иди прямо.

Это была начетчица Таисья, которая иногда завертывала в господский дом на Ключевском. Она провела Нюрочку в избу, где у стола в синем косоклинном сарафане сидела худая и сердитая старуха.

— Здоровайся с баушкой... здоровайся хорошенько... — шептала Таисья своим ласковым голосом и тихонько подталкивала девочку к неподвижно сидевшей старухе.

Нюрочке вдруг сделалось страшно: старуха так и впилась в нее своими темными, глубоко ввалившимися глазами. Вспомнив наказ Анфисы Егоровны, она хотела было поцеловать худую и морщинистую руку молчавшей старухи, но рука Таисьи заставила ее присесть и поклониться старухе в ноги.

— Говори: "здравствуй, баушка", — нашептывала старуха, поднимая опешившую девочку за плечи. — Ну, чего молчишь?

Старуха сделала какой-то знак головой, и Таисья торопливо увела Нюрочку за занавеску, которая шла от русской печи к окну. Те же ловкие руки, которые заставили ее кланяться бабушке в ноги, теперь быстро расплетали ее волосы, собранные в две косы.

— Ах, Нюрочка, Нюрочка, кто это тебя по бабьи-то чешет?.. — ворчала Таисья, переплетая волосы в одну косу. — У деушки одна коса бывает. Вот так!.. Не верти головкой, а то баушка рассердится...

Чтобы удобнее управиться с работой, Таисья поставила ее на лавку и только теперь заметила, что из-под желтенькой юбочки выставляются кружева панталон, — вот увидала бы баушка-то!.. Таисья торопливо сняла панталоны и спрятала их куда-то за пазуху. Девичья коса была готова, хотя Нюрочка едва крепилась от боли: постаравшаяся Таисья очень туго закрутила ей волосы на затылке. Все эти церемонии были проделаны так быстро, что девочка не успела даже подумать о сопротивлении, а только со страхом ждала момента, когда она будет целовать руку у сердитой бабушки.

Но последнего не пришлось делать. Старуха сама пришла за

занавеску, взяла Нюрочку и долго смотрела ей в лицо, а потом вдруг принялась ее крестить и горько заплакала.

— Своя родная кровь, а половина-то басурманская... — шептала старуха, прижимая к себе внучку. — И назвали-то как: Нюрочка... Ты будешь, внучка, Аннушкой!

Старуха села на лавку, посадила внучку на колени и принялась ласкать ее с каким-то причитаньем. Таисья притащила откуда-то тарелку с пряниками и изюмом.

— Ах ты, моя ласточка... ненаглядная... — шептала бабушка, жадно заглядывая на улыбавшуюся девочку. — Привел господь увидеть внучку... спокойно умру теперь...

— Бабушка, вы о чем это плачете? — решилась, наконец, спросить Нюрочка, преодолевая свой страх.

— От радости, милушка... от великой радости, ласточка! Услышал господь мои старые слезы, привел внученьку на коленках покачать...

Таисья отвернулась лицом к печи и утирала слезы темным ситцевым передником.

V

— Папа, папа идет! — закричала Нюрочка, заслышав знакомые шаги в темных сенях, и спрыгнула с коленей бабушки.

Старуха сейчас же приняла свой прежний суровый вид и осталась за занавеской. Выскочившая навстречу гостю Таисья сделала рукой какой-то таинственный знак и повела Мухина за занавеску, а Нюрочку оставила в избе у стола. Вид этой избы, полной далеких детских воспоминаний, заставил сильно забиться сердце Петра Елисеича. Войдя за занавеску, он поклонился и хотел обнять мать.

— В ноги, в ноги, басурман! — строго закричала на него старуха. — Позабыл порядок-то, как с родною матерью здороваться...

Услужливая Таисья заставила Мухина проделать эту раскольничью церемонию, как давеча Нюрочку, и старуха взяла сына за голову и, наклоняя ее к самому полу, шептала:

— В землю, в землю, дитятко... Не стыдись матери-то кланяться. Да скажи: прости, родимая маменька, меня, басурмана... Ну, говори!

— Мать, к чему это? — заговорил было Мухин, сконфуженный унизительною церемонией. — Неужели нельзя просто?

— А, так ты вот как с матерью-то разговариваешь!.. — застонала старуха, отталкивая сына. — Не надо, не надо... не ходи... Не хочешь матери покориться, басурман.

Мать и сын, наверное, опять разошлись бы, если бы не вмешалась начетчица, которая ловко, чисто по-бабьи сумела заговорить упрямую старуху.

— Ты как дочь-то держишь? — все еще ворчала старуха, напрасно

71

стараясь унять расходившееся материнское сердце. — Она у тебя и войти в избу не умеет... волосы в две косы по-бабьи... Святое имя, и то на басурманский лад повернул.

— Прости его, баушка! — уговаривала Таисья. — Грешно сердиться.

— Басурманку-то свою похоронил? — пытала старуха. — Сказала тогда, што не будет счастья без родительского благословения... Оно все так и вышло!

— Мать, опомнись, что ты говоришь? — застонал Мухин, хватаясь за голову. — Неужели тебя радует, что несчастная женщина умерла?.. Постыдись хоть той девочки, которая нас слушает!.. Мне так тяжело было идти к тебе, а ты опять за старое... Мать, бог нас рассудит!

— А зачем от старой веры отшатился? Зачем с бритоусами да табашниками водишься?.. Вот бог-то и нашел тебя и еще найдет.

— Будет вам грешить-то, — умоляла начетчица, схватив обоих за руки. — Перестаньте, ради Христа! Столько годов не видались, а тут вон какие разговоры подняли... Баушка, слышишь, перестань: тебе я говорю?

Строгий тон Таисьи вдруг точно придавил строгую старуху: она сразу размякла, как-то вся опустилась и тихо заплакала. Показав рукой за занавеску, она велела привести девочку и, обняв ее, проговорила упавшим голосом:

— Вот для нее, для Аннушки, прощаю тебя, Петр Елисеич... У ней еще безгрешная, ангельская душенька...

— Папа, и тебя заставляли в ноги кланяться? — шептала Нюрочка, прижимаясь к отцу. — Папа, ты плакал?

— Да, голубчик... от радости...

— И бабушка тоже от радости плачет?

— И бабушка от радости...

Примирение, наконец, состоялось, и Мухин почувствовал, точно у него гора с плеч свалилась. Мать он любил и уважал всегда, но эта ненависть старухи к его жене-басурманке ставила между ними непреодолимую преграду, — нужно было несчастной умереть, чтобы старуха успокоилась. Эта последняя мысль отравляла те хорошие сыновние чувства, с какими Мухин переступал порог родной избы, а тут еще унизительная церемония земных поклонов, попреки в отступничестве и целый ряд мелких и ничтожных недоразумений. Старуха, конечно, не виновата, но он не мог войти сюда с чистою душой и искреннею радостью. Наконец, ему было просто совестно перед Нюрочкой, которая так умненько наблюдала за всем своими светлыми глазками.

— Пойдем теперь за стол, так гость будешь, — говорила старуха, поднимаясь с лавки. — Таисьюшка, уж ты похлопочи, а наша-то Дарья не сумеет ничего сделать. Простая баба, не с кого и взыскивать...

Егор с женой Дарьей уже ждали в избе. Мухин поздоровался со снохой и сел на лавку к столу. Таисья натащила откуда-то тарелок с пряниками, изюмом и конфетами, а Дарья поставила на стол только что испеченный пирог с рыбой. Появилась даже бутылка с наливкой.

— Не хлопочите, пожалуйста... — просил Мухин, стеснявшийся этим родственным угощением. — Я рад так посидеть и поговорить с вами.

Мухина смущало молчание Егора и Дарьи, которые не решались даже присесть.

— Не велики господа, и постоят, — заметила старуха, когда Мухин пригласил всех садиться. — Поешь-ка, Петр Елисеич, нашей каменской рыбки: для тебя и пирог стряпала своими руками.

Мухин внимательно оглядывал всю избу, которая оставалась все такою же, какою была сорок лет назад. Те же полати, та же русская печь, тот же коник у двери, лавки, стол, выкрашенный в синюю краску, и в переднем углу полочка с старинными иконами. Над полатями висело то же ружье, с которым старик отец хаживал на медведя. Это было дрянное кремневое тульское ружье с самодельною березовою ложей; курок был привязан ремешками. Вся нехитрая обстановка крестьянской избы сохранилась до мельчайших подробностей, точно самое время не имело здесь своего разрушающего влияния.

— Ты, Егор, ходишь с ружьем? — спрашивал Мухин, когда разговор прервался.

— А так, в курене когда балуюсь...

— Ты его мне отдай, а я тебе подарю другое.

— Как матушка прикажет: ее воля, — покорно ответил Егор и переглянулся с женой.

— На што его тебе, ружье-то? — спрашивала старуха, недоверчиво глядя на сына.

— Так, на память об отце... А Егору я хорошее подарю, пистонное.

— Нет, уж пусть лучше это остается... Умру, тогда делите, как знаете.

Некрасивая Дарья, видимо, разделяла это мнение и ревниво поглядела на родительское ружье. Она была в ситцевом пестреньком сарафане и белой холщовой рубашке, голову повязывала коричневым старушечьим платком с зелеными и синими разводами.

— Я так сказал, матушка, — неловко оправдывался Мухин, поглядывая на часы. — У меня есть свои ружья.

В избу начали набиваться соседи, явившиеся посмотреть на басурмана: какие-то старухи, старики и ребятишки, которых Мухин никогда не видал и не помнил. Он ласково здоровался со всеми и спрашивал, чьи и где живут. Все его знали еще ребенком и теперь смотрели на него удивленными глазами.

— Как же, помним тебя, соколик, — шамкали старики. — Тоже, поди, наш самосадский. Еще когда ползунком был, так на улице с нашими ребятами играл, а потом в учебу ушел. Конечно, кому до чего господь разум откроет... Мать-то пытала реветь да убиваться, как по покойнике отчитывала, а вот на старости господь привел старухе радость.

73

— Спасибо, что меня не забыли, старички, — благодарил Мухин. — Вот я и сам успел состариться...

Скоро изба была набита народом. Становилось душно. Нюрочка раскраснелась и вытирала вспотевшее лицо платком. Мухин был недоволен, что эти чужие люди мешают ему поговорить с глазу на глаз с матерью. Он скоро понял, что попался в ловушку, а все эти душевные разговоры служили только, по раскольничьему обычаю, прелюдией к некоторому сюрпризу. Пока старички разговаривали с дорогим гостем, остальные шушукались и всё поглядывали на дверь. Наконец, дверь распахнулась и в ней показалась приземистая и косолапая фигура здоровенного мужика. Все сразу замолкли и расступились. Мужик прошел в передний угол, истово положил поклон перед образами и, поклонившись в ноги Василисе Корниловне, проговорил заученным раскольничьим речитативом:

— Прости, мамынька, благослови, мамынька.

— Бог тебя простит, Мосеюшко, бог благословит, — с строгою ласковостью в голосе ответила старуха, довольная покорностью этого третьего сына.

— Здравствуй, родимый братец Петр Елисеич, — с деланым смирением заговорил Мосей, протягивая руку.

— Здравствуй, брат.

Братья обнялись и поцеловались из щеки в щеку, как требует обычай. Петр Елисеич поморщился, когда на него пахнуло от Мосея перегорелою водкой.

— Давно не видались... — бормотал Петр Елисеич. — Что ко мне не заглянешь на Ключевской завод, Мосей?

— Матушка не благословила, родимый мой... Мы по родительскому завету держимся. Я-то, значит, в курене роблю, в жигалях хожу, как покойник родитель. В лесу живу, родимый мой.

Эта встреча произвела на Петра Елисеича неприятное впечатление, хотя он и не видался с Мосеем несколько лет. По своей медвежьей фигуре Мосей напоминал отца, и старая Василиса Корниловна поэтому питала к Мосею особенную привязанность, хотя он и жил в отделе. Особенностью Мосея, кроме слащавого раскольничьего говора, было то, что он никогда не смотрел прямо в глаза, а куда-нибудь в угол. По тому, как отнеслись к Мосею набравшиеся в избу соседи, Петр Елисеич видел, что он на Самосадке играет какую-то роль.

— Садись, Мосеюшко, гость будешь, — приговаривала его мать.

— И то сяду, мамынька.

Егор с женой продолжали стоять, потому что при матери садиться не смели, хотя Егор был и старше Мосея.

— Так-то вот, родимый мой Петр Елисеич, — заговорил Мосей, подсаживаясь к брату. — Надо мне тебя было видеть, да все доступа не выходило. Есть у меня до тебя одно словечко... Уж ты не взыщи на нашей темноте, потому как мы народ, пряменько сказать, от пня.

— В чем дело? — спросил Петр Елисеич, чувствуя, что Мосей начинает его пытать.

74

— Да дело не маленькое, родимый мой... Вот прошла теперь везде воля, значит, всем хрестьянам, а как насчет земляного положенья? Тебе это ближе знать...

— Пока ничего неизвестно, Мосей: я знаю не больше твоего... А потом, положение крестьян другое, чем приписанных к заводам людей.

— Так, родимый мой... Конешно, мы люди темные, не понимаем. А только ты все-таки скажи мне, как это будет-то?.. Теперь по Расее везде прошла по хрестьянам воля и везде вышла хрестьянская земля, кто, значит, чем владал: на, получай... Ежели, например, оборотить это самое на нас: выйдет нам земля али нет?

Петру Елисеичу не хотелось вступать в разговоры с Мосеем, но так как он, видимо, являлся здесь представителем Самосадки, то пришлось подробно объяснять все, что Петр Елисеич знал об уставных грамотах и наделе землей бывших помещичьих крестьян. Старички теперь столпились вокруг всего стола и жадно ловили каждое слово, поглядывая на Мосея, — так ли, мол, Петр Елисеич говорит.

— Ты все про других рассказываешь, родимый мой, — приставал Мосей, разглаживая свою бороду корявою, обожженною рукой. — А нам до себя... Мы тебя своим считаем, самосадским, так, значит, уж ты все обскажи нам, чтобы без сумления. Вот и старички послушают... Там заводы как хотят, а наша Самосадка допрежь заводов стояла. Прапрадеды жили на Каменке, когда о заводах и слыхом было не слыхать... Наше дело совсем особенное. Родимый мой, ты уж для нас-то постарайся, чтобы воля вышла нам правильная...

В этих словах слышалось чисто раскольничье недоверие, которое возмущало Петра Елисеича больше всего: что ему скрывать, пока ни он, ни другие решительно ничего не знали? Приставанье Мосея просто начинало его бесить.

— Вот что, Мосей, — заговорил Петр Елисеич решительным тоном, — если ты хочешь потолковать, так заходи ко мне, а сейчас мне некогда...

— Так, родимый мой... Спасибо на добром слове, только все-таки ты уж сказал бы лучше... потому уж мы без сумления...

Слушавшие старички тоже принялись упрашивать, и Петр Елисеич очутился в пренеприятном положении. В избе поднялся страшный гвалт, и никто не хотел больше никого слушать. Теперь Петру Елисеичу приходилось отвечать зараз десятерым, и он только размахивал своим платком.

— Папа, мне неловко, — шепотом заявила Нюрочка.

— Ах, я про тебя и забыл, крошка... — спохватился Петр Елисеич. — Ты ступай к Самойлу Евтихычу, а я вот со старичками здесь потолкую...

— Я ее провожу, Петр Елисеич, — вызвалась начетчица Таисья.

— Скажи Самойлу Евтихычу, что я скоро приду, — говорил Петр Елисеич.

VI

Нюрочка была рада, что вырвалась из бабушкиной избы, и торопливо бежала вперед, так что начетчица едва поспевала за ней.

— Ишь быстроногая... — любовно повторяла Таисья, улепетывая за Нюрочкой. Таисье было под сорок лет, но ее восковое лицо все еще было красиво тою раскольничьею красотой, которая не знает износа. Неслышные, мягкие движения и полумонашеский костюм придавали строгую женственность всей фигуре. Яркокрасные, строго сложенные губы говорили о неизжитом запасе застывших в этой начетчице сил.

— Таисья, я боюсь Васи... — проговорила Нюрочка, задерживая шаги. — Он меня прибьет...

— Полно, касаточка... — уговаривала ее Таисья. — Мы его сами за ухо поймаем, разбойника.

Порядок, по которому они шли, выходил на крутой берег р.Каменки и весь был уставлен такими крепкими, хорошими избами, благо лес под рукой, — сейчас за Каменкой начинался дремучий ельник, уходивший на сотни верст к северу. С улицы все избы были, по раскольничьему обычаю, начисто вымыты, и это придавало им веселый вид. Желтые бревна так и светились, как новые. Такие же мытые избы стояли и в Кержацком конце на Ключевском заводе, потому что там жили те же чистоплотные, как кошки, самосадские бабы. Раскольничья чистота резко выделялась среди мочеганской грязи.

Когда Таисья с Нюрочкой уже подходили к груздевскому дому, им попался Никитич, который вел свою Оленку за руку. Никитич был родной брат Таисье.

— Сестрица, родимая моя... — бормотал Никитич, снимая свой цилиндр.

— Кто празднику рад — до свету пьян, — ядовито заметила Таисья, здороваясь с братом кивком головы.

— Ах ты, святая душа на костылях!.. Да ежели, например, я загулял? Теперь я прямо к Василисе Корниловне, потому хочу уважить сродственницу...

Оленка, красивая и глазастая девочка, одетая в сарафан из дешевенького ситца, со страхом смотрела на Таисью. Нюрочке очень хотелось подойти к ней и заговорить, но она боялась загулявшего Никитича.

— Зачем девчонку-то таскаешь за собой, путаная голова? — заворчала Таисья на Никитича и, схватив Оленку за руку, потащила ее за собой.

— Родимая... как же, например, ежели я к бабушке Василисе?.. — бормотал Никитич, напрасно стараясь неверными шагами догнать сестру. — Отдай Оленку!

Таисья даже не обернулась, и Никитич махнул рукой, когда она с девочками скрылась в воротах груздевского дома. Он постоял на одном месте, побормотал что-то про себя и решительно не знал, что ему делать.

— Эй, берегись: замну!.. — крикнул над его ухом веселый голос, и верховая лошадь толкнула его мордой.

От толчка у Никитича полетел на землю цилиндр, так что он обругал проехавших двоих верховых уже вдогонку. Стоявшие за воротами кучер Семка и казачок Тишка громко хохотали над Никитичем.

— Ах, вы... да я вас... кто это проехал, а?..

— Это? А наши ключевские мочеганы...

— Н-но-о?

— Верно тебе говорим: лесообъездчик Макар да Терешка-казак. Вишь, пьяные едут, бороться хотят. Только самосадские уполощут их: вровень с землей сделают.

— Уполощут! — согласился Никитич. — Где же мочеганам с самосадскими на круг выходить... Ах, черти!..

— Известно, не от ума поехали: не сами, а водка едет... Макарка-то с лесообъездчиками-кержаками дружит, — ну, и надеется на защиту, а Терешка за ним дуром увязался.

— Ну, это еще кто кого... — проговорил детский голос за спиной Семки. — Как бы Макарка-то не унес у вас круг.

Это был Илюшка Рачитель, который пока жил у Груздева.

— Ах ты, мочеганин!.. — выругал его Никитич.

— Не лезь, коли тебя не трогают, — огрызнулся Илюшка.

Никитич хотел было схватить Илюшку за ухо, но тот ловко подставил ему ногу, и Никитич растянулся плашмя, как подгнившее с корня дерево.

— Ах ты, отродье Окулкино! — ругался Никитич, с трудом поднимаясь на ноги, а Илюшка уже был далеко.

Таисья провела обеих девочек куда-то наверх и здесь усадила их в ожидании обеда, а сама ушла на половину к Анфисе Егоровне, чтобы рассказать о состоявшемся примирении бабушки Василисы с басурманом. Девочки сначала оглядели друг друга, как попавшие в одну клетку зверьки, а потом первой заговорила Нюрочка:

— Тебе сколько лет, Оленка?

— Не знаю.

Оленка смотрела на Нюрочку испуганными глазами и готова была разреветься благим матом каждую минуту.

— Как же ты не знаешь? — удивилась Нюрочка. — Разве ты не учишься?

— Учусь... у тетки Таисьи азбуку учу.

— Ты ее боишься?

— Боюсь. Она ременною лестовкой хлещется... Все ее боятся.

Нюрочке сделалось смешно: разве можно бояться Таисьи? Она такая добрая и ласковая всегда. Девочки быстро познакомились и первым делом осмотрели костюмы одна у другой. Нюрочка даже хотела было примерять Оленкин сарафан, как в окне неожиданно показалась голова Васи.

— А, вот вы где, голубушки! — весело проговорил он, пробуя отворить окно.

Нюрочка так и обомлела от страха, но, на ее счастье, окно оказалось запертым изнутри. Светелка, где они сидели, единственным окном выходила куда-то на крышу, где Вася гонял голубей.

— Отворите окошко, куклы! — командовал он. — А не то сломаю стекло, вам же хуже будет...

— Нюрочка, иди обедать... — послышался в этот критический момент голос Таисьи на лестнице, и голова Васи скрылась.

— А Олена разве не пойдет с нами? — спрашивала Нюрочка, спускаясь по лестнице.

— Пусть пока там посидит, не велика гостья... — ворчала Таисья, придерживая Нюрочку за юбку.

Сегодня обеденный стол был поставлен в парадной зале, и прислуга сбилась с ног, стараясь устроить все форменно. Петр Елисеич в волнении ходил кругом стола и особенно сильно размахивал платком.

— Погостили у баушки Василисы, Петр Елисеич? — спрашивала Анфиса Егоровна. — И слава богу... Сколько лет не видались, а старушка уж старенькая стаёт... Не сегодня-завтра и помрёт, а теперь ей все же легче...

— А что, заставляла, поди, в ноги кланяться? — подсмеивался Груздев, хлопая гостя по плечу. — Мы тут по старинке живем... Признаться сказать, я и сам не очень-то долюбливаю нашу раскольничью стариковщину, все изъедуги какие-то...

— Самойло Евтихыч! — строго остановила его жена.

— Ну, не буду, не буду!.. Конечно, строгость необходима, особенно с детьми... Вот у тебя дочь, у меня сын, а еще кто знает, чем они утешат родителей-то на старости лет.

— Точно из бани вырвался, — рассказывал Петр Елисеич, не слушая хозяина. — Так и напирает... Еще этот Мосей навязался. Главное, что обидно: не верят ни одному моему слову, точно я их продал кому. Не верят и в то же время выпытывают. Одна мука.

— Темнота наша, — заметил Груздев и широко вздохнул. — А вот и Нюрочка!.. Ну, иди сюда, кралечка, садись вот рядом со мной, а я тебя буду угощать...

— Хозяйку растите, — ласково говорила Анфиса Егоровна, гладя Нюрочку по голове.

Обедали все свои. В дальнем конце стола скромно поместилась Таисья, а с ней рядом какой-то таинственный старец Кирилл. Этот последний в своем темном раскольничьем полукафтанье и с подстриженными по-раскольничьи на лбу волосами невольно бросался в глаза. Широкое, скуластое лицо, обросшее густою бородой, с плутоватыми темными глазками и приплюснутым татарским носом, было типично само по себе, а пробивавшаяся в темных волосах седина придавала ему какое-то иконное благообразие.

— Не узнаешь, видно, меня, милостивец? — обратился он к Петру

Елисеичу, когда тот садился за стол. — Смиренный старец Кирилл из Заболотья...

— Что-то не упомню...

— А у отца Основы в третьем годе? Запамятовал, милостивец...

— Вот этакие смиренные старцы и смущают народ, — объяснил Груздев, указывая глазами Мухину на смиренного Кирилла. — Спроси-ка его, зачем он в Самосадку-то приехал?.. С твоим братцем Мосеем два сапога пара будут.

— Самойло Евтихыч! — закликала мужа Анфиса Егоровна.

— Ну, не буду... Сказал: не буду!

— Обнес ты меня напраслиной, милостивец, — кротко ответил смиренный Кирилл. — Действительно, возымел желание посетить богоспасаемые веси, премногими мужи и жены изобилующие... Вот сестра Таисья на перепутье задержала, разговора некоего для.

За столом прислуживали груздевские "молодцы", и в числе их Илюшка Рачитель, смотревший на обедавших сердитыми глазами. Петр Елисеич был не в духе и почти ничего не ел, что очень огорчало хозяйку. Груздев больше всего заботился о винах, причем не забывал и себя. Между прочим, он заставлял пить и смиренного Кирилла, который сначала все отнекивался. Сестра Таисья сидела, опустив глаза долу, и совсем не вмешивалась в разговор. Нюрочке опять было весело, потому что она сидела рядом с отцом, а Вася напротив них. Расхрабрившись, она даже показала ему язык и очень смутилась, когда встретила строгий взгляд Таисьи.

— А ты, Самойло Евтихыч, был на молебне-то, когда волю объявляли на Ключевском? — спрашивал смиренный Кирилл.

— Был... Мне, брат, нельзя, потому что тут исправник и Лука Назарыч. Подневольный я человек.

— Не в осуждение тебе, милостивец, слово молвится, а наипаче к тому, что все для одних мочеган делается: у них и свои иконы поднимали, и в колокола звонили, и стечение народное было, а наш Кержацкий конец безмолвствовал... Воля-то вышла всем, а радуются одни мочегане.

— Кто же вам мешал радоваться? — грубо спрашивал Груздев, заметно подвыпивший.

— Суета! — вздохнул смиренный Кирилл. — И прежде сии лестные кознования в прочих изъявлена быша, но расточенные овцы не собрашася вкупе...

— Перестань ты морочить-то, а говори по-людски! — оборвал его Груздев и, указав на него Мухину, прибавил: — Вот этакие смиренные иноки разъезжают теперь по заводам и смутьянят...

— Антихрист народился, вот что, если говорить напрямки! — с неожиданным азартом заявил смиренный Кирилл и даже ударил кулаком по столу, так что посуда загремела. — В писании прямо сказано: "Придет всескверный, яко льстец и ложь..." Вот он и пришел! А что сказано в Кирилловой книге? — "И власть первого зверя вся творит... Всяк глаголяй, кроме повеленных, аще и достоверен будет, аще и постит и девствует, аще и знамения творит, аще и

79

пророчествует — волк тебе да мнится во овчей коже, овцам пагубу содевающ..."

Глазки смиренного заболотского инока так и заблестели, лицо побледнело, и он делался все смелее, чувствуя поднимавшееся обаяние своей восторженной речи. Таисья еще ниже опустила глаза... Она знала, что смиренный Кирилл переврал текст: часть взял из Игнатия Богоносца, а выдает за Кириллову книгу. Но она удержалась от изобличения завравшегося инока, чтобы не нарушать произведенного им впечатления. Слепое уважение к церковно-славянскому языку сказалось в слушателях, особенно в Груздеве. Заныла мистическая раскольничья жилка с ее вечною скорбью, страхом и недоверием... Подогретый этим впечатлением, смиренный Кирилл говорил и говорил, уснащая свою речь излюбленными цитатами. Таисья уже забыла о промахах заболотского инока и со слезами на глазах смотрела на смущенного милостивца Самойлу Евтихыча, который как-то весь съежился. Анфиса Егоровна вытирала платком катившиеся слезы, а Нюрочка с широко раскрытыми, удивленными глазами боязливо прижалась своею детскою головкой к отцу. Заболотье посылало этого полуученого Кирилла с разными тонкими поручениями к милостивцам именно за эти яркие вспышки какого-то дикого вдохновения, производившего на темную массу неотразимое впечатление. Это был один из "повеленных" раскольничьих агентов.

— Работы египетские вместятся... — гремел Кирилл; он теперь уже стоял на ногах и размахивал правою рукой. — Нищ, убог и странен стою пред тобой, милостивец, но нищ, убог и странен по своей воле... Да! Видит мое духовное око ненасытную алчбу и похоть, большие помыслы, а будет час, когда ты, милостивец, позавидуешь мне...

— Будет, будет, — ласково удерживала Таисья расходившегося старца. — Все мы грешные люди и все будем в огне гореть.

Анфиса Егоровна толкала мужа и что-то шептала ему на ухо.

— Ну, будет... прости, — нерешительно, устыдясь гостя, проговорил Груздев. — Сгрубил я тебе по своей мирской слепоте...

— А, теперь — прости! — кричал охваченный яростью смиренный Кирилл. — А как ты даве со мной разговаривал? Вставай да кланяйся в ноги, тогда и прощу.

Груздев на мгновение задумался, но быстро вылез из-за стола и, подойдя к иноку, отвесил глубокий поясной поклон, касаясь рукой пола.

— Не тебе кланяюсь, а твоему иноческому чину, — проговорил он уже спокойным тоном. — Прости, отче, и благослови...

— Ну, бог тебя благословит, бог тебя простит...

Наступила тяжелая минута общего молчания. Всем было неловко. Казачок Тишка стоял у стены, опустив глаза, и только побелевшие губы у него тряслись от страха: ловко скрутил Кирилл Самойлу Евтихыча... Один Илюшка посматривал на всех с скрытою во взгляде улыбкой: он был чужой здесь и понимал только одну смешную сторону в унижении Груздева. Заболотский инок посмотрел кругом удивленными глазами, расслабленно опустился на свое место и, закрыв лицо руками, заплакал с какими-то детскими всхлипываниями.

— Отец Кирилл, что вы? — уговаривала его Анфиса Егоровна. — Простите уж нас, глупых...

— Не о себе плачу, — отозвался инок, не отнимая рук. — Знамения ясны... Разбойник уж идет с умиренною душой, а мы слепотствуем во тьме неведения.

VII

Еще за обедом Вася несколько раз выскакивал из-за стола и подбегал к окну. Мать строго на него смотрела и качала головой, но у мальчика было такое взволнованное лицо, что у ней не повертывался язык побранить непоседу. Когда смиренный Кирилл принялся обличать милостивцев, Вася воспользовался удобным моментом, подбежал к Нюрочке и шепнул:

— Нюрочка, айда наверх... Сейчас на мысу круг соберется!

Повторять свое приглашение ему не пришлось, потому что Нюрочке самой до смерти надоело сидеть за столом, и она рада была случаю удрать. Дети скрылись потихоньку, и только материнский глаз Анфисы Егоровны проводил их до порога да сестра Таисья строго покачала головой. Вырвавшись на волю, дети взапуски понеслись наверх, так что деревянная лестница только загремела у них под ногами. По пути Вася заглянул в ту светелку, где давеча прятались Нюрочка с Оленкой, и весело захохотал. Оленка стояла в углу, привязанная веревкой к стулу. Вместо угощения перед ней лежал клок сена. Она не смела пикнуть в чужом доме и так простояла все время обеда. Конечно, все это проделал Вася и теперь с детскою жестокостью хохотал над несчастною девочкой, у которой от слез распухло все лицо.

— Ах ты, разбойник!.. — послышался голос Таисьи, которая своими неслышными шагами, как тень, поднялась по лестнице за детьми.

Завидев тетку, Оленка горько заревела.

— Тпрсо! тпрсо!.. — дразнил ее Вася, протягивая руку, как манят лошадей. — У ней нокоть, у Оленки, как у лошадей бывает.

Но его кудрявая голова очутилась сейчас же в руках у Таисьи, и он только охнул, когда она с неженскою силой ударила его между лопаток кулаком. Это обескуражило баловня, а когда он хотел вцепиться в Таисьину руку своими белыми зубами, то очутился уже на полу.

— Ступай, жалься матери-то, разбойник! — спокойно говорила Таисья, с необыкновенною ловкостью трепля Васю за уши, так что его кудрявая голова болталась и стучала о пол. — Ступай, жалься... Я тебя еще выдеру. Погоди, пес!..

Вася едва вывернулся из Таисьиных рук и, как бомба, вылетел в открытую дверь. Нюрочка со страху прижалась в угол и не смела шевельнуться. Таисья обласкала Оленку, отвязала и, погладив ее по головке, сунула ей прямо в рот кусок пирожного. Оленка принялась жевать его, глотая слезы.

— Пойдемте, деушки, на балкон, круг смотреть, — говорила Таисья, подхватывая девочек за руки. — Перестань, Оленка, хныкать... Ужо накормлю и тебя на куфне.

Они пошли каким-то темным переходом и попали в другую светелку, выходившую широким балконом прямо на улицу. Нюрочка так и ахнула от восторга, когда они вышли на балкон: под их ногами раскинулась как на ладони вся Самосадка. Река Каменка делала красивое колено к Желтой горе, а за ней зубчатою стеной поднимался бесконечный лес, уходивший из глаз. За Березайкой красиво пестрела большая караванная контора, склады железа, барки, амбары и сложенные бунтами снасти. Собственно селение раскидало свои избушки в четыре неправильные улицы, лучами сбегавшиеся на мысу. В яркий солнечный день картина получалась замечательно красивая, и даже Таисья вздохнула, любуясь всем "жилом". Она особенно долго смотрела на глинистую дорожку, которая на том берегу Каменки желтою змейкой уползала в лес.

— Таисья, а где круг? — спрашивала Нюрочка, сгорая от нетерпения.

— А вон... вон, где люди-то собрались на мысу, гляди прямо-то.

Действительно, на самом мысу уже собралась толпа, образуя широкий круг. Пока стояли одни подростки да сновала пристанская детвора. Борьбу начинали по исстари заведенному обычаю малыши, за ними выступали подростки, а большие мужики подходили уже к концу, когда решался на целый год горячий вопрос, кто "унесет круг" — ключевляне или самосадские. Лучшие борцы приберегались к концу борьбы, и последний уносил круг. Этот обычай переходил из рода в род, и Самосадка славилась своими борцами, которые почти каждый год торжествовали и у себя дома и на Ключевском заводе.

— Вон он, тятька-то... — проговорила Оленка, указывая рукой на круг.

— Ишь какие вострые глаза: узнала тятьку! — похвалила Таисья, заслоняя глаза от солнца рукой. — Твой тятька в кругу шарашится. Прежде-то сам хватски боролся, а ноне, ишь, ребятишек стравляет.

— Эй ты, святая душа на костылях! — кричал снизу Вася, окруженный целою толпой пристанских ребятишек.

— Ах, разбойник... Ужо вот я скажу матери-то! — бранилась Таисья, грозя Васе кулаком. — И востер только мальчишка: в кого такой, подумаешь, уродился!

Вася в ответ скакал на одной ноге и показывал язык.

Пьяный Никитич знал свое дело, и борьба завязалась. Сначала выпущены были пятилетки, и с балкона было видно, как в воздухе

82

мелькали босые детские ноги. Прибывавшая толпа шумно выражала свое одобрение победителям. Мальчиков-ключевлян было немного, и их скоро перекидали приставляне. Боролись не в охапку, по-мужицки, а за вороток, подшибая ногой. По обычаю, каждый боролся три раза. Ребята боролись скоро, и на круг выходили все новые борцы. Никитич бегал по кругу с палкой, отодвигая напиравших сзади праздных зрителей, и зорко следил, чтобы борьба стояла правильно. Заслышав шум на мысу, народ так и повалил к кругу. В толпе запестрели кумачные красные бабьи платки. Около них увивалась пристанская молодежь, разряженная по-праздничному — в кумачные рубахи, плисовые шаровары и суконные пальто. Халатов и шелковых цилиндров молодежь уже не носила. Таисья, глядя с балкона на происходившую внизу суету, только вздыхала.

Когда на кругу выступили подростки, на балкон пришел Самойло Евтихыч, Анфиса Егоровна и Петр Елисеич. Мужчины были слегка навеселе, а у Самойла Евтихыча лицо горело, как кумач.

— Ну-ка, поворачивай, молодцы! — кричал он с балкона гудевшей на мысу толпе. — Эй, самосадские, не выдавай!.. Кто унесет круг, приходи получать кумачную рубаху — это от меня!

Когда-то и сам Самойло Евтихыч лихо боролся на кругу с ключевлянами, а теперь у него зудились руки.

— Тишка, Илюшка, валяй в круг! — кричал он, свешиваясь с балкона. — А где Васька? Пусть и он попробует, как печенки отшибают... Эх, не в отца уродился!..

— Разве он мужик? — уговаривала расходившегося мужа Анфиса Егоровна. — Тоже и придумаешь... Петр Елисеич, какая красавица у вас в Ключевском заводе выросла, вон стоит с бабами. Чья это?

— Это сестра брательников Гущиных, — с гордостью объяснила Таисья, — Аграфеной звать.

— Это сестра нашему обережному Матвею? Удивительно красивая девка.

Казачок Тишка и новый груздевский "молодец" Илюшка стояли уже в кругу и попробовали счастья вместе с другими груздевскими молодцами. Но им не повезло. Тишка сошел с круга на втором борце, а Илюшка полетел на землю от первого. Круг делался все плотнее, несмотря на отчаянные усилия Никитича, раздвигавшего напиравший народ. Господский кучер Семка уронил четверых самосадчан и несколько поддержал этим репутацию своего завода. Брательники Гущины были, конечно, налицо и терпеливо ждали своей очереди. Впереди всех стоял красавец Спирька Гущин, на которого проглядели глаза все самосадские девки. Из других ключевлян выдавались обжимочный мастер Пимка Соболев и листокатальный мастер Гараська Ковригин — тоже не последние борцы, уносившие круг у себя дома. Тут же толкался в народе подгулявший дозорный Полуэхт Самоварник, ко всем приставал и всем надоедал.

— Родимые мои... — повторял Самоварник, помахивая

подобранным халатом, как хвостом. — Постарайтесь, голубчики! Штобы не стыдно было на завод воротиться...

— Сам поборись, Полуэхт.

— Не могу, родимый мой: кость у меня жидкая.

Все были уверены вперед, что круг унесет Матюшка Гущин, который будет бороться последним. Он уже раза два уносил круг, и обе стороны оставались довольны, потому что каждая считала Матюшку своим: ключевляне — потому, что Матюшка родился и вырос в Ключевском, а самосадские — потому, что он жил сейчас на Самосадке.

— Мочеганы пришли... — загудела толпа, когда к кругу подошли Терешка-казак и лесообъездчик Макар Горбатый. — Пустите мочеган бороться...

— По шее мочеган! — раздался чей-то одинокий голос и замер.

Мочегане вошли в круг и присоединились к своим Ключевским. Встретившая их насмешками толпа сейчас же успокоилась, потому что началась настоящая борьба: выступил в круг младший брательник Гущин. Воцарилась мертвая тишина. Борцы ходили по кругу, взявши друг друга за ворот чекменей правою рукой, — левая шла в дело только в момент схватки. Вся суть заключалась в том, чтобы ловко ударить противника ногой и сбить его на землю. Младший брательник Гущин погиб на шестом борце и вызвал шумные одобрения со стороны своих ключевлян, как до него кучер Семка. Второй брат упал под первого борца, и торжествовали самосадчане. Так же бесславно погиб и третий брат, за которым выступил Спирька. Огорченный неудачей двух братьев, Спирька в течение пяти минут смял трех лучших самосадских борцов.

— Эх вы, вороны, разве так борются? — кричал с балкона Груздев, размахивая платком. — Под левую ногу Спирьку ударь, а потом через колено...

Но в этот момент Спирька уложил пластом четвертого. Не успела Анфиса Егоровна сказать слова, как Груздев уже полетел по лестнице вниз, без шапки выбежал на улицу — и круг расступился, давая ему дорогу.

— Ай да Самойло Евтихыч! — поощряли голоса. — Ну-ка, тряхни стариной...

— Давайте мне чекмень... — говорил Груздев, засучивая рукава.

— Мотри, Самойло Евтихыч, кабы я тебя не зашиб, — предупреждал его Спирька. — Руки у нас жесткие, а ты обмяк...

— Ладно, разговаривай! — храбрился Груздев, надевая чекмень. — Только уговор: через голову не бросать.

— Да где тебя бросить, Самойло Евтихыч: с хорошую крицу весишь...

Когда железная рука Спирьки ухватила Самойлу Евтихыча за ворот чекменя, всем стало ясно, что самосадскому набобу несдобровать, и всех яснее это понимал и чувствовал сам Самойло Евтихыч. Недавний хмель как рукой сняло, но бежать с круга было бы несмываемым пятном. С другой стороны, Самойло Евтихыч чувствовал, что Спирька трусит, и это его заметно ободрило. Конечно, силой ничего не возьмешь, а надо пуститься на хитрости. Припомнив какое-то мудреное борцовое колено, Самойло Евтихыч надеялся изловчиться и начал подтягивать Спирьку в правую сторону, как будто бы хотел его подшибить правою ногой. Спирька в свою очередь, как бык, забочился налево и начал убирать свою левую ногу. Выбрав удобный момент, Самойло Евтихыч неожиданно ударил его левою ногой так, что Спирька пошатнулся, но в то же мгновение Самойло Евтихыч точно вспорхнул на воздух, смешно заболтал ногами и растянулся пластом.

— До трех раз! нет, брат, до трех раз!.. — кричал Самойло Евтихыч, барахтаясь на земле.

Он хотел подняться, но только застонал, — левая нога, которою он ударил Спирьку, была точно чужая, а страшная боль в лодыжке заставила его застонать. Самойло Евтихыч пал ничком, его окружили и начали поднимать.

— Домой несите... — проговорил он, скрипя зубами от боли.

— Ах, родимый ты мой! — кричал Самоварник, стараясь подхватить болтавшуюся голову Самойла Евтихыча. — Ну и Спирька, да не разбойник ли...

Домой принесли Самойлу Евтихыча в чекмене, как он боролся. В кабинете, когда начали снимать сапог с левой ноги, он закричал благим матом, так что Анфисе Егоровне сделалось дурно, и Таисья увела отпаивать ее водой. Пришлось ухаживать за больным Петру Елисеичу с казачком Тишкой.

— Ох, смерть моя!.. — стонал Самойло Евтихыч, лежа на своей кровати; сапог разрезали, чтобы снять с ноги.

Петр Елисеич осторожно ощупал быстро пухнувшее место и спокойно заметил:

— Ну, счастье твое...

— А что?

— Простой вывих, вернее — растяжение связок... Что, испугался?.. Сейчас нарочного пошлем за фельдшером на завод...

Принесли лед с погреба, и Петр Елисеич сам наложил компресс. Груздев лежал с помертвевшим, бледным лицом, и крупные капли холодного пота покрывали его лоб. В каких-нибудь пять минут он изменился до неузнаваемости.

Происшествие с Самойлом Евтихычем минут на десять приостановило борьбу, но потом она пошла своим чередом. На круг вышел Терешка-казак. Это появление в кругу мочеганина вызвало сначала смех, но Никитич цыкнул на особенно задорных, — он теперь отстаивал своих ключевлян, без различия концов. Впрочем, Терешке пришлось не долго покрасоваться на кругу, и он свалился под второго борца.

— Куда вам, мочеганы, бороться! — радостно кричала толпа, довольная поражением Терешки. — Ну-ка, Макар, теперь ты попробуй...

Действительно, выступил Макар Горбатый. Он надел толстый

чекмень, разгладил русую окладистую бородку, тряхнул волосами и весело оглянул затихший круг.

— Ну, молодцы, выходи на мочеганина! — покрикивал Никитич. — Кто посмелее?

Борцы переминались и только подталкивали друг друга: очень уж плечист был Макар и шея как у быка. Первый смельчак, попробовавший счастья, полетел на землю, как кошка, брошенная за хвост. Такая же участь постигла второго, третьего, четвертого, — Макар клал влоск последних самосадских борцов. По кругу пробежал ропот неудовольствия: если мочеганин унесет круг, то это будет вечным позором для всей пристани, и самосадским борцам стыдно будет показать глаза на Ключевской завод. Бабы засмеют... Целых двенадцать человек положил Макар, и оставался последний Матюшка Гущин. Толпа замерла в ожидании рокового момента. Матюшка был пониже Макара ростом, но еще плотнее. Он вышел на круг с какою-то застенчивою улыбкой, точно новичок.

— Раздайся, круг! — орал охрипшим голосом Никитич.

Когда борцы взяли друг друга за ворот, весь мыс замер. Народ смотрел с крыш, из окон, лезли на плечи. Целая толпа пристанских баб и ключевлянок сбились у груздевского дома, откуда было видно все. Первый раз свалился Макар, и весь круг облегченно вздохнул: конечно, Матюшка обломает мочеганина. Но не успели пристанские порадоваться хорошенько, как Матюшка грузно ударился о землю, точно пала чугунная баба, какою заколачивают сваи. Оставался последний, решительный раз... Оба борца чувствовали, какая ответственность лежит на них, и ходили по кругу битых полчаса, — ни тот, ни другой не поддавался. У Макара от натуги напружились жилы на шее, и он тяжело дышал. Всем показались эти полчаса за год, а когда Матюшка Гущин полетел опять на землю — воцарилась на несколько мгновений зловещая тишина. Круг унес Макар...

— Чего вы на них, мочеган, глядите?.. Бей!.. — раздался в толпе неизвестный голос.

Достаточно было одного этого крика, чтобы разом произошло что-то невероятное. Весь круг смешался, и послышался глухой рев. Произошла отчаянная свалка. Никитич пробовал было образумить народ, но сейчас же был сбит с ног и очутился под живою, копошившеюся на нем кучей. Откуда-то появились колья и поленья, а у ворот груздевского дома раздался отчаянный женский вопль: это крикнула Аграфена Гущина.

— Не бойсь, брательники-то отобьются! — утешали ее бабы.

Отчаянная свалка прекратилась только с появлением на поле битвы Петра Елисеича. Народ бросился врассыпную, а в кругу остались лежавшие пластом Терешка-казак и Макар Горбатый. Их так замертво и снесли в ближайшую избу.

— Ну, что там: кто унес круг? — с нетерпением спрашивал Груздев, когда Петр Елисеич вернулся. — Макар Горбатый?.. Не может быть!..

— Чего не может быть: влоск самого уходили... Страшно

86

смотреть: лица не видно, весь в крови, все платье разорвано. Это какие-то звери, а не люди! Нужно запретить это варварское удовольствие.

Груздев отнесся к постигшему Самосадку позору с большим азартом, хотя у самого уже начинался жар. Этот сильный человек вдруг ослабел, и только стоило ему закрыть глаза, как сейчас же начинался бред. Петр Елисеич сидел около его кровати до полночи. Убедившись, что Груздев забылся, он хотел выйти.

— Петр Елисеич, постой, — окликнул его очнувшийся Груздев.

— Что, опять нога беспокоит?

— Ну ее, ногу: заживет... А я все думаю про этого Кирилла, который говорил давеча о знамениях. Что это, по-твоему, значит: "и разбойник придет с умиренною душой"? Про кого это он закинул?

— Да так, мало ли что он болтал.

— Нет, брат, это неспроста сказано... Не таковский народ!.. Понимаешь: с умиренною душой.

Всю ночь Груздев страшно мучился. Ему все представлялось, что он бьется в кругу не на живот, а на смерть: поборет одного — выходит другой, поборет другого — третий, и так без конца. На улице долго пьяные мужики горланили песни, а Груздев стонал, как раздавленный.

Петр Елисеич тоже долго не мог заснуть. Ему с Нюрочкой была отведена светелка с балконом. Нюрочка, конечно, спала счастливым детским сном, а Петр Елисеич долго ворочался, прислушиваясь к праздничному шуму гулявшей пристани и пьяным песням. Чтобы освежиться, он осторожно вышел на балкон. Над Самосадкой стояла прелестная летняя ночь, какие бывают только на Урале. Река утонула в белой пелене двигавшегося тумана, лес казался выше, в домах кое-где еще мигали красные огоньки. Заслоненные дневным шумом воспоминания далекого детства поднялись теперь с особенною силой... Вот он вырос здесь, на этом мысу играл ребенком, а потом за границей часто вспоминал эту родную Самосадку, рисовавшуюся ему в радужных красках. Как рвалась его душа в родное гнездо, а потом глубокая пропасть навсегда отделила его от близких по крови людей. И сейчас он чувствовал себя чужим, припоминая тяжелую сцену примирения с матерью. Но что думать о себе, когда жизнь прожита, а вот что ждет Нюрочку, ровное дыхание которой он сейчас слышал? Спи, милая девочка, пока заботы и огорчения больших людей не беспокоят твоего детского, счастливого сна!..

VIII

Страда на уральских горных заводах — самое оживленное и веселое время. Все заводское население переселяется на покосы, где у избушек и балаганов до успеньева дня кипит самая горячая работа.

Кержацкий конец уходил на берега р.Урьи и Березайки, а мочегане занимали противоположную сторону, где весело разливались Култым и Сойга. Кержацкие покосы занимали места первых заводских куреней, а мочегане делали новые расчистки, и каждый шаг покупался здесь отчаянным трудом. На заводе оставались одни старухи вроде бабушки Акулины, матери Рачителя, да разные бобылки. Исключение составляла Пеньковка, где сошлось пришлое население, не имевшее никакого хозяйства, — медный рудник работал круглый год. Все три конца пустели, и большинство домов оставалось совсем без хозяев. Закрытые ставнями окна, деревянные засовы и грошовые замки служили единственною охраной пустовавшего жилья. Воровства в Ключевском заводе вообще не было, а единственный заводский вор Никешка Морок летом проживал в конском пасеве.

Семья Горбатого в полном составе перекочевала на Сойгу, где у старика Тита был расчищен большой покос. Увезли в лес даже Макара, который после праздника в Самосадке вылежал дома недели три и теперь едва бродил. Впрочем, он и не участвовал в работе семьи, как лесообъездчик, занятый своим делом.

— Плохо тебя поучили кержаки, — ворчал на сына старый Тит. — Этово-тово, надо было тебя убить...

Макар отмалчивался и целые дни лежал пластом в балагане, предоставляя жене убираться с покосом. Татьяна каждое лето работала за двоих, а потом всю зиму слушала попреки свекрови, что вот Макар травит чужое сено. Муж попрежнему не давал ей прохода, и так как не мог ходить по-здоровому, то подзывал жену к себе и тыкал ее кулаком в зубы или просто швырял в нее палкой или камнем. Эта мертвая ненависть наводила какое-то оцепенение на забитую бабу, и она выносила истязания без звука, как рыба. Только по вечерам, когда после трудового дня на покосах разливалась песня, Татьяна присаживалась к огоньку и горько плакала, — чужая радость хватала ее за живое. Особенно веселились на покосе хохлы, вообще любившие "пожартовать". Покос старого Коваля приходился рядом с покосом Тита, а дальше шел покос Деяна Поперешного. Этот последний служил предметом общей зависти, как самый лучший: к горе выдавался такой ловкий мысок, почти кругом обойденный р.Сойгой. Весной река заливала его, и Деянов покос не боялся никакой засухи. Трава на нем росла по пояс. Расчистил его Никешка Морок и под пьяную руку сбыл за бесценок Деяну.

Ранним утром было любо-дорого посмотреть на покос Тита Горбатого, на котором старик управлялся своею одною семьей. Одних снох работало три, да сын Федор, да сам со старухой, да подсоблял еще Пашка своим ребячьим делом. На работу выходили на брезгу, а к покосной избушке возвращались, когда солнце садилось совсем. Старый Тит был неумолим и в покос не жалел своих баб. Одна Палагея пользовалась некоторою льготой и могла отрываться от работы под предлогом посмотреть внучат, остававшихся около избушки, или когда варила варево на всю семью. В первые две недели такой страды все снохи "спадали с тела" и только потом отдыхали, когда поспевала гребь и вообще начиналась раздышка.

И нынче все на покосе Тита было по-старому, но работа как-то не спорилась: и встают рано и выходят на работу раньше других, а работа не та, — опытный стариковский глаз Тита видел это, и душа его болела. Старик частенько вздыхал про себя, но никому ничего не говорил. И по другим покосам было то же самое: у Деяна, у Канусиков, у Чеботаревых — кажется, народ на всякую работу спорый, а работа нейдет. По вечерам старики собирались где-нибудь около огонька и подолгу гуторили между собой, остерегаясь больше всего баб. Народ был все степенный, как старик Филипп Чеботарев или Канусик. Из хохлов в эту компанию попал один Коваль.

— Теперь, этово-тово, ежели рассудить, какая здесь земля, старички? — говорил Тит. — Тут тебе покос, а тут гора... камень... Только вот по реке сколько местов угодных и найдется. Дальше — народу больше, а, этово-тово, в земле будет умаление. Это я насчет покосу, старички...

— Уж это что и говорить, — соглашались слушатели. — Одно званье...

— То-то вот, старички... А оно, этово-тово, нужно тебе хлеб, сейчас ступай на базар и купляй. Ведь барин-то теперь шабаш, чтобы, этово-тово, из магазину хлеб выдавать... Пуд муки аржаной купил, полтины и нет в кармане, а ее еще добыть надо. Другое прочее — крупы, говядину, все купляй. Шерсть купляй, бабам лен купляй, овчину купляй, да еще бабы ситцу поганого просят... так я говорю?

— Это ты верно... Набаловались наши заводские бабы!

— Куды ни пошевелись, все купляй... Вот какая наша земля, да и та не наша, а господская. Теперь опять так сказать: опять мы в куренную работу с волею-то своей али на фабрику...

— Э, пусть ей пусто будет, этой огненной нашей работе, Тит! Шабаш теперь!

— Ну, а чем будем жить?

— Кабы земля, так как бы не жить. Пашни бы разбили, хлеб стали бы сеять, скотину держать. Все повернулось бы на настоящую хрестьянскую руку... Вон из орды когда хрестьяны хлеб привозят к нам на базар, так, слышь, не нахвалятся житьем-то своим: все у них свое.

— То-то вот и оно-то, што в орде хрестьянину самый раз, старички, — подхватывал Тит заброшенное словечко. — Земля в орде новая, травы ковыльные, крепкие, скотина всякая дешевая... Все к нам на заводы с той стороны везут, а мы, этово-тово, деньги им травим.

Такие разговоры повторялись каждый день с небольшими вариациями, но последнего слова никто не говорил, а всё ходили кругом да около. Старый Тит стороной вызнал, как думают другие старики. Раза два, закинув какое-нибудь заделье, он объехал почти все покосы по Сойге и Култыму и везде сталкивался со стариками. Свои туляки говорили все в одно слово, а хохлы или упрямились, или хитрили. Ну, да хохлы сами про себя знают, а Тит думал больше о своем Туляцком конце.

В страду на Урале выпадают такие хорошие, теплые ночи. Над головой синее-синее небо, где-то точно под землей ворчит бойкая Сойга, дальше зубчатою синею стеной обступили горы, между покосами лесные гривки и островки. Ухнет в лесу филин, прокукует кукушка, и опять все тихо. Смолкают веселые песни, меркнут огоньки у покосных балаганов и избушек, а старый Тит все сидит, сидит и думает. Всех он знает и знает все, что делается кругом. Вон Деянова семья как проворно убирается с сеном, Чеботаревы потише, потому как мужиков в семье всего один старик Филипп, а остальные — всё девки. Работящие девки, худого слова не окажешь, а всё девки — такая им и цена. Ковали могли бы управиться наряду с Деяном, так на работу ленивы и погулять любят. Среди богатых, людных семей бьется, как рыба об лед, старуха Мавра, мать Окулка, — другим не работа — праздник, а Мавра вышла на покос с одною дочерью Наташкой, да мальчонко Тараско при них околачивается. Не велико ребячье дело, не с кого и взыскивать. Известно, ребята!.. По ягоды бегают, коней стерегут, птичьи гнезда зорят, копны возят — только ихней и работы. Присматривает Тит и свою будущую невестку Федорку, которая с маткой сено ворошит да свои хохлацкие песни поет. Ничего, славная девушка, коренастенькая такая, с крутым оплечьем и румянцем во всю щеку. Выправится — ядреная будет, как репа. Сидит у огонька старый Тит и все думает... Вот подойдет осень, и пойдет народ опять в кабалу к Устюжанинову, а какая это работа: молодые ребята балуются на фабрике, мужики изробливаются к пятидесяти годам, а про баб и говорить нечего, — которая пошла на фабрику, та и пропала. Разе с заводским балованным народом можно сравнить крестьян? Куда они лучше будут! Сиротства меньше по крестьянам, потому нет у них заводского увечья и простуды, как на огненной работе: у того ноги застужены, у другого поясница не владеет, третий и на ногах, да силы в нем нет никакой. Эх, уйти бы в орду и сесть на свою землю... Последнюю мысль старый Тит как будто прячет от самого себя и даже оглядывается каждый раз, точно кто может его подслушать. Да, хорошо было бы уйти совсем. Всю ночь думает Тит и день думает, и даже совсем от хлеба отбился.

— Уж тебя, старик, не сглазил ли кто? — спрашивала старая Палагея. — Чего-то больно туманный ходишь...

С женой Тит не любил разговаривать и только цыкнул на нее: не бабьего это ума дело.

Сколько ни мялись старики, сколько ни крепились, а заветное слово пришлось выговорить. Сказал его старый Коваль:

— А втикать надо, старички, до орды... Побачимо, як добри люди на свете живут.

— Тоже и сказал! — ворчал на свата Тит. — Не близкое место орда, этово-тово, верст с пятьсот будет...

— Пригнали же нас сюда, а до орды много поближе, сват. Не хочу зоставаться здесь, и всё туточки! Вот який твой сват, Тит...

90

Старички даже как будто испугались, когда высказана была роковая мысль, висевшая в воздухе. Думать каждый думал, а выговорить страшно.

— Только вот што, старички, — говорил Деян Попершный, — бабам ни гугу!.. Примутся стрекотать, как сороки, и все дело испортят. Подымут рев, забегают, как оглашенные.

— А ну их, жинок, к нечистому! — подтвердил старый Коваль и даже благочестиво отплюнулся.

— Конешно, не бабьего это ума дело, — авторитетно подтвердил Тит, державший своих баб в качестве бессловесной скотины. — Надо обмозговать дело.

Долго толковали старички на эту тему, и только упорно "мовчал" один старый Коваль, хотя он первый и выговорил роковое слово. Он принадлежал к числу немногих стариков хохлов, которые помнили еще свою Украину. Когда Коваля-парубка погнали в Сибирь, он решил про себя "побегти у речку" и, вероятно, утопился бы, если бы не "карые очи" Ганны. Теперь уж поздно было думать об Украине, где все "ридненькое" давно "вмерло", а "втикать до орды" на старости лет стоило угона в Сибирь. В старом хохле боролось двойное чувство.

— Что же ты, сват, этово-тово, молчишь? — спрашивал Тит, когда старики разошлись и они остались вдвоем с глазу на глаз. — Сказал слово и молчишь.

— Щось таке, сват?.. Мовчу так мовчу... Вот о жинках ты сказал, а жинки наперед нас свой хлеб продумали.

— Н-но-о?

— Да я ж тоби говорю... Моя Ганна на стену лезе, як коза, що белены поела. Так и другие бабы... Э, плевать! А то я мовчу, сват, как мы с тобой будем: посватались, а може жених с невестой и разъедутся. Так-то...

— Как разъедутся, этово-тово?

— А так же... Може, я уеду в орду, а ты зостанешься, бо туляки ваши хитрые.

— Вместе поедем, сват... Я избу поставлю, а ты, этово-тово, другую избу рядом. Я Федьку отделю, а Макар пусть в большаках остается. Замотался он в лесообъездчиках-то...

— Добре, сват!..

— А на место Федьки женатым сыном будет Пашка, этово-тово...

— Такочки, сват!..

— А все-таки бабам не надо ничего говорить, сват. Пусть болтают себе, а мы ничего не знаем... Поболтают и бросят.

— Не можно, сват... Жинка завсегда хитрее. Да... А я слухал, как приказчичья Домна с Рачителихой в кабаке о своем хлебе толковали. Оттак!

— Это хохлы баб распустили и парней также, а наши тулянки не посмеют. Дурни вы, хохлы, вот что, коли такую волю бабам даете!..

— Сват, не зачипляй!

Сваты даже легонько повздорили и разошлись недовольные друг другом. Особенно недоволен был Тит: тоже послал бог свата, у

91

которого семь пятниц на неделе. Да и бабы хороши! Те же хохлы наболтали, а теперь валят на баб. Во всяком случае, дело выходит скверное: еще не начали, а уж разговор пошел по всему заводу.

IX

Бабы-мочеганки действительно заговорили о своем хлебе раньше мужиков, и бабьи языки работали с особенным усердием. О переговорах стариков на покосе бабы тоже знали, что еще сильнее конфузило таких упрямых людей, как Тит Горбатый. Конечно, впереди всех оказались старухи тулянки, как Палагея, жена Деяна Фекла, жена Филиппа Чеботарева высокая Дарья. К тулянкам подбились и хохлушки, как Ганна Ковалиха, Горпина Канусик и др. Тулянки не очень-то жаловали ленивых хохлушек, да уж дело такое, что разбирать не приходилось, кто и чего стоит. И старух тулянок и старух хохлушек связывали теперь общие воспоминания: ведь их вместе пригнали на Ключевской завод и вместе они приживались здесь. Сколько горя было принято от одних кержаков, особенно в первое время. Проклятые обушники, бывало, ковша не дадут воды зачерпнуть: испоганят, слышь, мочегане... Деянова жена Фекла показывала всем иголку, которую еще из Расеи вынесла с собой, — сорок лет служила иголка-то.

— Все свое будет, некупленное, — повторяли скопидомки-тулянки. — А хлебушко будет, так какого еще рожна надо! Сказывают, в этой самой орде аржаного хлеба и в заведенье нет, а все пшеничный едят.

— Скотину, слышь, рожью-то кормят, бабоньки! Божий дар, а они его скотине травят... Урождай у них страшенные.

— Теперь снохи одними ситцами разорят, — жаловалась старая Палагея. — И на сарафан ситца подай, и на подзоры к станушке подай, и на рубаху подай — одно разорение... А в хрестьянах во все свое одевайся: лен свой, шерсть своя. У баб, у хрестьянок, новин со сто набирается: и тебе холст, и тебе пестрядина, и сукно домашнее, и чулки, и варежки, и овчины.

— Уж это што и говорить, — поддакивали старухи, — испотачились наши сношеньки. Пряменько сказать, вконец иствварились! А по хрестьянам-то баба всему голова, без бабы мужику ни взад, ни вперед: оба к одной земле привязаны. Так-то...

— И мужики из хрестьян лучше наших заводских.

— А чтобы девки которые гулящие были по хрестьянам — ни-ни!..

Эта исконная тяга великорусского племени к своей земле сказалась в старых крестьянках с какою-то болезненною силой. Самые древние старушки поднялись на дыбы при одной вести о крестьянстве и своем хлебе. Сорока лет заводского житья точно не бывало. Старухи, по возможности, таились от снох и даже от родных дочерей, а молодые бабы шушукались между собой. Сказывалась какая-то скрытая рознь, пока еще не определенная никаким словом. Одни девки, как беспастушная скотина, ничего знать не хотели и только ждали вечера, чтобы горланить песни да с парнями зубы скалить.

— Сбесились наши старухи, — судачили между собой снохи из большесемейных туляцких домов. — Туда же, беззубые, своего хлеба захотели!.. Теперь житья от них нет, а там поедом съедят!

Молодые бабы-хохлушки слушали эти жалобы равнодушно, потому что в Хохлацком конце женатые сыновья жили почти все в отделе от стариков, за немногими исключениями, как семья Ковалей. Богатых семей в Хохлацком конце не было, но не было и такого утеснения снох и вообще баб, как у туляков. Тулянки, попадавшие замуж за хохла, сейчас же нагуливали тело. Замечательно было то, что как хохлушки, так и тулянки одевались совсем по-заводски, как кержанки: в подбористые сарафаны, в ситцевые рубашки, в юбки с ситцевым подзором, а щеголихи по праздникам разряжались даже в ситцевые кофты. Ни плахт, ни запасок, ни панёв — ничего не осталось, кроме как у старух, донашивавших старое. Молодые бабы-мочеганки во всем подражали щеголихам-кержанкам. То же было и с языком и с песнями... Молодые все говорили "по-кержацки", а старинные хохлацкие и туляцкие песни пелись только на свадьбах.

В общем гвалте, поднятом старухами, не участвовали только такие бобылки, как Мавра, мать Окулка. Этой уж некуда было ехать, да и незачем: вот бы сенца поставить для коровы — и то вперед. Сама Мавра не могла работать, а только подсобляла дочери Наташке, которая и косила, и гребла, и копнила сено, и метала зарод. Проворная была девка и управлялась за мужика, даром что зиму работала на фабрике дровосушкой. Нехорошая слава про фабричных девок, а над Наташкой никто не смел посмеяться: соблюдала она себя. В праздники, когда отцовские дочери гуляли по улице с песнями да шутками, Наташка сидела в своей избушке, и мать не могла ее дослаться на улицу.

— Зачем я пойду: тряпицы свои показывать? — отговаривалась она.

Семья только и держалась Наташкиной работой. Если бы не круглая бедность, быть бы Наташке замужем за хорошим мужиком, а теперь женихи ее обегали, потому что всякому лестно вывести жену из достаточной семьи, а тут вместо приданого два голодных рта — Мавра да Тараско. Наташка сама понимала свое положение, да и пора понимать: девке на двадцать второй год перевалило, а это уж перестарком свахи зовут. На покосе Наташке доставалось вдвое. Утром она едва поднималась, от натуги ломило поясницу, и руки, и ноги. Днем на работе молодое тело расходилось, а к вечеру Наташка точно вся немела от своей лошадиной работы. Не до песен тут, как на других покосах. Да и есть было надо, а достатков нет. Везде было занято, где можно, а до осени, когда начинается поденщина, еще далеко. Кусок черствого хлеба да ключевая вода — вот и вся еда... Больше всего не любила Наташка ходить с займами к богатым, как Тит Горбатый, а выворачивалась как-нибудь у своего же брата голытьбы. Мавра обходила с займами все покосы и всем надоела, а Наташка часто ложилась спать совсем голодная. Мавра тоже терпела голод, но молчала, а Тараско ревел и ругался, требуя хлеба. Была и у Наташки своя маленькая заручка, но она все опасалась ею пользоваться. Когда ей приходилось особенно тошно, она вечером завертывала на покос к Чеботаревым, — и люди они небогатые, свой брат, и потом товарка здесь была у Наташки, старшая дочь Филиппа, солдатка Аннушка, работавшая на фабрике вместе с Наташкой. Не велики были достатки у Чеботаревых, да солдатка Аннушка была добрая душа и готова отдать последнее. Через Тараску солдатка Аннушка давно засылала Наташке то пирожок с луком, то яичко, а то просто скажет: "Отчего это Наташка к нам не завернет?.. Удосужилась бы малым делом..." Но Наташка боялась особенно дружить с солдаткою Аннушкой, про которую шла нехорошая слава: подманивала она красивых девок для Палача. Может быть, это было и неправда, на фабрике мало ли что болтают, но Наташка все-таки боялась ласковой Аннушки, как огня. Раз под вечер Аннушка сама пришла на покос к Мавре и ласково принялась выговаривать Наташке:

— Спесивая стала, Наташенька... Дозваться я не могла тебя, так сама пошла: солдатке не до спеси. Ох, гляжу я на тебя, как ты маешься, так вчуже жаль... Кожу бы с себя ровно сняла да помогла тебе! Вон Горбатые не знают, куда с деньгами деваться, а нет, чтобы послали хоть кобылу копны к зароду свозить.

— Скоро управимся, Аннушка, — отвечала Наташка, подкупленная жалостливым словцом, — ведь ее никто не жалел. — Попрошу у вас же лошади, когда ослободится.

— Тятька беспременно даст... Своя нужда дома вплоть до крыши, так и чужую пожалеет. Это завсегда так, Наташенька... Ужо поговорю с тятькой. Трудно тебе, горюшке, одной-то весь покос воротить... хоть бы немудренького мужичонка вам.

— Где его взять-то, Аннушка? Вот Тараско подрастет. Ноне его на фабрику сведу.

Посидела Аннушка, потужила и ушла с тем же, с чем пришла. А Наташка долго ее провожала глазами: откуда только что берет Аннушка — одета чисто, сама здоровая, на шее разные бусы, и по праздникам в кофтах щеголяет. К пасхе шерстяное платье справила: то-то беспутная голова! Хорошо ей, солдатке! Позавидовала Наташка, как живут солдатки, да устыдилась.

В середине покоса Наташка разнемоглась своею бабьею болезнью: все болит. Давно она разнемоглась, да все терпела. Оставалось докосить мокрый лужок к самой реке, но Наташка откладывала эту работу: трава по мокрым местам жесткая, а она косила босая. И то все ноги в крови к вечеру. Так лужок и оставался нескошенным, а Наташка лежала в балагане третий день, ни рукой, ни ногой пошевелить не может. Старуха Мавра, вместо того чтобы пожалеть девку, на нее же взъелась: ты и такая, ты и сякая. Не понимает того, старая, что от голодухи обессилела Наташка. Бедные люди поневоле делаются несправедливыми, как было и теперь. Оставалось одно: обратиться к Аннушке, но Наташка еще перемогалась: может, к утру полегчает.

— Вон добрые люди в орду собираются уезжать, а ты лежишь, как колода, — корила обезумевшая Мавра единственную работницу. — Хоть бы умереть... Хлеба вон осталась одна-разъединая корочка, как хошь ее дели на троих-то.

— Мамынька, завтра поправлюсь, даст бог...

— Аннушка вон обещалась пособить, только, грит, пусть Наташка сама придет. Вон у нее какие сарафаны-то, а ты ее же обегаешь. Ваша-то, девичья-то, честь для богатых, а бедным не помирать же с голоду.

— Опомнись, мамынька, какие слова ты выговариваешь? — стонала Наташка.

— А такие... Не ты первая, не ты последняя: про всех про вас, дровосушек, одна слава-то...

Как ни крепилась Наташка, как ни перемогалась, а старуха-таки доняла ее: заревела девка. Раньше хоть спала, а тут и ночь не спится, — обидела ее мать. К утру только заснула Наташка, так хорошо, крепко заснула. Давно ободняло уж, а Наташка спит, спит и сама дивится, что никто ее не будит. Что бы это такое значило? Солнышко уж в балаган стало заглядывать, значит время к обеду. Стыдно стало Наташке. Собралась она с силами, поднялась и вышла из балагана. Мать сидит у огонька, опустила голову на руки и горько-горько плачет.

— Чего ты, мамынька родная?

Старуха Мавра с удивлением посмотрела на дочь, что та ничего не знает, и только головой указала на лужок у реки. Там с косой Наташки лихо косил какой-то здоровенный мужик, так что слышно было, как жесткая болотная трава свистела у него под косой.

— Да ведь это Окулко?! — крикнула Наташка, всплеснув руками.

— Он самый. Утром даве я встаю, вышла из балагана, вот этак же гляжу, а у нас лужок мужик косит. Испугалась я по первоначалу-то, а потом разглядела: он, Окулко. Сам пришел и хлеба принес. Говорит, объявляться пришел... Докошу, говорит, вам лужок, а потом пойду прямо в контору к приказчику: вяжите меня...

— Вот, мамынька, ты все жалилась да меня корила...

— От голоду, родная, от голоду. Помутилась я разумом на старости лет... Ты погляди, как Окулко-то поворачивает: тебе бы на три дня колотиться над лужком, а он к вечеру управится.

— Да ведь он мужик, мамынька.

Окулко косил с раннего утра вплоть до обеда, без передышки. Маленький Тараско ходил по косеву за ним и молча любовался на молодецкую работу богатыря-брата. Обедать Окулко пришел к балагану, молча съел кусок ржаного хлеба и опять пошел косить. На других покосах уже заметили, что у Мавры косит какой-то мужик, и, конечно, полюбопытствовали узнать, какой такой новый работник объявился. Тит Горбатый даже подъехал верхом на своей буланой кобыле и вслух похвалил чистую Окулкину работу.

— Здравствуй, Окулко, — проговорил он. — Ты, этово-тово, ладно надумал, в самый раз.

— Ладно, так и примеривать не надо, — отрезал Окулко, продолжая работать.

— Ты, этово-тово, правильно...

Конечно, прибежала на той же ноге Аннушка.

— Ну, вот и слава богу, мужик нашелся, — радовалась она. — А ты, Наташка, совсем затощала, лица на тебе нет... Ай да Окулко! Тоже и придумал ловко.

Маврина семья сразу ожила, точно и день был светлее, и все помолодели. Мавра сбегала к Горбатым и выпросила целую ковригу хлеба, а у Деяна заняла луку да соли. К вечеру Окулко действительно кончил лужок, опять молча поужинал и улегся в балагане. Наташка радовалась: сгрести готовую кошенину не велика печаль, а старая Мавра опять горько плакала. Как-то Окулко пойдет объявляться в контору? Ушлют его опять в острог в Верхотурье, только и видела работничка.

X

По всем покосам широкою волной прокатилась молва о задуманном переселении в орду, и самым разнообразным толкам не было конца.

— Надо засылать ходоков, старички, — повторял Филипп Чеботарев, когда собирались человек пять-шесть. — Страда в половине, которые семьи управились с кошениной, а ежели есть свои мужики, так поставят сено и без старика. Надо засылать.

— Уж это што и говорить, — соглашались все. — Как по другим прочиим местам добрые люди делают, так и мы. Жалованье зададим ходокам, чтобы им не обидно было и чтобы неустойки не вышло. Тоже задарма кому охота болтаться... В аккурате надо дело делать.

Все понимали, что в ходоки нужно выбрать обстоятельных стариков, а не кого-нибудь. Дело хлопотливое и ответственное, и не всякий на него пойдет. Раз под вечер, когда семья Горбатых дружно вершила первый зарод, к ним степенно подвалила артелька стариков.

— Здорово, старички! — весело крикнул Тит с зарода.

— Бог на помочь!

Старички присели к сторонке и с достоинством обождали, пока Горбатые кончат свою работу. Макар и Федор продолжали свое дело, не обращая на гостей никакого внимания. Молодые мужики вообще как-то сторонились от стариков, а в больших туляцких семьях они не смели пикнуть, когда большак дома. Легко работали Горбатые около своего зарода, так что любо-дорого было смотреть. Филипп Чеботарев наблюдал их с тайною завистью: вот бы ему хоть одного сына в семью, а то с девками недалеко уедешь. Из туляков пришли Деян Поперешный и рыжий, как огонь, Шкарабура (прозвище за необыкновенный вид), а из хохлов Дорох Ковальчук, Канусик и Шикун.

— Садитесь, этово-тово, на прясло-то, так гости будете, — кричал Тит, едва успевая принимать подкидываемое сыновьями сено.

— Управляйся, дедушко, дело не к спеху.

Подбиравшие граблями сено бабы молчали: они чувствовали, зачем приволоклись старички. Палагея сердито поглядывала на снох.

Когда кончили вершить зарод, Макар и Федор ушли копнить поспевшее к вечеру сено, а за ними поплелись бабы. Тит спустился с зарода, обругал Пашку, который неладно покрывал верхушку зарода свежими березовыми ветками, и подошел к дожидавшим старичкам.

— Ну, этово-тово, здравствуйте...

— Мимо шли, так вот завернули, — объяснял Чеботарев. — Баско робите около зароду, ну, так мы и завернули поглядеть... Этакую-то семью да на пашню бы выгнать: загорелось бы все в руках.

Прежде чем приступить к делу, старички поговорили о разных посторонних предметах, как и следует серьезным людям; не прямо же броситься на человека и хватать его за горло.

— А мы, видно, к тебе, дедушко Тит... — заявил нерешительно один голос, когда были проделаны все предварительные церемонии.

— Вижу, этово-тово...

Старый Тит как-то весь съежился и только заморгал глазами.

— Мы, значит, уж к тебе, дедушко, всем миром... послужи миру-то... В ходоки тебя мир выбрал, чтобы обследовать эту самую орду наскрозь.

Тит замотал головой, точно взнузданная лошадь, и пошел на отпор:

— Стар я, этово-тово... Семья у меня во какая, а замениться некем. Нет, уж вы ослобоните меня... Кого помогутнее надо выбрать.

— Нет, мир тебя выбрал... Ты уж не корячься напрасно: без твоего слова не уйдем.

— Посердитовал на меня мир, старички, не по годам моим служба. А только я один не пойду... Кто другой-то?

— Другого уж ты сам выбирай: тебе с ним идти, тебе и выбирать. От Туляцкого конца, значит, ты пойдешь, а от Хохлацкого...

— Вот разе сват... — нерешительно заявлял Тит, поглядывая на попятившегося Коваля.

— Верное твое слово, дедушко; вы сваты, так заодно идти вам в орду.

Старый Коваль не спорил и не артачился, как Тит: идти так идти... Нэхай буде так!.. Сваты, по обычаю, ударили по рукам. Дело уладилось сразу, так что все повеселели. Только охал один Тит, которому не хотелось оставлять недоконченный покос.

— Коней двенадцать голов, куды я повернусь зимой-то без сена?

— повторял он, мотая головой. — Ежели его куплять по зиме, сена-то, так, этово-тово, достатку не хватит...

— Э, сват, буде тебе гвалтувати, — уговаривал Коваль. — Як уведем оба конца в орду, так усе наше сено кержакам зостанется... Нэхай твоему сену!..

Три дня ходил Тит темнее ночи и ничего не говорил своей семье. Его одолевали какие-то тяжелые предчувствия. Он веселел немного только в присутствии старого Коваля, который своим балагурством и хохлацкими "жартами" разгонял туляцкую скуку. Сваты даже уехали с покоса и за разговорами проводили время в кабаке у Рачителихи. На Тита нападали сомнения: как да что? Выпитая водка несколько ободряла его, но это искусственное оживление выкупалось наутро новым приступом малодушия. Раз он не вытерпел и заявил Ковалю решительным тоном:

— Нет, сват, этово-тово, надо сходить к попу посоветовать... Он больше нас знает.

— Пойдем и до попа, — соглашался Коваль, — письменный человек, усе знае...

Поп Сергей жил напротив церкви, в большом пятистенном деревянном доме. Он принял ходоков ласково, как всегда, и первый заговорил:

— Слышал, старички, про ваши затеи... Своего хлеба отведать захотели?

— Так вот мы и пришли, батюшко, к тебе посоветовать.

— Что же, доброе дело: ум — хорошо, а два — лучше того.

Поп усадил гостей и повел длинную, душевную беседу, а ходоки слушали.

— Отсоветовать вам я не могу, — говорил о.Сергей, разгуливая по комнате, — вы подумаете, что я это о себе буду хлопотать... А не сказать не могу. Есть хорошие земли в Оренбургской степи и можно там устроиться, только одно нехорошо: молодым-то не понравится тяжелая крестьянская работа. Особенно бабам непривычно покажется... Заводская баба только и знает, что свою домашность да ребят, а там они везде поспевай.

— Это ты верно, батюшко: иствáрились наши бабы, набаловались и парни тоже... От этого самого и и орду уходим, — говорил Тит. — Верное твое слово.

— Я не говорю: не ездите... С богом... Только нужно хорошо осмотреть все, сообразить, чтобы потом хуже не вышло. Побросаете дома, хозяйство, а там все новое придется заводить. Тоже и урожаи не каждый год бывают... Подумать нужно, старички.

— Так ты уж нам скажи прямо: ехать али не ехать?

— Ничего я не могу вам сказать: ваше дело... Там хорошо, где нас нет.

Долго толковали старики с попом, добиваясь, чтобы он прямо посоветовал им уезжать, но о.Сергей отвечал уклончиво и скорее не советовал уезжать.

— Не могу я вам сказать: уезжайте, — говорил он на прощанье. —

После, если выйдет какая неудача, вы на меня и будете ссылаться. А если я окажу: оставайтесь, вы подумаете, что я о себе хлопочу. Подумайте сами...

Ходоки ушли от попа недовольные, потому что он, видимо, гнул больше на свою сторону.

— Обманывает нас поп, — решил Коваль. — Ему до себя, а не до нас... Грошей меньше буде добывать, як мы в орду уедем.

— И то правда, — согласился Тит. — Не жадный поп, а правды сказать не хочет, этово-тово. К приказчику разе дойдем?

— А пойдем до приказчика: тот усе окажет... Ему что, приказчику, он жалованье из казны берет.

Старики отправились в господский дом и сначала завернули на кухню к Домнушке. Все же свой человек, может, и научит, как лучше подойти к приказчику. Домнушка сначала испугалась, когда завидела свекра Тита, который обыкновенно не обращал на нее никакого внимания, как и на сына Агапа.

— Да вы садитесь... — упрашивала Домнушка. — Катря, пан дома? — крикнула она на лестницу вверх.

— У кабинети, — ответил сверху голос Катри.

Тит все время наблюдал Домнушку и только покачал головой: очень уж она разъелась на готовых хлебах. Коваль позвал внучку Катрю и долго разговаривал с ней. Горничная испугалась не меньше Домнушки: уж не сватать ли ее пришли старики? Но Домнушка так весело поглядывала на нее своими ласковыми глазами, что у Катри отлегло на душе.

— Эге, гарна дивчина! — повторял Коваль, любуясь внучкой.

Порывшись где-то в залавке, Домнушка достала бутылку с водкой и поставила ее гостям.

— Пожалуйте, дорогие гости, — просила она, кланяясь. — Не обессудьте на угощенье.

— Ото вумная баба! — хвалил Коваль, обрадовавшийся водке.

Старики выпили по две рюмки, но Тит дольше не остался и потащил за собой упиравшегося Коваля: дело делать пришли, а не прохлаждаться у Домнушки.

— Упрямый человик... — ворчал Коваль.

Катря провела их в переднюю, куда к ним вышел и сам Петр Елисеич. Он только что оторвался от работы и не успел снять даже больших золотых очков.

— Ну что, старички, скажете?

Старики после некоторой заминки подробно рассказали свое дело, а Петр Елисеич внимательно их слушал.

— Так вот мы и пришли, этово-тово, — повторял Тит. — Чего ты уж нам окажешь, Петр Елисеич?

Петр Елисеич увел стариков к себе в кабинет и долго здесь толковал с ними, а потом сказал почти то же, что и поп. И не отговаривал от переселения, да и не советовал. Ходоки только уныло переглянулись между собой.

— Так прямого твоего слова не будет, Петр Елисеич? — приставал Тит.

— Трудно сказать, старички, — уклончиво отвечал Мухин. — Съездите, посмотрите и тогда сами увидите, где лучше.

Выйдя от приказчика, старики долго шли молча и повернули прямо в кабак к Рачителихе. Выпив по стаканчику, они еще помолчали, и только потом уже Тит проговорил:

— Из слова в слово, что поп, что приказчик, сват! Этово-тово, правды-то, видно, из них топором не вырубишь.

— А они ж сговорились, сват, — объяснил Коваль. — Приказчику тоже не велика корысть, коли два конца уйдут, а зостанутся одни кержаки. Кто будет робить ему на фабрике?.. Так-то...

Вообще ходоков охватило крепкое недоверие и к попу и к приказчику. Это чувство укрепило их в решении немедленно отправиться в путь. Об их замыслах знали пока одни старухи, которые всячески их поддерживали: старухи так и рвались к своему хлебу.

Ровно через неделю после выбора ходоков Тит и Коваль шагали уже по дороге в Мурмос. Они отправились пешком, — не стоило маять лошадей целых пятьсот верст, да и какие же это ходоки разъезжают в телегах? Это была трогательная картина, когда оба ходока с котомками за плечами и длинными палками в руках шагали по стороне дороги, как два библейских соглядатая, отправлявшихся высматривать землю, текущую молоком и медом.

— А ты, сват, иди наперед, — шутил Коваль, — а я за тобой, як журавель...

XI

Страда была на исходе, а положение заводских дел оставалось в самом неопределенном виде. Заводские управители ждали подробных инструкций от главного заводоуправления в Мурмосе, а главное заводоуправление в свою очередь ждало окончательной программы из главной конторы в Петербурге. Пока эта контора только требовала все новых и новых справок по разным статьям заводского хозяйства, статистических данных, смет и отчетов. Такая канцелярская политика возмущала до глубины души главного управляющего Луку Назарыча, ненавидевшего вообще канцелярские порядки. Раньше он все дела вершал единолично, а теперь пришлось устраивать съезды заводских управителей, отдельные совещания и просто интимные беседы. Вся эта кутерьма точно обессилила Луку Назарыча: от прежней грозы оставались жалкие развалины.

— Все кончено... — повторял упрямый старик, удрученный крепостным горем. — Да... И ничего не будет! Всем этим подлецам теперь плати... за все плати... а что же Устюжанинову останется?

— Лука Назарыч, вы напрасно так себя обеспокоиваете, —

100

докладывал письмоводитель Овсянников, этот непременный член всех заводских заседаний. — Рабочие сами придут-с и еще нам же поклонятся... Пусть теперь порадуются, а там мы свое-с наверстаем. Вон в Кукарских заводах какую уставную грамоту составили: отдай все...

— На словах-то ты, как гусь на воде...

В течение лета Лука Назарыч несколько раз приезжал в Ключевской завод и вел длинные переговоры с Мухиным.

— Ну, ты, француз, везде бывал и всякие порядки видывал, — говорил он с обычною своею грубостью, — на устюжаниновские денежки выучился... Ну, теперь и помогай. Ежели с крепостными нужно было строго, так с вольными-то вдвое строже. Главное, не надо им поддаваться... Лучше заводы остановить.

Петр Елисеич был другого мнения, которое старался высказать по возможности в самой мягкой форме. В Западной Европе даровой крепостной труд давно уже не существует, а между тем заводское дело процветает благодаря машинам и улучшениям в производстве. Конечно, сразу нельзя обставить заводы, но постепенно все устроится. Даже будет выгоднее и для заводов эта новая система хозяйства.

— Ну, уж это ты врешь! — резко спорил Лука Назарыч.

— Нет, не вру... сами увидите.

— Первая причина, Лука Назарыч, что мы не обязаны будем содержать ни сирот, ни престарелых, ни увечных, — почтительнейше докладывал Овсянников. — А побочных сколько было расходов: изба развалилась, лошадь пала, коровы нет, — все это мы заводили на заводский счет, чтобы не обессилить народ. А теперь пусть сами живут, как знают...

— Знаю и без тебя...

— Не нужно содержать хлебных и провиантских магазинов, не нужно запасчиков...

— И это знаю!.. Только все это пустяки. Одной поденщины сколько мы должны теперь платить. Одним словом, бросай все и заживо ложись в могилу... Вот француз все своею заграницей утешает, да только там свое, а у нас свое. Машины-то денег стоят, а мы должны миллион каждый год послать владельцам... И без того заводы плелись кое-как, концы с концами сводили, а теперь где мы возьмем миллион наш?

Последняя вспышка старой крепостной энергии произошла в Луке Назарыче, когда до Мурмоса дошла весть о переселении мочеган и о толках в Кержацком конце и на Самосадке о какой-то своей земле. Лука Назарыч поскакал в Ключевской завод, как на пожар. Он приехал в глухую полночь и не остановился в господском доме, как всегда, а проехал на медный рудник к молодому Палачу. Ранним утром Петр Елисеич потребован был на рудник к ответу. Он предчувствовал налетевшую грозу и отправился на рудник с тяжелым сердцем. Фабрика еще не действовала, и дымилась всего одна доменная печь. С плотины управительский экипаж повернул в Пеньковку с ее кривыми улицами и домишками. Эта часть завода всегда возмущала Петра Елисеича своим убогим видом. Самый рудник стоял в яме, и высокая зеленая труба вечно дымилась, как на фабрике домна. Кругом тянулись целые поленницы из рудничных "чурок" — деревянные крепи и подставки в шахте. По берегу Березайки шел громадный отвал из пустой породы, добытой из шахты. Во дворе самого рудника чернели неправильные кучи добытой медной руды и поленницы куренного долготья для отопления паровой машины, занимавшей отдельный корпус. Над шахтой горбился деревянный сарай с почерневшею железною крышей, а от него во все стороны разбегались узколинейные подъездные пути, по которым катились ручные вагоны — в шахту с чурками, а из шахты с рудой и пустою породой. В углу рудничного двора приткнулся домик Палача, весело глядевший своими светлыми окнами, зеленою крышей и небольшим палисадником. Петр Елисеич проехал прямо к этому домику, но Лука Назарыч ушел в шахту.

На дворе копошились, как муравьи, рудниковые рабочие в своих желтых от рудничной глины холщовых балахонах, с жестяными блендочками на поясе и в пеньковых пряденках. Лица у всех были землистого цвета, точно они выцвели от постоянного пребывания под землей. Это был жалкий сброд по сравнению с ключевскою фабрикой, где работали такие молодцы.

— Лука Назарыч в шахте... — повторила несколько раз "приказчица" Анисья, отворившая Мухину дверь.

Это была цветущая женщина, напоминавшая фигурой Домнушку, но с мелкими чертами злого лица. Она была разодета в яркий сарафан из китайки с желтыми разводами по красному полю и кокетливо закрывала нижнюю часть лица концами красного кумачного платка, кое-как накинутого на голову.

Оставив экипаж у дома, Петр Елисеич зашагал к рудничному корпусу, где хрипела работавшая штанговая машина. Корпус был грязный, как и все на медном руднике. Петр Елисеич нашел своего повелителя у отверстия шахты, где кучки рабочих разгружали поднятую из шахты железную бадью прямо в вагон. Лука Назарыч продолжал разговаривать с Палачом, не обращая внимания на поклонившегося ему Мухина, — это был скверный признак... Палач объяснял что-то относительно работавшей водокачки, и Лука Назарыч несколько раз наклонялся к черневшему отверстию шахты, откуда доносились подавленные хрипы, точно там, в неведомой глубине, в смертельной истоме билось какое-то чудовище. Откуда-то появился рудничный надзиратель, старичок Ефим Андреич, и молча вытянулся пред лицом грозного начальства.

— Ты у меня смотри, сахар... — ласково ворчал Лука Назарыч, грозя Палачу пальцем. — Чурок не жалей, а то упустим шахту, так с ней не развяжешься. И ты, Ефим Андреич, не зевай... голубковскую штольню вода возьмет...

Быстро обернувшись к Мухину, Лука Назарыч как-то визгливо закричал:

— Что у тебя, бунт, а? Добился своего!.. распустил всех!.. Теперь полюбуйся...

— Лука Назарыч...

— Молчать! — завизжал неистовый старик и даже привскочил на месте. — Я все знаю!.. Родной брат на Самосадке смутьянит, а ты ему помогаешь... Может, и мочеган ты не подучал переселяться?.. Знаю, все знаю... в порошок изотру... всех законопачу в гору, а тебя первым... вышибу дурь из головы... Ежели мочегане уйдут, кто у тебя на фабрике будет работать? Ты подумал об этом... ты... ты...

Петр Елисеич покраснел, молча повернулся и вышел из корпуса. В первую минуту Лука Назарыч онемел от изумления, потом ринулся было вдогонку за уходившим. Мухиным, но опомнился и как-то только застонал. Он даже зашатался на месте, так что Палач должен был его поддержать.

— Вредно вам, Лука Назарыч... — заботливо проговорил Ефим Андреич, стараясь поддержать старика за рукав осеннего драпового пальто.

— В гору! — хрипел Лука Назарыч, сам не понимая, что говорит.

Рабочие, нагружавшие вагон, смотрели на эту сцену, разинув рты, так что Палач накинулся уже на них.

— А вы что остановились, подлецы?! — заорал он своим протодьяконским басом. — Вот я вас, канальи!..

— В гору!.. — ослабевшим голосом шептал Лука Назарыч, закрывая глаза от охватившей его усталости.

Из корпуса его увели в квартиру Палача под руки. Анисье пришлось и раздевать его и укладывать в постель. Страшный самодур, державший в железных тисках целый горный округ, теперь отдавался в ее руки, как грудной младенец, а по суровому лицу катились бессильные слезы. Анисья умелыми, ловкими руками уложила старика в постель, взбила подушки, укрыла одеялом, а сама все наговаривала ласковым полушепотом, каким убаюкивают малых ребят.

— Ужо я тебя липовым цветом напою... — лепетала она, подтыкивая одеяло. — Да перцовочкой разотру...

Луку Назарыча трепала жестокая лихорадка, так что стучали зубы. Он плохо понимал, что делалось кругом, и тупым, остановившимся взглядом смотрел куда-то в угол. Палач сидел в кабинете и прислушивался к каждому шороху. Когда мимо него проходила Анисья, он погрозил ей своим кулаком. Для Палача теперь было ясно, что звезда Мухина померкла, и Лука Назарыч не простит ему его дерзости. Следовательно, оставалось только воспользоваться этим удобным случаем, и в голове Палача зароились смелые планы. "Анисья, ты у меня не дыши, а то всю выворочу на левую сторону..." Приказчица старалась изо всех своих бабьих сил и только скалила зубы, когда Палач показывал ей кулаки. Знала она отлично эти кулаки, когда Палач был трезвый, но он пил запоем, и тогда была уже "вся воля" Анисьи.

Домик, в котором жил Палач, точно замер до следующего утра.

103

Расставленные в опасных пунктах сторожа не пропускали туда ни одной души. Так прошел целый день и вся ночь, а утром крепкий старик ни свет ни заря отправился в шахту. Караул был немедленно снят. Анисья знала все привычки Луки Назарыча, и в восемь часов утра уже был готов завтрак, Лука Назарыч смотрел довольным и даже милостиво пошутил с Анисьей.

— Рюмочку анисовки... — предлагал Палач. — Отлично разбивает кровь, Лука Назарыч. Средство испытанное...

— А ты сам что же?

— Не могу, Лука Назарыч... У меня зарок.

— Знаю, знаю... Ты, краля, не давай ему баловаться.

— Кабы слушался он меня, Лука Назарыч...

Палач только повел глазами, как Анисьин язык точно прилип.

Завтрак вообще удался, и Лука Назарыч повеселел. В окна глядел светлый августовский день. В открытую форточку слышно было, как тяжело работали деревянные штанги. Прогудел свисток первой смены, — в шахте работали на три смены.

— А этого француза я укорочу... — заметил Лука Назарыч, не говоря собственно ни с кем. — Я ему покажу, как со мной разговаривать.

В прихожей осторожно скрипнула дверь, и послышалось тяжелое шептанье.

— Кто там? — окликнул Палач.

— А Луку Назарыча повидать бы, — ответил хриплый голос. — Мы до него пришли...

Палач выскочил в переднюю, чтобы обругать смельчаков, нарушивших завтрак, но так и остановился в дверях с раскрытым ртом: перед ним стояли заводские разбойники Окулко, Челыш и Беспалый. Первая мысль, которая мелькнула в голове Палача, была та, что разбойники явились убить его, но он сейчас же услышал шептанье собравшегося у крыльца народа.

— Нам бы Луку Назарыча...

— Меня? Кто меня спрашивает? — повторял Лука Назарыч и тоже пошел в переднюю.

— Лука Назарыч, не вели казнить, вели миловать, — проговорил Челыш, выступая вперед.

— В чем дело? — удивлялся Лука Назарыч.

— Это наши... заводские разбойники, — объяснил, наконец, Палач, стараясь заслонить собой управляющего.

— Мы до твоей милости, Лука Назарыч, — заговорил Беспалый. — С повинной пришли... Што хошь, то и делай с нами.

— В кандалы! в машинную!.. — заревел Лука Назарыч, поняв, в чем дело. — Лесообъездчиков сюда, конюхов!..

Палач тихонько отвел старика в гостиную и шепотом объяснил:

— Нельзя-с, Лука Назарыч... Не прежняя пора! Надо их отправить в волостное правление, пусть там с ними делаются, как знают...

В Ключевском заводе уже было открыто свое волостное

правление, и крепостных разбойников отправили туда. За ними двинулась громадная толпа, так что, когда шли по плотине, не осталось места для проезда. Разбойники пришли сами "объявиться".

— Вот оно что значит: "и разбойник придет с умиренною душой", — объяснял Петру Елисеичу приезжавший в Мурмос Груздев. — Недаром эти старцы слова-то свои говорят...

XII

Весь Ключевской завод с нетерпением ждал наступления успеньева дня, который, наконец, должен был самым делом выяснить взаимные отношения. Будут ли рабочие работать на фабрике и кто выйдет на работу, — все это оставалось пока неизвестным. Петр Елисеич прежде времени не старался заводить на эту тему никаких разговоров и надеялся, что все обставится помаленьку, при помощи маленьких взаимных уступок. Соединяющим звеном для всех трех концов явилась теперь только что открытая волость, где мужики и собирались потолковать и послушать. Первым старшиной был выбран старик Основа. На волостных сходах много было ненужного галденья, споров и пересудов, но было ясно одно, что весь Кержацкий конец выйдет на работу. Заводоуправление с своей стороны вывесило в конторе подробное объявление относительно новых поденных плат. Фабричные мастера были довольны ценами.

Накануне успеньева дня в господский дом явились лесообъездчики с заявлением, что они желают остаться на своей службе. Петр Елисеич очень удивился, когда увидел среди них Макара Горбатого.

— А ты как же, Макар? — спрашивал Петр Елисеич.

— А уж так, Петр Елисеич... Как допрежь того был, так и останусь.

— Так... да. Ну, а если отец вернется из орды и Туляцкий конец будет переселяться?

— Пусть переселяется, Петр Елисеич, а мое дело — сторона... Конечно, родителев мы должны уважать завсегда, да только старики-то нас ведь не спрашивали, когда придумали эту самую орду. Ихнее это дело, Петр Елисеич, а я попрежнему...

Должность лесообъездчика считалась доходной, и охотников нашлось бы много, тем более что сейчас им назначено было жалованье — с лошадью пятнадцать рублей в месяц. Это хоть кому лестно, да и работа не тяжелая.

Прошел и успеньев день. Заводские служащие, отдыхавшие летом, заняли свои места в конторе, как всегда, — им было увеличено жалованье, как мастерам и лесообъездчикам. За контору никто и не опасался, потому что служащим, поколениями выраставшим при заводском деле и не знавшим ничего другого, некуда было и деваться, кроме своей конторы. Вся разница теперь была в том, что они были вольные и никакой Лука Назарыч не мог послать их в "гору". Все смотрели на фабрику, что скажет фабрика.

— Пить-есть захотят, так выйдут на работу, а за страду всем подвело животы, — говорил Никитич, весело похаживавший под своею домной.

С раннего утра разное мелкое заводское начальство было уже на своих местах. Еще до свету коморник Слепень пропустил обеих "сестер" — уставщика Корнилу и плотинного Евстигнея, за ними пришел надзиратель Подседельников, известный на фабрике под именем "Ястребка", потом дозорные (Полуэхт Самоварник забрался раньше других), записчик поденных работ Чебаков, магазинер Подседельников, амбарные Подседельниковы и т.д. Вышли на работу все мастера: обжимочный Пимка Соболев, кричные брательники Гущины и Афонька Туляк, листокатальный мастер Гараська Ковригин, а с ними пришли "ловельщики", "шуровщики", кузнецы, слесаря и т.д. Растворились железные двери громадных корпусов, загремело железо в амбарах, повернулись тяжелые колеса, и вся фабрика точно проснулась после тяжелого летаргического сна. Около дровосушных печей запестрела голосистая толпа поденщиц. Тут были и солдатка Аннушка, и Наташка, и отчаянная Марька, любовница Спирьки Гущина.

— Вот тебе и кто будет робить! — посмеивался Никитич, поглядывая на собравшийся народ. — Хлеб за брюхом не ходит, родимые мои... Как же это можно, штобы этакое обзаведенье и вдруг остановилось? Большие миллионты в него положены, — вот это какое дело!

С Никитичем, цепляясь за полу его кафтана, из корпуса в корпус ходила маленькая Оленка, которая и выросла под домной. Одна в другие корпуса она боялась ходить, потому что рабочие пели ей нехорошие песни, а мальчишки, приносившие в бураках обед, колотили ее при случае.

— У тебя Оленка-то в подмастерьях ходит? — смеялись над Никитичем другие мастера.

— А разве она помешала кому?.. Оленушка, ты их не слушай, варнаков.

В груди у Никитича билось нежное и чадолюбивое сердце, да и других детей, кроме Оленки, у него не было. Он пестовал свою девочку, как самая заботливая нянька.

Кержацкий конец вышел на работу в полном составе, а из мочеган вышли наполовину: в кричной робил Афонька Туляк, наверху домны, у "хайла", безответный человек Федька Горбатый, в листокатальной Терешка-казак и еще несколько человек. Полуэхт Самоварник обежал все корпуса и почтительно донес Ястребку, кто не вышел из мочеган на работу.

— Придут... — коротко ответил надзиратель, закладывая руки за спину.

— Обнаковенно, Пал Иваныч... Первое дело человеку надобно жрать, родимый мой.

106

Конечно, фабрику пустить сразу всю было невозможно, а работы шли постепенно. Одни печи нагреть чего стоило... Шуровальщики выбивались из сил, бросая шестичетвертовые поленья в чугунные хайла холодных печей. Сырой чугун "садили" в пудлинговые печи, отсюда он в форме громадного "шмата" поступал под обжимочный молот и превращался в "болванку". Болванка снова нагревалась и прокатывалась "под машиной" в тяжелые полосы сырого железа, которое разрезывалось и нагревалось "складками", поступавшими опять в прокатные машины, превращавшие его в "калязник", и уж из калязника вырабатывалось сортовое железо — полосовое, шинное, кубовое, круглое и т.д. Каждый фунт выработанного железа проходил длинный огненный путь. Тяжело повернулось главное водяное колесо, зажужжали чугунные шестерни, застучали, как железные дятлы, кричные молота, задымились трубы, посыпались искры снопами, и раскаленные добела заслонки печей глядели, как сыпавшие искры глаза чудовища. Пронзительный свист огласил корпуса, и дремавшие по переплетам крыш фабричные голуби встрепенулись, отвыкнув за лето от грохота, лязга и свиста.

Когда Петр Елисеич пришел в девять часов утра посмотреть фабрику, привычная работа кипела ключом. Ястребок встретил его в доменном корпусе и провел по остальным. В кричном уже шла работа, в кузнице, в слесарной, а в других только еще шуровали печи, смазывали машины, чинили и поправляли. Под ногами уже хрустела фабричная "треска", то есть крупинки шлака и осыпавшееся с криц и полос железо — сор.

— Что же, отлично, если все вышли на работу, — повторял Петр Елисеич, переходя из корпуса в корпус.

Где он проходил, везде шум голосов замирал и точно сами собой снимались шляпы с голов. Почти все рабочие ходили на фабрике в пеньковых пряденках вместо сапог, а мастера, стоявшие у молота или у прокатных станов, — в кожаных передниках, "защитках". У каждого на руке болталась пара кожаных вачег, без которых и к холодному железу не подступишься.

— Почти все вышли в полазну, — докладывал Ястребок.

Полазна — фабричный термин. Работа делилась на двухнедельные "выписки", по которым в конторе производились все расчеты. "Вышел в полазну" в переводе обозначало, что рабочий в срок начал свою выписку, а "прогулял полазну" — не поспел к сроку и, значит, должен ждать следующей "выписки". Фабричная терминология установилась с испокон веку, вместе с фабрикой, и переходила от одного поколения к другому. Петр Елисеич, как всякий заводский человек, горячо любил свою фабрику и теперь с особенным удовольствием ходил по корпусам в сопровождении своей свиты из уставщика, дозорных и надзирателя. Погода менялась, и начал накрапывать осенний мелкий дождичек — сеногной. В ненастье фабрика производила какое-то особенно бодрое впечатление.

На фабрике Петр Елисеич пробыл вплоть до обеда, потому что все нужно было осмотреть и всем дать работу. Он вспомнил об еде,

107

когда уже пробило два часа. Нюрочка, наверное, заждалась его... Выслушивая на ходу какое-то объяснение Ястребка, он большими шагами шел к выходу и на дороге встретил дурачка Терешку, который без шапки и босой бежал по двору.

— Эй, Иванычи, старайся!.. — кричал Терешка. — А я вас жалованьем... четыре недели на месяц, пятую спать.

ЧАСТЬ ТРЕТЬЯ

I

Полученичка Таисья жила в самом центре Кержацкого конца. Новенькая избушка с белыми ставнями и шатровыми воротами глядела так весело на улицу, а задами, то есть огородом, выходила к пруду. Отсюда видна была и церковь, и фабрика, и господский дом, и базар, и мочеганские избушки, и поднимавшаяся за ними синева невысоких гор. У Таисьи все хозяйство было небольшое, как и сама изба, но зато в этом небольшом царил такой тугой порядок и чистота, какие встречаются только в раскольничьих домах, а здесь все скрашивалось еще монастырскою строгостью. Самосадские и ключевские раскольники хорошо знали дорогу в Таисьину избу, хотя в шутку и называли хозяйку "святою душой на костылях". Чуть что приключится с кем, сейчас к Таисье, у которой для всякого находилось ласковое и участливое словечко. Особенно одолевали ее бабы, приносившие с собой бесконечные бабьи горести. Много было хлопот "святой душе" с женскою слабостью, но стоило Таисье заговорить своим ласковым полушепотом, как сейчас же все как рукой снимало.

По своему ремеслу Таисья слыла по заводу "мастерицей", то есть домашнею учительницей. Каждое утро к ее избушке боязливо подбегало до десятка ребятишек, и тонкие голоса молитвовались под окошком:

— Господи Исусе, помилуй нас!..

— Аминь!..

"Отдавши" свой мастерской аминь, Таисья дергала за шнурок от щеколды, ворота отворялись, и детвора еще тише появлялась в дверях избы. Клали "начал" и усаживались с деревянными указками за деревянный стол в переднем углу. Изба у Таисьи была маленькая, но такая чистенькая и уютная, точно гнездышко. Лавки выкрашены желтою охрой, полати — синею краской, иконостас в переднем углу и деревянная укладка с книгами в кожаных переплетах — зеленой. На полу лежал чистенький половик домашней работы, а печка скрывалась за ситцевою розовою занавеской. Заходившие сюда бабы всегда завидовали Таисье и, покачивая головами, твердили: "Хоть бы денек пожить эк-ту, Таисьюшка: сама ты большая, сама маленькая..." Да и как было не завидовать бабам святой душеньке, когда дома у них дым коромыслом стоял: одну ребята одолели, у другой муж на руку больно скор, у третьей сиротство или смута какая, — мало ли напастей у мирского человека, особенно у бабы? Даже Груздев, завертывавший иногда к Таисье "с поклончиком", оглядывал любовно ее сиротскую тесноту и смешком говорил: "Кошачье тебе житье, Таисья... Живешь

109

себе, как мышь в норке, а мы и с деньгими-то в другой раз жизни своей не рады!"

— Ох, не ладно вы, родимые мои, выговариваете, — ласково пеняла Таисья, покачивая головой. — Нашли кому позавидовать... Только-только бог грехам нашим терпит!

Дома Таисья ходила в синем нанковом сарафане с обшитыми желтой тесемочкой проймами. Всегда белая, из тонкого холста рубашка, длинный темный запон и темный платок с глазками составляли весь костюм. В своих мягких "ступнях" из козловой кожи Таисья ходила неслышными шагами, а дома разгуливала в одних чулках, оставляя ступни, по старинному раскольничьему обычаю, у дверей. Ее красивое, точно восковое лицо смотрело на всех с печальною строгостью, а темные глаза задумчиво останавливались на какой-нибудь одной точке.

"Мастерство" в избушке начиналось с осени, сейчас после страды, и Таисья встречала своих выучеников и выучениц с ременною лестовкой в руках. Эту лестовку хорошо помнили десятки теперь уже больших мужиков, которые, встречаясь с мастерицей, отвешивали ей глубокий поклон. Строгая была мастерица и за всякую оплошку нещадно донимала своею ременною лестовкой плутоватую и ленивую плоть. Но были и свои исключения. Так, Оленка, дочь Никитича, пользовалась в избушке тетки большими преимуществами, и ей многое сходило с рук. Девочка осталась без матери, отец вечно под своею домной, а в праздники всегда пьян, — все это заставляло Таисью смотреть на сироту, как на родную дочь. Лестовка поднималась и падала, не нанося удара, а мастерица мучилась про себя, что потакает племяннице и растит в ней своего врага. Выученики тоже старались по-своему пользоваться этою слабостью Таисьи и валили на Оленку всякую вину: указка сломается, лист у книги изорвется, хихикнет кто не во-время, — Оленка все принимала на себя. У ней была добрая отцовская душа.

Стояла глубокая осень. Первый снег прикрыл загрязнившуюся осенью землю. Пал он "по мокру", и первый санный путь установился сейчас же. Дома точно сделались ниже, стал заводский пруд, и только одна бойкая Березайка все еще бурлила потемневшею холодною водой. Мягкий белый снег шел по целым дням, и в избушке Таисьи было особенно уютно. Накануне Михайлова дня Таисья попридержала учеников долее обыкновенного. К снегу у ней ломило поясницу, и лестовка поощряла ленивую плоть с особенною энергией. Ребятишки громко выкрикивали свои "урки" и водили указками кто по часовнику, кто по псалтырю. Громче всех вычитывала Оленка, проходившая уже восьмую кафизму. Она по десяти раз прочитывала одно и то же место, закрывала глаза и старалась повторить его из слова в слово наизусть. Звонкие детские голоса выводили слова протяжно и в нос, как того требует древлее благочестие.

— Нет, врешь!.. — останавливал голос с полатей кого-нибудь из завравшихся выучеников. — Говори сызнова... "и на пути нечестивых не ста"... ну?..

110

На полатях лежал Заболотский инок Кирилл, который частенько завертывал в Таисьину избушку. Он наизусть знал всю церковную службу и наводил на ребят своею подавляющею ученостью панический страх. Сама Таисья возилась около печки с своим бабьим делом и только для острастки появлялась из-за занавески с лестовкой в руках.

— Ты чего путаешь-то слово божие, родимый мой? — говорила она, и лестовка свистела в воздухе.

Опять монотонное выкрикиванье непонятных церковных слов, опять кто-то соврал, и Кирилл, продолжая лежать, кричит:

— Эй, мастерица, окрести-ка лестовкой Оленку, штобы не иначила писание!

Для видимости Таисья прикрикивала и на Оленку, грозила ей лестовкой и опять уходила к топившейся печке, где вместе с водой кипели и варились ее бабьи мысли. В это время под окном кто-то нерешительно постучал, и незнакомый женский голос помолитвовался.

— Аминь! — ответила Таисья, выглядывая в окно. — Да это ты, Аграфена, а я и не узнала тебя по голосу-то.

— К тебе, матушка, пришла... — шепотом ответила Аграфена; она училась тоже у Таисьи и поэтому величала ее матушкой. — До смерти надо поговорить с тобой.

— Прибежала, так, значит, надо... Иди ужо в заднюю избу, Грунюшка.

Начетчица дернула за шнурок и, не торопясь, начала надевать ступни, хотя ноги не слушались ее и попадали все мимо.

— От Гущиных? — спросил Кирилл с полатей.

— От них.

В сенях она встретила гостью и молча повела в заднюю избу, где весь передний угол был уставлен "меднолитыми иконами", складнями и врезанными в дерево медными крестами. Беспоповцы не признают писанных на дереве икон, а на крестах изображений св. духа и "титлу": И.Н.Ц.И. Высокая и статная Аграфена и в своем понитке, накинутом кое-как на плечи, смотрела красавицей, но в ее молодом лице было столько ужаса и гнетущей скорби, что даже у Таисьи упало сердце. Положив начал перед иконами, девушка с глухими причитаниями повалилась мастерице в ноги.

— Матушка... родимая... смертынька моя пришла... — шептала она, стараясь обнять ноги Таисьи, которая стояла неподвижно, точно окаменела.

Такие сцены повторялись слишком часто, чтобы удивить мастерицу, но теперь валялась у ней в ногах Аграфена, первая заводская красавица, у которой отбоя от женихов не было. Объяснений не требовалось: девичий грех был налицо.

— С кем? — коротко спросила Таисья, не отвечая ни одним движением на ползавшее у ее ног девичье горе.

Аграфена вдруг замолкла, посмотрела испуганно на мастерицу

своими большими серыми глазами, и видно было только, как вся она дрожала, точно в лихорадке.

— Тебя спрашивают: с кем?

— Ох, убьют меня братаны-то... как узнают, сейчас и убьют... — опять запричитала Аграфена и начала колотиться виноватою головой о пол.

Страшная мысль мелькнула в голове Таисьи, и она начала поднимать обезумевшую с горя девушку.

— Опомнись, Грунюшка... — шептала она уже ласково, стараясь заглянуть в лицо Аграфене. — Што ты, родимая моя, убиваешься уж так?.. Может, и поправимое твое дело...

— Матушка, убей меня... святая душенька, лучше ты убей: все равно помирать...

— С Макаркой Горбатым сведалась? — тихо спросила Таисья и в ужасе отступила от преступницы. — Не будет тебе прощенья ни на этом, ни на том свете. Слышишь?.. Уходи от меня...

Это был еще первый случай, что кержанка связалась с мочеганином, да еще с женатым. Между своими этот грех скоро сматывали с рук: если самосадская девка провинится, то увезут в Заболотье, в скиты, а родне да знакомым говорят, что ушла гостить в Ключевской; если с ключевской приключится грех, то сошлются на Самосадку. Так дело и сойдет само собой, а когда грешная душа вернется из скитов, ее сейчас и пристроят за какого-нибудь вдового, детного мужика. У беспоповцев сводные браки совершаются, как и расторгаются, очень легко. Но здесь было совсем другое: от своих не укроешься, и Аграфене деваться уже совсем некуда. А тут еще брательники узнают и разорвут девку на части.

— Что же я с тобой буду делать, горюшка ты моя? — в раздумье шептала Таисья, соображая все это про себя.

Она припомнила теперь, что действительно Макар Горбатый, как только попал в лесообъездчики, так и начал сильно дружить с кержаками. Сперва, конечно, в кабаке сходились или по лесу вместе ездили, а потом Горбатый начал завертывать и в Кержацкий конец. Нет-нет, да и завернет к кому-нибудь из лесообъездчиков, а тут Гущины на грех подвернулись: вместе пировали брательники с лесообъездчиками, ну и Горбатый с ними же увязался. Кто-то и говорил Таисье, что кержаки грозятся за что-то на мочеганина, а потом она сама видела, как его до полусмерти избили на пристани нынешним летом. Вот он зачем повадился, мочеганский пес, да и какую девку-то обманул... От этих мыслей у мастерицы опять закипело сердце, и она сердито посмотрела на хныкавшую Аграфену. Прилив нежности сменился новым ожесточением.

— Ступай, ступай, голубушка, откуда пришла! — сурово проговорила она, отталкивая протянутые к ней руки. — Умела гулять, так и казнись... Не стало тебе своих-то мужиков?.. Кабы еще свой, а то наслушат теперь мочегане и проходу не дадут... Похваляться еще будут твоею-то бедой.

— Матушка... родимая... Не помню я, как и головушка моя

112

пропала!.. Так, отемнела вся... в страду он все ездил на покос к братанам... пировали вместе...

— А вот за гордость тебя господь и наказал: красотою своей гордилась и женихов гоняла... Этот не жених, тот не жених, а красота-то и довела до конца. С никонианином спуталась... да еще с женатым... Нет, нет, уходи лучше, Аграфена!

— Матушка, не гони, руки на себя наложу.

— Молчи, беспутная!.. на бога подымаешься: приняла грех, так надо терпеть.

Аграфена опять горько зарыдала, закрыв лицо руками. Таисья села на лавку и, перебирая лестовку, безучастно смотрела на убивавшуюся грешницу. Ей было и обидно и горько, и она напрасно старалась подавить в себе сочувствие к этой несчастной. А как узнают на Самосадке про такой случай, как пойдут на фабрике срамить брательников Гущиных, — изгибнет девка ни за грош. Таисье сделалось даже страшно, точно все это ожидало не Аграфену, а ее, мастерицу... А девка-то какая: чистяк, кровь с молоком, и вдруг погубила себя из-за какого-то мочеганина.

— И его убьют, матушка... — шептала Аграфена. — Гоняется он за мной... Домна-то, которая в стряпках в господском доме живет, уже нашептывает братану Спирьке, — она его-таки подманила. Она ведь из ихней семьи, из Горбатовской... Спирька-то уж, надо полагать, догадался, а только молчит. Застрелют они Макара...

— Собаке собачья и смерть!.. Женатый человек да на этакое дело пошел... тьфу!.. Чужой головы не пожалел — свою подставляй... А ты, беспутная, его же еще и жалеешь, погубителя-то твоего?

— Голубушка, матушка... Ничего я не знаю... затемнилась вся...

Таисья отвернулась к окну и незаметно вытерла непрошенную старческую слезу: Аграфенино несчастье очень уж близко пришлось к ее сердцу, хотя она и не выдавала себя.

— Вот што, Аграфена, ты теперь поди-ка домой, — строго заговорила Таисья, сдерживая свою бабью слабость, — ужо вечерком заверну.

— Нельзя мне идти, матушка... смерть моя пришла... Ворота-то у нас...

— Што-о?.. Осередь белого дня?..

— Сноха даве выглянула за ворота, а они в дегтю... Это из нашего конца кто-нибудь мазал... Снохи-то теперь ревмя-ревут, а я домой не пойду. Ох, пропала моя головушка!..

II

— Што случилось? — спрашивал с полатей инок Кирилл, когда вернулась Таисья из задней избы.

— Ничего... так...

113

— Все у вас, баб, так!

Инок отлично слышал, как убивалась Аграфена, и сразу понял, в чем дело. Ему теперь доставляло удовольствие помучить начетчицу: пусть выворачивается, святая душа! "Ох, уж только и бабы эти самые, нет на них погибели! — благочестиво размышлял он, закрывая глаза. — Как будто и дело говорит и форцу на себя напустит, а ежели поглядеть на нее, так все-таки она баба... С грешком, видно, прибегала к матушке Аграфена-то, — у всех девок по Кержацкому концу одно положение. От баб и поговорка такая идет по боголюбивым народам: "не согрешишь — не спасешься". А Таисья в это время старалась незаметно выпроводить своих учеников, чтобы самой в сумерки сбегать к Гущиным, пока брательники не пришли с фабрики, — в семь часов отбивает Слепень поденщину, а к этому времени надо увернуться. Пока Аграфена была заперта на висячий замок в задней избе.

— Прости, матушка, благослови, матушка! — нараспев повторяли тонкие детские голоса уходивших с учебы ребят.

— Бог тебя простит, бог благословит! — машинально повторяла Таисья, провожая детвору.

Когда ребята ушли, заболотский инок спустился, не торопясь, с полатей, остановился посредине избы, посмотрел на Таисью и, покрутив головой, захохотал.

— Чему обрадовался-то прежде времени? — оборвала его мастерица.

— Глупость ваша бабья, вот что!.. И туда и сюда хвостом вертите, а тут вам сейчас и окончание: "Ой, смертынька, ой, руки на себя наложу!" Слабость-то своя уж очень вам сладка... Заперла на замок девушку?

— Замолол!.. Не твоего это ума дело!..

— И то не моего, — согласился инок, застегивая свое полукафтанье. — Вот што, Таисья, зажился я у тебя, а люди, чего доброго, еще сплетни сплетут... Нездоровится мне што-то, а то хоть сейчас бы со двора долой. Один грех с вами...

Таисья отлично понимала это иноческое смирение. Она скрылась за занавеской, где-то порылась, где-то стукнула таинственною дверкой и вышла с бутылкой в руках. Сунув ее как-то прямо в физиономию иноку, она коротко сказала:

— На, жри, ненасытная утроба!

— А закуска будет, святая душа? — еще смиреннее спрашивал Кирилл. — Капустки бы али редечки с конопляным маслом... Ох, горе душам нашим!

Опять Таисья исчезла, опять послышалась таинственная возня, а в результате перед иноком появилась тарелка с свежепросольною капустой.

— Согрешила я, грешная, с вами, с Заболотскими иноками! — ворчала Таисья. — Одного вина не напасешься на вас.

Старец Кирилл зевнул, разгладил усы, выпил первую рюмку и благочестиво вздохнул. Уплетая капусту, он терпеливо выслушивал

114

укоризны и наговоры Таисьи, пока ей не надоело ругаться, а потом деловым тоном проговорил:

— Видно, твоей Аграфене не миновать нашего Заболотья... Ничего, я увезу по первопутку-то, а у Енафы примет исправу. А ежели што касаемо, например, ребенка, так старицы управятся с ним в лучшем виде.

— Я сама повезу... Давно не видалась со скитскими-то, пожалуй, и соскучилась, а оно уж за попутьем, — совершенно спокойно, таким же деловым тоном ответила Таисья. — Убивается больно девка-то, так оземь головой и бьется.

— Знамо дело, убивается, хошь до кого доведись. Только напрасно она, — девичий стыд до порога... Неможется мне что-то, Таисьюшка, кровь во мне остановилась. Вот што, святая душа, больше водки у тебя нет? Ну, не надо, не надо...

Таисью так и рвало побежать к Гущиным, но ей не хотелось выдавать себя перед проклятым Кириллом, и она нарочно медлила. От выпитой водки широкое лицо инока раскраснелось, узенькие глазки покрылись маслом и на губах появилась блуждающая улыбка.

— Ты в самом-то деле уходил бы куда ни на есть, Кирило, — заметила Таисья, стараясь сдержать накипевшую в ней ярость. — Мое дело женское, мало ли што скажут...

— Больше того не скажут, што было! — отрезал Кирилл и даже стукнул кулаком по столу. — Што больно гонишь? Видно, забыла про прежнее-то?.. Не лучше Аграфены-то была!

Этим словом инок ударил точно ножом, и Таисья даже застонала. Ухватив второпях старую шубенку на беличьем меху, она выбежала из избы. У ней даже захватило дух от подступивших к горлу слез. Опомнилась она уже на улице, где ее прохватило холодком. На скорую руку вытерла она свои непрошенные слезы кулаком, опнулась около своих ворот и еще раз всплакнула. Снег так и валил мягкими хлопьями. В избе Никитича, стоявшей напротив, уже горел огонь. Славная была изба у Никитича, да только стояла она как нетопленая печь, — не было хозяйки. Еще раз вытерев слезы, Таисья быстро перешла на другой порядок и, как тень, исчезла в темноте быстрого зимнего вечера. Она плохо сознавала, что делает и что должна сделать, но вместе с тем отлично знала, что должна все устроить, и устроить сейчас же. В ней билась практическая бабья сметка. У ворот Пимки Соболева стояла чья-то заседланная лошадь. Таисья по скорости наткнулась на нее и только плюнула: нехороший знак... До Гущиных оставалось перебежать один кривой узенький переулок, уползавший под гору к пруду. Вот и высокий конек гущинского двора. Брательники жили вместе. Во всем Кержацком конце у них был лучший двор, лучшие лошади и вообще все хозяйство. Богато жили, одним словом, и в выписку втроем теперь зарабатывали рублей сорок. Жить бы да радоваться Аграфене из-за брательников, а она вон что придумала... Новые тесовые ворота действительно были вымазаны дегтем, и Таисья "ужахнулась" еще раз. Она постучалась в окошко и помолитвовалась. В избе огня не было и "аминь отдали" не скоро.

— Это я... я... — повторяла Таисья, когда в волоковом оконце показалась испуганная бабья голова.

— Ах ты, наша матушка!..

Где-то быстро затопали босые бабьи ноги, отодвинулся деревянный засов, затворявший ворота, и Таисья вошла в темный двор.

— Матушка ты наша... — жалобно шептал в темноте женский голос.

— Это ты, Парасковья? — тоже шепотом спросила Таисья. — Аграфена у меня.

— Ох, матушка... пропали мы все... всякого ума решились. Вот-вот брательники воротятся... смертынька наша... И огня засветить не смеем, так в потемках и сидим.

Мужики были на работе, и бабы окружили Таисью в темноте, как испуганные овцы. У Гущиных мастерицу всегда принимали, как дорогую гостью, и не знали, куда ее усадить, и чем потчевать, и как получше приветить. Куда бы эти бабы делись, если бы не Таисья: у каждой свое горе и каждая бежала к Таисье, чуть что случится. Если мастерица и не поможет избыть беду, так хоть поплачет вместе... У Парасковьи муж Спирька очень уж баловался с бабами: раньше путался с Марькой, а теперь ее бросил и перекинулся к приказчичьей стряпке Домнушке; вторая сноха ссорилась с Аграфеной и все подбивала мужа на выдел; третья сноха замаялась с ребятами, а меньшак-брательник начал зашибать водкой. Пятистенная изба гущинского двора холодными сенями делилась на две половины: в передней жил Спирька с женой и сестрой Аграфеной, а в задней середняк с меньшаком. Была еще подсарайная, где жил третий брательник.

— Как же быть-то, милые? — повторяла Таисья, не успевая слушать бабьи жалобы. — Первое бы дело огоньку засветить...

— Што ты, матушка!.. Страшно... сидим в потемках да горюем. Ведь мазаные-то ворота всем бабам проходу не дают, а не одной Аграфене...

— Так вот што, бабоньки, — спохватилась Таисья, — есть горячая-то вода? Берите-ка вехти[14] да песку, да в потемках-то и смоем деготь с ворот.

— Ох, матушка, да где же его смоешь?

— Сколько-нибудь да смоется... Скоро на фабрике отдадут шабаш, так надо торопиться. Да мыльце захватите...

— И то, матушка, надо торопиться.

Бабы бросились врассыпную и принялись за ворота.

— А он, Макарко-то, ведь здесь! — сообщила Парасковья, работая вехтем над самым большим дегтяным пятном.

— Как здесь? — удивилась Таисья, помогавшая бабам работать.

— А видела лошадь-то у избы Пимки Соболева? Он самый и

---

[14] Вехоть — мочалка. (Прим. Д.Н.Мамина-Сибиряка.)

есть... Ужо воротятся брательники, так порешат его... Это он за Аграфеной гонится.

— Тьфу! — отплюнулась Таисья, бросая работу. — Вот што, бабоньки, вы покудова орудуйте тут, а я побегу к Пимке... Живою рукой обернусь. Да вот што: косарем[15] скоблите, где дерево-то засмолело.

— Как же мы одни-то останемся, матушка? — взмолились бабы не своим голосом.

— Сейчас приду, сказала, — ответил голос исчезнувшей в темноте Таисьи.

Она торопливо побежала к Пимкиной избе. Лошадь еще стояла на прежнем месте. Под окном Таисья тихонько помолитвовалась.

— Чего тебе понадобилось? — спрашивал сам хозяин, высовывая свою пьяную башку в волоковое окно, какое было у Гущиных. — Ишь как ускорилась... запыхалась вся...

— Вышли-ка ты мне, родимый мой, Макара Горбатого... Словечко одно мне надо бы ему сказать. За ворота пусть выдет...

— Нету ево...

— А лошадь чья у ворот стоит?

Таисье пришлось подождать, пока пьяный Макар вышел за ворота. Он был без шапки, в дубленом полушубке.

— Макарушко, поезжай-ка ты подобру-поздорову домой... Слышишь? — ласково заговорила Таисья.

— Н-но-о?

— Я тебе говорю: лучше будет... Неровен час, родимый мой, кабы не попритчилось чего, а дома-то оно спокойнее. Да и жена тебя дожидается... Славная она баба, а ты вот пируешь. Поезжай, говорю...

Пьяный Макар встряхивал только головой, шатался на месте, как чумной бык, и повторял:

— А ежели, например, у меня свое дело?.. Никого я не боюсь и весь ваш Кержацкий конец разнесу... Вот я каков есть человек!

— Знаем, какое у тебя дело, родимый мой... Совсем хорошее твое дело, Макарушко, ежели на всю улицу похваляешься. Про худые-то дела добрые люди молчат, а ты вон как пасть разинул... А где у тебя шапка-то?

Не дожидаясь согласия, Таисья в окно вытребовала шапку Макара, сама надела ее на его пьяную башку, помогла сесть верхом, отвязала повод и, повернув лошадь на выезд, махнула на нее рукой.

— Кышь, ты, Христова скотинка! — по-бабьи понукала она лошадь, точно отгоняла курицу. — С богом, родимый мой...

Когда, мотаясь в седле, Макар скрылся, наконец, из вида, Таисья облегченно вздохнула, перекрестилась и усталою, разбитою походкой пошла опять к гущинской избе. Когда она подходила к самым воротам, на фабрике Слепень "отдал шабаш", — было ровно семь часов. Отмывавшие на воротах деготь бабы до того переполошились,

---

[15] Косарь — большой тупой нож, которым колют лучину. (Прим. Д.Н.Мамина-Сибиряка.)

что побросали ведра, вехти, косари и врассыпную бросились во двор...
Сейчас пойдут рабочие по улице и все увидят мазаные ворота, — было
чего испугаться. Не потерялась одна Таисья и с молитвой подбирала
разбросанные бабами ведра. "Помяни, господи, царя Давыда и всю
кротость его..." — вычитывала она вслух.

— Гли-ко, девоньки, ворота-то у Гущиных! — крикнул чей-то
девичий голос через улицу.

Как на грех, снег перестал идти, и в белом сиянии показался
молодой месяц. Теперь весь позор гущинского двора был на виду, а
замываньем только размазали по ним деготь. Крикнувший голос
принадлежал поденщице Марьке, которая возвращалась с фабрики
во главе остальной отпетой команды. Послышался визг, смех, хохот, и
в Таисью полетели комья свежего снега.

— Тьфу, вы, окаянные! — ругалась она, захлопывая ворота.

— Вот как ноне честные-то девушки поживают! — орала на всю
улицу Марька, счастливая позором своего бывшего любовника. — Вся
только слава на нас, а отецкие-то дочери потихоньку обгуливаются...
Эй ты, святая душа, куда побежала?

Когда брательники Гущины подошли к своему двору, около него
уже толпился народ. Конечно, сейчас же началось жестокое избиение
рассвирепевшими брательниками своих жен: Спирька таскал за
волосы по всему двору несчастную Параскозью, середняк "утюжил"
свою жену, третий брательник "колышматил" свою, а меньшак
смотрел и учился. Заступничество Таисьи не спасло баб, а только еще
больше разозлило брательников, искавших сестру по всему дому.

— Убить ее, бестию, мало! — орал Спирька, бегая по двору с
налитыми кровью глазами.

III

На заимке Основы приветливо светился огонек. Она стояла на
самом берегу р.Березайки, как раз напротив медного рудника
Крутяша, а за ней зеленою стеной поднимался настоящий лес.
Отбившись от коренного жила, заимка Основы оживляла пустынный
правый берег, а теперь, когда все кругом было покрыто снеговым
покровом, единственный огонек в ее окне точно согревал
окружавшую мглу. Зимой из Кержацкого конца на заимку дорога шла
через Крутяш, но теперь Березайка еще не замерзла, а лубочные
пошевни Таисьи должны были объехать заводскою плотиной,
повернуть мимо заводской конторы и таким образом уже попасть на
правый берег. Небольшая пегая лошадка бойко летела по только что
укатанной дороге. Правила сама Таисья умелою рукой, и пегашка
знала ее голос и весело взмахивала завесистою гривой.

— Ох, горе душам нашим! — вздыхала Таисья, понукая пегашку.

Рядом с ней сидела Аграфена, одетая по-зимнему, в нагольный тулуп. Она замерла от страха и все прислушивалась, нет ли погони.

— Матушка... смертынька... — шептала она, когда назади слышался какой-нибудь стук.

— Это на фабрике, милушка... Да и братульникам сейчас не до тебя: жен своих увечат. Совсем озверели... И меня Спирька-то в шею чуть не вытолкал! Вот управятся с бабами, тогда тебя бросятся искать по заводу и в первую голову ко мне налетят... Ну, да у меня с ними еще свой разговор будет. Не бойся, Грунюшка... Видывали и не такую страсть!

Когда пошевни подъехали к заимке, навстречу бросились две больших серых собаки, походивших на волков. На их отчаянный лай и рычанье в окне показалась голова самого хозяина.

— Кто крещеный? — спросил он.

— Свои, Аника Парфеныч, — коротко ответила Таисья, не вылезая из пошевней. — Отопри-ка нам поскорее ворота, родимый мой... Дельце есть до тебя небольшое.

— А я тебя и не признал как будто, Таисьюшка... Што больно ускорилась? Лысан, цыц!.. Куфта... у, живорезы!..

Старик сам отворил ворота, и пошевни въехали на большой, крытый по-раскольничьи, темный двор. Заимка Основы была выстроена вроде деревянной крепости, и ворота были всегда заперты, а собаки никому не давали проходу даже днем. Широкая пятистенная изба незаметно переходила в другие пристройки, из которых образовался крепкий деревянный четырехугольник. Тут были и конюшни, и амбары, и кладовые, и какие-то таинственные клетушки, как во всех раскольничьих постройках. Вся эта хозяйственная городьба пряталась под сплошною деревянною крышей.

Завидев незнакомую женщину, закрывавшуюся тулупом, Основа ушел в свою переднюю избу, а Таисья провела Аграфену в заднюю половину, где была как у себя дома. Немного погодя пришел сам Основа с фонарем в руке. Оглядев гостью, он не подал и вида, что узнал ее.

— На перепутье завернули! — объясняла Таисья уклончиво. — Мне бы с тобой словечком перемолвиться, Аника Парфеныч. Вишь, такое дело доспело, што надо в Заболотье проехать... Как теперь болотами-то: поди, еще не промерзли?

— Чистое не промерзло, а ежели с Самосадки в курени повернуть, так можно его и объехать.

— Слыхали, а бывать этою дорогой не доводилось.

Аграфена сидела у стола, повернувшись к разговаривавшим спиной. Она точно вся онемела.

— Так я вот что тебе скажу, родимый мой, — уже шепотом проговорила Таисья Основе, — из огня я выхватила девку, а теперь лиха беда схорониться от братульников... Ночью мы будем на Самосадке, а к утру, к свету, я должна, значит, воротиться сюда, чтобы на меня никакой заметки от братульников не вышло. Так ты сейчас же этого инока Кирилла вышли на Самосадку: повремени этак часок-другой, да и отправь его...

119

— Понимаем...

— Только и всего. А с Самосадки уж как-нибудь...

— И это понимаем, Таисьюшка... Тоже и у нас бывали рога в торгу. На исправу везешь девушку?

— Около того...

— Ну, твое дело, а я этого Кирилла живою рукой подмахну. Своего парня ужо пошлю на рыжке.

— Уж послужи, Аника Парфеныч, сосчитаемся...

Опять распахнулись ворота заимки, и пошевни Таисьи стрелой полетели прямо в лес. Нужно было сделать верст пять околицы, чтобы выехать на мост через р.Березайку и попасть на большую дорогу в Самосадку. Пегашка стояла без дела недели две и теперь летела стрелой. Могутная была лошадка, точно сколоченная, и не кормя делала верст по сту. Во всякой дороге бывала. Таисья молчала, изредка посматривая на свою спутницу, которая не шевелилась, как мертвая.

— Грунюшка, уж ты жива ли? — спросила Таисья, когда пошевни покатились по широкой самосадской дороге.

— Жива, матушка...

Голос Аграфены вдруг дрогнул, и она завсхлипывала.

— О чем ты, милушка?

— Матушка, родимая, не поеду я с этим Кириллом... Своего страму не оберешься, а про Кирилла-то што говорят: девушник он. Дорогой-то он в лесу и невесть што со мной сделает...

Закрыв лицо руками, Аграфена горько зарыдала.

— Вот вы все такие... — заворчала Таисья. — Вы гуляете, а я расхлебывай ваше-то горе. Да еще вы же и топорщитесь: "Не хочу с Кириллом". Было бы из чего выбирать, милушка... Старца испугалась, а Макарки поганого не было страшно?.. Весь Кержацкий конец осрамила... Неслыханное дело, чтобы наши кержанки с мочеганами вязались...

Долго выговаривала Таисья несчастной девушке, пока та не перестала плакать и не проговорила:

— Матушка, как ты накажешь: вся твоя...

— Так-то лучше будет, милушка! Нашими бабьими слезами реки бы прошли, кабы им вера была...

У Таисьи не раз у самой закипали слезы, но она сдерживала свою бабью жалость, чтобы еще больше не "расхмелить" девку. Тогда она говорила с ней суровым тоном, и Аграфена глотала слезы, инстинктивно подчиняясь чужой воле. Таисья теперь думала о том, как бы благополучно миновать куренную повертку, которая выходила на самосадскую дорогу в половине, — попадутся куренные, как раз узнают по пегашке и расскажут брательникам. Как на грех, и ночь выяснела. Снег перестал идти, и мороз крепчал. Дорога была скатертью, и Таисья все понукала свою бойкую лошадку. Лес кругом дороги вырублен, и видно далеко вперед. В одном месте Таисья совсем напугалась, когда завидела впереди несколько возов. Но, к счастью, это были не куренные, а порожняки транспортные, возившие на Самосадку железо, а оттуда возвращавшиеся с рудой. Транспортные в Ключевском заводе были все чужие и мало знали Таисью. Когда проехали, наконец, поверстку, Таисья вздохнула свободнее: половина беды избылась сама собой. Теперь пегашка бежала уже своею обыкновенною рысью, и Таисья скоро забыла о ней. Аграфена тупо смотрела по сторонам и совсем не узнавала дороги, на которой бывала только летом: и лесу точно меньше, и незнакомые объезды болотами, и знакомых гор совсем не видать.

Двадцать верст промелькнули незаметно, и когда пошевни Таисьи покатились по Самосадке, в избушках еще там и сям мелькали огоньки, — значит, было всего около девяти часов вечера. Пегашка сама подворотила к груздевскому дому — дорога знакомая, а овса у Груздева не съесть.

— Самого Самойла Евтихыча нету... — заявил караульщик.

Это было на руку Таисье: одним глазом меньше, да и пошутить любил Самойло Евтихыч, а ей теперь совсем не до шуток. Дома оставалась одна Анфиса Егоровна, которая и приняла Таисью с обычным почетом. Хорошо было в груздевском доме летом, а зимой еще лучше: тепло, уютно, крепко.

— Ты нас в горницы не води, — предупредила Таисья хозяйку, — не велики гости... Только обогреться завернули да обождать самую малость.

Анфиса Егоровна привыкла к таким таинственным появлениям Таисьи и без слова провела ее в светелку наверх, где летом привязана была Оленка. Хозяйка мельком взглянула на Аграфену и, как Основа, сделала вид, что не узнала ее.

— Озябли мы, родимая, — говорила Таисья, чтобы отвлечь внимание Анфисы Егоровны. — Женское дело: скудельный сосуд...

— Чайку разе напьетесь?..

— Грешна, родимая, в дороге испиваю, да вот и товарка-то моя от стужи слова вымолвить не может...

— Так я уж сюда самоварчик-то, Таисьюшка, велю принести... Оно способнее, потому как совсем на усторонье. Самойло-то Евтихыч еще третьева дни угнал в Мурмос. Подряды у него там на постройку коломенок.

Аграфену оставили в светелке одну, а Таисья спустилась с хозяйкой вниз и уже там в коротких словах обсказала свое дело. Анфиса Егоровна только покачивала в такт головой и жалостливо приговаривала: "Ах, какой грех случился... И девка-то какая, а вот попутал враг. То-то лицо знакомое: с первого раза узнала. Да такой другой красавицы и с огнем не сыщешь по всем заводам..." Когда речь дошла до ожидаемого старца Кирилла, который должен был увезти Аграфену в скиты, Анфиса Егоровна только всплеснула руками.

— А как же Енафа-то? — проговорила она.

— Ихнее дело, матушка, Анфиса Егоровна, — кротко ответила Таисья, опуская глаза. — Не нам судить ихние скитские дела... Да и деваться Аграфене некуда, а там все-таки исправу примет. За свой грех-то муку получать... И сама бы я ее свезла, да никак обернуться нельзя: первое дело, брательники на меня накинутся, а второе — ущитить надо снох ихних. Как даве принялись их полоскать — одна страсть... Не знаю, застану их живыми аль нет. Бабенок-то тоже надо пожалеть...

Когда Таисья принесла самовар в светелку, Аграфена отрицательно покачала головой.

— Не буду я, матушка, чаи эти пить, не обычна, — прошептала она.

— Ну, милушка, теперь уж твоя часть такая: как велят, — строго ответила Таисья, поджимая губы, — она любила испить чайку. — Не умела своей волей жить, так надо уметь слушаться.

Аграфене случалось пить чай всего раза три, и она не понимала в нем никакого вкуса. Но теперь приходилось глотать горячую воду, чтобы не обидеть Таисью. Попав с мороза в теплую комнату, Аграфена вся разгорелась, как маков цвет, и Таисья невольно залюбовалась на нее; то ли не девка, то ли не писаная красавица: брови дугой, глаза с поволокой, шея как выточенная, грудь лебяжья, таких, кажется, и не бывало в скитах. У Таисьи даже захолонуло на душе, как она вспомнила про инока Кирилла да про старицу Енафу.

Не успели они кончить чай, как в ворота уже послышался осторожный стук: это был сам смиренный Кирилл... Он даже не вошел в дом, чтобы не терять напрасно времени. Основа дал ему охотничьи сани на высоких копылах, в которых сам ездил по лесу за оленями. Рыжая лошадь дымилась от пота, но это ничего не значило: оставалось сделать всего верст семьдесят. Таисья сама помогала Аграфене "оболокаться" в дорогу, и ее руки тряслись от волнения. Девушка покорно делала все, что ей приказывали, — она опять вся застыла.

— Около крещенья приеду тебя проведать, — шепнула Таисья, благословляя ее на прощанье. — С богом, касатушка!

Аграфена плохо помнила, как она вышла из груздевского дома, как села в сани рядом с Кириллом и как исчезла из глаз Самосадка. Таисья выбежала провожать ее за ворота в одном сарафане и стояла все время, пока сани спускались к реке, объехали караванную контору и по льду мелькнули черною точкой на ту сторону, где уползала в лес змеей лесная глухая дорожка. Река Каменка покрывалась льдом раньше бойкой Березайки. Сани уже скрылись в лесу, а Таисья все стояла за воротами и не чувствовала леденившего холода, пока сама Анфиса Егоровна не увела ее в горницы.

— Что ты студишься, Таисьюшка? — усовещивала она ее. — Статочное ли это дело тебе по морозу бегать!

Таисья взглянула на нее непонимавшими глазами и горько разрыдалась. Заплакала и Анфиса Егоровна, понимавшая горе своей гостьи.

— К самому сердцу пришлась она мне, горюшка, — плакала Таисья, качая головой. — Точно вот она моя родная дочь... Все терпела, все скрывалась я, Анфиса Егоровна, а вот теперь прорвало... Кабы можно, так на себя бы, кажется, взяла весь Аграфенин грех!..

Видела, как этот проклятущий Кирилл зенки-то свои прятал: у, волк! Съедят они там девку в скитах с своею-то Енафой!..

IV

Первое чувство, которое охватило Аграфену, когда сани переехали на другую сторону Каменки и быстро скрылись в лесу, походило на то, какое испытывает тонущий человек. Сиденье у саней было узкое, так что на поворотах, чтобы сохранить равновесие, инок Кирилл всем корпусом наваливался на Аграфену.

— Сиди крепче! — сердито крикнул он в одном месте, когда сани перепрыгнули через валежину и она чуть не вылетела.

Лошадь быстро шла вперед своею машистою рысью и только прядала ушами, когда где-нибудь около дороги попадал подозрительный пень. Чем дальше, тем лес становился гуще, и деревья поднимали свои мохнатые вершины выше и выше. Это был настоящий дремучий ельник, выстилавший горы на протяжении сотен верст. Здесь и снегу выпало больше, и под его тяжестью сильно гнулись боковые ветви, протянувшиеся мягкими зелеными лапами к узкому просвету дороги. Мерцавшее звездами небо мелькало только разорванными клочьями и полосками, а то сани катились под навесом ветвей, точно по темному коридору. Девушку больше всего пугала мертвая тишина, которая стояла кругом. Ни звука, ни движения, точно все умерло. Смиренный инок Кирилл тоже упорно молчал и только время от времени угнетенно вздыхал, точно его что давило. Что у него было на уме? Аграфена боялась на него взглянуть. Она слыхала, что до скитов от Самосадки считают верст семьдесят, но эта мера как-то совсем не укладывалась в ее голове, потому что дальше Самосадки ей не случалось бывать. Она знала только одно, что ее завезут на край света, откуда не выберешься. Не ее первую увозят так-то в скиты на исправу, только из увезенных туда девушек редко кто вернулся: увезут — и точно в воду канет. Аграфена начала думать о себе, как о заживо похороненной, и страшная тоска давила ее. Что-то теперь делается со снохами? Что Таисья? Мастерица хоть и бранила ее, но Аграфена чувствовала всегда, что она ее любит... Добрая она, Таисья. По пути девушка вспомнила темную историю, как Таисью тоже возили в скиты на исправу. Это было давно, лет тридцать назад, и на Ключевском про Таисьин грех могли рассказать только старики. Сама Аграфена знала об этом из пятого в десятое, да и тому, что слыхала, мало верила. Теперь ей вдруг сделалось жаль Таисьи, и это невольное чувство заглушало ее собственное горе. Да и она сама, Аграфена, будет такою же мастерицей, когда состарится, а пока будет проживать в скитах черничкой. Закрыв глаза, она видела уже себя в темном, полумонашеском одеянии, в темном платке на

123

голове, с восковым лицом и опущенными долу глазами... Господи, как страшно!..

— Ты чего это ревешь? — огрызнулся старец Кирилл, когда послышались сдержанные рыдания. — Выкинь дурь из головы... И в скитах люди живут не хуже тебя.

Аграфена даже вздрогнула: она не слыхала своих слез. Старец Кирилл, чтобы сорвать злость, несколько раз ударил хлыстом ни в чем не повинного рыжка. Дорога повернула на полдень и начала забирать все круче и круче, минуя большие горы, которые теснили ее все сильнее с каждым шагом вперед. Прежнего дремучего леса уже не было. Он заметно редел, особенно по горам, где деревья с полуночной стороны были совсем голые — ветер студеный их донимал. Холодно Аграфене, — холодно не от холода, а от того, что боится она пошевельнуться и все тело отерпло от сиденья. И мысли совсем путаются в голове, а дремота так и подмывает; взяла да легла бы прямо в снег и уснула тут на веки вечные. Горе истомило ее... Бегут сани, стучит конское копыто о мерзлую землю, мелькают по сторонам хмурые деревья, и слышит Аграфена ласковый старушечий голос, который так любовно наговаривает над самым ее ухом: "Петушок, петушок, золотой гребешок, маслена головушка, шелкова бородушка, выгляни в окошечко..." Это баушка Степанида сказку рассказывает ребятам, а сама Аграфена совсем еще маленькая девчонка. Сонно жужжит веретено в руках у баушки Степаниды, а сказка так и льется. Сидит петушок у окошечка, а хитрая лиса его подманивает. Долго петушок не сдается лисе, а потом и поверил... "Ухватила его лиса поперек живота и поволокла... Несет его через горы высокие, несет через реки быстрые, через леса дремучие, принесла к избушке и говорит: "Я тебя съем, петушок". Страшно Аграфене, захватило у нее дух, и она проснулась... Лошадь стоит, а она сидит в санях одна. Аграфена даже вскрикнула от страха, но смиренный инок Кирилл был тут, — он ходил по дороге и высматривал что-то в снегу. Уж не заплутались ли они в лесу, на ночь глядя?

— Повертка к Чистому болоту выпала, — объяснил он, нерешительно подходя к саням. — Ночью-то, пожалуй, болото и не переехать... которые окна еще не застыли, так в них попасть можно. Тут сейчас будет старый курень Бастрык, а на нем есть избушка, — в ней, видно, и заночуем. Тоже и лошадь затомилась: троих везет...

— Я не буду ночевать в лесу с тобой! — смело ответила Аграфена.

— Што так? — засмеялся себе в бороду старец.

— А так... Ведь болотом и днем не проехать, все равно через Талый курень придется. Мы у могилки отца Спиридона сейчас...

— Ишь дошлая!.. А все-таки ты дура, Аграфена: на Талый-то мы приедем к утру, а там мочегане робят: днем-то и тебя и меня узнают. Говорю: лошадь пристала...

— Все-таки не поеду... Матушка Таисья наказывала через Талый ехать.

— И матушка Таисья дура.

Старец Кирилл походил около лошади, поправил

чересседельник, сел в сани и свернул на Бастрык. Аграфена схватила у него вожжи и повернула лошадь на дорогу к Талому. Это была отчаянная попытка, но старец схватил ее своею железною рукой прямо за горло, опрокинул навзничь, и сани полетели по едва заметной тропе к Бастрыку.

— Што ты делаешь, отчаянный? — крикнула Аграфена, напрасно стараясь вырвать вожжи.

— А вот это самое...

Что она могла поделать одна в лесу с сильным мужиком? Лошадь бывала по этой тропе и шла вперед, как по наезженной дороге. Был всего один след, да и тот замело вчерашним снегом. Смиренный инок Кирилл улыбался себе в бороду и все поглядывал сбоку на притихшую Аграфену: ишь какая быстрая девка выискалась... Лес скоро совсем поредел, и начался голый березняк: это и был заросший старый курень Бастрык. Он тянулся широким увалом верст на восемь. На нем работал еще отец Петра Елисеича, жигаль Елеска.

— Вот мы и дома, — самодовольно проговорил инок Кирилл, свертывая с тропы налево под гору. — Ишь какое угодное местечко жигали выбрали.

Взмыленная лошадь остановилась у вросшей в землю старой лесной избушки, засыпанной молодым снегом. Только чернела дырой растворенная дверь. Инок Кирилл, не торопясь, вылез из саней, привернул лошадь вожжой к оглобле и полез в избушку. Аграфена оставалась в санях и видела, как в избушке желтым пятном затеплился огонек. Запасливый инок успел захватить из Таисьиной избы сальную свечу и теперь засветил ее. В избушке с лета, видимо, никто не бывал. Двери, очаг из камней и у задней стены нары из еловых плах были целы, значит, можно было и заночевать в лучшем виде. Отоптав снег около входа и притворив дверку, чтобы не задуло огонь, старец с топором в руке отправился за дровами. Аграфена упрямо сидела в санях. Скоро в березняке звонко застучал топор, — это старец выискал сухое дерево и умелою рукой свалил его. Аграфена все сидела, прислушиваясь к работе. Через десять минут Кирилл приволок целую березу и принялся ее рубить. От работы он сейчас же согрелся и снял верхний бараний тулуп. Аграфена видела только его широкие плечи и бойко взлетавший топор, игравший в привычных руках. Скоро избушка осветилась ярким пламенем разложенного на очаге костра из сухого дерева, а густой дым повалил прямо в дверь. Инок слазил на крышу, оттоткнул закутанную дымовую дыру и припер дверь. Потом он отпряг лошадь и поставил ее выстаиваться к избушке, прикрыв сверху своею шубой. На Аграфену он все время не обращал никакого внимания и только уже потом, когда совсем управился, вышел из избушки и проговорил:

— Ну, ты, недотрога-царевна, долго еще будешь мерзнуть? Иди погрейся...

Аграфена колебалась выйти из саней, но потом на нее напала какая-то отчаянная решимость: все равно пропадать... Засиженные ноги едва шевелились, и она с трудом дошла до избушки, точно шла

125

на костылях. От движения у ней делалась боль в суставах, а спину так и ломило. Зато как хорошо было в избушке, где теперь весело трещал живой огонь. Дым, крутившийся столбом, уходил в дыру на крыше, но часть его оставалась в избушке и страшно ела глаза. Старец Кирилл присел на корточках к огню и опять не обращал никакого внимания на свою спутницу. Он согрел руки, распоясался, добыл из саней походную кожаную суму и, отпив из горлышка водки, проговорил добродушно:

— Ты бы поела, Аграфена... Я-таки прихватил у матушки Таисьи краюшку хлебца да редечки, — наша скитская еда. Затощаешь дорогой-то...

— Не хочу...

Старец Кирилл точно не слыхал ответа и аппетитно принялся уписывать свою краюшку. Маленькая бутылочка хранилась в глубоком кармане скитского кафтана, и он прикладывался к ней еще раза два, а потом широко вздохнул, перекрестился, икнул и начал сонно зевать. Аграфена все сидела на нарах, как была, в тулупе, и чувствовала, как согревается у ней каждая косточка. Тепло так и разливалось по телу, и опять начал клонить предательский сон. Есть она не хотела, а заснуть боялась. Снять тулуп она тоже не хотела, точно ее девичья беззащитность в нем была безопаснее. Ее даже прошиб пот. Кирилл спрятал свою суму, еще покрестился и вышел из избушки. На небе уже легла предутренняя отбель, и звезды начали меркнуть.

— Кичиги на закате стоят, — проговорил он вслух, разглядывая три звезды на юго-западной стороне неба, — а Ичиги над головой, — скоро ободняет.

Ичиги — созвездие Большой Медведицы; Кичиги — три звезды, которые видны бывают в этой стороне только зимой. С вечера Кичиги поднимаются на юго-востоке, а к утру "западают" на юго-западе. По ним определяют время длинной северной ночи.

Вернувшись в избу и подкинув свежих дров, инок Кирилл разостлал на нарах свою шубу и завалился спать. Он сейчас же захрапел, как зарезанный. Аграфена все сидела в своем тулупе и слушала, как у дверей лошадь жует сено. Укладываясь спать, Кирилл задул свечу, и теперь избушку освещал только очаг. Когда догорят дрова, опять будет темно, и Аграфена со страхом думала о том моменте, когда останется в темноте со старцем с глазу на глаз. Пока она подсела к огню и поправляла головешки. Она и боялась Кирилла и еще больше боялась поверить ему. Пока он не трогает ее, а все-таки кто его знает, что у него на уме. Когда огонь догорел и дров больше не осталось, Аграфена вышла из избушки. Небо было какое-то белое, — занимался короткий зимний день. Отогревшись в избушке, она улеглась в сани и сейчас же заснула убитым молодым сном — тем сном, который не знает грез.

— Эй, вставай, голубушка! — толкал ее кто-то в бок.

Аграфена вскочила. Кругом было темно, и она с удивлением оглядывалась, не понимая, где она и что с ней. Лошадь была

126

запряжена, и старец Кирилл стоял около нее в своем тулупе, совсем готовый в путь. С большим трудом девушка припомнила, где она, и только удивлялась, что кругом темно.

— Цельный день проспала, Аграфенушка, — объяснил Кирилл. — А я тебя пожалел будить-то... Больно уж сладко спала. Тоже измаялась, да и дело твое молодое... Доходил я до Чистого болота: нету нам проезда. Придется повернуть на Талый... Ну, да ночное дело, проедем как-нибудь мимо куренных.

Аграфена стояла перед ним точно в тумане и плохо понимала, что он говорит. Неужели она проспала целый день?.. А старец ее пожалел... Когда она садилась в сани, он молча сунул ей большой ломоть ржаного хлеба. Она действительно страшно хотела есть и теперь повиновалась угощавшему ее Кириллу.

За день лошадь совсем отдохнула, и сани бойко полетели обратно, к могилке о.Спиридона, а от нее свернули на дорогу к Талому. Небо обложили низкие зимние облака, и опять начал падать мягкий снежок... Это было на руку беглецам. Скоро показался и Талый, то есть свежие пеньки, кучи куренных дров-долготья, и где-то в чаще мелькнул огонек. Старец Кирилл молча добыл откуда-то мужицкую ушастую шапку и велел Аграфене надеть ее.

— Да вот возьми рукавицу, да рукавицей рожу и натри, — советовал он. — Нарочно даве сажей ее намазал... И будешь, как заправский мужик. Кабы нас куренные-то не признали...

Аграфена вымазала лицо себе сажей, сняла платок с головы и надела шапку. Она чувствовала теперь искреннюю благодарность к догадливому пустынножителю, который вперед запас все, что нужно.

V

Курень состоял из нескольких землянок вроде той, в какой Кирилл ночевал сегодня на Бастрыке. Между землянками стояли загородки и навесы для лошадей. Разная куренная снасть, сбруя и топоры лежали на открытом воздухе, потому что здесь и украсть было некому. Охотничьи сани смиренного Заболотского инока остановились перед одной из таких землянок.

— Ты посиди, Ефим, а я схожу погреться, — рассчитанно громким голосом проговорил Кирилл, обращаясь к Аграфене.

Куренные собаки накинулись на него целою стаей, а на их лай из землянок показались любопытные головы.

— Мосей здесь? — спрашивал инок, входя в землянку. — С Самосадки поклон привез, родимые мои... Бабы больно соскучились и наказывали кланяться.

— Ишь какой выискался охотник до баб, — ответил с полатей голос Мосея. — Куда опять поволокся, спасеная душа?

Появление Кирилла вызвало дружный смех в землянке, и

человек шесть мужиков и парней окружили его. Инок отшучивался, как умел, разыгрывая балагура. Один Мосей отмалчивался и поглядывал на Кирилла не совсем дружелюбно.

— Погреться завернул... — объяснял Кирилл, похлопывая рукавицами.

— Оставайся ночевать, коли озяб.

— Тороплюсь, родимые мои...

— Об Енафе соскучился? — спросил кто-то, и опять послышался дружный смех. — Она тебе вторую дочь привезла... Этим скитским не житье, а масленица!..

— Чего вы зубы-то скалите, омморошные? — озлился Кирилл. — Мало ли народу по скитам душу спасает...

— Знаем мы ваше спасенье: больше около баб...

— Вот ты и осудил меня, а как в писании сказано: "Ты кто еси судий чуждему рабу: своему господеви стоишь или падаешь..." Так-то, родимые мои! Осудить-то легко, а того вы не подумали, что к мирянину приставлен всего один бес, к попу — семь бесов, а к чернецу — все четырнадцать. Согрели бы вы меня лучше водочкой, чем непутевые речи заводить про наше иноческое житие.

— Какая у нас водка...

Побалагурив с четверть часа и выспросив, кто выехал нынче в курень, — больше робили самосадские да ключевляне из Кержацкого конца, а мочеган не было ни одной души, — Кирилл вышел из избы.

— А это кто с тобой едет? — спросил Мосей, вышедший проводить его.

— А так... один человек... — уклончиво ответил инок, неторопливо усаживаясь в сани. — Ну-ка, Ефимушка, трогай... Прощай, Мосей. Завертывай ужо как-нибудь к нам в гости.

— Самое это наше дело по гостям ездить, — ответил Мосей, подозрительно оглядывая Аграфену.

Куренные собаки проводили сани отчаянным лаем, а смиренный заболотский инок сердито отплюнулся, когда курень остался назади. Только и народец, эти куренные... Всегда на смех подымут: увязла им костью в горле эта Енафа. А не заехать нельзя, потому сейчас учнут доискиваться, каков человек через курень проехал, да куда, да зачем. Только вот другой дороги в скиты нет... Диви бы мочегане на смех подымали, а то свои же кержаки галятся. Когда это неприятное чувство улеглось, Кирилл обратился к Аграфене:

— Дураками оказали себя куренные-то: за мужика тебя приняли... Так и будь мужиком, а то еще скитские встренутся да будут допытываться... Ох, грехи наши тяжкие!.. А Мосей-то так волком и глядит: сердитует он на меня незнамо за што. Родной брат вашему-то приказчику Петру Елисеичу...

До скита Енафы оставалось еще верст тридцать. Дорога опять превратилась в маленькую тропу, на которой даже и следа не было, но инок Кирилл проехал бы всю эту "пустыню" с завязанными глазами: было похожено и поезжено по ней по разным скитским делам. Выспавшаяся Аграфена чувствовала себя бодрее вчерашнего и не боялась Кирилла. Да и скиты близко, а там проживает много раскольничьих "матерей": в случае чего, они ущитят от Кирилла. Удивляло Аграфену и то, что чем дальше они ехали, тем реже становился лес. Ели стояли тонкие да чахлые, совсем не такие, как на Самосадке. Дело в том, что они ехали по самому перевалу, на значительной высоте. Горы делались все выше, и тропа извивалась между ними, как змея. Спускаясь в одном месте с увала, Кирилл указал рукой влево и проговорил:

— Тут тебе будет Святое озеро, куда ходят в успеньев день...

— В успеньев-то день ходят на Крестовые острова...

— Ну, они на Святом озере и есть, Крестовые-то... Три старца на них спасались: Пахомий-постник, да другой старец Пафнутий-болящий, да третий старец Порфирий-страстотерпец, во узилище от никониан раны и напрасную смерть приявший. Вот к ним на могилку народ и ходит. Под Петров день к отцу Спиридону на могилку идут, а в успенье — на Крестовые. А тут вот, подадимся малым делом, выступит гора Нудиха, а в ней пещера схимника Паисия. Тоже угодное место...

Этот благочестивый разговор подействовал на Аграфену самым успокаивающим образом. Она ехала теперь по местам, где спасались свои раскольники-старцы и угодники, слава о которых прошла далеко. Из Москвы приезжают на Крестовые острова. Прежде там скиты стояли, да разорены никонианами. Инок Кирилл рассказывал ей про схоронившуюся по скитам свою раскольничью святыню, про тихую скитскую жизнь и в заключение запел длинный раскольничий стих:

> Прекрасная мати пустыня!
> От суетного мира прими мя...
> Любезная, не изжени мя
> Пойду по лесам, по болотам,
> Пойду по горам, по вертепам,
> Поставлю в тебе малу хижу,
> Полезная в ней аз увижу.
> Потщился к тебе убежати,
> Владыку Христа подражати.

Длинная дорога скороталась в этих разговорах и пении незаметно, Аграфена успела привыкнуть к своему спутнику и даже испугалась, когда он, указывая на темневшую впереди гору Нудиху, проговорил:

— Как ее проедем, тут тебе сейчас будет повертка в скит матери Пульхерии. Великая она у нас постница... А к Енафе подальше проедем, на речку, значит, Мокрушу. Пульхерия-то останется у нас вправе.

Ночь была сегодня темная, настоящая волчья, как говорят охотники, и видели хорошо только узкие глазки старца Кирилла. Подъезжая к повертке к скиту Пульхерии, он только угнетенно

129

вздохнул. Дороги оставалось всего верст восемь. Горы сменялись широкими высыхавшими болотами, на которых росла кривая болотная береза да сосна-карлица. Лошадь точно почуяла близость жилья и прибавила ходу. Когда они проезжали мимо небольшой лесистой горки, инок Кирилл, запинаясь и подбирая слова, проговорил:

— Ты вот что, Аграфенушка... гм... ты, значит, с Енафой-то поосторожней, особливо насчет еды. Как раз еще окормит чем ни на есть... Она эк-ту уж стравила одну слепую деушку из Мурмоса. Я ее вот так же на исправу привозил... По-нашему, по-скитскому, слепыми прозываются деушки, которые вроде тебя. А красивая была... Так в лесу и похоронили сердешную. Наши скитские матери тоже всякие бывают... Чем с тобою ласковее будет Енафа, тем больше ты ее опасайся. Змея она подколодная, прямелько сказать...

— Зачем же Енафа стравила ее? — удивлялась Аграфена.

— А так, по бабьей своей глупости... Было бы сказано, а там уж сама догадывайся, зачем вашу сестру травят свои же бабы.

Чем ближе был скит Енафы, тем инок Кирилл делался беспокойнее. Он часто вздыхал и вслух творил молитву. Когда вдали, точно под землей, нерешительно взлаяла собака, он опять сердито отплюнулся. Учуяла, проклятая! Мимо скита Енафы можно было проехать среди белого дня и не заметить его, — так он ловко спрятан в еловом лесу у подножья Мохнатенькой горки. На лай собаки мелькнул в лесу слабый огонек, и только по нему Аграфена догадалась, что они приехали. Ни дороги, ни следа, а стоит в лесу старая изба, крытая драньем, — вот и весь скит. Немного поодаль задами к ней стояла другая такая же изба. В первой жила сама мать Енафа, а во второй — две ее дочери.

— Господи Исусе Христе, помилуй нас! — смиренно помолитвовался инок Кирилл под окном первой избы.

— Аминь! — ответил женский голос.

Избы стояли без дворов: с улицы прямо ступай на крыльцо. Поставлены они были по-старинному: срубы высокие, коньки крутые, оконца маленькие. Скоро вышла и сама мать Енафа, приземистая и толстая старуха. Она остановилась на крыльце и молча смотрела на сани.

— Долго ты шатался на Ключевском, — проговорила она, наконец, когда Кирилл подошел к крыльцу. — Небойсь у Таисьи все проклажался? Сладко она вас прикармливает, беспутных.

Инок Кирилл только замотал головой, и мать Енафа умолкла.

— Привез я тебе, мать Енафа, новую трудницу... — заговорил Кирилл, набираясь храбрости. — Ослепла, значит, в мире... Таисья послала... Так возжелала исправу принять у тебя.

Аграфена давно вылезла из саней и ждала, когда мать Енафа ее позовет. Она забыла снять шапку и опомнилась только тогда, когда мать Енафа, вглядевшись в нее, проговорила:

— Это еще што за полумужичье?.. Иди-ка сюды, умница, погляжу я на тебя поближе-то!

Смущенный Кирилл, сбиваясь в словах, объяснял, как они должны были проезжать через Талый, и скрыл про ночевку на Бастрыке. Енафа не слушала его, а сама так и впилась своими большими черными глазами в новую трудницу. Она, конечно, сразу поняла, какую жар-птицу послала ей Таисья.

— Ну, идите в избу... — сурово пригласила она.

Изба была высокая и темная от сажи: свечи в скиту зажигались только по праздникам, а по будням горела березовая лучина, как было и теперь. Светец с лучиной стоял у стола. На полатях кто-то храпел. Войдя в избу, Аграфена повалилась в ноги матери Енафе и проговорила положенный начал:

— Прости, матушка, благослови, матушка...

— Бог тебя простит, бог благословит...

— А на полатях-то кто у тебя спрятан? — спрашивал Кирилл, прислушиваясь к доносившемуся с полатей храпу.

— Бродяжка один из Красного Яру... — спокойно ответила Енафа.

Она была в одном косоклинном сарафане из домашнего синего холста; рубашка была тоже из холста, только белая. У окна стояли кросна с начатою новиной. Аграфене было совестно теперь за свой заводский ситцевый сарафан и ситцевую рубаху, и она стыдливо вытирала свое раскрасневшееся лицо. Мать Енафа пытливо посмотрела на нее и на смиренного Кирилла и только сжала губы.

— Щеголиха... — прошипела она, поправляя трещавшую в светце лучину. — Чьих ты будешь, умница? Гущиных?.. Слыхала про брательников, как же! У Самойла-то Евтихыча тоже брательник обережным служит, Матвеем звать?.. Видала.

Это влиятельное родство значительно смягчило мать Енафу, и она, позевывая, проговорила почти ласково:

— Вот што, щеголиха: ложись-ка ты спать, а утро вечера мудренее. Вот тут на лавочку приляжь...

Но спать Аграфене не пришлось, потому что в избу вошли две высоких девки и прямо уставились на нее. Обе высокие, обе рябые, обе в сарафанах из синего холста.

— Чего не видали-то? — накинулась на них мать Енафа. — Лбы-то перекрестите, оглашенные... Федосья, Акулина, ступайте домой: нечего вам здесь делать.

Девки переглянулись между собой, посмотрели на смущенного инока Кирилла и прыснули со смеху.

— А гостинца привез? — обратилась к Кириллу старшая, Федосья.

— Потом привезет, — ответила за него мать Енафа. — Вот новую трудницу с Мурмоса вывез.

— Похоже на то, мамынька, — ответила младшая, Акулина, с завистью оглядывая Аграфену. — Прямо сказать: монашка.

Девки зашептались между собой, а бедную Аграфену бросило в жар от их нахальных взглядов. На шум голосов с полатей свесилась чья-то стриженая голова и тоже уставилась на Аграфену. Давеча старец Кирилл скрыл свою ночевку на Бастрыке, а теперь мать Енафа

131

скрыла от дочерей, что Аграфена из Ключевского. Шел круговой обман... Девки потолкались в избе и выбежали с хохотом.

Мать Енафа раскинула шелковую пелену перед киотом, затеплила перед ним толстую восковую свечу из белого воска и, разложив на столе толстую кожаную книгу, принялась читать акафист похвале-богородице; поклоны откладывались по лестовке и с подрушником.

Так началось для Аграфены скитское "трудничество".

VI

По первопутку вернулись из орды ходоки. Хохлацкий и Туляцкий концы затихли в ожидании событий. Ходоки отдохнули, сходили в баню, а потом явились в кабак к Рачителихе. Обступил их народ, все ждут, что скажут старики, а они переминаются да друг на друга поглядывают.

— Ну что, старики, как орда? — спрашивали нетерпеливые.

Опять переминаются ходоки, — ни тому, ни другому не хочется говорить первым. А народ так и льнет к ним, потому всякому любопытно знать, что они принесли с собой.

— Хорошо в орде, этово-тово, — проговорил, наконец, первым Тит Горбатый.

— Одобряешь, дедушка?

— Земля овчина-овчиной, травы ковыльные, крепкие, укос — на десятину по сту копен, скотина кормная, — нахваливал Тит. — Одно название, што будто орда. У тамошних крестьян какой обычай, этово-тово: жнитво, а жнут не чисто, тут кустик пшенички оставит, и в другом месте кустик, и в третьем кустик. "Для чего вы, говорю я, не чисто жнете?" — "А это, говорят, мы Николе на бородку оставляем, дедушка. Пойдут по пашне за нами вдовы да сироты и подберут кустики..." Вот какая там сторона! Хлеба ржаного совсем и в заводе нет, а все пшеничный...

Расхваливает Тит орду, руками машет, а старый Коваль молчит и только трубочку свою посасывает.

— Ну, а ты, Дорох, что нам скажешь? — пристают свои хохлы к Ковалю.

— Що я вам кажу? — тянет Коваль точно сквозь сон. — А то я вам кажу, братики, што сват гвалтует понапрасну... Пусто бы этой орде было! Вот што я вам кажу... Бо ка-зна-що! Чи вода була б, чи лес був, чи добри люди: ничегесенько!.. А ну ее, орду, к нечистому... Пранцеватый народ в орде.

— Да ведь ты сам же хвалил все время орду, этово-тово, — накинулся на него Тит, — а теперь другое говоришь...

— Балакали, сват, а як набигло на думку, так зовсем друге и вийшло... Оце велико лихо твоя орда!

Ходоки упорно стояли каждый на своем, и это подняло на ноги оба мочеганских конца. В спорах и препирательствах сторонников и противников орды принял деятельное участие даже Кержацкий конец, насколько он был причастен кабаку Рачителихи. Ходокам делали очные ставки, вызывали в волость, уговаривали, но они продолжали рознить. Особенно неистовствовал Тит, так и наступавший на Коваля.

— Отчепись к нечистому! — ругался Коваль. — Казав: не пойду у твою орду. Оттак!..

Туляки стояли за своего ходока, особенно Деян Поперешный, а хохлы отмалчивались или глухо роптали. Несколько раз в кабаке дело доходило до драки, а ходоки все стояли на своем. Везде по избам, как говорила Домнушка, точно капусту рубили, — такая шла свара и несогласие.

— Выведу в орду всю свою семью, а вы как знаете, этово-тово, — повторял Тит.

— А я зостанусь! — повторял Коваль. — Нэхай ей пусто будет, твоей орде.

Сколько ни бились старички с ходоками, но так ничего и не могли с ними поделать. Решено было свести их к попу и к приказчику, чтобы они хоть там повинились и сказали настоящее. Не доверяя ни попу, ни приказчику, старички улучили минуту, когда поп прошел в господский дом, и повели ходоков туда же. Пусть вместе говорят, тогда будет видно, кто говорит правду, а кто обманывает. Ходоки, когда пришли в господский дом, имели вид подсудимых. Ввиду важности дела, Петр Елисеич позвал всех в залу. О.Сергей сидел на диване, а Петр Елисеич ходил по комнате, размахивая платком. Старички подталкивали ходоков, чтобы те начинали, но ходоки только переминались, как лошади в станке у кузницы.

— Пусть Коваль говорит наперво, этово-тово, — заявлял Тит. — От него вся смуть пошла.

— А чого ж я буду говорить, сват? — упирался Коваль. — Лучше ж послухаем твои викрутасы, бо ты кашу заварил... А ну, сват, тоби попереду говорить, а мы послухаем, що из того выйде.

Нечего делать, пришлось первому говорить Титу: переупрямил его хитрый хохол.

— Все мы обсмотрели, все обследовали и в орде, и в казаках, и в стене, — заговорил Тит. — "Глянется, говорю, сват?" А сват хвалит... И землю хвалит, и народ хвалит, и уж местечко мы обыскали, этово-тово, штобы свой выселок поставить. Только идем это мы назад, а сват все орду нахваливает... Ну, все у нас согласно. Только, этово-тово, стали мы совсем к дому подходить, почесть у самой поскотины, а сват и говорит: "Я, сват, этово-тово, в орду не пойду!" И пошел хаять: воды нет, лесу нет, народ живет нехороший... Теперь к вам пришли, штобы вы урезонили свата, потому как он совсем неправильные слова говорит и во всем в отпор пошел... От него, этово-тово, вся смута!

— Ну, а ты что скажешь, Дорох? — спрашивал Петр Елисеич.

133

— А то и кажу, що зостанусь здесь... Пусть сват еде у эту пранцеватую орду!

— Нужно как-нибудь помириться, старички, — советовал Петр Елисеич. — Не такое это дело, чтобы вздорить.

— Да я-то враг, што ли, самому себе? — кричал Тит, ударяя себя в грудь кулаком. — На свои глаза свидетелей не надо... В первую голову всю свою семью выведу в орду. Все у меня есть, этово-тово, всем от господа бога доволен, а в орде лучше... Наша заводская копейка дешевая, Петр Елисеич, а хрестьянская двухвершковым гвоздем приколочена. Все свое в хрестьянах: и хлеб, и харч, и обуй, и одёжа... Мне-то немного надо, о молодых стараюсь...

Маленькое сморщенное лицо у Горбатого дышало непреодолимою энергией, я в каждом слове сказывалось твердое убеждение. Ходоки долго спорили и опять ни до чего не доспорились.

— Треба еще жинок да парубков спросить, може вони и не захочут твоего-то хлеба, сват! — кричал охрипшим голосом Коваль. — Оттак!..

— И спрашивай баб да робят, коли своего ума не стало, — отвечал Тит. — Разе это порядок, штобы с бабами в этаком деле вязаться? Бабий-то ум, как коромысло: и криво, и зарубисто, и на два конца...

Отец Сергей тоже предлагал ходокам помириться, но ему верили еще меньше, чем приказчику. Приказчик жалованье из конторы получает, а поп голодом насидится, когда оба мочеганских конца уйдут в орду.

Домнушка и Катря слушали этот разговор из столовой и обе были на стороне старого Коваля, а Тит совсем сбесился со своею ордой.

— Уведет он в эту орду весь Туляцкий конец, — соболезновала Домнушка, качая головой. — Старухи-то за него тоже, беззубые, а бабенки, которые помоложе, так теперь же все слезьми изошли... Легкое место сказать, в орду наклался!

— А пусть попытают эту самую орду, — смеялся дома старый Коваль, покуривая трубку. — Пусть их... Там и хаты из соломы да из березовых прутьев понаделаны. Возьмут солому, помажут глиной — вот тебе и хата готова.

Старая Ганна была совершенно счастлива, что Коваль уперся. Она про себя молила бога, чтобы туляки поскорее уезжали в орду, а впереди всех уезжали бы Горбатые. Тогда свадьба Федорки расстроилась бы сама собой. Материнское сердце старой хохлушки так и прыгало от радости, что она рассватает Федорку и выдаст ее замуж куда-нибудь в Хохлацкий конец. Пусть за своего хохла выходит, а в больших туляцких семьях снох со свету сживают свекрови да золовки. Ганна особенно часто ласкала теперь свою писанку Федорку и совсем не бранилась, когда старый Коваль возвращался из кабака пьяный.

— А то проклятуща, тая орда! — выкрикивал Коваль, петухом расхаживая по своей хате. — Замордовал сват, а того не знае, що от хорошего житья тягнется на худое... Так говорю, стара?

— А то як же, Дорох? Почиплялись за орду, як дурни.

Хитрый Коваль пользовался случаем и каждый вечер "полз до шинка", чтобы выпить трохи горилки и "погвалтувати" с добрыми людьми. Одна сноха Лукерья ходила с надутым лицом и сердитовала на стариков. Ее туляцкая семья собиралась уходить в орду, и бедную бабу тянуло за ними. Лукерья выплакивала свое горе где-нибудь в уголке, скрываясь от всех. Добродушному Терешке-казаку теперь особенно доставалось от тулянки-жены, и он спасался от нее тоже в шинок, где гарцевал батько Дорох.

— Ведмедица эта самая Лукерка! — смеялся старый Коваль, разглаживая свои сивые казацкие "вусы". — А ты, Терешка, не трожь ее, нэхай баба продурится; на то вона баба и есть.

Гуляка Терешка побаивался сердитой жены-тулянки и только почесывал затылок. К Лукерье несколько раз на перепутье завертывала Домнушка и еще сильнее расстроила бабенку своими наговорами, соболезнованием и причитаньем, хотя в то же время ругала, на чем свет стоит, сбесившегося свекра Тита.

— Тебе-то легко, Домнушка, — жалились другие горбатовские снохи. — Ты вот, как блоха, попрыгиваешь, а каково нам... Хоть бы ты замолвила словечко нашему Титу, — тоже ведь и ты снохой ему приходишься...

— И скажу! — храбрилась Домнушка. — Беспременно скажу, потому и Петр Елисеич не одобряет эту самую орду... Самое, слышь, проваленное место. Прямо-то мужикам он ничего не оказывает, а с попом разговаривают... и Самойло Евтихыч тоже не согласен насчет орды...

— Поговори ты, Домнушка! — упрашивали снохи. — С тебя, с солдатки, взять нечего.

Разбитная Домнушка действительно посыкнулась было поговорить с Титом, но старик зарычал на нее, как зверь, и даже кинулся с кулаками, так что Домнушка едва спаслась позорным бегством.

— Я вот тебе, расстройщица! — орал Тит, выбегая на улицу за Домнушкой с палкой.

Но черемуховая палка Тита, вместо нагулянной на господских харчах жирной спины Домнушки, угодила опять на Макара. Дело в том, что до последнего часа Макар ни слова не говорил отцу, а когда Тит велел бабам мало за малым собирать разный хозяйственный скарб, он пришел в переднюю избу к отцу и заявил при всех:

— А я, батюшка, в твою орду не поеду.

— Что-о?

— Не поеду, говорю... Ты меня не спрашивал, когда наклался уезжать, а я не согласен.

— Да ты, этово-тово, с кем разговариваешь-то, Макарко? В уме ли ты, этово-тово?..

— Из твоей воли не выхожу, а в орду все-таки не поеду. Мне и здесь хорошо.

Произошла горячая семейная сцена, и черемуховая палка

врезалась в могучее Макаркино тело. Старик до того расстервенился, что даже вступилась за сына сама Палагея. Того гляди, изувечит сбесившийся старик Макара.

— Твоя воля, а в орду не пойду! — повторял Макар, покорно валяясь на полу.

— Я тебя породил, собаку, я тебя и убью! — орал Тит в бешенстве.

Сорвав сердце на Макаркиной спине, Тит невольно раздумался, зачем он так лютует. Большак Федор слова ему не сказал, — в орду так в орду. Фрол тоже, а последыш Пашка еще мал, чтобы с отцом разговаривать. Сам-третей выедет он в орду, да еще парень-подросток в запасе, — хоть какое хозяйство управить можно. А Макарка пусть пропадает в Ключевском, ежели умнее отца захотел быть. О двух остальных сыновьях Тит совсем как-то и не думал: солдат Артем, муж Домнушки, отрезанный ломоть, а учитель Агап давно отбился от мужицкой работы. Раздумавшись дальше, Тит пришел к мысли, что Макар-то, пожалуй, и прав: первое дело, живет он теперь на доходах — лесообъездчикам контора жалованье положила, а потом изба за ним же останется, покосы и всякое прочее... Всего с собой не увезешь, а когда Артем выйдет из службы, вместе и будут жить в отцовском дворе.

"Оно, этово-тово, правильное дело говорит Макар-то", — раздумывал Тит, хотя, с другой стороны, Макарку все-таки следовало поучить.

VII

Таинственное исчезновение Аграфены и скандал с двором брательников Гущиных как-то совсем были заслонены готовившимся переселением мочеган. И в кабаке, и в волости, и на базаре, и на фабрике только и разговору было, что о вздоривших ходоках. Не думала о переселении в орду только такая беспомощная голь, как семья Окулка, перебивавшаяся кое-как в покосившейся избушке на краю Туляцкого конца. Появление Окулка и его работа на покосе точно подразнила эту бедность. Когда с другими разбойниками Окулко явился с повинной к Луке Назарычу, их всех сейчас же засадили в волость, а потом немедленно отправили в Верхотурье в острог. Старая Мавра опять осталась с глазу на глаз с своею непокрытою бедностью, Наташка попрежнему в четыре часа утра уходила на фабрику, в одиннадцать прибегала пообедать, а в двенадцать опять уходила, чтобы вернуться только к семи, когда коморник Слепень отдавал шабаш. За эту работу Наташа получала пятнадцать копеек, и этих денег едва хватало на хлеб. Поднятая в Туляцком конце суматоха точно делала семью сидевшего в остроге Окулка еще беднее.

— Богатые-то все в орду уедут, а мы с кержаками и останемся, —

жаловалась Мавра. — Хоть бы господь смерть послал. И без того жизни не рад.

Сборы переселенцев являлись обидой: какие ни на есть, а все-таки свои туляки-то. А как уедут, тут с голоду помирай... Теперь все-таки Мавра кое-как изворачивалась: там займет, в другом месте перехватит, в третьем попросит. Как-то Федор Горбатый в праздник целый воз хворосту привез, а потом ворота поправил. Наташка попрежнему не жаловалась, а только молчала, а старая Мавра боялась именно этого молчания.

— Што ты все молчишь, Наташка? — спрашивала она дочь. — Точно пень березовый.

— О чем говорить-то, мамынька? — сердито отвечала Наташка. — Замаялась я, вот што... Поясницу ломит. Вон ступни[16] новые надо покупать, варежки износились.

— Ну, ты у меня смотри: знаем мы, как у девок поясницы болят... Дурите больше с парнями-то!.. Вон я как-то Анисью приказчицу видела: сарафан кумачный, станушка с кумачным подзором, платок на голове кумачный, ботинки козловые... Поумнее, видно, вас, дур...

— И пусть будет умнее.

Старая, поглупевшая от голода и болезней Мавра пилила несчастную Наташку походя и в утешение себе думала о том, что вот выпустят Окулка из острога и тогда все будет другое. Он и дровец навозит, и избенку починит, и за хлебом по соседям не придется бегать... Небойсь этакой могутный мужик без работы не останется. В последнее время Мавра придумала не совсем хорошее средство добывать деньги на хлеб: отправится к Рачителихе и начнет расписывать ей свою бедность. Не любила кабатчица вечно канючившую старуху, но слушает-слушает и пожалеет: то хлеба даст, то деньгами ссудит, а сама только вздохнет. Мавра, конечно, знала о несчастной любви Рачителихи и по-своему эксплуатировала эту привязанность. Зато, когда узнала Наташка об этом, у них вышла крупная ссора.

— Умирать, што ли, с голоду? — кричала обозленная Мавра.

— Последнее это дело! — кричала Наташка. — Хуже, чем по миру идти. Из-за Окулка же страмили на весь завод Рачителиху, и ты же к ней идешь за деньгами.

— Ну, и не пойду... Помирайте все голодом! Один конец.

— Ведь не померли, слава богу, и не помрем раньше смерти.

Обойденная со всех сторон отчаянною нуждой, Наташка часто думала о том, что вот есть же богатые семьи, где робят одни мужики, а бабы остаются только для разной домашности. Она завидовала отецким дочерям, которые никакого горя в девках не знают, а потом выскочат замуж и опять попадут на хорошее житье. А вот ей, Наташке, ниоткуда и ничего, да еще мать корми... Вон у Ковалей засиротела внучка Катря, так сейчас в господский дом ее определили на легкое житье, потому у богатых везде рука. Живет эта Катря в

---

[16] Ступни — башмаки. (Прим. Д.Н.Мамина-Сибиряка.)

светле да в тепле и никакого горя не знает, а она, Наташка, муку-мученическую на проклятой фабрике принимает. Мужики одни чего стоят: проходу не дают — тот щипнет, другой облапит, третий нехорошим словом обзовет. Хоть бы час так-то прожить, как другие девки. Единственным утешением для Наташки оставался пример других поденщиц, которые околачивались вместе с ней на фабрике. Ни от кого-то она доброго слова не слыхивала, кроме солдатки Аннушки Чеботаревой, которая всегда сама такая веселая.

— Перестань ты думать-то напрасно, — уговаривала ее Аннушка где-нибудь в уголке, когда они отдыхали. — Думай не думай, а наша женская часть всем одна. Вон Аграфена Гущина из какой семьи-то была, а и то свихнулась. Нас с тобой и бог простит... Намедни мне машинист Кузьмич што говорил про тебя: "Славная, грит, эта Наташка". Так и сказал. Славный парень, одно слово: чистяк. В праздник с тросточкой по базару ходит, шляпа на ём пуховая...

— Перестань ты, Аннушка: стыда у тебя нет совсем.

— А ежели Кузьмич не по сердцу, так уставщик Корнило чем плох? Конешно, он староват, а старый-то еще способнее в другой раз... Закидывал мне про тебя словечко намедни и Корнило, да уж я молчу.

— Отстань, смола!

Наташка, однако, крепилась из последнего, крепилась, может быть, потому, что из гордости не хотела поддаться дешевому соблазну. К ней и пристают потому, что она бедная и защититься ей некем. Раньше она боялась и избегала Аннушки, а теперь как-то подружилась с ней. Ведь не съест же она ее в самом деле, ежели у ней и на уме нет ничего худого, как у других фабричных девок. С ней, по крайности, можно и поговорить и посоветоваться, — Аннушка все на свете знала. Так вопрос о Тараске оставался долго открытым. Наташка еще летом решила поместить его в рудобойцы, — все-таки гривенник заробит, как другие парнишки. Но, с другой стороны, ей было до смерти жаль мальчика, эту последнюю надежду и будущую опору семьи. Да и одежонки у Тараска никакой нет, а работа на открытом воздухе, и зимой парнишка заколеет. Сколько ни крепилась Наташка, а пришлось и Тараска свести на фабрику. Это было проклятое утро, когда, после предварительных переговоров с уставщиком Корнилой, дозорным Полуэхтом и записчиком поденных работ, Наташка повела, наконец, брата на работу. В первые же дни мальчик так отмахал себе руки, что не мог идти на работу. У Наташки надрывалось сердце, когда приходилось ранним утром будить Тараска. Мальчик как-то захирел и вставал со слезами и руганью. Приходилось ждать, когда он оденется и поест, и Наташка из-за него опаздывала на фабрику. Когда в темноте Наташка бежала почти бегом по Туляцкому концу и по пути стучалась в окошко избы Чеботаревых, чтобы идти на работу вместе с Аннушкой, солдатки уже не было дома, и Наташка получала выговоры на фабрике от уставщика. Все-таки заработанные Тараском гривенники являлись большим подспорьем для семьи. Когда выпал снег, Тараску не в чем было идти на работу, и он остался дома. В это же время контора отказала всем в выдаче дарового хлеба из заводских магазинов, как это делалось раньше, когда шел хлебный провиант на каждую крепостную душу.

"Вот когда наша смерть пришла", — в ужасе думала Наташка.

Где же взять и шубу, и пимы, и зимнюю шапку, и теплые варежки Тараску? Отнятый казенный хлеб привел Мавру в молчаливое отчаяние. Вот в такую минуту Наташка и обратилась за советом к Аннушке, как избыть беду. Аннушка всегда жалела Наташку и долго качала головой, а потом и придумала.

— А Кузьмич-то на што? — проговорила она, раскинув своим бабьим умом. — Ужо я ему поговорю... Он в меховом корпусе сейчас ходит, вот бы в самый раз туды Тараска определить. Сидел бы парнишка в тепле и одёжи никакой не нужно, и вся работа с масленкой около машины походить да паклей ржавчину обтереть... Говорю: в самый раз.

— Так уж ты поговори, Аннушка, с Кузьмичом-то...

— Известно, поговорю... Была у него промашка супротив меня, — ну, да бог с ним: я не завистлива на этаких-то хахалей.

Благодаря переговорам Аннушки и ее старым любовным счетам с машинистом Тараско попал в механический корпус на легкую ребячью работу. Мавра опять вздохнула свободнее: призрак голодной смерти на время отступил от ее избушки. Все-таки в выписку Тараска рубль серебра принесет, а это, говорят, целый пуд муки.

— Ну, мальчуга, действуй, — прикрикивал Кузьмич, молодой и бойкий машинист. — Да смотри у меня — в машину головой не лезь.

Рядом с меховым корпусом строили помещение для первой паровой машины. Раньше воды хватало на всю фабрику, а теперь и пруд обмелел и плотина обветшала, — пришлось ставить паровую машину. Для фабрики это обстоятельство являлось целым событием: в Мурмосе целых две паровых машины работали, а на Ключевском одна вода. У Кузьмича с паровою машиной были соединены свои расчеты: он перейдет на паровую машину и тогда будет уже настоящим машинистом. Корпус был заложен с начала осени, а по первому снежку из Мурмоса привезли готовую машину и паровик. Докладывали фундамент под машину и печь для паровика уже в теплом корпусе, а к рождеству пустили в ход и машину. Кузьмич торжествовал, когда вместо крепостного колокола весело загудел его свисток. Теперь все работы на фабрике шли по свистку. Старые мастера нарочно завертывали к Кузьмичу, чтобы посмотреть на мудреную штуку, и сейчас окрестили паровую машину "кобылой".

— Ничего, хорошая скотинка, только уж больно много дров жрет, — похваливали они хитрую выдумку.

Тараско перешел вместе с Кузьмичом в паровой корпус и его должность называлась "ходить у крантов". Новая работа была совсем легкая, и Тараско в холода оставался даже ночевать в паровом корпусе, а есть приносила ему Наташка. Она частенько завертывала "к машине" и весело балагурила с Кузьмичом, пока Тараско

139

опрастывал какой-нибудь бурачок со щами из толстой крупы с сметанною забелой.

— Завертывай когда погреться, — приглашал ее Кузьмич. — Все в тепле посидишь.

Наташке и самой нравилось у Кузьмича, но она стеснялась своей дровосушной сажи. Сравнительно с ней Кузьмич смотрел щеголем, хотя его белая холщовая курточка и была перемазана всевозможным машинным составом вроде ворвани и смазочных масел. Он заигрывал с Наташкой, когда в машинной никого не было, но не лез с нахальством других мужиков. Эта деликатность машиниста много подкупала Наташку.

— Какая-то ты несообразная, — шутил Кузьмич, подсаживаясь к Наташке плечом к плечу. — Не укушу, не бойся. Хошь, Козловы ботинки подарю? Не глянется? Ну, тогда кумачный платок...

Наташка отрицательно качала головой: не то у ней было на уме, а такие платки да ботинки служили вывеской загулявших девок.

— Посмеяться тебе охота надо мной, — отвечала задумчиво Наташка. — Ведь есть кому платки-то дарить, а меня оставь. И то сиротство заело... Знаю я ваши-то платки. С ними одного сраму не расхлебаешь...

— Ну вот, пошла околесную городить, — ворчал Кузьмич.

Хотя Наташка и отбивалась кулаками от машинных любезностей Кузьмича, но все-таки завертывала в корпус проведать Тараска и погреться. Ее тянуло сюда даровое тепло. Когда Кузьмич был занят работой, она молча следила за ним глазами. Нечего сказать, парень чистяк и всякое дело у него кипит. В уголке у Кузьмича был прилажен слесарный станок, и он, болтая с Наташкой, ловко работал у ней на глазах разным инструментом. "Не женится он на простой девке, — соображала с грустью Наташка, — возьмет себе жену из служительского дому..." А может быть, и не такой, как другие. Глаза у Кузьмича были добрые, и он всегда такой веселый. Наташка знала про него только то, что Кузьмич родом из Мурмоса и вырос тоже в сиротстве, как и она.

Посещениям Наташки новой машинной наступил неожиданно конец. Незадолго перед рождеством вышла она на работу, как всегда. Свисток уже прогудел в третий раз, и она с Аннушкой бежала на фабрику почти бегом. Спускаясь с плотины по деревянной лестнице, она издали заметила какое-то необыкновенное движение. Из доменного корпуса пробежал без шапки Никитич, потом мелькнула долговязая фигура Полуэхта, и около новой машинной сбежалась целая толпа, которая молча расступилась, когда пришли Наташка с Аннушкой. У Наташки все похолодело внутри от какого-то предчувствия. Ее больно толкнул фельдшер Хитров, бежавший с ватой в руках.

— Неладно, Наташка, — шепнула ей кержанка Марька. — Брательника твово паром сварило...

Утром, когда Кузьмич выпускал пар, он спросонья совсем не заметил спавшего под краном Тараска и выпустил струю горячего

140

пара на него. Сейчас слышался только детский прерывавшийся крик, и, ворвавшись в корпус, Наташка увидела только широкую спину фельдшера, который накладывал вату прямо на обваренное лицо кричавшего Тараска. Собственно лица не было, а был сплошной пузырь... Тараска положили на чью-то шубу, вынесли на руках из корпуса и отправили в заводскую больницу.

VIII

Домнушка была огорчена, хотя никто не знал, кто и чем мог ее обидеть. Кучер Семка только успевал в кухне поесть и сейчас же скрывался, казачок Тишка и глаз не показывал. Оставались на прежнем положении горничная Катря да старый караульщик Антип, — первой никак нельзя было миновать кухни, а второму не было никуда другой дороги, как от своей караушки до господской кухни. Рвавшая и метавшая Домнушка теперь оказывала старику заметное предпочтение и подкидывала ему при случае кое-какие объедки. Домнушка управляется около своей печи, а старый Антип сидит у порога и смотрит. Когда наверху послышатся тяжелые шаги Катри, которая сейчас ходила не босая, а в новых ступнях, Домнушка принималась сердито ворчать:

— Совсем истварились нынешние девки, пряменько сказать.

— Это точно... это ты верно, Домнушка, — как эхо откликался Антип.

Когда Катря спускалась в кухню, Домнушка стороной непременно сводила разговор на Аграфену Гущину, о которой доходили самые невероятные слухи.

— Родила она, слышь, в скиту-то, — сообщала Домнушка. — Мертвенького выкинула... Ох, грех тяжкий!.. А другие опять оказывают, что живым ребеночком разродилась.

— А сама виновата, — подтягивал Антип. — Ежели которая девка себя не соблюдает, так ее на части живую разрезать... Вот это какое дело!.. Завсегда девка должна себя соблюдать, на то и званье у ней такое: девка.

— Аглаидой теперь перекрестили Аграфену-то, — продолжала Домнушка свою мысль. — Тоже и придумают... Ужо теперь загуляет со старцами ихними. Одинова нашей-то сестре ошибиться, а тут мужичишки, как бесы, к тебе пристанут... Тьфу!..

Катря краснела, молчала и поскорее старалась улизнуть наверх, а Домнушка только качала головой. С барышней Домнушка тоже обращалась как-то сурово и постоянно ворчала на нее. Чуть маленькие ножки Нюрочки покажутся на лестнице, как Домнушка сейчас же и оговорит ее:

— Не твое это дело, барышня, наши мужицкие разговоры слушать... Иди-ка к себе в комнату да читай в свою книжку.

Нюрочке делалось совестно за свое любопытство, и она скрывалась, хотя ее так и тянуло в кухню, к живым людям. Петр Елисеич половину дня проводил на фабрике, и Нюрочка ужасно скучала в это время, потому что оставалась в доме одна, с глазу на глаз все с тою же Катрей. Сидор Карпыч окончательно переселился в сарайную, а его комнату временно занимала Катря. Веселая хохлушка тоже заметно изменилась, и Нюрочка несколько раз заставала ее в слезах.

— Это тебя опять Домнушка бранила? — спрашивала Нюрочка.

— Змея она подколодная, вот что! — плакала Катря. — Поедом съела, проходу не дает... И чем только я помешала ей?

Раз, когда Петр Елисеич пришел из завода, Нюрочка не утерпела и пожаловалась на Домнушку.

— В чем дело? Что такое случилось, крошка? — рассеянно спрашивал Петр Елисеич. — Домнушка вас обижает? Ах, да...

Петр Елисеич неожиданно смутился, помахал платком и торопливо ушел в свой кабинет, а Нюрочка так и осталась с раскрытым ртом от изумления. Вообще, что-то случилось, а что — Нюрочка не понимала, и никто ей не мог ничего объяснить. Ей показалось только, что отец точно испугался, когда она пожаловалась на Домнушку.

Раз, когда днем Катря опять ходила с заплаканными глазами, Петр Елисеич, уложив Нюрочку спать, позвал Домнушку к себе в кабинет. Нюрочка слышала только, как плотно захлопнулась дверь отцовского кабинета, а потом послышался в нем настоящий крик, — кричал отец и кричала Домнушка. Потом отец уговаривал в чем-то Домнушку, а она все-таки кричала и голосила, как настоящая баба.

— Богу ответите за сироту, Петр Елисеич! — доносился звонкий голос Домнушки через запертые двери. — Другие-то побоятся вам оказать, а я вся тут... Нечего с меня взять, с солдатки! Дочь у вас растет, большая будет, вам же стыдно... Этакой срам в дому! Беспременно этого варнака Тишку в три шеи. Обнакновенно, Катря — глупая девка и больше ничего, а вы хозяин в дому и ответите за нее.

— Да я-то причем тут, Домнушка?

— А кто же хозяин в дому?.. Глядеть тошнехонько.

Вообще происходило что-то непонятное, странное, и Нюрочка даже поплакала, зарывшись с головой под свое одеяло. Отец несколько дней ходил грустный и ни о чем не говорил с ней, а потом опять все пошло по-старому. Нюрочка теперь уже начала учиться, и в ее комнате стоял особенный стол с ее книжками и тетрадками. Занимался с ней по вечерам сам Петр Елисеич, — придет с фабрики, отобедает, отдохнет, напьется чаю и скажет Нюрочке:

— О чем мы с тобой говорили в прошлый раз?

— О Кювье, папа...

Занимался с дочерью Петр Елисеич по-своему. Выучилась читать и писать она шутя. Дальше следовала арифметика, французский язык и священная история. Арифметику и французский язык Нюрочка не любила и только ждала с нетерпением, когда отец начнет ей что-нибудь рассказывать. Он выбирал биографии великих ученых и рассказывал ей, как они жили, как они учились, как работали. Это был лучший метод, действовавший на детскую душу неотразимо. Была еще любимая книжка у Нюрочки, — это всеобщая история Ляме-Флери, которую она уже читала одна.

— Папа, ведь и они были маленькими: Кювье, Бюффон, Лаплас, Биша? — спрашивала Нюрочка задумчиво.

— Да, крошка.

— Из нынешних детей тоже будут и Кювье и Бюффон?

— Дай бог.

Нюрочка задумывалась и говорила после длинной паузы:

— Как им было трудно, папа, бедненьким... Такие маленькие и уж сколько знали.

— Это необыкновенные люди, крошка, и для них все легко, что нам с тобой покажется трудным.

Воодушевившись, Петр Елисеич рассказывал о больших европейских городах, о музеях, о разных чудесах техники и вообще о том, как живут другие люди. Эти рассказы уносили Нюрочку в какой-то волшебный мир, и она каждый раз решала про себя, что, как только вырастет большая, сейчас же уедет в Париж или в Америку. Слушая эту детскую болтовню, Петр Елисеич как-то грустно улыбался и молча гладил белокурую Нюрочкину головку.

— Ты уедешь, а я-то как же буду? — спрашивал он.

— И тебя, папа, возьму с собой... Вместе поедем.

Выросшая среди больших, Нюрочка и говорила, как большие. В куклы она не любила играть.

Из посторонних в господском доме являлись только приезжавшие по делам из Мурмоса заводские служащие, исправник Иван Семеныч и Самойло Евтихыч из Самосадки. Мурмосские служащие для Нюрочки оставались чужими людьми, а двое последних были уже своими. Иван Семеныч баловал ее и часто играл в медведя, то есть устраивал себе из стульев берлогу, садился там на корточки и начинал "урчать", а Нюрочка бегала кругом и хохотала до слез. Как неисправимый хохол, Иван Семеныч говорил "ведметь" вместо медведь. С Груздевым сношения были чаще, и Самойло Евтихыч каждый раз привозил Нюрочке разные гостинцы: то куклу, то игрушку, то просто разных сластей.

Раз утром, когда Нюрочка сидела в своей комнате за книжками, в ее комнату неслышными шагами вошла Анфиса Егоровна и, подкравшись, обняла сзади.

— Угадай, кто? — спрашивала она, закрывая Нюрочке глаза ладонями.

— Это вы, Анфиса Егоровна...

Нюрочке больше всего удивительным показалось то, что она совсем не слыхала, как приехала гостья и как вошла в комнаты. Потом, у них никогда не бывали гостями женщины.

— В гости к тебе приехала, — объясняла Анфиса Егоровна. — Ну, как ты поживаешь здесь? Не скучаешь?

143

— Нет.

Анфиса Егоровна отнеслась с каким-то болезненным участием к Нюрочке и до последней мелочи осмотрела всю ее комнату, а потом и весь дом. Спустившись в кухню, она и там произвела самую строгую ревизию. Домнушка заметно смутилась, — она привыкла хозяйничать в свою голову, а Петр Елисеич в ее кухонные дела не вмешивался. Анфиса Егоровна отыскала зеленые пятна на медных кастрюлях, кое-где грязь, кое-где пыль, велела выжить тараканов, привольно гулявших по запечью, и несколько раз покачала головой, когда Домнушка по пальцам пересчитывала выходившую провизию.

— Многонько, голубушка, многонько для двоих-то, — повторяла Анфиса Егоровна и опять качала головой.

— Да ведь у нас приезд, Анфиса Егоровна, — оправдывалась Домнушка. — С Мурмоса постоянно гонят.

— Знаю, знаю, милая...

На Катрю Анфиса Егоровна не обратила никакого внимания и точно не замечала ее. В зале она велела переставить мебель, в столовой накрыли стол по-новому, в Нюрочкиной комнате постлали ковер — одним словом, произведена была маленькая революция, а гостья все ходила из комнаты в комнату своими неслышными шагами и находила новые беспорядки. Когда вернулся с фабрики Петр Елисеич, он заметно смутился.

— Чем я вас буду угощать, Анфиса Егоровна? — спрашивал он. — Живу старым вдовцом и совсем мохом оброс...

После обеда Анфиса Егоровна ушла в кабинет к Петру Елисеичу и здесь между ними произошел какой-то таинственный разговор вполголоса. Нюрочке было велено уйти в свою комнату. О чем они говорили там и почему ей нельзя было слушать? — удивлялась Нюрочка. Вообще поведение гостьи имело какой-то таинственный характер, начинавший пугать Нюрочку. По смущенным лицам прислуги девочка заметила, что у них в доме вообще что-то неладно, не так, как прежде.

После этой таинственной беседы Анфиса Егоровна велела Нюрочке одеваться.

— В гости поедем, — объявила она с строгою ласковостью.

Кучер Семка отвез их в Кержацкий конец, в избушку Таисьи. Полученничка всполошилась и не знала, куда усадить дорогих гостей и чем их угостить. Анфиса Егоровна держала себя с приличною важностью, а Нюрочке показалось ужасно скучно, когда гостья и хозяйка заговорили между собой вполголоса и Анфиса Егоровна опять качала головой, а Таисья поглядывала на Нюрочку своими печальными глазами с скрытою любовью. Нюрочка поняла только, что они все время говорили про какую-то Аграфену, а потом еще про какую-то женщину, которую следовало непременно выгнать из дому. Должно быть, это была очень нехорошая женщина, если и Анфиса Егоровна и Таисья говорили о ней с такою злобой.

— Хоть бы ты, Таисьюшка, когда заглянула, — пеняла Анфиса Егоровна. — Все же женский глаз, а то смотреть-то тошнехонько. И та постыдилась бы чужого-то человека... Величка ли девочка, а тут... ох, и говорить-то так нехорошо!..

Нюрочка чуть не заснула от этих непонятных разговоров и была рада, когда они поехали, наконец, домой. Дорогой Анфиса Егоровна крепко обняла Нюрочку и ласково поцеловала.

— Ах ты, моя девочка, девочка... — шептала она со слезами на глазах.

Ужин прошел очень скучно. Петр Елисеич больше молчал и старался не смотреть на гостью. Она осталась ночевать и расположилась в комнате Нюрочки. Катря и Домнушка принесли ей кровать из бывшей комнаты Сидора Карпыча. Перед тем как ложиться спать, Анфиса Егоровна подробно осмотрела все комоды и даже пересчитала Нюрочкино белье.

— А молиться ты умеешь? — спросила она, надевая кофту.

Нюрочка попалась. Молиться ее учил только о.Сергей, а отец не обращал на это никакого внимания.

— Ну-ка, сложи крест, — заставляла Анфиса Егоровна. — Нет, не ладно, милая: это не наш крест... Нужно молиться большим крестом, вот так.

Анфиса Егоровна сложила Нюрочкины пальчики в двуперстие и заставила молиться вместе с собой, отбивая поклоны по лестовке, которую называла "Христовою лесенкой". Потом она сама уложила Нюрочку, посидела у ней на кроватке, перекрестила на ночь несколько раз и велела спать. Нюрочке вдруг сделалось как-то особенно тепло, и она подумала о своей матери, которую помнила как во сне.

— Ты спи, а я посижу около тебя... — шептала Анфиса Егоровна, лаская тонкое детское тельце своею мягкою женскою рукой. — Закрой глазки и спи.

Когда утром Нюрочка проснулась, Анфисы Егоровны уже не было — она уехала в Самосадку так же незаметно, как приехала, точно тень, оставив после себя не испытанное еще Нюрочкой тепло. Нюрочка вдруг полюбила эту Анфису Егоровну, и ей страшно захотелось броситься ей на шею, обнимать ее и целовать.

Катря была переведена в сарайную, а Сидор Карпыч опять поселился в своей комнате рядом с Нюрочкой. Тишка приходил несколько раз в кабинет к Петру Елисеичу и получал головомойку: Петр Елисеич усовещивал его, кричал и даже топал ногами.

IX

У Петра Елисеича дела было по горло. Деятельность завода переживала переходное время. От дарового крепостного труда нужно было перейти к платному, а сообразно с этим требовались нововведения, изменения и вообще крупные реформы всего производства. Время шло, а пока еще в этом направлении ничего не было известно. Опять тормозила петербургская контора, потому что весь вопрос сводился на деньги; заводовладельцы привыкли только получать с заводов миллионные прибыли и решительно ничего не вкладывали в дело от себя. Не существовало даже оборотного капитала для заводских операций, а о запасном не было и помину. Конечно, так нельзя было идти дальше, что понимал даже Лука Назарыч. Старик сердился на Мухина за его выходку на Медном руднике, но смирил себя и обратился к нему с заказом составить докладную записку по поводу необходимых реформ заводского дела, сообразно с требованиями и условиями нового положения. Из крепостных управителей Мухин являлся единственным человеком, на которого возможно было возложить такое поручение. Петр Елисеич был рад этой работе и с головой зарылся в заводские книги, чтобы представить полную картину заводского хозяйства, а потом те реформы, какие необходимо было сделать ввиду изменившихся условий. Вот когда пригодились хоть отчасти те знания, которые были приобретены Мухиным за границей, хотя за сорок лет много воды утекло, и заводская крупная промышленность за это время успела шагнуть далеко. Вся Европа успела перестроиться из конца в конец, а железные дороги покрыли ее живою сетью. Переместились некоторые бойкие промышленные центры, выдвинулись далеко вперед новые отрасли труда и создались несуществовавшие сношения, обороты и грандиозные предприятия, о каких не смели мечтать даже самые смелые умы. Там широкою волной катилась настоящая жизнь, о которой Петр Елисеич знал только из газет и по книгам. На этом чужом фоне собственное крепостное убожество выступало с особенною яркостью, и если когда можно было его исправить, то именно теперь. Петр Елисеич всею душой верил в это открывавшееся будущее, для которого стоило поработать.

Над своею работой он просидел все праздники и успокоился только тогда, когда объемистая рукопись отправлена была, наконец, в Мурмос. За этим делом Петр Елисеич совсем забыл окружающих и даже о том, что в последнее время отравляло ему жизнь. Кончив работу, он, к удивлению, пережил тяжелое настроение: не с кем было поделиться своими мыслями. Нюрочка была еще мала, а свои заводские служащие из крепостных не поняли бы его. Это сознание своего одиночества проснулось с новою силой. Оставался Груздев, с которым Петра Елисеича связывало землячество, но и тот показывался в Ключевском заводе редко и вечно торопился по своим бесконечным делам. Петру Елисеичу казалось, что как будто старый друг избегал его. Он кстати припоминал таинственный визит Анфисы Егоровны и только морщился от внутренней душевной боли. В сущности он очень любил эту простую и добрую женщину, но зачем она вмешивается в чужие дела? Как казалось Петру Елисеичу, именно со времени этого визита Нюрочка изменилась в отношениях к нему и время от времени так пытливо смотрит на него, точно не решается спросить что-то. Между отцом и дочерью легла первая житейская тень.

Груздев приехал перед масленицей и остановился в господском доме. Петр Елисеич обрадовался ему, как дорогому гостю, потому что мог с ним отвести душу. Он вытащил черновые посланного проекта и торопливо принялся объяснять суть дела, приводя выдержки из посланной рукописи. Груздев слушал его со вниманием заинтересованного человека.

— Ведь все правда, да? — спрашивал Петр Елисеич, размахивая черновой. — Вот когда привелось сказать им все... Меня беспокоит только одно. Конечно, в прежнем виде дело оставаться не может, но введение реформ на заграничный манер связано с некоторыми практическими неудобствами. Например, я проектирую печь Сименса. Прекрасная вещь сама по себе, потому что не потребуется практикующейся нынче сушки дров, а потом и дров потребуется вдвое меньше, потому что в дело пойдет и хворост, и щепы, и разный хлам. Теперь мы тратим около пятнадцати тысяч кубических сажен дров, а тогда потребуется всего пять тысяч. Теперь с сушкой дрова нам обходятся около восьми рублей сажень, а тогда будет стоить сажень сырых дров всего четыре рубля. Ведь отлично, потому что получается громадное сбережение. А между тем выходит такая штука: сто пятьдесят дроворубов при двухстах лошадях останутся без дела, да около шестидесяти человек поденщиц-дровосушек. Они, эти дровосушки, вышли на работу после воли первыми, и первыми же должны остаться без работы. У меня это просто на совести. И так в каждой статье. Чтобы не сделать такой переход слишком резким, необходимо расширить производство и ввести новые работы, как, например, добывание торфа. Но когда еще и что будет, а придется начать с сокращения старых работ. Меня эта мысль просто убивает. Положим, в Европе давно все машина делает, а мы еще должны переживать этот болезненный переход от ручного труда к машинному производству. Другой пример: кричное производство... Ведь это наша слава и гордость, кричное полосовое железо лучше прокатанного в машине, а между тем мы должны его закрыть, как невыгодную статью. Лучшие мастера останутся без дела...

— Что будешь делать... — вздыхал Груздев. — Чем дальше, тем труднее жить становится, а как будут жить наши дети — страшно подумать. Кстати, вот что... Проект-то у тебя написан и бойко и основательно, все на своем месте, а только напрасно ты не показал мне его раньше.

— А что?

— Неладно маленько, Петр Елисеич... Ты уж меня извини, а я тебе пряменько скажу: неладно. Видишь, какая штука выходит: старое-то дело ты все охаял... так? Все неладно выходит по-твоему, так?

— Конечно... Можно сказать больше: одно безобразие у нас было. Но ведь я говорю о крепостном времени.

— Так-то оно так, а кто твой проект читать будет? Лука Назарыч...

147

Крепостное право изничтожили, это ты правильно говоришь, а Лука Назарыч остался... Старухи так говорят: щука-то умерла, а зубы остались... Смотри, как бы тебе благодарность из Мурмоса кожей наоборот не вышла. Один Овсянников чего стоит... Они попрежнему гнут, чтобы вольного-то мужика в оглобли завести, а ты дровосушек да кричных мастеров здесь жалеешь. А главная причина. Лука Назарыч обидится.

— А ведь ты верно говоришь, — согласился обескураженный Петр Елисеич. — Как это мне самому-то в голову не пришло? А впрочем, пусть их думают, что хотят... Я сказал только то, что должен был сказать. Всю жизнь я молчал, Самойло Евтихыч, а тут прорвало... Ну, да теперь уж нечего толковать: дело сделано. И я не жалею.

В свою очередь Груздев приехал тоже потолковать о своих делах. По раскольничьей привычке, он откладывал настоящий разговор вплоть до ночи и разговорился только после ужина, когда Нюрочка ушла спать, а они остались за столом с глазу на глаз.

— Надумал я одну штуку, Петр Елисеич, — нерешительно заговорил Груздев, поглядывая на хозяина сбоку. — Надумал, да и страшно как-то...

— Именно?

— Думаю переехать на житье в Мурмос.

— А как же Самосадка?

— Вот я то же самое думаю и ничего придумать не могу. Конечно, в крепостное время можно было и сидя в Самосадке орудовать... А вот теперь почитай и дома не бываю, а все в разъездах. Уж это какая же жизнь... А как подумаю, что придется уезжать из Самосадки, так даже оторопь возьмет. Не то что жаль насиженного места, а так... какой-то страх.

— Ну, это уж вздор, Самойло Евтихыч, — улыбнулся Мухин. — Как-то даже странно слышать от взрослого человека такие детские вещи... Пристанских старух поменьше слушай.

— Да ведь сам-то я разве не понимаю, Петр Елисеич? Тоже, слава богу, достаточно видали всяких людей и свою темноту видим... А как подумаю, точно сердце оборвется. Ночью просыпаюсь и все думаю... Разве я первый переезжаю с одного места на другое, а вот поди же ты... Стыдно рассказывать-то!

— Сделай так: дом на Самосадке не продавай... Все-таки, в случае чего, гнездо останется.

— Это ты верно... — рассеянно соглашался Груздев. — Делами-то своими я уж очень раскидался: и кабаки, и лавки с красным товаром, и караван, и торговля хлебом. Одних приказчиков да целовальников больше двадцати человек, а за каждым нужен глаз... Наше дело тоже аховое: не кормя, не поя, ворога не наживешь.

— Мои совет — переезжать. В Мурмосе будешь жить — до всего близко... Тогда и кабаки можешь бросить. Не люблю я этого дела, Самойло Евтихыч.

— А кто его любит? Самое поганое дело... Целовальники, и те все разбежались бы, если бы ихняя воля. А только дело верное, поэтому за него и держимся... Ты думаешь, я много на караване заводском наживу? Иной год и из кармана уплывет, а кабаками и раскроюсь. Ежели бог пошлет счастки в Мурмосе, тогда и кабаки побоку... Тоже выходит причина, чтобы не оставаться на Самосадке. Куда ни кинь, везде выходит, что уезжать.

Груздев сидел у стола, как-то по-старчески опустив голову. Его бородатое бойкое лицо было теперь грустно, точно он предчувствовал какую-то неминучую беду. Впрочем, под влиянием лишней рюмки на него накатывался иногда такой "стих", и Петру Елисеичу показалось, что благоприятель именно выпил лишнее. Ему и самому было не легко.

— Знаешь, что я тебе скажу, — проговорил Петр Елисеич после длинной паузы, — состарились мы с тобой, старина... Вот и пошли ахи да страхи. Жить не жили, а состарились.

— Верно, родимый мой! — точно обрадовался Груздев, что причина его недовольства, наконец, нашлась. — Седой волос пробивается, а ровно все еще только собираешься жить.

Ночевал Груздев в сарайной вместе с своим обережным Матюшкой, который днем ходил в Кержацкий конец проведовать брательников.

— Куда они Аграфену-то девали? — спрашивал Груздев сонным голосом, уже лежа в постели. — Ох-хо-хо... А девка-то какая была: ломтями режь да ешь.

— А кто ее знает, куды она провалилась, — неохотно отвечал Матюшка, почесывая затылок. — Куды больше, как не в скиты... Улимонила ее эта Таисья, надо полагать.

Матюшка еще раз почесал в затылке и прибавил, глядя по-медвежьи в сторону:

— И што я тебе окажу, Самойло Евтихыч... Мочеганка-то эта самая, вот которая при горницах у Петра Елисеича... Петр-то Елисеич хоша и старичок, а полюбопытствовал...

— Молчи, дурак! Не наше дело.

— Будь они прокляты, эти самые девки: кто их и придумал... — ворчал Матюшка, укладываясь спать в передней.

Матюшка думал крайне тяжело, точно камни ворочал, но зато раз попавшая ему в голову мысль так и оставалась в Матюшкином мозгу, как железный клин. И теперь он лежал и все думал о мочеганке Катре, которая вышла сейчас на одну стать с сестрой Аграфеной. Дуры эти девки самые...

Груздев, по обыкновению, проснулся рано и вскочил, как встрепанный. Умывшись и положив начал перед дорожным образком, он не уехал, как обыкновенно, не простившись ни с кем, а дождался, когда встанет Петр Елисеич. Он заявился к нему уже в дорожной оленьей дохе и таком же треухе и проговорил:

— Вот что, родимый мой... Забыл тебе вечор-то оказать: на Мурмосе на тебя все сваливают, — и что мочегане задумали переселяться, и что которые кержаки насчет земли начали поговаривать... Так уж ты тово, родимый мой... береженого бог бережет. Им бы только свалить на кого-нибудь.

Петр Елисеич только сейчас понял, зачем оставался Груздев: именно ему нужно было предупредить его, и он сделал это в самую последнюю минуту, как настоящий закоснелый самосадский кержак.

Когда Груздев уже садился в свою кошевую, к нему подбежала какая-то женщина и комом повалилась в ноги.

— Что тебе нужно, милая? — спрашивал Груздев, сморщив брови.

— Самойло Евтихыч, возьми ты себе парнишечка, — голосила какая-то девка со слезами на глазах. — Беднота одолела.

— Сколько ему лет?

— Одиннадцать в петровки будет.

— Ладно, — коротко ответил Груздев, сел в кошевую и крикнул: — Трогай!

Голосившая девка была Наташка. Ее подучила, как все сделать, сердобольная Домнушка, бегавшая проведовать лежавшего в лазарете Тараска.

— Ну, слава богу! — говорила она Наташке. — Сказал одно слово Самойло Евтихыч и будет твой Тараско счастлив на всю жизнь. Пошли ему, господи, хоть он и кержак. Не любит он отказывать, когда его вот так поперек дороги попросят.

X

Разногласие ходоков и споры по этому поводу задержали переселение мочеган по крайней мере месяца на два. Дело быстро двинулось вперед благодаря совершенно случайному обстоятельству. Главное заводское управление в Мурмосе давно косилось на поднятую ключевскими мочеганами смуту, но открытых мер против этого движения пока не принимало никаких, ограничиваясь конфиденциальными справками и частными слухами. Но вскоре после святок в Ключевской завод приехал горный исправник Иван Семеныч с секретным поручением остановить движение. Предостережение Груздева оправдалось: в Мурмосе не доверяли Петру Елисеичу.

— Что тут у вас делается, душа моя? — спрашивал Иван Семеныч, как только вошел в кабинет к Петру Елисеичу. — Бунт...

— Пока ничего особенного, Иван Семеныч, а о бунте не слыхал. Просто туляки затеяли переселяться в Оренбургскую губернию, о чем я уже писал в свое время главному заводоуправлению. По моему мнению, явление вполне естественное. Ведь они были пригнаны сюда насильно, как и хохлы.

— Знаю, знаю, душа моя, а все-таки должны быть коноводы... Впрочем, я должен тебя предупредить, ангел мои, что я знаю решительно все. Да-с... Вот мы этих смутьянов и пощупаем... хе-хе!

150

— Если вы все знаете, так вам же лучше, — сухо ответил Петр Елисеич.

В господский дом для увещания в тот же день были вызваны оба ходока и волостные старички. С небольшими изменениями повторилась приблизительно та же сцена, как и тогда, когда ходоков приводили "судиться к приказчику". Каждый повторял свое и каждый стоял на своем. Особенно в этом случае выдвинулся упрямый Тит Горбатый.

— Значит, о переселении ты думал еще раньше, душа моя? — допрашивал его Иван Семеныч.

— А кто его знает, ваше высокоблагородие... Может, и раньше думали, — напрасно старался припомнить Тит. — Конешно, этово-тово, думали, а настоящий разговор пошел быдто с весны...

— А со стороны никто не подбивал вас? Может быть, письма были... ну, странники там, старушонки разные?

— Нет, не упомню, ваше высокоблагородие... Так, значит, этово-тово, промежду себя толковали.

— Вот у тебя дом, старик, все хозяйство, и вдруг надо будет все разорить. Подумал ты об этом? Сам разоришься и других до сумы доведешь... От добра добра не ищут.

— Это ты верно... Конешно, как не жаль добра: тоже горбом, этово-тово, добро-то наживали. А только нам не способно оставаться-то здесь... все купляй... Там, в орде, сторона вольная, земли сколько хошь... Опять и то сказать, што пригнали нас сюда безо всего, да, слава богу, вот живы остались. Бог даст, и там управимся.

Это очевидное упрямство старика и какая-то тупость ответов навели Ивана Семеныча на мысль, что за ним стоит кто-нибудь другой, более ловкий. В числе увещеваемых старичков больше других галдел Деян Поперешный, и проницательное око Ивана Семеныча остановилось на нем.

— Да это совсем пустой мужик, — объяснял Петр Елисеич, когда исправник высказал ему свои подозрения. — Где шум, там и Деян... И кличка у него по шерсти: Поперешный.

Иван Семеныч бился со стариками целых два дня и ничего не мог добиться. Даже был приглашен к содействию о.Сергей, увещания и советы которого тоже не повели ни к чему. Истощив весь запас своей административной энергии, Иван Семеныч махнул рукой на все.

— А ну их к черту, этих мочеган!.. Мне бы только полтора года до пенсии дослужить, а там хоть трава не расти...

Этот эпизод разрешил все сомнения. Дело было яснее дня. Даже самые нерешительные присоединились теперь к общему течению. Это был захватывающий момент, и какая-то стихийная сила толкала вперед людей самых неподвижных, точно в половодье, когда выступившая из берегов вода выворачивает деревья с корнем и уносит тяжелые камни. Не могли увлекаться этим общим движением только те, кто не мог уехать по бедности или слабости, как увечные, старики, бобылки. Волнение захватило даже фабрику. Заговорили кержаки, поддаваясь общему настроению, и по корпусам шли не менее оживленные разговоры, чем в кабаке Рачителихи или у волости.

— Дураки вы все! — ругался Никитич, перебегая из корпуса в корпус, как угорелый. — Верно говорю, родимые мои: дураки... Ведь зря только языками мелете. Пусть мочеганы сами сперва поедят своего-то хлеба... Пусть!..

— Ишь судорога! — удивлялись рабочие, глядя, как Никитич убивается над чужими делами. — С исправником снюхался да с приказчиком...

До сих пор ни на фабрике, ни в кабаке, нигде не поднималось разговоров о тех жестокостях, которые проделывались еще недавно на заводах, а теперь все это всплыло, как масло на воде. Припомнились все неистовства старого Палача, суровые наказания самого Луки Назарыча и других управляющих, а из-за этих воспоминании поднялась кровавая память деда нынешнего заводовладельца, старика Устюжанинова, который насмерть заколачивал людей у себя на глазах. Нашлись старики, которые хорошо помнили и шпицрутены и устюжаниновские кнутья, которыми нещадно били всякую живую заводскую душу. Мало ли по заводам у огненной работы бывало всякого зверства... Ключевской завод под мягким управлением Мухина успел забыть многое, а о старых жестокостях напоминали только крепостные разбойники да дураки, как жертвы своего времени. Даже неугомонный Никитич замолк, когда поднялись эти разговоры, и скрылся к себе под домну. Мочегане, пожалуй, и не застали того, что пережил Кержацкий конец: им достались только крепостные цветочки.

Туляцкому и Хохлацкому концам было не до этих разговоров, потому что все жили в настоящем. Наезд исправника решил все дело: надо уезжать. Первый пример подал и здесь Деян Поперешный. Пока другие говорили да сбирались потихоньку у себя дома, он взял да и продал свой покос на Сойге, самый лучший покос во всем Туляцком конце. Покупателем явился Никитич. Сделка состоялась, конечно, в кабаке и "руки розняла" сама Рачителиха.

— Мне што покос! — кричал Деян. — Не с собой везти... Владай, Никитич, твои счастки. Вот я каков человек есть...

Это послужило точно сигналом, и туляцкое добро полетело: продавали покосы, избы, скотину. Из кержаков купили избы в Туляцком конце старик Основа и брательник-третьяк Гущин, а потом накинулись хохлы. Туляцкая стройка была крепкая, а свои избы у хохлов были поставлены кое-как.

— Пусть хохлы поживут в хороших-то избах да нас добром поминают, — говорил Деян.

Нажитое годами добро шло за полцены, да и на него покупателей не находилось. Половина изб оставалась без хозяев. Бойкая Рачителиха купила за двадцать рублей две избы, — а одну поместила свою мать, старуху Акулину, а в другую пустила жить мать Окулка с Наташкой. Всех переселенцев насчитывали за сто дворов, а из них девяносто в Туляцком конце. Мужики продавали избы и покосы, а бабы зорили разный домашний скарб и продавали скотину. Хохлы прохарчились на избы, а остальное туляцкое добро ушло в Кержацкий конец. Домовитые кержанки особенно рвали скотину, которая в общей сутолоке точно сбесилась, особенно коровы. Тулянки своими руками должны были уводить ревевших и упиравшихся коров в Кержацкий конец. От этой картины общего разгрома дрогнуло сердце даже у Тита Горбатого, и у него в голове зашевелилась мысль, уж ладно ли дело затеялось. Собственно горбатовский двор со всем горбатовским добром уцелел, за исключением разной куренной снасти, проданной в Кержацкий конец. Макар заплатил отцу "выход", а то, за что не было заплачено, пошло в часть отсутствовавшего солдата Артема. Упрямый Тит был рад, что Макар остается: горбатовский двор не будет пустовать. Основа уже приценивался к нему, но отъехал ни с чем.

Зимний мясоед прошел в этих сборах незаметно. В это время обыкновенно в Туляцком конце "играли свадьбы", а нынче только Чеботаревы выдали одну дочь, да и то все дело свертели на скорую руку, так что свадьба походила на пожар. Не до свадеб, когда деньги всем нужны: переселенцам на далекую дорогу, а оставшиеся дома издержались на покупку. Молодые хоть и отмалчивались, но невольно поддавались общему увлечению. Старики и старухи командовали вполне. Притихли даже те, которые кричали раньше против переселения. Не такое было время, чтобы разговоры разговаривать.

Самое тяжелое положение получалось там, где семьи делились: или выданные замуж дочери уезжали в орду, или уезжали семьи, а дочери оставались. Так было у старого Коваля, где сноха Лукерья подняла настоящий бунт. Семья, из которой она выходила замуж, уезжала, и Лукерья забунтовала. Сначала она все молчала и только плакала потихоньку, а потом поднялась на дыбы, "як ведмедица".

— Лежебоки проклятые, эти хохлы, — ругалась Лукерья с своею свекровью Ганной. — Только бы им вино трескать... Небойсь испугались орды, потому как там работы всем будет.

— Ото цокотуха! — удивлялась Ганна. — Видкиль ущемилась наша баба!.. Зовсим сказылась![17]

— И хохлушки такие же, — не унималась Лукерья.

Ганна даже поплакала тихонько от взбесившейся снохи и пожаловалась старому Ковалю:

— Хиба ж я не твоя жинка, Дорох?

— Эге! — ответил Коваль. — А це що таке?.. То я ж ее, ведмедицу, за ухи скубти буду... Геть, лядаща! Чего вона мордуе?.. Побачимо, що з того выйде?..

Действительно, когда вся семья была в сборе, старый Коваль подтянулся и строго сказал Лукерье:

---

[17] Сказыться — сойти с ума. (Прим. Д.Н.Мамина-Сибиряка.)

— Эй ты, голова з ухами... А доки ты будешь тут гвалтувати, пранцеватая? Отто гадюка... Терех, почипляй жинку!

Терешка-казак только посмотрел на отца, — дескать, попробуй-ка сам зацепить проклятую бабу. Чтобы напустить "страховыну", Коваль схватился даже за свою черемуховую палку, как это делал сват Тит. Впрочем, Лукерья его предупредила. Она так завопила, как хохлы и не слыхивали, а потом выхватила палку у старика и принялась ею колотить мужа.

— Эге! Отто чертова баба! — заорал Коваль. — Та я ж тебя вывертаю, як козу к празднику.

Коваль даже засучил рукава, чтобы поучить ведмедицу, но в тот же момент очутился сначала во дворе, а потом на улице. "Щось таке було?" — удивился старик вслух. Когда за ним громко захлопнулись ворота, Коваль посмотрел на стоявшего рядом сына Терешку, улыбнулся и проговорил:

— Терешка, это ты?

— Я, тату.

— Эге!.. А ты не говори, що тебе жинка колотила... Больно дерется, проклятуща.

По безмолвному соглашению Ковали отправились прямо к Рачителихе.

— Перш усего выпьем чарочку за шинкарочку, — балагурил у кабацкой стойки старый Коваль, как ни в чем не бывало. — Ну, Дуня, давай нам трохи горилки, щоб вороги мовчалы и сусиди не зналы... Так я говорю, Терешка? Отто ведмедица!.. отто проклятуща!..

XI

На фабрике работа шла своим чередом. Попрежнему дымились трубы, попрежнему доменная печь выкидывала по ночам огненные снопы и тучи искр, по-прежнему на плотине в караулке сидел старый коморник Слепень и отдавал часы. Впрочем, он теперь не звонил в свой колокол на поденщину или с поденщины, а за него четыре раза в день гудел свисток паровой машины.

— Этакое хайло чертово, подумаешь! — ругался каждый раз Слепень, когда раздавался этот свисток. — Не к добру он воет.

У старика, целую жизнь просидевшего в караулке, родилась какая-то ненависть вот именно к этому свистку. Ну, чего он воет, как собака? Раз, когда Слепень сладко дремал в своей караулке, натопленной, как баня, расщелявшаяся деревянная дверь отворилась, и, нагнувшись, в нее вошел Морок. Единственный заводский вор никогда и глаз не показывал на фабрику, а тут сам пришел.

— Здравствуй, дедушка.

— Здравствуй и ты.

— Пустишь, што ли, на фабрику-то?

— А ступай... Назад пойдешь — обыщу. Уж такой у нас порядок.

— Ну, черт с тобой, обыскивай хоть сейчас. Я и сам-то у себя ничего не найду...

— Да чего тебе на фабрике-то понадобилось, Морок?

— Мне? А у меня, дедушка, важнеющее дело... Ну, так я пойду.

— Ах, ты, хрен тебе в голову, што придумал! — удивлялся Слепень, когда широкая спина Морока полезла обратно в дверь.

Морок уже наполовину вылез, как загудел свисток. Он точно завяз в двери и выругался. Эк, взвыла собака на свою голову... Плюнув, Морок влез обратно в караулку. Это рассмешило даже Слепня, который улыбнулся, кажется, первый раз в жизни: этакой большой мужик, а свистка испугался.

— Што, не любишь его? — спросил Слепень после некоторой паузы, протягивая Мороку берестяную табакерку.

— Свисток-то? А я тебе вот што скажу: лежу я это утром, а как он загудит — и шабаш. Соскочу и не могу больше спать, хоть зарежь. Жилы он из меня тянет. Так бы вот, кажется, горло ему перервал...

— Самая подлая машинка, — согласился Слепень, делая ожесточенную понюшку.

Старый Слепень походил на жука: маленький, черный, сморщенный. Он и зиму и лето ходил без шапки. В караул он попал еще молодым, потому что был немного тронутый человек и ни на какую другую работу не годился. По заводу он славился тем, что умел заговаривать кровь и зимой после бани купался в проруби. Теперь рядом с громадною фигурой Морока он походил совсем на ребенка и как-то совсем по-ребячьи смотрел на могучие плечи Морока, на его широкое лицо, большую бороду и громадные руки. А Морок сидел и что-то думал.

— Пропащее это дело, ваша фабрика, — проговорил, наконец, Морок, сплевывая на горевший в печке огонь. Слепень постоянно день и ночь палил даровые заводские дрова. — Черту вы все-то работаете...

— Сам-то ты черт деревянный!..

— Сам-то я? — повторил как эхо Морок, посмотрел любовно на Слепня и засмеялся. — Мне плевать на вас на всех... Вот какой я сам-то! Ты вот, как цепная собака, сидишь в своей караулке, а я на полной своей воле гуляю. Ничего, сыт...

— Сыт, так и убирайся, откуда пришел.

— И уйду.

Морок нахлобучил шапку и вышел. Он осторожно спустился по деревянной лестнице вниз к доменному корпусу, у которого на скамеечке сидели летухи и формовщики.

— Робя, гли, Морок! — раздались удивленные голоса. — В приказчики пришел наниматься.

— Чему обрадели, галманы! — огрызнулся Морок и зашагал дальше.

У Морока знакомых была полна фабрика: одни его били, других он сам бил. Но он не помнил ни своего, ни чужого зла и добродушно раскланивался направо и налево. Между прочим, он посидел в кричном корпусе и поговорил ни о чем с Афонькой Туляком, дальше по пути завернул к кузнецам и заглянул в новый корпус, где пыхтела паровая машина.

— Ишь какого черта нагородили! — проворчал он и побрел к пудлинговым печам.

— Морок идет!.. Морок пришел! — кричали мальчишки-поденщики, забегая вперед.

Морок посидел с пудлинговыми и тоже поговорил ни о чем, как с кузнецами. Около него собиралась везде целая толпа, ждавшая с нетерпением, какое колено Морок отколет. Недаром же он пришел на фабрику, — не таковский человек. Но Морок балагурил со всеми — и только.

— Пришел поглядеть, как вы около огня маетесь, — объяснял он, между прочим. — Дураки вы, вот што я вам скажу...

— Вот так отвесил... Ай да Морок!

— Конешно, дураки. Прежде-то одни мужики робили, ну, а потом баб повели на фабрику, а бабы ребятишек... Это как, по-вашему? Богачество небойсь принесете домой... Эх вы, галманы, право, галманы!

Показавшийся вдали Ястребок разогнал толпу одним своим появлением. Ястребок находился в хорошем настроении и поэтому подошел прямо к Мороку.

— А, это ты...

— Я, Пал Иваныч... Поглядеть пришел. Давно уж на фабрике не бывал.

Следовавший за надзирателем, как тень, дозорный Полуэхт Самоварник вперед искривил рожу, ожидая даровой потехи.

— Мороку сорок одно с кисточкой! — здоровался Самоварник. — Как живешь-можешь, родимый мой?

— Живем, пока мыши головы не отъели, да вашими молитвами, как соломенными шестами, подпираемся...

— Мы ведь с тобой теперь суседи будем: из окна в окно заживем...

— Ври, да не подавись, мотри, — огрызнулся Морок, презрительно глядя на Самоварника.

— Верно тебе говорю, родимый мой: избу насупротив тебя в Туляцком конце купил.

Ястребок даже потрепал Морока по плечу и заметил:

— Работать бы тебе у обжимочного молота с Пимкой Соболевым...

— Угорел я немножко, Пал Иваныч, на вашей-то работе... Да и спина у меня тово... плохо гнется. У меня, как у волка, прямые ребра.

Когда Ястребок отошел, Морок еще посидел с рабочими и дождался, когда все разошлись по своим делам. Он незаметно перешел из корпуса на двор и поместился на деревянной лавочке у входа, где обыкновенно отдыхали после смены рабочие. Их и теперь сидело человек пять — усталые, потные, изнуренные. Лица у всех были покрыты яркими красными пятнами, что служило лучшею вывеской тяжелой огненной работы. Некоторые дремали, опустив головы и бессильно свесив руки с напружившимися жилами, другие безучастно смотрели куда-нибудь в одну точку, как пришибленные. Им было не до Морока, и он мог свободно наблюдать, что делается в той части фабричного двора, где пестрела толпа дровосушек-поденщиц. Уставщик Корнило, конечно, был там, вызывая град шуток и задорный смех. Первыми заводчицами этого веселья являлись, как всегда, отпетая Марька и солдатка Аннушка.

— Эк их розняло! — проворчал один из рабочих, сидевших рядом с Мороком. — А пуще всех Марьку угибает.

— Новенькие есть? — спросил Морок после длинной паузы.

— Всё те же. Вон Аннушка привела третьева дни сестру, так Корнило и льнет. Любопытный, пес...

— Которую сестру-то? — равнодушно спросил Морок, сплевывая.

— Феклистой звать... Совсем молоденькая девчонка. Эвон с Форточкой стоит в красном платке...

— Какая Форточка?

— А Наташка, сестра Окулка... Раньше-то она больно крепилась, ну, а теперь с машинистом... ну, я вышла Форточка.

Морок свернул из серой бумаги "цыгарку" и закурил.

Галдевшая у печей толпа поденщиц была занята своим делом. Одни носили сырые дрова в печь и складывали их там, другие разгружали из печей уже высохшие дрова. Работа кипела, и слышался только треск летевших дождем поленьев. Солдатка Аннушка работала вместе с сестрой Феклистой и Наташкой. Эта Феклиста была еще худенькая, несложившаяся девушка с бойкими глазами. Она за несколько дней работы исцарапала себе все руки и едва двигалась: ломило спину и тело. Сырые дрова были такие тяжелые, точно камни.

— Чего стала? — кричала на нее Аннушка, когда нужно было поднимать носилки с дровами.

— Поясница отнялась... — шепотом ответила Феклиста.

— У, неженка! — ругалась Аннушка. — Есть хлеб, так умеешь, а работать, так и поясница отнялась. Далась я вам одна каторжная!..

— Ну, понесем, — предлагала Наташка, привычным жестом, легко и свободно поднимая носилки. — Погоди, привыкнет и Феклиста.

Аннушка сегодня злилась на всех, точно предчувствуя ожидавшую ее неприятность. Наташка старалась ее задобрить маленькими услугами, но Аннушка не хотела ничего замечать. Подвернувшийся под руку Корнило получил от нее такой град ругательств, что юркнул в первую печь, как напрокудивший кот.

— Ужо вот старухе-то твоей скажу! — кричала ему вслед Аннушка. — Седой волос прошиб, а он за девками увязался... Свои дочери невесты.

День сегодня тянулся без конца, и Кузьмич точно забыл свой свисток. Аннушка уже несколько раз приставала к Наташке, чтобы та сбегала в паровой корпус и попросила Кузьмича отдать свисток.

157

— Ступай сама, — огрызалась Наташка.

— Мне туда не дорога, — ядовито ответила Аннушка, — а тебе по пути.

Наконец, загудел и свисток. Поденщицы побросали работу и веселою гурьбой пошли к выходу. Уставшая и рассерженная Аннушка плелась в числе последних, а на лестнице, по которой поднимались к Слепню, и совсем отстала. На обязанности Слепня было делать осмотр поденщиц, и это всегда вызывало громкий хохот, визг и разные шутки по адресу караульщика. Железо воровали с фабрики, как это было всем известно, но виновных не находилось. Слепень по очереди ощупывал каждую поденщицу и отпускал. Молодые рабочие всегда поджидали на верхней площадке этой церемонии и громко хохотали над Слепнем. Теперь было, как всегда. Когда поднялась Аннушка, толпа поденщиц уже была обыскана и, разделившись на две партии, с говором расходилась на плотине, — кержанки шли в свой Кержацкий конец, а мочегане в Туляцкий и Хохлацкий. Слепень, проживший всю свою жизнь неженатым, чувствовал себя вечерам после осмотра поденщиц очень скверно и поэтому обругал запоздавшую Аннушку.

— Проходи, чертова кукла: без тебя тошно! — ворчал он, хлопая дверью сторожки.

Аннушка так устала, что не могла даже ответить Слепню приличным образом, и молча поплелась по плотине. Было еще светло настолько, что не смешаешь собаку с человеком. Свежие осенние сумерки заставляли ее вздрагивать и прятать руки в кофту. Когда Аннушка поровнялась с "бучилом", ей попался навстречу какой-то мужик и молча схватил ее прямо за горло. Она хотела крикнуть, но только замахала руками, как упавшая спросонья курица.

— Што, небойсь не узнала... а? — шипел над нею чей-то голос. — Сейчас задушу... Дохнуть не дам!..

Это был Морок, которого Аннушка в первое мгновение не узнала. Он затащил ее к сараю у плотинных запоров и, прижав к стене, больно ударил по лицу кулаком.

— Это тебе в задаток, а потом я тебя разорву, как дохлую кошку.

У Аннушки искры посыпались из глаз, но она не смела шевельнуться и только дрожала всем телом.

— Ежели еще раз поведешь Феклисту на фабрику, — говорил Морок, — так я тебя за ноги прямо в бучило спущу...

Опять удар по лицу, и Морок исчез в сумерках, как страшное привидение. Аннушка очувствовалась только через полчаса, присела на землю и горько заплакала, — кровь у ней бежала носом, левый глаз начал пухнуть. Ее убивала мысль, как она завтра покажется на фабрику. Били ее часто и больно, как и всех других пропащих бабенок, но зачем же увечить человека?.. И с чего Морок к ней привязался? Ни с того ни с сего за Феклисту вздумал заступаться... Все били Аннушку, но били ее за ее бабью слабость, а тут начали бить за других. В груди Аннушки кипела теперь смертельная ненависть именно к этой сестре Феклисте.

158

XII

Прошла пасха, которую туляки справляли с особенным благоговением, как евреи, готовившиеся к бегству из Египта. Все, что можно продать, было продано, а остальное уложено в возы. Ждали только, когда просохнет немного дорога, чтобы двинуться в путь. Больше не было ни шуму, ни споров, и кабак Рачителихи пустовал. Оставшиеся в заводе как-то притихли и точно стыдились собственной нерешительности. Что же, если в орде устроятся, так выехать можно и потом... Это хорошее настроение нарушено было только в последнюю минуту изменой Деяна Поперешного, который "сдыгал", сказавшись больным. Тит Горбатый не поверил этому и сам пошел проведать больного. Деян лежал на печи под шубой и жаловался неестественно слабым голосом:

— Весь не могу, Тит... С глазу, должно полагать, попритчилось. И покос Никитичу продал, бабы собрались, а я вот и разнемогся.

— Ах ты, грех какой, этово-тово! — виновато бормотал Тит, сконфуженный бесстыжим враньем Деяна. — Ведь вот прикинется же боль к человеку... Ну, этово-тово, ты потом, видно, приедешь, Деян.

— Беспременно приеду, только сущую бы малость полегчало, — врал Деян из-под шубы. — И то хочу баушку Акулину позвать брюхо править... Покос продал, бабы собрались, хозяйство все нарушил, — беспременно приеду.

Это вероломство Деяна огорчило старого Тита до глубины души; больше всех Деян шумел, первый продал покос, а как пришло уезжать — и сдыгал. Даже обругать его по-настоящему было нельзя, чтобы напрасно не мутить других.

— Этакая поперешная душа, этово-тово! — ругался Тит про себя.

Бабы-мочеганки ревмя-ревели еще за неделю до отъезда, а тут поднялся настоящий ад, — ревели и те, которые уезжали, и те, которые оставались. Тит поучил свою младшую сноху Агафью черемуховою палкой для острастки другим бабам. С вечера приготовленные в дорогу телеги были выкачены на улицу, а из поднятых кверху оглобель вырос целый лес. Едва ли кто спал в эту последнюю ночь. Ранним утром бабы успели сбегать на могильник, чтобы проститься с похороненными родственниками, и успели еще раз нареветься своими бабьими дешевыми слезами. Тит Горбатый накануне сходил к о.Сергею и попросил отслужить напутственный молебен.

— Доброе дело, — согласился о.Сергей. — Дай бог счастливо устроиться на новом месте.

В восемь часов на церкви зазвонил большой колокол, и оба мочеганских конца сошлись опять на площади, где объявляли волю. Для такого торжественного случая были подняты иконы, которые из церкви выносили благочестивые старушки тулянки. Учитель Агап, дьячок Евгеньич и фельдшер Хитров пели хором. Пришел на молебен и Петр Елисеич с Нюрочкой. Все молились с торжественным усердием, и опять текли слезы умиления. О.Сергей сказал отъезжавшим свое пастырское напутственное слово и осенил крестом всю "ниву господню". Закончился молебен громкими рыданиями. Особенно плакали старухи, когда стали прощаться с добрым священником, входившим в их старушечью жизнь; он давал советы и помогал нести до конца тяжелое бремя жизни. Для всякого у о.Сергея находилось доброе, ласковое слово, и старухи молились на него.

— С богом, старушки, — повторял о.Сергей, со слезами на глазах благословляя ползавших у его ног тулянок.

— Батюшка, родной ты наш, думали мы, что ты и кости наши похоронишь, — голосили старухи. — Ох, тяжко, батюшка... Молодые-то жить едут в орду, а мы помирать. Не для себя едем.

Прослезился и Петр Елисеич, когда с ним стали прощаться мужики и бабы. Никого он не обидел напрасно, — после старого Палача при нем рабочие "свет увидели". То, что Петр Елисеич не ставил себе в заслугу, выплыло теперь наружу в такой трогательной форме. Старый Тит Горбатый даже повалился приказчику в ноги.

— Не оставь ты, Петр Елисеич, Макарку-то дурака... — просил Тит, вытирая непрошенную слезу кулаком. — Сам вижу, что дурак... Умного-то жаль, Петр Елисеич, а дурака, этово-тово, вдвое.

Какие-то неизвестные женщины целовали теперь Нюрочку, которая тоже плакала, поддаваясь общему настроению.

Отец Сергей проводил толпу в Туляцкий конец, дождался, когда запрягут лошадей, и в последний раз благословил двинувшийся обоз. Пришли проводить многие из Кержацкого конца, особенно бабы. Тит Горбатый выехал на смоленой новой телеге в голове всего обоза. С ним рядом сидел Макар, вызвавшийся проводить до Мурмоса. Старик сидел на возу без шапки и кланялся на все четыре стороны бежавшему за обозом народу. День был ясный и солнечный. Березы еще не успели распуститься, но первая весенняя травка уже высыпала по обогретым местам. В воздухе пахло горьким ароматом набухавших почек. По дороге в Мурмос обоз вытянулся на целую версту.

— Ты, Макар, смотри, этово-тово... — повторял Тит, оглядываясь постоянно назад. — Один остаешься... Сам большой, сам маленький. Когда Артем выйдет из солдат, так уж не ссорьтесь... Отрезанный он ломоть, а тоже своя кровь, не выкинешь из роду-племени. Не обижай... Вот и Агап тоже... Водкой он зашибает. Тоже вот Татьяна, этово-тово...

Из Туляцкого конца дорога поднималась в гору. Когда обоз поднялся, то все возы остановились, чтобы в последний раз поглядеть на остававшееся в яме "жило". Здесь провожавшие простились. Поднялся опять рев и причитания. Бабы ревели до изнеможения, а глядя на них, голосили и ребятишки. Тит Горбатый надел свою шляпу и двинулся: дальние проводы — лишние слезы. За ним хвостом двинулись остальные телеги.

— Тятя, смотри-ка, — нерешительно проговорил Макар, указывая вперед.

Как Тит глянул, так и остолбенел: впереди обоза без шапки

шагал Терешка-дурачок, размахивая левою рукой. У Тита екнуло даже сердце.

— Ох, плохой знак, что Терешка провожает, как покойников. Еще увидят, пожалуй, с других возов.

Но Макар соскочил с телеги, догнал бегом Терешку и остановил.

— А, Иваныч... — бормотал Терешка, глядя на него своими пустыми глазами. — Сорок восемь серебром Иванычей...

— Куда ты, Терешка? Ступай-ка домой подобру-поздорову.

— Ступай сам домой.

Пришлось Макару задержать Терешку силой, причем сумасшедший полез драться. Возы было остановились, но Тит махнул шапкой, чтобы не зевали. Макар держал ругавшегося Терешку за руки и, пропустив возы, под руку повел его обратно в завод. Терешка упирался, плевал на Макара и все порывался убежать за обозом.

— Водку пойдем пить к Рачителихе, — уговаривал его Макар.

— Обманешь, Иваныч.

Так и пришлось Макару воротиться. Дома он заседлал лошадь и верхом уже поехал догонять ушедший вперед обоз. По дороге он нагнал ехавшего верхом старого Коваля, который гнал тоже за обозом без шапки и без седла, болтая длинными ногами.

— Куда торопишься, Дорох? — крикнул ему Макар.

— А до свата... — ответил сконфуженно Коваль. — Треба побалакать.

— Нашел время!

Коваль ничего не ответил, а только сильнее погнал лошадь. Они догнали обоз версты за три, когда он остановился у моста через Култым. Здесь шли повертки на покосы.

— Сват, а сват! — кричал Коваль, подъезжая к возу Тита Горбатого.

— Чего тебе, сват? — отвечал Тит.

— Едва я тебя догнал, ажно упарився.

Тит молчал, глядя вперед.

— А як же мы будем с тобой, сват? — спросил Коваль после некоторой паузы. — Посватались, да и рассваталась.

— Уж, видно, так, Дорох... Не судил, видно, бог, этово-тово...

Старый Коваль с удивлением посмотрел на приятеля, покрутил головой и проговорил:

— Куда же я с Федоркой денусь, коли вона просватана? Почиплялась же лихо, тая ваша орда.

Долго стоял Коваль на мосту, провожая глазами уходивший обоз. Ему было обидно, что сват Тит уехал и ни разу не обернулся назад. Вот тебе и сват!.. Но Титу было не до вероломного свата, — старик не мог отвязаться от мысли о дураке Терешке, который все дело испортил. И откуда он взялся, подумаешь: точно из земли вырос... Идет впереди обоза без шапки, как ходил перед покойниками. В душе Тита этот пустой случай вызвал первую тень сомнения: уж ладно ли они выехали?

ЧАСТЬ ЧЕТВЕРТАЯ

I

Осенью, когда земля уже звенела под колесами, Петр Елисеич был вызван в Мурмос для личных объяснений по поводу того проекта, который был составлен им еще зимой. Раньше он ездил в Мурмос один, а теперь взял с собой Нюрочку, потому что там жили Груздевы и она могла погостить у них. Дальше Самосадки Нюрочка не бывала, и можно представить себе ее радость, когда отец объявил ей о предстоявшей поездке. О Мурмосе у ней сложилось какое-то фантастическое представление, как о своего рода чуде: это большой-большой город, с каменными домами, громадною фабрикой, блестящими магазинами и вообще редкостями. По крайней мере так уверяли Домнушка и Катря, хотя они и не бывали там.

Перед отъездом Нюрочка не спала почти всю ночь и оделась по-дорожному ровно в шесть часов утра, когда кругом было еще темно. Девочку возмущало, что отец вернулся с фабрики к семи часам, как обыкновенно, не торопясь напился чаю и только потом велел закладывать лошадей. Нюрочка все время ходила в своей беличьей шубке и ни за что не хотела раздеться. Она рассердилась на отца, который ровно на зло ей медлил. Даже стенные часы, и те точно остановились, а Нюрочка бегала смотреть на них ровно через пять минут. Нет, они, кажется, никогда не выедут и она никогда не увидит Мурмоса с его чудесами. До десяти часов прошла целая вечность, и Нюрочка уселась в экипаж совсем истомленная, с недовольным личиком. Она даже надулась и не говорила с отцом. Большая летняя повозка, в которой они в прошлом году ездили в Самосадку, весело покатилась по широкой мурмосской дороге. Дурное настроение Нюрочки прошло сейчас же, и она с любопытством смотрела по сторонам дороги, где мелькал лес и покосы. Лесу здесь было меньше, чем по дороге в Самосадку, да и тот скоро совсем кончился, когда дорога вышла на берег большого озера Черчеж.

— Папа, это море?

— Озеро Черчеж... А за ним Рябиновые горы. Вон синеют.

Осенью озеро ничего красивого не представляло. Почерневшая холодная вода била пенившеюся волной в песчаный берег с жалобным стоном, дул сильный ветер; низкие серые облака сползали непрерывною грядой с Рябиновых гор. По берегу ходили белые чайки. Когда экипаж подъезжал ближе, они поднимались с жалобным криком и уносились кверху. Вдали от берега сторожились утки целыми стаями. В осенний перелет озеро Черчеж было любимым становищем для уток и гусей, — они здесь отдыхали, кормились и летели дальше.

— Нюрочка, посмотри, вон гуси летят! — указывал Петр Елисеич на небо. — Целый косяк летит.

Нюрочка долго всматривалась, прежде чем увидела колебавшуюся линию черных точек. "Неужели гуси такие маленькие? Куда они летят? А далеко юг, папа?.. Должно быть, им очень холодно". Нюрочка сама начала зябнуть и поэтому с особенным участием отнеслась к летевшим гусям. И дорога и озеро ей не понравились, совсем не то, что ехать в Самосадку, и она никак не могла поверить, что летом здесь очень красиво. Один противный ветер чего стоит... Дорога от озера повернула в сосновый лес, а потом опять вышла на то же озеро, которому, казалось, не было конца.

— Вон там, в самом дальнем конце озера, видишь, белеет церковь? — объяснял Петр Елисеич. — Прямо через озеро будет верст десять, а объездом больше пятнадцати.

— Зачем она стоит на воде, папа?

— Это только так кажется. Церковь далеко от воды, на горе.

Около озера ехали по крайней мере часа полтора, и Нюрочка была рада, когда оно осталось назади и дорога пошла прекрасным сосновым лесом. Высокие сосны стояли дерево к дереву, как желтые свечи. Здесь начали попадаться транспорты с железом, которое везли на продажу "в город". Возчики сворачивали с дороги и снимали шапки. Этот сосновый лес тоже надоел Нюрочке, — ему не было конца, как озеру. Она даже удивилась, когда прямо из-за леса показалась та самая белая церковь, которую они давеча видели через озеро Бор подходил к самому заводу зеленою стеной.

Когда показались первые домики, Нюрочка превратилась вся в одно внимание. Экипаж покатился очень быстро по широкой улице прямо к церкви. За церковью открывалась большая площадь с двумя рядами деревянных лавчонок посредине. Одною стороною площадь подходила к закопченной кирпичной стене фабрики, а с другой ее окружили каменные дома с зелеными крышами. К одному из таких домов экипаж и повернул, а потом с грохотом въехал на мощеный широкий двор. На звон дорожного колокольчика выскочил Илюшка Рачитель.

— Пожалуйте, Петр Елисеич! — приглашал он, помогая вылезать из экипажа. — Самойло Евтихыч сейчас будут... На стол накрыто.

Илюшка держался совсем на городскую руку, как следует быть купеческому молодцу. Плисовые шаровары, сапоги бутылками, "спинджак", красный шарф на шее, — при всей молодцовской форме.

— Ну что, привык, Илья? — спрашивал Петр Елисеич, поднимаясь по лестнице во второй этаж.

— Ничего, слава богу, Петр Елисеич... Ежели с умом, так везде жить можно.

Анфиса Егоровна встретила гостей в передней и горячо поцеловала Нюрочку. Она сейчас же повела гостей показывать новый дом, купленный по случаю за бесценок. У Нюрочки просто глаза разбежались от окружавшего ее великолепия. Особенно удивили ее расписанные трафаретом потолки. В зале потолок изображал все

163

небо: по синему полю были насажены звезды из сусального золота, а в средине золотой треугольник с лучами. Раньше в этом треугольнике местным художником было нарисовано "всевидящее око", но Груздев велел его замазать, потому что неловко было заколачивать в такое око гвоздь для висячей лампы Венская мебель, ковры, занавески на окнах, драпировки на дверях, цветы — все это казалось Нюрочке чем-то волшебным, точно она перенеслась в сказочный замок.

— Отлично, отлично! — как-то равнодушно хвалил Петр Елисеич, переходя из комнаты в комнату. — А мне на Самосадке больше нравится.

— Нельзя, Петр Елисеич, — с какою-то грустью в голосе объясняла Анфиса Егоровна. — На людях живем... Не доводится быть хуже других. Я-то, пожалуй, и скучаю о Самосадке...

Груздев скоро пришел, и сейчас же все сели обедать. Нюрочка была рада, что Васи не было и она могла делать все, как сама хотела. За обедом шел деловой разговор Петр Елисеич только поморщился, когда узнал, что вместе с ним вызван на совещание и Палач. После обеда он отправился сейчас же в господский дом, до которого было рукой подать. Лука Назарыч обедал поздно, и теперь было удобнее всего его видеть.

Господский дом стоял рядом с фабрикой. Он резко выделялся из среды других построек своею величиной. Это было трехэтажное здание с колоннами, балконами и террасой. Широкий двор, отделявший его от улицы, придавал ему вид какого-то дворца. По сторонам двумя крыльями расходились хозяйственные постройки: кухня, людская, кучерская и т.д. Петр Елисеич прошел пешком, так что в парадной передней не встретил никого, — швейцар Аристашка выскакивал обыкновенно на стук экипажа, а теперь спал в швейцарской, как зарезанный. Широкая мраморная лестница вела во второй этаж. Встретив по дороге горничную, Петр Елисеич попросил ее доложить о себе, а сам остался в громадной зале в два света, украшенной фамильными портретами Устюжаниновых. Это была настоящая картинная галерея, где работы лучших иностранных мастеров перемешались с работами русских художников, как Венецианов и Брюллов. По этим портретам антрополог мог проследить последовательное вырождение когда-то крепкой мужицкой семьи. От могучих основателей фамильных богатств шел целый ряд изнеженных потомков.

— Пожалуйте... — пригласила горничная, неслышно входя в залу. — Лука Назарыч у себя в кабинете.

Из залы нужно было пройти небольшую приемную, где обыкновенно дожидались просители, и потом уже следовал кабинет. Отворив тяжелую дубовую дверь, Петр Елисеич был неприятно удивлен: Лука Назарыч сидел в кресле у своего письменного стола, а напротив него Палач. Поздоровавшись кивком головы и не подавая руки, старик взглядом указал на стул. Такой прием расхолодил Петра Елисеича сразу, и он почуял что-то недоброе.

— Читал, проверял и нашел... — говорил Лука Назарыч,

164

отыскивая в кипе бумаг проект Мухина. — Да, я нашел, что... куда он завалился, твой проект?

Палач сделал такое движение, точно намерен был для удовольствия Луки Назарыча вспорхнуть, но сразу успокоился, когда рукопись отыскалась. Взвесив на руке объемистую тетрадь, старик заговорил, обращаясь уже к Палачу:

— Сущая беда эти умники... Всех нас в порошок истер Петр-то Елисеич, а того не догадался, что я же буду проект-то его читать. Умен, да не догадлив... Как он нас всех тут разнес: прямо из дураков в дураки поставил.

— Вы ошибаетесь, Лука Назарыч, — горячо вступился Мухин. — Я никого не обвинял, а только указывал на желательные перемены... Если уж дело пошло на то, чтобы обвинять, то виновато было одно крепостное право.

— Постой, голубчик, твоя речь еще впереди... Крепостного права не стало, а люди-то ведь все те же.

Петр Елисеич напряг последние силы, чтобы сдержаться и не выйти из себя. Он знал, что теперь все кончено. Оставалось только одно: умереть с честью. После резкого вступления Лука Назарыч тоже заметно смирился.

— Мы люди необразованные, — говорил он упавшим голосом, — учились на медные гроши... С нас и взыскивать нечего. Пусть другие лучше сделают... Это ведь на бумаге легко разводы разводить. Да...

— Я считаю долгом объясниться с вами откровенно, Лука Назарыч, — ответил Мухин. — До сих пор мне приходилось молчать или исполнять чужие приказания... Я не маленький и хорошо понимаю, что говорю с вами в последний раз, поэтому и скажу все, что лежит на душе.

Лука Назарыч молчал и только похлопывал одною рукой по ручке кресла. Изредка он взглядывал на Палача и плотно сжимал губы. Охваченный волнением, Петр Елисеич ходил около стола и порывисто договаривал то, чего не успел высказать в своей докладной записке. Да, заводское дело должно быстро пасть, если не принять быстрых и решительных мер. Даровой крепостной труд необходимо заменить дешевым машинным — это прежде всего. Затем сейчас же необходимо вводить новые производства и усовершенствования, пользуясь готовым уже опытом европейских заводов. Наконец, исходная точка всего — солидарность интересов заводовладельцев и рабочего населения. Если будет хорошо, то хорошо обеим сторонам, как и наоборот. Живая рабочая сила, подготовленная крепостным правом, сама по себе составляет для заводов богатство, которым остается только воспользоваться. Привыкшему к заводской работе населению деваться некуда, и если бы наделить его землей, то это послужило бы верным обеспечением.

— Так, так... — говорил Лука Назарыч, покачивая головой. — Вот и твой брат Мосей то же самое говорит. Может, вы с ним действуете заодно... А мочеган кто расстраивал на Ключевском?

— Вероятно, тоже я? — ответил вопросом Мухин. — А что

касается брата, Лука Назарыч, то по меньшей мере я считаю странным возлагать ответственность за его поступки на меня... Каждый отвечает только за себя.

— Хорошо, хорошо... Мы это еще увидим. А что за себя каждый — это ты верно сказал. Вот у Никона Авдеича (старик ткнул на Палача) ни одной души не ушло, а ты ползавода распустил.

— Да ведь нельзя и сравнивать Пеньковку с мочеганскими концами! — взмолился Мухин. — Пеньковка — это разный заводский сброд, который даже своего угла не имеет, а туляки — исконные пахари... Если я чего боюсь, то разве того, что молодежь не выдержит тяжелой крестьянской работы и переселенцы вернутся назад. Другими словами, получится целый разряд вконец разоренных рабочих.

— Ничего, это нам на руку, — иронизировал Лука Назарыч. — С богатыми не умели справиться, так, может, управимся как-нибудь с разоренными... Кто их гнал с завода?

— Это стихийная сила, Лука Назарыч...

— По-нашему: дурь! Да...

II

После обеда Груздев прилег отдохнуть, а Анфиса Егоровна ушла в кухню, чтобы сделать необходимые приготовления к ужину. Нюрочка осталась в чужом доме совершенно одна и решительно не знала, что ей делать. Она походила по комнатам, посмотрела во все окна и кончила тем, что надела свою шубку и вышла на двор. Ворота были отворены, и Нюрочка вышла на улицу. Рынок, господский дом, громадная фабрика, обступившие завод со всех сторон лесистые горы — все ее занимало.

— Берегись, замну!.. — крикнул над ее головой знакомый голос.

Нюрочка даже вскрикнула со страха. Это был Вася, подъехавший верхом на гнедом иноходце. Он держался в седле настоящим молодцом, надвинув черную шапочку из мерлушки-каракульки на ухо. Синий бешмет перехвачен был кавказским серебряным поясом.

— Что, испугалась? — весело спрашивал Вася, блестя глазами. — Не хочешь ли прокатиться верхом?

Не дождавшись ответа, он круто повернул лошадь на одних задних ногах и помчался по площади. Нюрочка еще в первый раз в жизни позавидовала: ей тоже хотелось проехать верхом, как Вася. Вернувшись, Вася на полном ходу соскочил с лошади, перевернулся кубарем и проговорил деловым тоном:

— А я у вас на Ключевском был... к вам заходил, да не застал дома. Отцу нужно было нарочного посылать, ну, он и послал меня.

— Ты один ездил?

— Конечно, один... Няньку, что ли, мне нужно? Эх ты, плакса!..

Нюрочка разговаривала с Васей и чувствовала, что нисколько не боится его. Да и он в этот год вырос такой большой и не смотрел уже тем мальчишкой, который лазал с ней по крышам.

— Я тебе своих голубей покажу, Нюра, — прежним серьезным тоном заявил Вася, но, подумавши, прибавил: — Нет, сначала сбегаем вон туда, где контора... Там такая штука стоит.

Дети, взявшись за руки, весело побежали к лавкам, а от них спустились к фабрике, перешли зеленый деревянный мост и бегом понеслись в гору к заводской конторе. Это было громадное каменное здание, с такими же колоннами, как и господский дом. На площадь оно выступало громадною чугунною лестницей, — широкие ступени тянулись во всю ширину здания.

— Вот смотри, какие у нас пильщики! — крикнул Вася, подбегая к решетке стоявшего посреди площади памятника.

Это был великолепный памятник, воздвигнутый благодарными наследниками "фундатору" заводов, старику Устюжанинову. Центр занимала высокая бронзовая фигура в костюме восемнадцатого века. Ее окружали аллегорические бронзовые женщины, изображавшие промышленность, искусство, торговлю и науки. По углам сидели бронзовые музы. Памятник был сделан в Италии еще в прошлом столетии.

— Это памятник, а не пильщики, — заметила Нюрочка, с любопытством оглядывая необыкновенное сооружение.

— Говорят тебе: пильщики... Один хохол приехал из Ключевского ночью, посмотрел на памятник, а потом и спрашивает: "Зачем у вас по ночам пильщики робят?"

— Неправда!.. Это ты сам придумал...

Вместо ответа Вася схватил камень и запустил им в медного заводовладельца. Вот тебе, кикимора!.. Нюрочке тоже хотелось бросить камнем, но она не посмела. Ей опять сделалось весело, и с горы она побежала за Васей, расставив широко руки, как делал он. На мосту Вася набрал шлаку и заставил ее бросать им в плававших у берега уток. Этот пестрый стекловидный шлак так понравился Нюрочке, что она набила им полные карманы своей шубки, причем порезала руку.

— Мне отец обещал купить ружье, — утешал ее Вася. — А кровь — это пустяки.

Петр Елисеич вернулся из господского дома темнее ночи. Он прошел прямо в кабинет Груздева и разбудил его.

— А, это ты... — бормотал Груздев спросонья. — Ну, что?..

— Ничего...

— Как ничего?

— Да так... От службы отказали.

— Не может быть!.. Постой, расскажи, как было дело.

Шагая по комнате, Петр Елисеич передал подробно свой разговор с Лукой Назарычем. Широкое бородатое лицо Груздева выражало напряженное внимание. Он сидел на диване в драповом халате и болтал туфлями.

— Вообще все кончено, — заключил свой рассказ Петр Елисеич. — Тридцать лет работал я на заводах, и вот награда...

— Да ведь прямо он не отказывал тебе?

— Чего же еще нужно? Я не хочу навязываться с своими услугами. Да, я в этом случае горд... У Луки Назарыча давно намечен и преемник мне: Палач... Вот что обидно, Самойло Евтихыч! Назначь кого угодно другого, я ушел бы с спокойным сердцем... А то Палач!

— Ну, это все равно, по-моему: кто ни поп, тот и батька... Эх, говорил я тебе тогда... Помнишь? Все это твой проект.

Петр Елисеич весь вспыхнул.

— Нет, я не раскаиваюсь в этом, — ответил он дрожащим голосом. — Каждый порядочный человек должен был сделать то же самое.

— Сила солому ломит, Петр Елисеич... Ну, да что сделано, то сделано, и покойников с кладбища назад не носят. Как же ты теперь жить-то будешь, голубчик?

— Я? А, право, и сам не знаю... Есть маленькие деньжонки, сколочены про черный день, так их буду проедать, а потом найду где-нибудь место на других заводах. Земля не клином сошлась...

— Невозможно, Петр Елисеич! — спорил Груздев. — Не такое это дело, чтобы новые места нам с тобой разыскивать... Мохом мы с тобой обросли, вот главная причина. Знаешь, как собака: ее палкой, а она все к хозяину лезет...

— Ну, уж извини: ты меня плохо знаешь!

— Да ты говоришь только о себе сейчас, а как подумаешь, так около себя и других найдешь, о которых тоже нужно подумать. Это уж всегда так... Обидно, несправедливо, а других-то и пожалеешь. Фабрику свою пожалеешь!..

— Что делать, а я все-таки не могу иметь дела с мерзавцами.

— Да ведь и Лука-то Назарыч сегодня здесь и велик, а завтра и нет его. Все может быть...

Вечер прошел в самом грустном настроении. Петр Елисеич все молчал, и хозяева выбивались из сил, чтобы его утешить и развлечь. Особенно хлопотала Анфиса Егоровна. Она точно чувствовала себя в чем-то виноватой.

— Ах, какое дело!.. — повторял время от времени сам Груздев. — Разве так можно с людьми поступать?.. Вот у меня сколько на службе приказчиков... Ежели человек смышленый и не вороватый, так я им дорожу. Берегу его, а не то чтобы, например, в шею.

— Ну, уж ты расхвастался с своими приказчиками, — заметила Анфиса Егоровна. — Набрал с ветру разных голышей... Не стало своих-то, так мочеган нахватал...

— А что же, околевать ему, мальчонке, по-твоему?.. Что кержак, что мочеганин — для меня все единственно... Вон Илюшка Рачитель, да он кого угодно за пояс заткнет! Обстоятельный человек будет...

— Оберут они тебя, твои-то приказчики, — спорила Анфиса Егоровна. — Больно уж делами-то раскидался... За всем не углядишь.

— Только бы я кого не обобрал... — смеялся Груздев. — И так надо сказать: бог дал, бог и взял. Роптать не следует.

За ужином, вместе с Илюшкой, прислуживал и Тараско, брат Окулка. Мальчик сильно похудел, а на лице у него остались белые пятна от залеченных пузырей. Он держался очень робко и, видимо, стеснялся больше всего своими новыми сапогами.

— Брат Окулка-то, — объяснил Груздев гостю, когда Тараско ушел в кухню за жареным. — А мне это все равно: чем мальчонко виноват? Потом его паром обварило на фабрике... Дома холод да голод. Ну, как его не взять?.. Щенят жалеют, а живого человека как не пожалеть?

— Доброе дело, — согласился Петр Елисеич, припоминая историю Тараска. — По-настоящему, мы должны были его пристроить, да только у нас такие порядки, что ничего не разберешь... Беда будет всем этим сиротам, престарелым и увечным.

Анфиса Егоровна примирилась с расторопным и смышленым Илюшкой, а в Тараске она не могла забыть родного брата знаменитого разбойника Окулка. Это было инстинктивное чувство, которого она не могла подавить в себе, несмотря на всю свою доброту. И мальчик был кроткий, а между тем Анфиса Егоровна чувствовала к нему какую-то кровную антипатию и даже вздрагивала, когда он неожиданно входил в комнату.

Когда ужин кончился, Анфиса Егоровна неожиданно проговорила:

— А что вы думаете, Петр Елисеич, относительно Самосадки?

— То есть как "что"? — удивился Мухин.

— Да так... У нас там теперь пустует весь дом. Обзаведенье всякое есть, только живи да радуйся... Вот бы вам туда и переехать.

— В самом деле, отличная бы штука была! — согласился Груздев с женой. — Дом отличный... Живи себе.

— Вместо караульщика? — ответил Мухин с печальною улыбкой. — Спасибо... Нужно будет подумать.

— И думать тут не о чем, — настаивал Груздев, с радостью ухватившись за счастливую мысль. — Не чужие, слава богу... Сочтемся...

— А как старушка-то Василиса Корниловна будет рада! — продолжала свою мысль Анфиса Егоровна. — На старости лет вместе бы со всеми детьми пожила. Тоже черпнула она горя в свою долю, а теперь порадуется.

— Нужно серьезно подумать, Анфиса Егоровна, — говорил Мухин. — А сегодня я в таком настроении, что как-то ничего не понимаю.

Присутствовавшие за ужином дети совсем не слушали, что говорили большие. За день они так набегались, что засыпали сидя. У Нюрочки сладко слипались глаза, и Вася должен был ее щипать, чтобы она совсем не уснула. Груздев с гордостью смотрел на своего молодца-наследника, а Анфиса Егоровна потихоньку вздыхала, вглядываясь в Нюрочку. "Славная девочка, скромная да очестливая", — думала она матерински. Спать она увела Нюрочку в свою комнату.

В доме Груздева ложились и вставали рано, как он привык жить у себя на Самосадке. Гости задержали дольше обыкновенного. Петру Елисеичу был отведен кабинет хозяина, но он почти не ложился спать, еще раз переживая всю свою жизнь. Вот налетело горе, и не с кем поделиться им... Нет ласковой женской руки, которая делает незаметным бремя жизни. Участие Груздевых и их семейная жизнь еще сильнее возбуждали в нем зарытое в землю горе. Чужое семейное счастье делало его собственное одиночество еще печальнее... Но он был не один, и это еще сильнее беспокоило его. Он теперь чувствовал то, что было недосказано тою же Анфисой Егоровной.

Петр Елисеич ложился на диван и не мог заснуть. Он как-то всегда не любил Мурмос, и вот беда налетела на него именно здесь. Но что значит он, прогнанный со службы управитель, когда дело идет, быть может, о тысячах людей? Думать о других всегда лучшее утешение в своем собственном горе, и Петр Елисеич давно испытал это всеисцеляющее средство. В вентилятор доносился к нему шум работавшей фабрики. Как он любил это заводское дело, которое должен оставить неизвестно для чего! Между тем он еще в силах и мог быть полезным. Мысли в его голове путались, а фантазия вызывала целый ряд картин из доброго старого времени. Господи, сколько было совершено в том же Мурмосе ненужных и бессмысленных жестокостей сначала фундатором заводов, а потом своими крепостными управляющими! И для чего все это делалось?.. А что даст будущее?.. Неужели будут только повторяться старые ошибки в новой форме?

III

Возвращаясь на другой день домой, Петр Елисеич сидел в экипаже молча: невесело было у него на душе. Нюрочка, напротив, чувствовала себя прекрасно и даже мурлыкала, как котенок, какую-то детскую песенку. Раз она без всякой видимой причины расхохоталась.

— Что с тобой, крошка? — невольно улыбнулся Петр Елисеич.

— Ах, папа... какой этот Вася смешной!.. Пильщики...

Задыхаясь от нового прилива смеха, Нюрочка рассказала анекдот, как хохол принял памятник Устюжанинову за пильщиков. Петр Елисеич тоже смеялся, поддаваясь этому наивному детскому веселью. Потом Нюрочка вдруг притихла и сделалась грустной.

— Ну, что ты молчишь, девочка? — спрашивал Петр Елисеич.

— Так.

— Это не ответ... Тебе весело было в Мурмосе?

— Очень.

— О чем же ты сейчас так задумалась?

170

— Так... Я думаю вот о чем, папа: если бы я была мальчиком, то...

— То не была бы девочкой, да?

— Нет, не так... Мальчик лучше девочки. Вон и Домнушка хоть и бранит Васю, а потом говорит: "Какой он молодец". Про меня никто этого не скажет, потому что я не умею ездить верхом, а Вася вчера один ездил.

— Ах ты, моя маленькая женщина! — утешал ее Петр Елисеич, прижимая белокурую головку к своему плечу. — Во-первых, нельзя всем быть мальчиками, а во-вторых... во-вторых, я тебе куплю тоже верховую лошадь.

— Живую лошадь?

— Настоящую лошадь и с седлом... Сам буду с тобой ездить.

— И серебряный пояс, как у Васи?

— Можно и пояс.

Это обещание совершенно успокоило Нюрочку, хотя в глубине ее детской души все-таки осталось какое-то неудовлетворенное, нехорошее чувство. В девочке с мучительною болью бессознательно просыпалась женщина. Вращаясь постоянно в обществе больших, Нюрочка развилась быстрее своих лет. Маленькое детское тело не поспевало за быстро работавшею детскою головкой, и в этом разладе заключался источник ее задумчивости и первых женских капризов, как было и сейчас. Петр Елисеич только тяжело вздохнул, чувствуя свою полную беспомощность: девочка вступала в тот формирующий, критический возраст, когда нужна руководящая, любящая женская рука.

Дома Петра Елисеича ждала новая неприятность, о которой он и не думал. Не успел он войти к себе в кабинет, как ворвалась к нему Домнушка, бледная, заплаканная, испуганная. Она едва держалась на ногах и в первое мгновение не могла выговорить ни одною слова, а только безнадежно махала руками.

— Что с тобой, Домнушка? — спросил Петр Елисеич. — Что случилось?

— Ох, смертынька моя пришла, барин! — запричитала Домнушка, комом падая в ноги барину. — Пришел он, погубитель-то мой... Батюшки мои светы, головушка с плеч!..

— Какой погубитель? Говори, пожалуйста, толком.

— Да солдат-то мой... Артем... В куфне сейчас сидел. Я-то уж мертвым его считала, а он и выворотился из службы... Пусть зарежет лучше, а я с ним не пойду!

— Что же я могу сделать, Домнушка? — повторял Петр Елисеич, вытирая лицо платком. — Он муж, и ты должна...

— Поговорите вы с ним, барин! — голосила Домнушка, валяясь в ногах и хватая доброго барина за ноги. — И жалованье ему все буду отдавать, только пусть не тревожит он меня.

Нюрочка слушала причитанье Домнушки и так напугалась, что у ней побелели губы. Бежавшая куда-то опрометью Катря объявила на ходу, что пришел "Домнушкин солдат".

— О чем же Домнушка так плачет? — недоумевала Нюрочка.

171

— Ах, ничего вы не понимаете, барышня! — грубо ответила Катря, — она в последнее время часто так отвечала. — Ваше господское дело, а наше — мужицкое.

Любопытство Нюрочки было страшно возбуждено, и она, преодолевая страх, спустилась на половину лестницы в кухню. Страшный "Домнушкин солдат" действительно сидел на лавке у самой двери и, завидев ее, приподнялся и поклонился. Он не показался ей таким страшным, а скорее жалким: лицо худое, загорелое, рубаха грязная, шинель какая-то рыжая. Решительно ничего страшного в нем не было. Нюрочка постояла на лестнице и вернулась. Навстречу ей из кабинета показался Петр Елисеич: он шел в кухню объясниться с солдатом и посмотрел на Нюрочку очень сурово, так что она устыдилась своего любопытства и убежала к себе в комнату.

Спустившись в кухню, Петр Елисеич поздоровался с солдатом, который вытянулся перед ним в струнку.

— Садись, любезный...

— Можем и постоять, вашескородие.

— Что же, ты хочешь взять у меня кухарку?

— Точно так-с.

— Но ведь она живет на месте, зачем же ее отрывать от работы?.. Она жалованье получает...

— Много благодарны, Петр Елисеич, за вашу деликатность, а только Домна все-таки пусть собирается... Закон для всех один.

— Какой закон?

— А касаемо, то есть, мужних жен... Конечно, вашескородие, она по своей бабьей глупости только напрасно вас беспокоила, а потом привыкнет. Один закон, Петр Елисеич, ежели, например, баба... Пусть она собирается.

Сколько Петр Елисеич ни уговаривал упрямого солдата, тот погорбатовски стоял на своем, точно на пень наехал, как выражался Груздев. Он не горячился и даже не спорил, а вел свою линию с мягкою настойчивостью.

— Мое дело, конечно, сторона, любезный, — проговорил Петр Елисеич в заключение, чувствуя, что солдат подозревает его в каких-то личных расчетах. — Но я сказал тебе, как лучше сделать по-моему... Она отвыкла от вашей жизни.

— Пустое это дело, Петр Елисеич! — с загадочною улыбкой ответил солдат. — И разговору-то не стоит... Закон один: жена завсегда подвержена мужу вполне... Какой тут разговор?.. Я ведь не тащу за ворот сейчас... Тоже имею понятие, что вам без куфарки невозможно. А только этого добра достаточно, куфарок: подыщете себе другую, а я Домну поворочу уж к себе.

Домнушка так и не показалась мужу. Солдат посидел еще в кухне, поговорил с Катрей и Антипом, а потом побрел домой. Нюрочка с нетерпением дожидалась этого момента и побежала сейчас же к Домнушке, которая спряталась в передней за вешалку.

— Солдат ушел, Домнушка.

Это известие нисколько не обрадовало Домнушку, и она опять запричитала:

— Придет он опять, Нюрочка... Ох, головушка моя спобедная!

Это происшествие неприятно взволновало Петра Елисеича, и он сделал выговор Домнушке, зачем она подняла рев на целый дом. Но в следующую минуту он раскаялся в этой невольной жестокости и еще раз почувствовал себя тяжело и неприятно, как человек, поступивший несправедливо. Поведение Катри тоже его беспокоило. Ему показалось, что она начинает третировать Нюрочку, чего не было раньше. Выждав минуту, когда Нюрочки не было в комнате, он сделал Катре замечание.

— Так нельзя, Катря, — закончил он с невольною ласковостью в голосе.

— А мне усё равно... — грубо ответила Катря, не глядя на него. — Раньше усем угодила, а теперь с глаз гоните...

— Никто тебя не гонит, с чего ты взяла?

— Несчастная я, вот что!..

Для полноты картины недоставало только капризов Катри. Петр Елисеич ушел к себе в кабинет и громко хлопнул дверью, а Катря убежала в кухню к Домнушке и принялась голосить над ней, как над мертвой.

Петр Елисеич долго шагал по кабинету, стараясь приучить себя к мысли, что он гость вот в этих стенах, где прожил лет пятнадцать. Да, нужно убираться, а куда?.. Впрочем, в резерве оставалась Самосадка с груздевским домом. Чтобы развлечься, Петр Елисеич сходил на фабрику и там нашел какие-то непорядки. Между прочим, досталось Никитичу, который никогда не слыхал от приказчика "худого слова".

— Бог с тобой, Петр Елисеич, — пристыженно говорил Никитич, держа шляпу в руках. — Напрасно ты меня обидел.

— Ты со мной разговаривать?.. — неожиданно накинулся на него Петр Елисеич. — Я тебе покажу... я... я...

Опомнившись вовремя, Петр Елисеич только махнул рукой и отправился прямо в сарайную к старому другу Сидору Карлычу. Тот сидел за самоваром и не выразил ни удивления, ни радости.

— Ну что, как поживаешь? — спрашивал Петр Елисеич. — Как здоровье? Хорошо?

— Пожалуй.

Петр Елисеич зашагал по комнате, перебирая в уме ряд сделанных сегодня несправедливостей. Да, очень хорош... Ко всем придирался, как сумасшедший, точно кто-нибудь виноват в его личных неудачах. Пересилив себя, Петр Елисеич старался принять свой обыкновенный добродушный вид.

— Вот что, Сидор Карпыч... — заговорил он после некоторой паузы. — Мне отказали от места... Поедешь со мной жить на Самосадку?

— Пожалуй.

Петр Елисеич с каким-то отчаянием посмотрел на застывшее лицо своего единственного друга и замолчал. До сих пор он считал

173

его несчастным, а сейчас невольно завидовал этому безумному спокойствию. Сам он так устал и измучился.

Вечером, когда Нюрочка пришла прощаться, Петр Елисеич обнял ее и привлек к себе.

— Нюрочка, нужно собираться: мы переедем жить в Самосадку, — проговорил он, стараясь по лицу девочки угадать произведенное его словами впечатление. — Это не скоро еще будет, но необходимо все приготовить.

Нюрочка осталась совершенно равнодушна к этому известию, что удивило Петра Елисеича.

— Ты слышала, о чем мы говорили вчера за ужином? — спросил он.

— Да... Мы будем жить у Самойла Евтихыча, — отчетливо ответила Нюрочка.

— Не у Самойла Евтихыча, а только в его доме... Может быть, тебе не хочется переезжать в Самосадку?

— Нет, я хочу... Там бабушка Василиса... лес...

У Нюрочки что-то было на уме, что ее занимало больше, чем предстоявший переезд в Самосадку. На прощанье она не выдержала и проговорила:

— Папа, солдат будет очень бить Домнушку?

Сразу Петр Елисеич не нашелся, что ей ответить.

— Это не наше дело... — заговорил он после неприятной паузы. — Да и тебе пора спать. Ты вот бегаешь постоянно в кухню и слушаешь все, что там говорят. Знаешь, что я этого не люблю. В кухне болтают разные глупости, а ты их повторяешь.

Выдастся же этакий денек!.. Петр Елисеич никогда не сердился на Нюрочку, а тут был даже рад, когда она ушла в свою комнату.

Можно себе представить удивление Никитича, когда после двенадцати часов ночи он увидал проходившего мимо его корпуса Петра Елисеича. Он даже протер себе глаза: уж не блазнит ли, грешным делом? Нет, он, Петр Елисеич... Утром рано он приходил на фабрику каждый день, а ночью не любил ходить, кроме редких случаев, как пожар или другое какое-нибудь несчастие. Петр Елисеич обошел все корпуса, осмотрел все работы и завернул под домну к Никитичу.

— Ну что, Никитич, обидел я тебя давеча? — заговорил он ласково.

— Што ты, Петр Елисеич?.. Не всякое лыко в строку, родимый мой. Взъелся ты на меня даве, это точно, а только я-то и ухом не веду... Много нас, хошь кого вышибут из терпения. Вот хозяйка у меня посерживается малым делом: утром половик выкинула... Нездоровится ей.

IV

После отъезда переселенцев в горбатовском дворе стоял настоящий кромешный ад. Макар все время пировал, бил жену, разгонял ребятишек по соседям и вообще держал себя зверь-зверем, благо остался в дому один и никого не боялся.

— Макарушка, да ты бога-то побойся, — усовещивали его соседи. — Ты бога-то попомни, Макарушка... Он найдет, бог-от!

— Мой дом, моя жена... кто мне смеет указывать? — орал Макар, накидываясь на непрошенных советников. — Расшибу в крохи!..

Такие благочестивые речи соседей производили немедленное действие: из горбатовского двора шли отчаянные вопли избиваемой насмерть Татьяны. Расстервенившийся Макар хотел показать всем, что он может "учить жену", как хочет. Это священное право мужа обезоруживало всех, и только бабы-соседки бегали посмотреть, как Макар насмерть увечит жену. Чаще всего он привязывал ее к столбу, как лошадь, и бил кнутом, пока не уставал сам. Сначала Татьяна ревела благим матом, а потом затихала, и только слышно было, как свищет кнут по обессилевшему телу. Одним словом, Макар изводил постылую жену по всем правилам искусства, и никто не решался вмешаться в его семейную жизнь. Сама Татьяна никуда не показывалась и бродила по дому, как тень. И без того некрасивая, она теперь превратилась в скелет, обтянутый кожей. К мужу-зверю она относилась с паническим ужасом и только тряслась, когда он входил в избу.

— Совсем мужик решился ума, — толковали соседки по своим заугольям. — А все его та, змея-то, Аграфена, испортила... Поди, напоила его каким-нибудь приворотным зельем, вот он и озверел. Кержанки на это дошлые, анафемы... Извела мужика, а сама улепетнула в скиты грех хоронить. Разорвать бы ее на мелкие части...

У самой Татьяны ниоткуда и никакой "заступы" не было, и она с тупою покорностью ждала неизбежного конца, то есть когда Макар уходит ее насмерть. Не один раз он вытаскивал ее из избы за волосы, как мертвую, но, полежав на морозе, она опять отходила. Татьяне было так тяжело, что она сама молила бога о своей смерти: она всем мешала, и, когда ее не будет, Макар женится на другой и заживет, как следует хорошему мужику. Вот только жаль ребятишек, и мысль о них каждый раз варом обливала отупевшее материнское сердце: как-то они будут жить у мачехи?.. Сама Татьяна выросла в сиротстве и хорошо знала, каково детям без матери. Она любила думать о себе, как о мертвой: лежит она, раба божия Татьяна, в сосновом гробу, скрестив на груди отработавшие руки, тихо и Мирно лежит, и один бог видит ее материнскую душу. "Раба божия Татьяна, покайся и дай ответ", — слышится ей голос. Ах, как страшно, но ведь не одна она будет давать этот ответ богу, а и те, которые прожили счастливо до смерти, и которые грешили до гробовой доски, и которые просто ни свету, ни радости не видели, а принимали одну муку-мученическую... Нет, хорошо в могиле: никто не тронет.

Макар думал свое: только бы извести Татьяну, а там бы уж у него руки развязаны. Отыщет он Аграфену на дне морском, и будет она хозяйкой у него в доме. Тупая ненависть охватывала Макара, когда он видел жену, и не раз у него мелькала в голове мысль покончить с ней разом, хотя от этого его удерживал страх наказания. Об Аграфене он знал, что она в скитах, и все порывался туда, но не пускала служба. Брательники Гущины в свою очередь добирались до него, а раз совсем поймали было в кабаке, да спасибо подвернулся Морок и выручил. Макар теперь не боялся никого и пошел бы прямо на нож.

Появление "Домнушкина солдата" повернуло все в горбатовском дворе вверх дном. Братья встретились очень невесело, как соперники на отцовское добро. До открытой вражды дело не доходило, но и хорошего ничего не было.

— Не рассоримся, Макар, ежели, например, с умом... — объяснял "Домнушкин солдат" с обычною своею таинственностью. — Места двоим хватит достаточно: ты в передней избе живи, я в задней. Родитель-то у нас запасливый старичок...

— Да ведь я ему полный выход заплатил! — спорил Макар. — Это как, по-твоему? Полтораста цалковых заплочено...

— А где моя часть, Макар?

— На то была родительская воля, Артем...

— А за кого я в службе-то отдувался, этого тебе родитель-то не обсказывал? Весьма даже напрасно... Теперь что же, по-твоему-то, я по миру должен идти, по заугольям шататься? Нет, я к этому не подвержен... Ежели што, так пусть мир нас рассудит, а покедова я и так с женой поживу.

— Я тебя и не гоню, а только, как, значит, родительская воля.

До открытого раздора дело все-таки не дошло благодаря увертливости и разным наговорам Артема. Он точно заворожил брата. Так прошло с неделю, а потом солдат привел вечерком и жену. Домнушка явилась ни жива ни мертва: лица на ней не было. Дорогой Артем маленько ее поучил для острастки, а потом велел истопить баню и еще раз поучил. На этот раз от науки у Домнушки искры из глаз посыпались, но она укрепилась и не голосила, как другие "ученые бабы". Видимо, это понравилось Артему, и, сорвав сердце, он успокоился: не он первый, не он последний. Другим обстоятельством, подкупившим его, был сундук Домнушки, доверху набитый разным бабьим добром. Солдат внимательно перебрал все ее сарафаны, платки, верхнюю одежду и строго наказал беречь это добро. Домнушка сама отдала ему все деньги, какие у ней были припрятаны про черный день. Это уж окончательно понравилось солдату, и он несколько раз с особенным вниманием пересчитал все гроши, которых оказалось ни мало, ни много, а целых тринадцать рублей двадцать восемь копеек.

— Што хорошо, то хорошо, — заметил Артем, пряча деньги в

176

особый сундучок, который привез с собой из службы. — Денежка первое дело.

Эта жадность мужа несколько ободрила Домнушку: на деньги позарился, так, значит, можно его помаленьку и к рукам прибрать. Но это было мимолетное чувство, которое заслонялось сейчас же другим, именно тем инстинктивным страхом, какой испытывают только животные.

Домнушка сразу похудела, сделалась молчаливой и ходила, как в воду опущенная. Да и делать-то ей было нечего: самой с мужем много ли нужно? Ни настоящего хозяйства, ни скотины, ни заботы, как есть ничего. Отвыкла Домнушка от мужицкой жизни и по целым часам сидела в своей избушке неподвижно, как пришибленная. Сидит Домнушка и все думает, думает, думает... Тошно ей сделается, горько, а слез нет. И солдату тошно на нее глядеть, но он крепился, потому что бывалый и привычный ко всему человек. Из разговоров и поведения мужа Домнушка убедилась, что он знает решительно все как про нее, так и про брата Макара, только молчит до поры до времени. Что-то такое свое держал на уме этот солдат, и Домнушка еще сильнее начинала его бояться, — чем он ласковее с ней, тем ей страшнее.

"Зарежет он меня когда-нибудь, — думала она каждый вечер, укладываясь спать под одну шубу с мужем. — Беспременно зарежет..."

Всего больше удивило Домнушку, как муж подобрался к брату Макару. Ссориться открыто он, видимо, не желал, а показать свою силу все-таки надо. Когда Макар бывал дома, солдат шел в его избу и стороной заводил какой-нибудь общий хозяйственный разговор. После этого маленького вступления он уже прямо обращался к снохе Татьяне:

— Чтой-то, Татьяна Ивановна, вы так себя на работе убиваете?.. Ведь краше в гроб кладут. Да... А работы не переделаешь... Да.

Сидит и наговаривает, а сам трубочку свою носогрейку посасывает, как следует быть настоящему солдату. Сначала такое внимание до смерти напугало забитую сноху, не слыхавшую в горбатовской семье ни одного ласкового слова, а солдат навеличивает ее еще по отчеству. И какой же дошлый этот Артем, нарочно при Макаре свое уважение Татьяне показывает.

— Конешно, родителей укорять не приходится, — тянет солдат, не обращаясь собственно ни к кому. — Бог за это накажет... А только на моих памятях это было, Татьяна Ивановна, как вы весь наш дом горбом воротили. За то вас и в дом к нам взяли из бедной семьи, как лошадь двужильная бывает. Да-с... Что же, бог труды любит, даже это и по нашей солдатской части, а потрудится человек — его и поберечь надо. Скотину, и ту жалеют... Так я говорю, Макар?

Макар не знал, куда ему деваться от этих солдатских разговоров, и только моргал заплывшими от пьянства глазами. Главное, очень уж складно умел говорить Артем... Совестно стало Макару, что он еще недавно в гроб заколачивал безответную жену, а солдат все свое: и худая-то она, Татьяна Ивановна, и одевается не по достатку, и тяжелото ей весь дом воротить. Сама Татьяна чувствовала то же, что испытывает окоченевший на холоде человек, когда попадает прямо с мороза в теплую комнату. В горбатовском дому точно стало вдруг светлее, и Татьяна в первый раз вздохнула свободно. Душегубец Макар теперь не смел тронуть жены пальцем. Нашелся же такой человек, который заступился и за нее, Татьяну, и как все это ловко у солдата вышло: ни шуму, ни драки, как в других семьях, а тихонько да легонько. Домнушка, не замечавшая раньше забитой снохи, точно в первый раз увидела ее и даже удивилась, что вот эта самая Татьяна Ивановна точно такой же человек, как и все другие.

— Ты, Домна, помогай Татьяне-то Ивановне, — наговаривал ей солдат тоже при Макаре. — Ты вот и в чужих людях жила, а свой женский вид не потеряла. Ну, там по хозяйству подсобляй, за ребятишками пригляди и всякое прочее: рука руку моет... Тебе-то в охотку будет поработать, а Татьяна Ивановна, глядишь, и переведет дух. Ты уж старайся, потому как в нашем дому работы Татьяны Ивановны и не усчитаешь... Так ведь я говорю, Макар?

Домнушке очень понравилось, как умненько и ловко муж донимает Макара, и ей даже сделалось совестно, что сама она никогда пальца не разогнула для Татьяны. По праздникам Артем позволял ей сходить в господский дом и к Рачителихе. Здесь, конечно, Домнушка успевала рассказать все, что с ней происходило за неделю, а Рачителиха только покачивала головой.

— Ну, и человек! — повторяла она, когда Домнушка передала историю с Татьяной. — Точно он с того свету объявился... Таких-то у нас ровно еще не бывало. А где он робить будет?

— Не знаю я ничего, Дунюшка... Не говорит он со мной об этом, а сама спрашивать боюсь. С Татьяной он больше разговоры-то свои разговаривает...

— Оказия, бабонька!.. А неспроста он, твой-то солдат, Домнушка...

— Знамо дело, неспроста... Боюсь я его до смерти.

— Уж выкинет какую-нибудь штуку... И чем, подумаешь, взял: тихостью. Другие там кулаками да горлом, а он тишиной донимает. Может, на фабрику поступит?

— Не знаю, Дунюшка, ничего не знаю... Везде ходит, все смотрит, а делать пока ничего не делает.

— Может, денег из службы много вынес?

— Нет, особенных денег не видать, а на прожиток хватает пока што.

Про себя Рачителиха от души жалела Домнушку: тяжело ей, бедной... С полной-то волюшки да прямо в лапы к этакому темному мужику попала, а бабенка простая. Из-за простоты своей и мужнино ученье теперь принимает.

Солдат продолжал свое "поведение" и с другими. Со всеми он свой человек, а с каждым порознь свое обхождение. В первое же воскресенье зашел в церковь и на клиросе дьячку Евгеньичу подпевал всю службу, после обедни подошел к о.Сергею под благословение, а из церкви отправился на базар. Потолкавшись на народе, он не забыл и волость — там с волостными старичками покалякал. Из волости прошел в кабак к Рачителихе и перекинулся с ней двумя-тремя словечками. Из кабака отправился в гости к брату Агапу, а по пути завернул проведать баушку Акулину. Одним словом, солдат сразу зарекомендовал себя "человеком с поведением".

О переселенцах не было ни слуху ни духу, точно они сквозь землю провалились. Единственное известие привезли приезжавшие перед рождеством мужики с хлебом, — они сами были из орды и слышали, что весной прошел обоз с переселенцами и ушел куда-то "на линию".

V

Полуэхт Самоварник теперь жил напротив Морока, — он купил себе избу у Канусика. Изба была новая, пятистенная и досталась Самоварнику почти даром. Эта дешевка имела только одно неудобство, именно с первого появления Самоварника в Туляцком конце Морок возненавидел его отчаянным образом и не давал прохода. Только Самоварник покажется на улице, а Морок уж кричит ему из окна:

— Эй ты, чужая ужна!.. Заходи ко мне чай пить... Ужо мне надо будет одно словечко сказать.

Полуэхт делал вид, что не слышит, и Морок провожал его отборными ругательствами до поворота за угол. По зимам Морок решительно ничего не делал и поэтому преследовал своего врага на каждом шагу. Выведенный из терпения Самоварник несколько раз бегал жаловаться в волость, но там ему старик Основа ответил поговоркой, что "не купи дом — купи соседа". Всего обиднее было то, что за Морока стоял весь Туляцкий конец. По праздникам Самоварник старался совсем не выходить на улицу, а в будни пробирался на фабрику задами. Но и эта уловка не помогла. Морок каждый день выходил на мост через Култым и терпеливо ждал, когда мимо него пойдет с фабрики или на фабрику Самоварник, и вообще преследовал его по пятам. Собиралась целая толпа, чтобы посмотреть, как Морок будет "страмить" дозорного.

— Полуэхту Меркулычу сорок одно с кисточкой, — говорил Морок, встречая без шапки своего заклятого врага. — Сапожки со скрипом у Полуэхта Меркулыча, головка напомажена, а сам он распроваженный... Пустой колос голову кверху носит.

— Отстань, смола горючая! — ругался Самоварник.

Доведенный до отчаяния, Полуэхт попробовал даже подкупить Морока и раз, когда тот поджидал его на мосту, подошел прямо к нему и проговорил с напускною развязностью:

— А што, сусед, разве завернем отседа к Рачителихе?.. Выпили бы, родимый мой...

Сначала Морок как будто оторопел, — он не ожидал такого выверта, — но потом сообразил и, показывая свой кулак, ответил:

— У меня уж для тебя и закуска припасена... Пойдем. Тебе которого ребра не жаль?

Ненависть Морока объяснялась тем обстоятельством, что он подозревал Самоварника в шашнях с Феклистой, работавшей на фабрике. Это была совсем некрасивая и такая худенькая девушка, у которой душа едва держалась в теле, но она как-то пришлась по сердцу Мороку, и он следил за ней издали. С этою Феклистой он не сказал никогда ни одного слова и даже старался не встречаться с ней, но за нее он чуть не задушил солдатку Аннушку только потому, что не терял надежды задушить ее в свое время.

Положение Самоварника получалось критическое: человек купил себе дом — и вдруг ни проходу, ни проезду. Ничего не оставалось, как вернуться в свой Кержацкий конец на общее посмешище. Единственным союзником Самоварника являлся синельщик Митрич, тощий и чахоточный вятчанин, появившийся в Ключевском заводе уже после воли. Этот Митрич одинаково был чужим для всех трех концов и держал сторону Самоварника только потому, что жил у него на квартире. Пользы от Митрича не могло и быть. В самый разгар этой борьбы Самоварника с Мороком явился на выручку "Домнушкин солдат". Он познакомился с Полуэхтом где-то на базаре, а потом завернул по пути к нему в избу.

— Одолел меня Морок, — жаловался Полуэхт. — Хошь сейчас избу продавать... Прямо сказать: язва.

Артем только качал головой в знак своего сочувствия.

— Ядовитый мужичонко, — поддакивал он Самоварнику. — А промежду прочим и так сказать: собака лает — ветер носит. Надо его будет немного укоротить.

— Родимый мой, заставь вечно бога молить!.. Поедом съел... Вот спроси Митрича.

— Укротим, Полуэхт Меркулыч, только оно не вдруг, а этак полегоньку... Шелковый будет.

Когда Морок увидел, как Артем завел "канпанию" с Самоварником, то закипел страшною яростью и, выскочив на улицу, заорал:

— Эй, солдат, кислая шерсть, чаю захотел?.. Завели канпанию, нечего сказать: один двухорловый, а другой совсем темная копейка. Ужо который которого обует на обе ноги... Ах, черти деревянные, что придумали!.. На одной бы веревке вас удавить обоих: вот вам какая канпания следует...

— Ах, озорник, озорник! — удивлялся "Домнушкин солдат". — Этакая пасть, подумаешь, а?

Вместе с Самоварником солдат пробрался на фабрику и осмотрел все с таким вниманием, точно собирался ее по меньшей мере купить. С фабрики он отправился на Крутяш.

— Давно собираюсь роденьку свою навестить, — объяснял он Самоварнику. — К Никону Авдеичу, значит... Не чужой он мне, ежели разобрать. Свояком приходится.

Эта смелость солдата забраться в гости к самому Палачу изумила даже Самоварника: ловок солдат. Да еще как говорит-то: не чужой мне, говорит, Никон Авдеич. Нечего сказать, нашел большую родню — свояка.

Действительно, Артем отправился на Медный рудник и забрался прямо к Анисье в качестве родственника. Сначала эта отчаянная бабенка испугалась неожиданного гостя, а потом он ей понравился и своею обходительностью и вообще всем поведением.

— Все-то у вас есть, Анисья Трофимовна, — умиленно говорил солдат. — Не как другие прочие бабы, которые от одной своей простоты гинут... У каждого своя линия. Вот моя Домна... Кто богу не грешен, а я не ропщу: и хороша — моя, и худа — моя... Закон-то для всех один.

— Уж ты не взыскивай с нее очень-то, — умасливала его Анисья. — Одна у нас, у баб, слабость. Около тебя-то опять человеком будет.

— Это вы правильно, Анисья Трофимовна... Помаленьку. Живем, прямо сказать, в темноте. Народ от пня, и никакого понятия...

Палач отнесся очень благосклонно к "свояку" и даже велел Анисье подать гостю стакан водки.

— Не потребляю, Никон Авдеич, — ответил Артем. — Можно так сказать, что даже совсем презираю это самое вино.

— Какой же ты после этого солдат? — удивлялся Палач. — Эх, служба, служба, плохо дело...

— И прежде не имел я этого малодушия, Никон Авдеич, а теперь уж привыкать поздно.

Особенно любил Артем ходить по базару в праздники; как из церкви, так прямо и на базар до самого вечера. С тем поговорит, с другим, с третьим; в одной лавке посидит, перейдет в другую, и везде свой разговор. Базар на Ключевском был маленький, всего лавок пять; в одной старший сын Основы сидел с мукой, овсом и разным харчем, в другой торговала разною мелочью старуха Никитична, в третьей хромой и кривой Желтухин продавал разный крестьянский товар: чекмени, азямы, опояски, конскую сбрую, пряники, мед, деготь, веревки, гвозди, варенье и т.д. Две лучших лавки принадлежали Груздеву, одна с красным товаром, другая с галантереей. Перед рождеством в лавку с красным товаром Груздев посадил торговать Илюшку Рачителя: невелик паренек, а сноровист. Поверять его приезжал каждую субботу старший приказчик из Мурмоса, а иногда сам Груздев, имевший обыкновение наезжать невзначай.

По праздникам лавка с красным товаром осаждалась обыкновенно бабами, так что Илюшка едва успевал с ними поправляться. Особенно доставалось ему от поденщиц-щеголих. Солдат обыкновенно усаживался где-нибудь у прилавка и смотрел, как бабы тащили Илюшке последние гроши.

181

— Эх, бить-то вас некому, умницы! — обругает он иной раз, когда придется невтерпеж от бабьей глупости. — Принесла деньги, а унесла тряпки...

— Ты сам купи да подари, а потом и кори, — ругались бабы. — Чего на чужое-то добро зариться? Жене бы вот на сарафан купил.

Илюшка вообще был сердитый малый и косился на солдата, который без дела только место просиживает да другим мешает. Гнать его из лавки тоже не приходилось, ну, и пусть сидит, черт с ним! Но чем дальше, тем сильнее беспокоили эти посещения Илюшку. Он начинал сердиться, как котенок, завидевший собаку.

— Трудненько тебе, Илюша, — ласково говорит солдат. — Ростом-то еще не дошел маненько...

— Не твоя забота, — огрызается Илюшка. — Шел бы ты, куда тебе надо, а то напрасно только глаза добрым людям мозолишь.

— Ишь ты, какой прыткой! — удивляется солдат. — Места пожалел.

В каких-нибудь два года Илюшка сделался неузнаваем — вырос, поздоровел, выправился. Только детское лицо было серьезно не сто годам, и на нем ложилась какая-то тень. По вечерам он частенько завертывал проведать мать в кабаке, — сам он жил на отдельной квартире, потому что у матери и без него негде было кошку за хвост повернуть. Первым делом Илюшка подарил матери платок, и это внимание прошибло Рачителиху. Зверь Илюшка точно переродился, и материнское сердце оттаяло. Да и все другие не нахвалились, начиная с самого Груздева: очень уж ловкий да расторопный мальчуган. Большому за ним не угнаться. Рачителиха чувствовала, что сын жалеет ее и что в его задумчивых не по-детски глазах для нее светится конец ее каторжной жизни. Не век же и ей за кабацкою стойкой мыкаться.

Раз вечером Илюшка пришел к матери совсем угрюмый и такой неласковый, что это встревожило Рачителиху.

— Уж ты здоров ли? — спросила она.

— Ничего, слава богу...

Помолчав немного, Илюшка, между прочим, сказал:

— Солдат меня этот одолел... Придет, вытаращит глаза и сидит.

— Ну, и пусть сидит... Он ведь везде эк-ту ходит да высматривает. Вчерашний день потерял...

— Нет, мамынька, не то: неспроста он обхаживает нас всех.

— Чумной какой-то!.. Дураком не назовешь, а и к умным тоже не пристал.

Илюшка только улыбнулся и замолчал.

— Мамынька, што я тебе скажу, — проговорил он после длинной паузы, — ведь солдат-то, помяни мое слово, или тебя, или меня по шее... Верно тебе говорю!

— Н-но-о?!

— Верно тебе говорю... Вот погляди, как он в кабак целовальником сядет.

— Да не пес ли? — изумилась Рачителиха. — А ведь ты правильно сказал: быть ему в целовальниках... Теперь все обнюхал, все осмотрел, ну, и за стойку. А только как же я-то?

— Ты-то?.. Ты так и останешься, а Груздев, наверное, другой кабак откроет... У тебя мочеганы наши, а у солдата Кержацкий конец да Пеньковка. Небойсь не ошибется Самойло-то Евтихыч...

VI

Известие, что на его место управителем назначен Палач, для Петра Елисеича было страшным ударом. Он мог помириться с потерей места, с собственным изгнанием и вообще с чем угодно, но это было свыше его сил.

— Им нужны кровопийцы, а не управители! — кричал он, когда в Ключевской завод приехал исправник Иван Семеныч. — Они погубят все дело, и тогда сам Лука Назарыч полетит с своего места... Вот посмотрите, что так будет!

— А ну их! — равнодушно соглашался исправник. — Я сам бросаю свою собачью службу, только дотянуть бы до пенсии... Надоело.

Иван Семеныч вообще принял самое живое участие в судьбе Мухина и даже помогал Нюрочке укладываться.

— Я к тебе в гости на Самосадку приеду, писанка, — шутил он с девочкой. — Летом будем в лес по грибы ходить... да?

Предварительно Петр Елисеич съездил на Самосадку, чтобы там приготовить все, а потом уже начались серьезные сборы. Домнушка как-то выпросилась у своего солдата и прибежала в господский дом помогать "собираться". Она горько оплакивала уезжавших на Самосадку, точно провожала их на смерть. Из прежней прислуги у Мухина оставалась одна Катря, попрежнему "на горничном положении". Тишка поступал "в молодцы" к Груздеву. Таисья, конечно, была тоже на месте действия и управлялась вместе с Домнушкой.

Сборы на Самосадку вообще приняли грустный характер. Петр Елисеич не был суеверным человеком, но его начали теснить какие-то грустные предчувствия. Что он высидит там, на Самосадке, а затем, что ждет бедную Нюрочку в этой медвежьей глуши? Единственным утешением служило то, что все это делается только "пока", а там будет видно. Из заводских служащих всех лучше отнесся к Петру Елисеичу старый рудничный надзиратель Ефим Андреич. Старик выказал искреннее участие и, качая головой, говорил:

— Теперь молодым ход, Петр Елисеич, а нас, стариков, на подножный корм погонят всех... Значит, другого не заслужили. Только я так думаю, Петр Елисеич, что и без нас тоже дело не обойдется. Помудрят малым делом, а потом нас же за оба бока и ухватят.

Крепкий был старик Ефим Андреич и не любил жаловаться на

свою судьбу, а тут не утерпел. Он даже прослезился, прощаясь с Петром Елисеичем.

Обоз с имуществом был послан вперед, а за ним отправлена в особом экипаже Катря вместе с Сидором Карпычем. Петр Елисеич уехал с Нюрочкой. Перед отъездом он даже не зашел на фабрику проститься с рабочими: это было выше его сил. Из дворни господского дома остался на своем месте только один старик сторож Антип. У Палача был свой штат дворни, и "приказчица" Анисья еще раньше похвалялась, что "из мухинских" никого в господском доме не оставит.

Груздевский дом на Самосадке был жарко натоплен в ожидании новых хозяев. Он стоял пустым всего около года и не успел еще принять тот нежилой вид, которым отличаются все такие дома. Нюрочка была в восторге, главным образом, от двух светелок, где летом так хорошо. Сбежалась вся пристань поглазеть на бывшего приказчика. В комнатах набралось столько всевозможной родни, что повернуться было негде. Не пришла только сама Василиса Корниловна, — ндравная старуха сама ждала первого визита. Вся эта суматоха произвела на Нюрочку какое-то опьяняющее впечатление, точно она переселилась в какой-то новый мир. Да и бояться ей теперь было некого: разбойник Вася был далеко — в Мурмосе.

— Нюрочка, ты теперь большая девочка, — заговорил Петр Елисеич, когда вечером они остались вдвоем, — будь хозяйкой.

— А что значит, папа, быть хозяйкой?

— Гм... Домнушки у нас нет, Тишки тоже. Остается одна Катря... Кто-нибудь должен смотреть за порядком в доме. Понимаешь?

— Как Анфиса Егоровна, папа?

— Ну, да.

Нюрочка задумалась, а потом разрешила все недоразумения:

— Папа, мне нужно сшить такой же фартук, как у Анфисы Егоровны.

Первое время хлопоты по устройству в новом месте заняли всех. Даже Катря, и та "уходилась" с разными хозяйственными хлопотами. У ней была своя отдельная комната, где раньше жила Анфиса Егоровна. Кухаркой поступила в груздевский дом сердитая старуха Потапиха, жившая раньше у Груздева. Одним словом, все устроилось помаленьку, и Петр Елисеич с каким-то страхом ждал наступления того рокового момента, когда будет поставлен последний стул и вообще нечего будет делать. Впрочем, оставалась еще в запасе пристанская родня, с которою приходилось теперь поневоле дружить, — ко всем нужно сходить в гости и всех принять. Эти церемонии заняли немало времени. Бабушка Василиса встретила переселенцев очень миролюбиво, как и брат Егор. Старуха сильно перемогалась и по-раскольничьи готовилась к смерти. Лицо у ней сделалось совсем белое, как воск; только глаза по-прежнему смотрели неприступно-строго. Это мертвое лицо точно светлело каким-то внутренним светом только в присутствии Нюрочки.

— Ах ты, моя басурманочка, — ласково шептала старуха,

приглаживая своею сухою, дрожавшею рукой белокурую головку Нюрочки. — Не любишь баушку Василису?

Когда ей делалось особенно тяжело, старуха посылала за басурманочкой и сейчас же успокаивалась. Нюрочка не любила только, когда бабушка упорно и долго смотрела на нее своими строгими глазами, — в этом взгляде выливался последний остаток сил бабушки Василисы.

Петр Елисеич при переезде на Самосадку обратил особенное внимание на библиотеку, которую сейчас и приводил в порядок с особенною любовью, точно он после трудного и опасного путешествия попал в общество старых хороших знакомых. Да, это были старые, неизменные друзья. В последние года он как-то поотстал от занятий и теперь мог с лихвой наверстать разраставшиеся пробелы. Большинство книг были иностранные, преимущественно французские и английские. Особенно любил Петр Елисеич английскую специальную литературу, где каждый вопрос разрабатывался с такою солидною роскошью, как лучшие предметы английского производства. По горнозаводскому делу здесь оставалось только пользоваться уже готовыми результатами феноменально дорогих опытов. Применение к местным условиям и требованиям производства являлось делом несложным. В воображении Петра Елисеича рисовались грандиозные картины, захватывавшие дух своею смелостью. Для выполнения их под руками было решительно все: громадная заводская площадь, привыкшая к заводскому делу рабочая сила, уже существующие фабрики, и вообще целый строй жизни, сложившейся еще под давлением крепостного режима. И вдруг все это светлое будущее, обогатившее бы и заводовладельца и заводское население, заслонено сейчас одною фигурой крепостного управляющего Луки Назарыча.

VII

В великое говенье Василиса Корниловна совсем разнемоглась. Она уже больше не вставала и говорила с трудом: левая половина тела вся отнялась. Желтая, как скитский воск, старуха лежала на лавке и с умилительным терпением ждала смерти. Последняя любовь угасавшей жизни теперь сосредоточивалась на жигале Мосее и маленькой Нюрочке. Старуха потребовала, чтобы Мосей выехал с своего куреня и дожидался ее смерти. О других детях, как Петр Елисеич и Егор, она даже не вспоминала. Когда Петр Елисеич пригласил из Ключевского завода фельдшера Хитрова, Василиса Корниловна с трудом проговорила:

— От смерти лекарства нет... Смертынька моя пришла. Пошлите в скиты за Енафой... Хочу принять последнюю исправу...

Пришлось исполнить эту последнюю волю умирающей все тому

185

же Петру Елисеичу. В Заболотье был наряжен брат Егор. Его возвращения ждали с особенным нетерпением, точно он мог привезти с собой чудо исцеления. Нюрочка успела привыкнуть к бабушке и даже ночевала у ней в избе. Егор вернулся только через три дня. Это было ночью, когда вся Самосадка спала мертвым сном и только теплился огонек в избе Егора. Двое саней проехали прямо в груздевский дом. Рано утром, когда Нюрочка сидела у бабушки, в избу вошла мать Енафа в сопровождении инока Кирилла. Василиса Корниловна облегченно вздохнула: будет кому похоронить ее по древлему благочестию.

— Ну, што, баушка? — грубо спрашивала мать Енафа, останавливаясь перед больной. — Помирать собралась?

— Завтра помру, матушка, — кротко ответила старуха, собирая последние силы. — Спасибо, што не забыла.

— Друг о дружке должны заботиться, а бог обо всех.

Больная тяжело заметалась и закрыла глаза. Инок Кирилл неподвижно стоял у двери, опустив глаза в землю.

— Желаю принять иночество, — шептала больная, оправляясь от забытья.

Мать Енафа и инок Кирилл положили "начал" перед образами и раскланялись на все четыре стороны, хотя в избе, кроме больной, оставалась одна Нюрочка. Потом мать Енафа перевернула больную вниз лицом и покрыла шелковою пеленой с нашитым на ней из желтого позумента большим восьмиконечным раскольничьим крестом.

— Теперь читай: "Ослаби, остави, прости, боже, согрешения моя вольныя и невольныя", — грубо приказывала мать Енафа.

Больная только слабо стонала, а читать за нее должен был инок Кирилл. Нюрочке вдруг сделалось страшно, и она убежала домой. Кстати, там ее уже искали: приехал из Мурмоса Самойло Евтихыч и мастерица Таисья.

— Ой, какая ты большая выросла! — удивлялся Груздев, ласково поглядывая на Нюрочку. — Вот и хозяйка в дому, Петр Елисеич!

Груздев приехал по делу: время шло к отправке весеннего каравана, и нужно было осмотреть строившиеся на берегу барки. Петр Елисеич, пожалуй, был и не рад гостям, хотя и любил Груздева за его добрый характер.

— Вот и с старушкой кстати прощусь, — говорил за чаем Груздев с грустью в голосе. — Корень была, а не женщина... Когда я еще босиком бегал по пристани, так она частенько началила меня... То за вихры поймает, то подзатыльника хорошего даст. Ох, жизнь наша, Петр Елисеич... Сколько ни живи, а все помирать придется. Говори мне спасибо, Петр Елисеич, что я тогда тебя помирил с матерью. Помнишь? Ежели и помрет старушка, все же одним грехом у тебя меньше. Мать — первое дело...

Петр Елисеич больше молчал. Он вперед был расстроен быстро близившеюся развязкой. Его огорчало больше всего то, что он не чувствовал того, что должна была бы вызвать смерть любимой женщины. Мать оставалась для него чужою, как отвлеченная идея или представление. Он напрасно отыскивал в своей душе то теплое и детски-чистое чувство, которое является синонимом жизни. Именно этого чувства и не было. Неужели впоследствии так же отнесется к нему и Нюрочка? Нет, это ужасно... Жизнь являлась какою-то колоссальною бессмыслицей, и душу охватывала щемящая пустота.

Вечером Петр Елисеич отправился к матери вместе с Нюрочкой. Груздев был уже там. Больная лежала перед образами вся в черном. До десятка желтых восковых свеч тускло горели перед медным распятием и старинными складнями. Дым ладана заволакивал все, а мать Енафа все помахивала кацеей[18], из которой дым так и валил. Первое, что поразило Нюрочку, это удивительно приятный женский голос, который, казалось, наполнял всю избу вместе с ладаном. Читала какая-то незнакомая старица, вся в черном и с черною шапочкой на голове. Около нее стояла с лестовкой в руке мастерица Таисья и откладывала поклон за поклоном. А женский голос все читал и читал звенящим раскольничьим распевом. Нюрочку вдруг охватило еще не испытанное ею чувство благоговения. Когда мастерица Таисья подала ей лестовку и ситцевый подрушник, девочка принялась откладывать земные поклоны и креститься, повторяя каждое движение Таисьи. Ей казалось, что она сама возносится куда-то кверху вместе с кадильным дымом, а звеневший молодой голос звал ее в неведомую даль. Когда читавшая инокиня оглянулась зачем-то к Таисье, Нюрочке показалось, что она видит ангела: из темной рамы "иночества" на нее глянуло бледное лицо неземной красоты. Серые большие глаза скользнули по ней, и этот случайный взгляд навсегда запал в детскую душу. Нюрочке страстно захотелось подойти к удивительной инокине и поцеловать край ее темной рясы. Она все время бесконечной раскольничьей службы стояла, как очарованная, и все смотрела на читавшую инокиню.

— Кто эта инокиня, которая читала? — спрашивала Нюрочка, когда мастерица Таисья повела ее домой.

— Какая это инокиня, — неохотно ответила Таисья, шагая по узенькой тропочке, пробитой в сугробах снега прямо под окнами. — Инокини не такие бывают.

— А кто же она?

— Послушница Аглаида... Она с матерью Енафой приехала из Заболотья. Уставщицей у них в скитах будет... А зачем ты спрашиваешь?

— Так.

Нюрочке вдруг сделалось больно: зачем Таисья так говорит о черном ангеле, которого ей хотелось целовать?

Целую ночь не спали ни в груздевском доме, ни в избе Егора, — все томились ожиданием, когда "отойдет" Василиса Корниловна. Петр Елисеич, конечно, был против разных церемоний, какие проделывались над умирающей наехавшею скитскою братией, но что

---

[18] Кацея — кадильница с деревянною ручкой. (Прим. Д.Н.Мамина-Сибиряка.)

поделаешь с невежественною родней, когда старуха сама потребовала "иночества", а перед этим еще должно было совершиться "скитское покаяние", соборование маслом и т.д. Единственным разумным человеком являлась мастерица Таисья, и через нее Петр Елисеич делал напрасную попытку уговорить остальных, но все это было бесполезно.

— Сама матушка Василиса Корниловна пожелала, — с обычным смирением отвечала Таисья. — Ее воля, Петр Елисеич, голубчик.

— Она больная женщина, и другие должны позаботиться об ее спокойствии.

Таисья терпеливо выслушивала выговоры и ворчанье Петра Елисеича и не возражала ему. Это было лучшее средство поставить на своем, как она делала всегда. Собственно говоря, Петр Елисеич всегда был рад ее видеть у себя, и теперь в особенности, — Таисья везде являлась желанною гостьей.

Так прошла вся ночь. Таисья то и дело уходила справляться в избу Егора, как здоровье бабушки Василисы. Петр Елисеич дремал в кресле у себя в кабинете. Под самое утро Таисья тихонько разбудила его.

— Отходит Василиса Корниловна, — шепотом объявила она. — Вся затишала, а это уж к смерти.

Как Петр Елисеич ни был подготовлен к такому исходу, но эти слова ударили его, точно обухом. У него даже руки тряслись, когда он торопливо одевался в передней.

— Не нужно ли чего-нибудь? — спрашивал он.

— Ох, ничего не нужно, родимый мой... Все здесь останется, одна душенька отойдет.

В избе Егора собралась в последний раз вся семья жигаля Елески: Петр Елисеич, Мосей и Егор. Больная лежала на старом месте. Когда Петр Елисеич вошел в избу, она открыла глаза, обвела всех и слабо поморщилась. Одна Таисья поняла это движение и сейчас же побежала за Нюрочкой. Девочку привели сонную; она почти не сознавала, что делается вокруг. Ее заставили подойти к бабушке. Сухая старушечья рука легла на ее белокурую головку, но силы уже оставляли бабушку Василису, и она только жалобно посмотрела кругом. Таисья взяла ее здоровую правую руку, сложила большим крестом и благословила ею плакавшую маленькую басурманку.

— Живите... живи... богом... — бормотали высохшие губы больной.

В избе воцарилась мертвая тишина, и мать Енафа подала знак Аглаиде читать отходную. При сером свете занимавшегося мартовского утра, глядевшего в маленькие оконца избы Елески жигаля, старая Василиса Корниловна, наконец, "отошла"... У Петра Елисеича точно что оборвалось в груди, и он глухо зарыдал. Что-то такое несправедливое и жестокое пронеслось над избушкой Елески жигаля, что отравляло жизнь всем, начиная вот с этой покойницы. Да, он сам, Петр Елисеич, был несправедлив к ней, к матери, потому что несправедлива была вся жизнь... Его поразил больше всего ничтожный факт: когда Аглаида стала читать отходную, Таисья быстро сунула под голову умиравшей заранее приготовленный камень. Так требует раскольничий обычай. Каждый уносит с собой в могилу такие камни.

Похороны заняли целых три дня. Над покойницей читали попеременно Аглаида и Таисья. Гроб был сделан колодой, а не дощатый. Покойницу обули в лапти, как того требовал обычай, хотя в Самосадке в лаптях никто не ходил, спеленали по савану широкою холстиной и положили на стол в переднем углу. По обычаю, над женщиной читали только женщины, а инок Кирилл привезен был только для исполнения чина погребения. Нюрочка хотя и плакала, но только потому, что плакали другие. В избу к покойнице она бегала, чтобы поговорить с послушницею Аглаидой, с которою успела познакомиться в день бабушкиной смерти. Эта послушница производила на девочку неотразимое впечатление своею застывшею красотой и чудным голосом. Нюрочка нарочно плакала, чтобы слышать утешения и ласковые слова Аглаиды. Обыкновенно Аглаида уводила Нюрочку за занавеску к печке, усаживала в уголок на лавку или к себе на колени и говорила ласковым шепотом одно и то же:

— Сорок ден и сорок ночей будет летать баушкина душенька над своим домом и будет она плакать... Горько будет она плакать, а мы будем молиться. Все мертвые души так-то летают над своими избами. А в радуницу ты возьмешь красное яичко и пойдешь христосоваться к баушке на могилку: в радуницу все покойнички радуются. От великого четверга страстныя седмицы до вознесенья все мертвые душеньки в светлом месте летают, а от вознесенья до великого четверга утомляются в темном. Только у них и радости, когда за них на земле кто помолится... На детях никакого греха нет, вот ихняя молитва и доходнее к богу, чем наша. Только ты молись большим крестом да с лестовкой...

— Я буду вместе с тобой молиться, — отвечала Нюрочка, стараясь прижаться всем телом к ласковой послушнице.

— Я скоро уеду... — печально говорила Аглаида и молча гладила Нюрочку своею мягкою белою рукой.

— А я скажу папе, чтобы он тебя не отпускал...

— Нельзя, родная моя.

В Нюрочке проснулось какое-то страстное чувство к красивой послушнице, как это бывает с девочками в переходном возрасте, и она ходила за ней, как тень. Зачем на ней все черное? Зачем глаза у ней такие печальные? Зачем на нее ворчит походя эта сердитая Енафа? Десятки подобных вопросов носились в голове Нюрочки и не получали ответа.

Эта быстро вспыхнувшая детская страсть исчезла с такою же скоростью, как и возникла. В день похорон, когда Нюрочка одна пошла из дому, она увидела, как у ворот груздевского дома, прислонившись к верее, стоял груздевский обережной Матюшка Гущин, а около него какая-то женщина. Девочка инстинктивно

189

оглянулась и заметила в первую минуту, что женщина о чем-то плачет. Уже подходя к бабушкиной избе, Нюрочка догадалась, что эта плакавшая женщина была послушница Аглаида. Это открытие взволновало девочку до слез: ее черный ангел, ее любовь — и какой-нибудь Матюшка. Нюрочку оскорбило то, что сестра Аглаида разговаривает с мужиком, а все мужики пьют водку и ругаются нехорошими словами.

"Нет, она нехорошая", — думала Нюрочка с горечью во время похорон и старалась не смотреть на сестру Аглаиду.

Во главе похоронной церемонии стоял инок Кирилл, облаченный в темную ряску и иноческую шапочку. Он говорил возгласы и благословлял покойницу в далекий путь, из которого нет возврата. Вся Самосадка сбежалась провожать бабушку Василису на свой раскольничий "могильник", где лежали деды и прадеды. Бабы подняли такой ужасный вой и так запричитали, что даже у Петра Елисеича повернулось сердце. Груздев тоже присутствовал на похоронах, — он остался лишний день из уважения к приятелю. Вся Самосадка шла за колодой бабушки Василисы. День был пасмурный, и падал мягкий снежок. В воздухе неслось похоронное пение, — пели скитницы, мать Енафа и Аглаида, а им подтягивал инок Кирилл. Мастерица Таисья не могла петь от душивших ее слез.

Старый раскольничий могильник расположился на высоком берегу Каменки бобровою шапкой из мохнатых елей, пихт и кедров. Над каждою могилкой стоял деревянный голубец с деревянным восьмиконечным крестом. Нюрочку удивило, какая маленькая могилка была вырыта для бабушки Василисы, а потом ей сделалось страшно, когда мерзлая земля застучала о гробовую крышку и бабы неистово запричитали. С могильника вернулись опять в избу Егора, где и справили поминальный стол. Всем верховодила Таисья. Скитские обедали за отдельным столом и ели каждый из своей чашки. Когда после похоронных блинов пропета была последняя вечная память, Петр Елисеич отправил Нюрочку домой. Провожать ее вызвалась Аглаида, потому что Таисья управлялась с гостями. Сначала они шли молча, и, только уже подходя к груздевскому дому, Аглаида проговорила:

— Аннушка, ты сердишься на меня?

Нюрочка в первую минуту смутилась и посмотрела на Аглаиду злыми глазами, а потом бросилась к ней на шею и громко зарыдала. Когда Аглаида узнала, в чем дело, она опустила глаза и сказала:

— Да ведь это мой родной брат, Аннушка... Я из гущинской семьи. Может, помнишь, года два тому назад вместе ехали на Самосадку к троице? Я с брательниками на одной телеге ехала... В мире-то меня Аграфеной звали.

Действительно, Нюрочка все припомнила, даже ту фразу, которую тогда кучер Семка сказал Аграфене: "Ты, Аграфена, куды телят-то повезла?" Нюрочка тогда весело смеялась. Это объяснение с Аглаидой успокоило ее, но прежнего восторженного чувства к послушнице не осталось и следа: оно было разбито. Теперь перед ней была самая обыкновенная женщина, а не черный ангел.

За поминальным обедом Груздев выпил лишнюю рюмку и вернулся домой слегка навеселе. Сейчас после обеда он должен был отправиться в обратный путь. Переодеваясь по-дорожному, он весело ухмылялся и бормотал себе в бороду:

— Ну и бабы только... ах, хитрые!

— А что? — полюбопытствовал Петр Елисеич, заинтересованный этим совсем не похоронным настроением своего друга.

— Нет, они, брат, унюхают все и так сделают, что сам себя не узнаешь... Ты думаешь, я сам на пристань приехал?.. Как бы не так!.. Вышло-то оно, пожалуй, так, что и сам, а на деле нужно было сестре Аглаиде повидаться с брательником Матюшкой. Да... Святая-то душа, Таисья, у нас в Мурмосе гостила, ну и подвела всю механику. Из Заболотья везут Аглаиду, а я везу Матюшку. Ну и бабы!.. Мне-то все равно, когда ни ехать, а только они-то хитры больно... Даже и хорошо вышло, што баушку Василису проводил до могилки. Анфиса Егоровна похвалит...

Совсем одетый Груздев на прощанье спросил хозяина:

— Ну, а ты сам-то как о своей голове понимаешь?

— Ничего пока не понимаю, а живу на старые крохи.

— Это не резон, милый ты мой... Прохарчишься, и все тут. Да... А ты лучше, знаешь, что сделай... Отдавай мне деньги-то, я их оберну раза три-четыре в год, а процент пополам. Глядишь, и набежит тысчонка-другая. На Самосадке-то не прожить... Я для тебя говорю, а ты подумай хорошенько. Мне-то все равно, тебе платить или кому другому.

— Хорошо, я подумаю.

Про черный день у Петра Елисеича было накоплено тысяч двенадцать, но они давали ему очень немного. Он не умел купить выгодных бумаг, а чтобы продать свои бумаги и купить новые — пришлось бы потерять очень много на комиссионных расходах и на разнице курса. Предложение Груздева пришлось ему по душе. Он доверялся ему вполне. Если что его и смущало, так это груздевские кабаки. Но ведь можно уговориться, чтобы он его деньги пустил в оборот по другим операциям, как та же хлебная торговля.

— Ну, святая душа, смотри, уговор дороже денег: битый небитого везет, — весело шутил Груздев, усаживаясь в свою кибитку с Таисьей. — Не я тебя возил, а ты меня...

— Перестань ты, Самойло Евтихыч, шутки свои шутить, — ворчала Таисья. — Ты вот: хи-хи, а бес у тебя за спиной: ха-ха!

191

VIII

Скитские выехали с Самосадки в ночь, как всегда ездили. На передних санях ехал Мосей с Енафой, а на задних инок Кирилл с Аглаидой. Всем, кажется, удоволили мать Енафу на Самосадке: и холста подарили, и меду кадушку, и деньгами на помин души да на неугасимую. Сама Василиса Корниловна всю жизнь копила, чтобы было чем помянуть ее душеньку в скитах. Голыми денежками было выдано Енафе рублей сорок, а Петр Елисеич заплатил особо. Все-таки мать Енафа недовольна и все оглядывается назад. Вперед-то она ехала с Кириллом, а теперь он попал в одни сани с Аглаидой. Хитер пес... И что ему далась эта самая Аглаида? Кажется, по горло сыт: раньше с Федосьей прижил троих ребят, теперь с Акулиной путается. Ох, согрешенье одно с этими скитскими старцами! Грех от них большой идет по всем скитам...

Аграфена видела, что матушка Енафа гневается, и всю дорогу молчала. Один смиренный Кирилл чувствовал себя прекрасно и только посмеивался себе в бороду: все эти бабы одинаковы, что мирские, что скитские, и всем им одна цена, и слабость у них одна женская. Вот Аглаида и глядеть на него не хочет, а что он ей сделал? Как родила в скитах, он же увозил ребенка в Мурмос и отдавал на воспитанье! Хорошо еще, что ребенок-то догадался во-время умереть, и теперь Аглаида чистотою своей перед ним же похваляется.

Зима была студеная, и в скиты проезжали через курень Бастрык, минуя Талый. Чистое болото промерзло, и ход был везде. Дорога сокращалась верст на десять, и вместо двух переездов делали всего один. Аглаида всю дорогу думала о брате Матвее, с которым она увидалась ровно через два года. И его прошибла слеза, когда он увидел ее в черном скитском одеянии.

— Ну, что наши, Матвеюшка? — спрашивала Аглаида, глотая слезы.

— Ничего, живут... Сперва-то брательники больно сердитовали на тебя, — отвечал Матюшка, — а потом ничего, умякли тоже... Не с кого взыскивать-то. Прямо сказать: отрезанный ломоть.

А как тянуло Аглаиду в мир, как хотелось ей расспросить брата обо всех, но, свидевшись с ним у ворот, она позабыла все слова, какие нужно было сказать. Так ничего и не спросила, и только поплакала вместе с Матюшкой. Добрее он из всех брательников и пожалел ее, черничку... После уж Таисья рассказала ей про все, что без нее сделалось на Ключевском: и про уехавших в орду мочеган, и про Никитича, который купил покос у Деяна Поперешного, и про Палача, который теперь поживает с своею мочеганкой Анисьей в господском доме, и про Самойла Евтихыча, захватившего всю торговлю, и про всю родню в своем Кержацком конце. Целую ночь рассказывала Таисья, а черноризица Аглаида слушала ее и разливалась рекой. Хоть бы одним глазком глянуть ей на свой Ключевской завод! Уже под самый конец Таисья рассказала про Макара Горбатого, как он зажил в отцовском даме большаком, как вышел солдат Артем из службы и как забитая в семье Татьяна увидала свет.

— Макар-то и пировать бросил, — рассказывала Таисья. — Только есть у него што-то на уме: ночь-ночью ходит.

В скитах ждали возвращения матери Енафы с большим нетерпением. Из-под горы Нудихи приплелась даже старая схимница Пульхерия и сидела в избе матери Енафы уже второй день. Федосья и Акулина то приходили, то уходили, сгорая от нетерпения. Скитские подъехали около полуден. Первой вошла Енафа, за ней остальные, а последним вошел Мосей, тащивший в обеих руках разные гостинцы с Самосадки.

— Благополучно ли съездила, матушка? — шамкала Пульхерия, в которой женское любопытство вечно враждовало с иноческою добродетелью.

— Ничего, слава богу, — нехотя отвечала Енафа, поглядывая искоса на обогревшихся мужиков. — Вот что, Кирилл, своди-ка ты гостя к девицам в келью, там уж его и ухлебите, а ты, Мосеюшко, не взыщи на нашем скитском угощении.

— И то пойдем, Мосей, — с удовольствием согласился Кирилл. — Тебе, мирскому человеку, и отдохнуть впору... Тоже намаялся дорогой-то.

Выжив мужиков, мать Енафа вздохнула свободнее, особенно когда за гостем незаметно ушли и дочери. Ей хотелось отвести душеньку с Пульхерией. Прежде всего мать Енафа накинулась на Аглаиду с особенным ожесточением.

— Ты чего это, милая, мужикам-то на шею лезешь? — кричала она, размахивая своими короткими руками. — Один грех избыла, захотелось другого... В кои-то веки нос показала из лесу и сейчас в сани к Кириллу залезла. Своем глазам видела... Стыдобушка головушке!

Пока мать Енафа началила, Аглаида стояла, опустив глаза. Она не проронила ни одного слова в свое оправдание, потому что мать Енафа просто хотела сорвать расходившееся сердце на ее безответной голове. Поругается и перестанет. У Аглаиды совсем не то было на уме, что подозревала мать Енафа, обличая ее в шашнях с Кириллом. Притом Енафа любила ее больше своих дочерей, и если бранила, то уж такая у ней была привычка.

— Нехорошо, Аглаидушка... — шамкала Пульхерия, качая своею дряхлою головой. — Ах, как нехорошо!.. Легкое место сказать, на кого позарилась-то! Слаб человек наш-то Кирилл.

Долго ругалась мать Енафа, приступая к Аглаиде с кулаками. Надоело, наконец, и ей, и она в заключение прибавила совершенно другим тоном:

— Клади начал да читай правило, смиренница!

Положив начал перед образами и поклонившись в ноги матерям, Аглаида вполголоса начала читать свое скитское правило, откладывая поклоны по лестовке. Старуха сидела попрежнему на лавочке, а мать Енафа высыпала привезенный запас новостей. Она умела говорить без перерыва, с какими-то захлебываниями, точно бежала с журчаньем вода. В такт рассказа мать Пульхерия только качала головой и тяжело вздыхала. Господи, как это на миру-то и живут, — маются, бедные, а не живут. Чем дальше, тем хуже. Измотался совсем народ. Последние времена наступили: хлеб, и тот весят на клейменых весах с печатью антихриста. И выходит по писанию, как сказано в апокалипсисе: "Без числа его ни купити, ни продати никто не может, а число его 666".

— Тошнехонько и глядеть-то на них, на мирских, — продолжала Енафа с азартом. — Прежде скитские наедут, так не знают, куда их посадить, а по нонешним временам, как на волков, свои же и глядят... Не стало прежних-то христолюбцев и питателей, а пошли какие-то богострастники да отчаянные. Бес проскочил и промежду боголюбивых народов... Везде свара и неистовство. Знай себе чай хлебают да табачище палят.

Взглянув на Аглаиду, мать Енафа прибавила уже шепотом на ухо Пульхерии:

— Таисья-то, смиренница-то, и та, слышь, чай прихлебывает потихоньку от своих... Тоже в отчаянные попала!..

— Матушки светы! — всхлипывала Пульхерия, раскачиваясь всем своим одряхлевшим телом. — Ох, страсти какие!..

— Верный человек мне про Таисью-то сказывал!.. На других-то уж и дивить нечего... Ох, нехорошо, матушка, везде нехорошо! Мечтание одолевает боголюбивые народы... В Златоусте, слышь, новая вера прошла: самовыкресты. Сами себя перекрещивают и молятся пятерней... На Мурмосе проявились дыромолы: сделают в стене в избе дыру и молятся... А што делается у поповщины, так ровно и говорить-то нехорошо. Столпы-то ихние в Екатеринбурге, ну, про них и в писании сказано: "И бысть нелады, мятеж и свары не малы — сталось разделение между собой до драки".

— А где у них Геннадий-то, архирей ихний?

— Да все в Суздале-монастыре у никониян на затворе... Неправильный он архирей, да человек-то хорош... Больно его жалеют... После Архипа тагильского при нем поповцы свет увидали, а теперь сидит, родимый, в челюстях мысленного льва.

— Архипа-то я помню, Енафа... Езжала в Тагил, когда он службу там правил. Почитай, лет с сорок тому время будет, как он преставился. Угодный был человек...

— На могилку теперь к Архипу-то каждый год ходят, кануны говорят, все равно как у отца Спиридония. Ну, нынешние-то исправленные попы ослабели вконец... Даже неудобь сказуемо, матушка! Взять хоть того же Карпа или Евстигнея, екатеринбургских попов, али Каментария мияского. Теперь в Екатеринбурге-то снялись два новых, ставленных попа: Иван поп да Трефилий поп. Врукопашную, слышь, да за волосья друг дружку... Столпы-то замаялись с ними. Одна надежа осталась у них, у поповцев, на какого-то Савватия, тоже архирей, только из расейских. Его хотят

194

выписывать, чтобы свое-то бесчинство укротить. Везде мечтание идет, матушка, да и наши беспоповцы не лучше, пожалуй...

— Все это он мутит, льстец всескверный...[19] — повторяла мать Пульхерия, содрогаясь от ужаса. — От него пагуба идет...

— Бес проскочил промежду боголюбивыми народами, матушка. Осталась одна наша слабость... Мы вот тут сидим в лесу да грехи свои отмаливаем, а наши же наставники да наставницы большую силу забирают у милостивцев, и на заводах, и в городу. Тоже дошлый народ пошел... Таисья-то хоть и хлебает чай, а достаточно мне показала. Поморцы, слышь, больно усилились и наших многих соблазнили: што ни дом, то и вера... В одном дому у них по две веры живет: отец так молится, а сын инако. Как голодные волки рыщут поморцы и большую силу забирают через своих баб, потому как у них явный брак считается за самый большой грех, а тайный блуд прощается. Жен с мужьями разделяют, детей с родителями... Настоящая пагуба эти поморцы нашему древнему благочестию.

— Все это он поднимает и сварит! — стонала Пульхерия. — Прежде этого не было и в помине, штобы тайный грех лучше явного делался.

— Поморцы-то всех достигают: и поповцев, и беспоповцев, и единоверцев, и православных.

Старухи принялись опять шушукаться, а Аглаида, кончив правило, сняла с себя иноческое одеяние, надела свою скитскую пестрядину и залезла на полати, где обыкновенно спала. Она не любила подслушивать чужих разговоров и закрыла голову овчинным тулупом. Устала Аглаида с дороги, спать хотела давеча, а легла — сон и отбежал. Лежит она и думает, думает без конца, перебирая свою скитскую жизнь, точно она вчера только приехала сюда под Мохнатенькую горку. Господи, как ей страшно делается!.. Вот ее, "слепую", привез Кирилл и сдал на руки матери Енафе. Хоть и сердитая и на руку быстрая мать Енафа, а только Аглаида сердцем почуяла, что она добрая. Сколько стыда приняла тогда "слепая": чуть кто помолитвуется под окном, она сейчас прятаться в голбец или в сени. По зимам народу пришлого в скитах видимо-невидимо. У матери Енафы везде дела и везде милостивцы, и никто мимо не проедет. До родин Аглаиду не трогали; а когда пришло время, увезли в какую-то лесную избушку на стародавнем курене. Отваживалась с ней сама мать Енафа: дело привычное. Родившегося ребенка Аглаиде и не показали, а его увез в Мурмос инок Кирилл. Там где-то и сгинул ребеночек, а Аглаида могла только плакать да убиваться. В миру бабьи слезы дешевы, а по скитам они и ничего не стоят. Вернулась Аглаида к Енафе уже "прозревшей" и начала принимать скитскую исправу. Прежде всего наложила на нее Енафа сорокадневный "канун": однажды в день есть один ржаной хлеб, однажды пить воду, откладывать ежедневно по триста поклонов с исусовой молитвой да четвертую сотню похвале-богородице. Скитское правило особо и

---

[19] Льстец — антихрист. (Прим. Д.Н.Мамина-Сибиряка.)

особо же шестьсот поясных поклонов опять с исусовой молитвой. На молитву мать Енафа поднимала новую трудницу в четыре часа утра. Разбудит ее и заставит молиться, а сама на печку, — ленивая была эта Енафа, хотя всю раскольничью службу знала до тонкости. Вынесла Аглаида свой искус в точности, ни одного раза не сказала "поперешного" слова матери Енафе да еще от себя прибавила за свой грех особую эпитимию: ляжет спать и полено под голову положит. Эта ревность тронула Енафу, и она душой полюбила свою новую послушницу. Тихая да работящая девка, воды не замутит, а голос, как у соловья. Принялась мать Енафа учить Аглаиду своему скитскому уставу, чтобы после она могла править сама скитскую службу. Свои-то девки едва ковыряли одну псалтырь, да на псалтыри и посели, а Аглаида еще у Таисьи всю церковную грамоту прошла.

— Экой у тебя голос, Аглаида! — удивлялась мать Енафа, когда кончилась служба. — В Москве бы тебя озолотили за один голос... У Фаины на Анбаше голосистая головщица Капитолина, а у тебя еще почище выходит. Ужо как-нибудь на Крестовых островах мы утрем нос Фаине-то.

Между скитом Фаины и скитом Енафы шла давнишняя "пря", и теперь мать Енафа задалась целью влоск уничтожить Фаину с ее головщицей. Капитолина была рябая девка с длинным носом и левое плечо у ней было выше, а Аглаида красавица — хоть воду у ней с лица пей. Последнего, конечно, Енафа не говорила своей послушнице, да и торопиться было некуда: пусть исправу сперва примет да уставы все пройдет, а расчет с Фаиной потом. Не таковское дело, чтобы торопиться.

Таким образом ключевская Аграфена сделалась черноризицей Аглаидой. Черноризицами называли тех скитниц, которые еще "не приняли венца", а носили уже иноческое одеяние. Аглаида возымела непременное желание сделаться "инокой" и готовилась к приятию ангельского чина, как мать Пульхерия. Все время, остававшееся свободным от уставного моленья и своей скитской домашности, она посвящала чтению жития разных святых. Единственным удовольствием для нее были то минуты, когда мать Енафа отпускала ее к матери Пульхерии. До ее избушки лесом было верст восемь, и девяностолетняя старуха ходила еще пешком к Енафе в гости даже зимой, как сегодня. У Пульхерии Аглаида отводила свою душу благочестивыми разговорами. Келейка у ней была маленькая, двоим негде повернуться, а Пульхерия спасалась в ней сорок лет. К себе она никого не принимала по обету схимницы и только изредка сама ходила к Енафе. Пищу ей доставляла мать Енафа, для которой эта обязанность служила прекрасною доходною статьей: слава о постнице Пульхерии разошлась по всему Уралу, и через Енафу высылалась разная доброхотная милостыня, остававшаяся почти целиком в ее руках.

В келье у Пульхерии решительно ничего не было, кроме печки, кое-как сложенной из плитняка, да деревянной лавки, на которой она спала.

— Вот не могу на земле спать, — сокрушалась Пульхерия от чистого сердца. — Плоть свою не могу усмирить... Мышей боюсь.

Аглаида думала в это время, что со временем, когда Пульхерия умрет, она займет ее келью и будет спасать душу тоже одна.

— Только бы мне ангельский чин принять, — повторяла Аглаида, когда бывала у Пульхерии. — Трудно, баушка?

— Ох, трудно, милушка... Малый венец трудно принимать, а большой труднее того. После малого пострижения запрут тебя в келью на шесть недель, пока у тебя не отрастут ангельские крылья, а для схимницы вдвое дольше срок-то. Трудно, голубушка, и страшно... Ежели в эти шесть недель не отрастишь крыльев, так потом уж никогда они не вырастут... Большое смущение бывает.

Собственно жизнь в скиту у матери Енафы мало чем разнилась от мирской, кроме скитского вечернего правила да утренней службы. В свободное время скитницы пряли лен или шерсть, ткали и шили, убирались по хозяйству и готовили свою скитскую еду. День шел за днем с томительным однообразием, особенно зимой, а летом было тяжелее, потому что скитницы изнывали в своем одиночестве, когда все кругом зеленело, цвело и ликовало. Черноризица Аглаида была рада такой жизни, если бы молитвенный покой скитской жизни не нарушался постоянными наездами отъинуд. То какие-то проезжие сибирские старцы завернут, то свои скитские наставники, то разные милостивцы, которые сами развозили по скитам подаяние, то совсем неизвестные люди или прямо бродяги. Не любила Аглаида этих наездов и обыкновенно никому не показывалась: уйдет куда-нибудь и спрячется. Зато мать Енафа была радехонька каждому новому человеку и ублажала каждого встречного.

— У нас, у скитских, побольше делов-то, чем у мирских, — говорила она иногда, точно оправдываясь перед Аглаидой. — В другой раз хоть разорваться, так в ту же пору.

О делах Енафы черноризица Аглаида имела неясное представление и даже как-то не доверяла им. Просто мать Енафа важность на себя накидывает... Да и смиренный Кирилл давно бы проболтался, если бы что было. Живя два года в скиту, Аглаида знала этого смиренного Заболотского инока не больше, чем когда увидала его в первый раз. Он оставался для нее живою загадкой. Она даже не знала, где он жил. Инок то неожиданно появлялся, то еще неожиданнее исчезал. Ясно было одно, что мать Енафа держала его в черном теле. Секрет ее власти мог быть и в ее собственном прошлом и в настоящем ее двух дочерей. Аглаида даже не пыталась узнать, что и как, да и какое ей дело до Кирилла? Мать Енафа пригрела ее в несчастии, и получерничка Аглаида относилась к ней с покорностью и уважением.

— Ты осудил и грех на тебе, — часто говорила мать Енафа, предупреждая пытливость и любопытство своей послушницы. — Кто что сделал, тому и каяться... Знаемый грех легче незнаемого, потому как есть в чем каяться, а не согрешишь — не спасешься.

Вернувшись с Самосадки, Аглаида привезла с собой и свою

старую тоску, которая заполоняла ее скитские мысли, как почвенная вода. Поднялось и то, что казалось уже забытым и похороненным. И никогда не уйти ей от этих мирских мыслей, пока не примет настоящего пострижения. Только бы скорее все, а то одна мука... Под шапочкой иноки с нашитыми на ней белым восьмиконечным крестом и адамовой головой она точно хотела спрятаться от того мира, который продолжал тянуть ее к себе, как страшный призрак, как что-то роковое. Вон мастерица Таисья обошлась и без иночества, но на то она и Таисья.

IX

Аграфена приехала в скиты осенью по первопутку, и в течение двух лет мать Енафа никуда не позволяла ей носу показать. Этот искус продолжался вплоть до поездки в Самосадку на похороны Василисы Корниловны. Вернувшись оттуда, мать Енафа особенно приналегла на свою черноризицу: она подготовляла ее к Петрову дню, чтобы показать своим беспоповцам на могилке о.Спиридония. Аглаида выучила наизусть "канун по единоумершем", со всеми поклонами и церемониями древлего благочестия.

— Мы им покажем, как говорят кануны, — грозилась мать Енафа в воздушное пространство и даже сжимала кулаки. — Нонче и на могилках-то наши же беспоповцы болтают кое-как, точно омморошные. Настоящие-то старики повымерли, а теперешние наставники сами лба перекрестить по-истовому не умеют. Персты растопыривают и щелчком молятся... Поучись у нашей Пульхерии, Аглаидушка: она старину блюдет неукоснительно.

Эта ревность сводилась, главным образом, на то, чтобы подкузьмить мать Фаину с ее рябою головщицей. Аглаида могла огорчаться про себя, а спорить не смела: мать Енафа возражений не принимала и осудила бы за непокорность. Да и кто она такая, Аглаида, чтобы судить других?.. Она покорно долбила свои кануны и слушалась каждого слова матери Енафы. С последним зимним путем скиты разобщались с остальным миром до Петрова дня, — горами и болотами весной не было проезжей дороги. В Мурмос приходилось попадать через раскольничью деревню Красный Яр, а этот объезд составлял верст полтораста. Болота просыхали к Петрову дню, так что из скитов кое-как можно было пробраться на могилку к о.Спиридонию. Лучшим вожаком служил смиренный инок Кирилл, который знал все тропы и едва заметные "сакмы"[20].

Весна нынче выпала поздняя, а снега были глубокие. На горах снег пролежал вплоть до Николы вешнего, а горные речонки играли двумя неделями позже. Мать Енафа наложила на себя нарочитую

---

[20] Сакма — след на траве. (Прим. Д.Н.Мамина-Сибиряка.)

эпитимию, чтобы хоть немного спустить свою вдовью толщину. Трудно ей было выносить такой искус, но идти с красною рожей на могилку к о.Спиридонию тоже не годится. Наберется там много народу из Ключевского, с Мурмоса и Самосадки и как раз осудят, особенно рядом с смиренницею Таисьей да сухою Фаиной. Грешная плоть вообще доставляла матери Енафе постоянные неудобства, и она ненавидела свое цветущее здоровье. Еда у ней была, как у хорошего пильщика, а сон мертвый, — на котором боку легла, на том и встала. Не раз случалось так, что мать Енафа читает свое скитское правило, сделает земной поклон, припадет головой к подрушнику да так и заснет.

— От крови голову обносит, — объясняла она, вздыхая. — Сырая я женщина, вот главная причина.

Вся сила заболотских скитов заключалась в матери Пульхерии, а мать Енафа только эксплуатировала эту популярность. Бывавшие в Заболотье милостивцы не удостаивались видеть великую подвижницу. Все делалось через мать Енафу, умевшую только одно: ладить с разными милостивцами, питателями и христолюбцами.

Хорошо весной в скитах. Кругом все зелено. Каждая былинка радуется. Мохнатенькая гора до самой вершины поросла сосняком и ельником, как шапка. В жаркие дни здесь было настоящее раздолье, а к ключику, выбегавшему с полгоры, приходили пить студеную воду олени и дикие козы. Их никто не трогал, и пугливый зверь не боялся человека. Ключик на Мохнатенькой славился, как святой: около него спасался Паисий, прежде чем ушел на Нудиху. Тихо в лесу, как слеза сочится светлая горная вода, и Аглаида проводила в святом месте целые дни. Вот бы хорошо где поставить себе келейку, если бы не был близко скит матери Енафы. Разгуливая по лесу, Аглаида против воли уносилась мыслями на берег р.Березайки, где у брательников Гущиных был лучший покос. В страду у них была не работа, а веселье. В восемь кос выходили на луг. Рядом страдовал Никитич с сестрою Таисьей. У них своей силы недоставало, так прихватывали кого-нибудь из пеньковских бобылей или подсобляли Никитичу свои доменные летухи да засыпки. Мать Енафа никакой скотины не держала, и Аглаида невольно жалела засыхавшую на корню высокую траву, которая стояла выше пояса. Некошенные были места, и везде торчали сухие медвежьи дудки. Под Ильин день, когда заводская страда была в полном разгаре, Аглаида особенно сильно тосковала: ее так и тянуло поработать, а работы нет.

Незадолго до Петрова дня объявился в скитах неизвестно где пропадавший инок Кирилл.

— Мать Фаина прошла к Спиридонию, — сообщил он Енафе под секретом.

— Што больно поторопилась?

— Ее дело...

— Чего-нибудь замышляет эта Фаина... Поди, на Самосадку пробредет, а то и на Ключевской. Этакая непоседа...

— Не наше дело...

— С Таисьей у них какие-нибудь делишки завелись. Не иначе...

— Сам-пят прошла она: Капитолина с ней, две старицы да два старца.

— С Анбаша старцы-то?

— Один с Анбаша, а другой с Красного Яра.

Это известие взволновало мать Енафу, хотя она и старалась не выдавать себя. В самом деле, неспроста поволоклась Фаина такую рань... Нужно было и самим торопиться. Впрочем, сборы были недолгие: собрать котомки, взять палки в руки — и все тут. Раньше мать Енафа выходила на могилку о.Спиридония с своими дочерьми да иноком Кириллом, а теперь захватила с собой и Аглаиду. Нужно было пройти пешком верст пятьдесят.

— Ну, спала я с тела али нет? — спрашивала мать Енафа, когда надела на плечи котомку. — Говори правду, Аглаидушка...

— Как будто с лица-то потоньше стала, матушка.

— А телом-то как?

— Телом-то ровно попрежнему...

— Ох, согрешила я, грешная... Разе вот дорогой промнусь, не будет ли от этого пользы. Денька три, видно, придется вплотную попостовать... Кирилл-то по болотам нас поведет, так и это способствует. Тебе бы, Аглаидушка, тоже как позаботиться: очень уж ты из лица-то бела.

Смиренный заболотский инок повел скитниц так называемыми "волчьими тропами", прямо через Чистое болото, где дорога пролегала только зимой. Верст двадцать пришлось идти мочежинами, чуть не по колена в воде. В особенно топких местах были проложены неизвестною доброю рукой тоненькие жердочки, но пробираться по ним было еще труднее, чем идти прямо болотом. Молодые девицы еще проходили, а мать Енафа раз десять совсем было "огрузла", так что инок Кирилл должен был ее вытаскивать.

— Ох, смертынька моя пришла! — стонала мать Енафа в отчаянии. — Голову мне обносит...

Из-под Мохнатенькой вышли ранним утром, а заночевали в Чистом болоте, на каком-то острове, о котором знал один Кирилл. Когда все скитницы заснули около огонька, как зарезанные, инок спросил неспавшую Аглаиду:

— Глянется тебе, Аглаида, мой островок?.. Это почище будет местечко, чем у Пульхерии под Нудихой... Самое угодное место.

— Ничего, славное, — равнодушно согласилась Аглаида, занятая своими мыслями.

— Уж сюда, сестрица, никто не проберется... Истинно сказать, что и ворон костей не занашивал.

К могилке о.Спиридония вышли только на следующий день к вечеру. Мать Енафа так умаялась, что не могла говорить. Место для могилки было выбрано в горах очень красивое: на крутом лесистом увале, подле студеного ключика. Небольшая зеленая еланка точно была расшита яркими шелками. Над самою могилкой росла столетняя ель; в ней на стволе врезан был восьмиконечный медный раскольничий крест. Сама могилка ничего особенного не представляла: небольшой деревянный полусгнивший "голубец" с деревянным крестом, и больше ничего. Незнающий человек мог проехать в десяти шагах и ничего не заметить. Дорога из Самосадки у могилки раздвоялась: одна шла на курень Талый, а другая на Бастрык, образуя "росстань".

До Петрова дня оставались еще целые сутки, а на росстани народ уже набирался. Это были все дальние богомольцы, из глухих раскольничьих углов и дальних мест. К о.Спиридонию шли благочестивые люди даже из Екатеринбурга и Златоуста, шли целыми неделями. Ключевляне и самосадчане приходили последними, потому что не боялись опоздать. Это было на руку матери Енафе: она побаивалась за свою Аглаиду... Не вышло бы чего от ключевлян, когда узнают ее. Пока мать Енафа мало с кем говорила, хотя ее и знали почти все.

— Потрудилась, матушка ты наша, — жалели ее богомолки-кержанки. — Тоже не молодое твое дело...

— Какие наши труды, голубушки, — отвечала мать Енафа, — с грехами не знаешь куда деваться.

Мать Фаина пришла на могилку только под самый Петров день. Это была высокая и худая старуха, походившая на сушеную рыбу. С ней была, конечно, и головщица Капитолина. При людях матери встретились, как родные сестры — скитское "разделение" оставалось про себя. Набралось много других скитниц, старичков и старушек, но все они встречались только на таких богомольях, как могилка о.Спиридония. Между собой шла у них такая же "пря", как и у Енафы с Фаиной. Мастерица Таисья пришла в числе последних и сейчас же приобщилась к главным скитским матерям. Черноризицы Аглаиды она точно не замечала, а только издали кивнула ей головой.

Моленье началось с вечера. Мурмосские, ключевляне, самосадчане молились отдельно и отдельно же "говорили" свои скитские каноны. Задымились кации, полилось грустное похоронное пение и раздался неутешный женский плач. Одна партия не успевала кончить канун над могилой о.Спиридония, как ее сейчас же сменяла другая. Вся еланка на росстани была покрыта сплошною толпой богомольцев. Когда солнце село, в разных местах загорелись яркие костры, и моленье продолжалось при огне. В полночь мать Фаина разрешила своей головщице Капитолине читать. Светлый и звенящий голос пронесся в воздухе, как струя яркого света, и шумевшая толпа стихла. С рыдающими нотами и высокими переливами этот голос производил на всех чарующее впечатление. Именно этого скитского чтения и ждала толпа. Черноризица Аглаида слушала знаменитую головщицу с замиранием сердца: у ней захватывало дух от волнения. Где же ей, Аглаиде, состязаться с анбашскою головщицей, когда ее душили слезы! Мать Енафа заметила произведенное Капитолиной впечатление, отвела Аглаиду в сторону и сказала:

— Слышала, как анбашские говорят канун?.. А мы им все-таки нос утрем.

Капитолина читала до самого света, пока небо не посерело. Под горой, как молоко, стоял густой туман. Холодная горная ночь заставляла вздрагивать. Огни потухли. Народ не ложился спать. Когда анбашские кончили, выступили заболотские. Инок Кирилл поставил перед голубцем складной аналой, Енафа сама затеплила свои скитские свечи и толкнула оробевшую Аглаиду к аналою. Напротив Аглаиды за могилкой стояла мать Фаина и не сводила с нее глаз: слух о новой головщице облетел уже все скиты. Аглаида перекрестилась и начала "говорить" канун. Сначала у ней голос дрогнул, но потом окреп и разлился в утреннем воздухе, точно серебро. Она читала ровно и покойно, и каждая нота звучала чарующею женскою нежностью. Певучая страстность и рыдавшие переливы анбашской головщицы сменились верующим спокойствием, точно разлилась широкая многоводная река... Особенно хороши были полные низкие ноты, когда Аглаида закрывала глаза. Кержанки-богомолки облепили могилку, как пчелы, и с изумлением смотрели прямо в рот новой головщице.

— Матушка ты наша, касаточка... Ангельский голосок!..

Инок Кирилл и мастерица Таисья слушали издали. Таисья точно застыла и стояла, как деревянная. Инок Кирилл, наконец, не вытерпел и, толкнув ее локтем, прошептал:

— Какова птичка завелась, Таисьюшка? Соловьем разливается...

Таисья посмотрела какими-то удивленными глазами на Кирилла и ничего не ответила. Она еще с вечера все прислушивалась к чему-то и тревожно поглядывала под гору, на дорогу из Самосадки, точно поджидала кого. Во время чтения Аглаиды она первая услышала топот лошадиных копыт.

В тумане из-под горы сначала показался низенький старичок с длинною палкой в руке. Он шел без шапки, легко переваливаясь на своих кривых ногах. Полы поношенного кафтана для удобства были заткнуты за опояску. Косматая седая борода и целая шапка седых волос на голове придавали ему дикий вид, а добрые серые глаза ласково улыбались.

— Да ведь это Гермоген! — как-то ахнул смиренный Кирилл.

— Какой Гермоген? Перекрещенец?

— Он самый... Из Златоуста.

Таисья даже попятилась от такой неожиданности. Златоустовские поморцы-перекрещенцы не признавали о.Спиридония за святого и даже смеялись над ним, а тут вдруг выкатил сам Гермоген, первый раскольщик и смутьян... Чуяло сердце Таисьи, что быть беде! За Гермогеном показалась из тумана голова лошади, а на ней ехал верхом Макар Горбатый.

— Вот так мечтание! — прошептал инок Кирилл, прячась за Таисью.

Но добрые серые глаза Гермогена уже отыскали его в тысячной

толпе. Старик прямо прошел к Кириллу и, протягивая руку, проговорил:

— Здорово, сибирский кот...

— Ты бы шел своею дорогой, Гермоген, — огрызнулся Кирилл, пряча свою руку. — Не туда ты попал... Уходи подобру-поздорову, откудова пришел.

— Мне везде дорога.

Старик посмотрел на Таисью, на других богомолок и, улыбнувшись, прибавил:

— Баб обманываете... Ишь сколько их набралось: как пчелки на мед налетели, милые.

Аглаида уже дочитывала свой канун, когда по толпе пробежал ветром общий шепот. Ее точно что кольнуло, и голос порвался. Она слышала конский топот и не смела оглянуться, как птица, которую в траве накрыла охотничья собака. Смущение, произведенное в толпе появлением вершника, быстро прошло, когда ключевляне узнали своего лесообъездчика. А Макар стоял на одном месте и широко раскрытыми глазами смотрел на черноризицу Аглаиду: он узнал голос Аграфены. Так вот она где... Вся краска сбежала с лица, и только глядели одни глаза, точно они хотели сжечь новую головщицу. Под этим упорным взглядом Аглаида повернула свое лицо и тихо вскрикнула... Произошел переполох. Мастерица Таисья бросилась к Аглаиде, схватила ее за руку и скрылась с ней в толпе. Макара окружили несколько мужиков и угрожающе ждали, что он будет делать.

— Што, испугались? — говорил Гермоген, выступая вперед. — Кому вы здесь молитесь, слепцы?

— Бей выкреста! — пронеслось в толпе. — Это поморский волк пришел...

— Вас здесь много, а я один, — спокойно ответил старик.

Ему не дали кончить, — как-то вся толпа хлынула на него, смяла, и слышно было только, как на земле молотили живое человеческое тело. Силен был Гермоген: подковы гнул, лошадей поднимал за передние ноги, а тут не устоял. Макар бросился было к нему на выручку, но его сейчас же стащили с лошади и десятки рук не дали пошевельнуться. Перепуганные богомолки бросились в лес, а на росстани остались одни мужики.

— Порешим его, собаку! — опять крикнул неизвестный голос.

Улучив момент, Макар вырвался, и свалка закипела с новым ожесточением. "Катай мочеганина и собаку-выкреста!" — гудела уже вся толпа. Едва ли ушли бы живыми из этого побоища незваные гости, если бы не подоспел на выручку остервенившийся инок Кирилл.

— Што вы делаете, отчаянные? — крикнул он, бросаясь в толпу с своим иноческим посохом. — Креста на вас нет...

Это заступничество заставило толпу отхлынуть. Гермоген лежал на траве без движения. Макар вытирал рукавом свое окровавленное лицо.

— Ну-ко, тащи старичка к ключику, — говорил Кирилл, поднимая голову Гермогена, болтавшуюся по-мертвому. — Еще дышит, кажись.

У ключика, который был в десяти шагах, старика облили холодною водой, и он сейчас же открыл глаза.

— Жив еще, дедушка? — спрашивал Кирилл, вытирая ему лицо каким-то бабьим платком. — Ну, слава богу... Макарушка, ты его вот на бок поверни, этак... Ах, звери, как изуродовали человека!

Лицо у Гермогена быстро заплывало багровою опухолью, верхняя губа оказалась рассеченной, но старик пересилил себя, улыбнулся и проговорил:

— Слепцы... Не меня били, а свою глупость.

Смирение Гермогена и его стоицизм подействовали на толпу в обратном смысле. Несколько человек отделилось и подошло к ключику сначала из любопытства.

— Звериный образ на вас на всех, — кротко заговорил Гермоген, обращаясь к ним. — Себя-то пожалейте, слепые.

Толпа росла у ключика, а Гермоген продолжал свое. Его слова производили впечатление. Какой-то здоровенный мужик даже повалился ему в ноги.

— Прости, дедушка... — бормотал он. — Это я тебя в губу-то саданул...

— Бог тебя простит, милый человек.

Участие к поморцу росло с каждым мгновением, и Кирилл струсил.

— Эй, вы, чего лезете? — крикнул он на толпу. — Не вашего это ума дело... Да и ты, Гермоген, держал бы лучше язык за зубами.

Когда свалка кончилась, бабы вышли из лесу и смотрели в сторону ключика. Первая насмелилась подойти к Гермогену мать Енафа. Наклонившись к старику, она проговорила:

— Убить тебя мало, антихрист... Уходи отсюда, коли жив хочешь быть.

Мастерица Таисья уговаривала в это время Макара, который слушал ее с опущенною головой. Она усадила его на лошадь, как это было в Кержацком конце, а сзади седла подсадила избитого поморца.

— Ну, с богом теперь! — говорила Таисья, поворачивая лошадь к Самосадке.

X

Случившийся на могилке о.Спиридония скандал на целое лето дал пищу разговорам и пересудам, особенно по скитам. Все обвиняли мать Енафу, которая вывела головщицей какую-то пропащую девку. Конечно, голос у ней лучше, чем у анбашской Капитолины, а все-таки и себя и других срамить не доводится. Мать Енафа не обращала

204

никакого внимания на эти скитские пересуды и была даже довольна, что Гермоген с могилки о.Спиридония едва живой уплел ноги.

— Это уж, видно, отец Спиридоний посмеялся над выкрестом, — говорила она. — В святое место да с поганою рожей пришел...

Аглаида молчала и ходила, как в воду опущенная. Она видела Макара только издали, как во сне, но и этого было достаточно, чтобы поднять в душе все старое. Вместе с тем картина того, как незлобиво перенес Гермоген обиду, произвела на нее неизгладимое впечатление. Это был настоящий мученический подвиг, и Аглаида часто думала про этого удивительного старца. На нее нападали иногда сомнения в правоте собственного иноческого жития, которое только тем и отличалось от мирского, что скитские ничего не делали да молились от свободности. С своими сомнениями Аглаида всегда шла к матери Пульхерии; так было и теперь. Она рассказала старухе все, как на духу, и горько плакалась на свою нетвердость.

— Мне его жаль, Макара-то, — шептала Аглаида, заливаясь слезами. — Неотступно стоит он передо мной... и Гермоген тоже... "Слепые, говорит, вы все... Жаль мне вас!"

— Мечтание это, голубушка!.. Враг он тебе злейший, мочеганин-то этот. Зачем он ехал-то, когда добрые люди на молитву пришли?.. И Гермогена знаю. В четвертый раз сам себя окрестил: вот он каков человек... Хуже никонианина. У них в Златоусте последнего ума решились от этих поморцев... А мать Фаина к поповщине гнет, потому как сама-то она из часовенных.

Беседа с Пульхерией всегда успокаивала Аглаиду, но на этот раз она ушла от нее с прежним гнетом на душе. Ей чего-то недоставало... Даже про себя она боялась думать, что в скитах ей трудно жить и что можно устроиться где-нибудь в другом месте; Аглаида не могла и молиться попрежнему, хотя и выстаивала всякую службу.

А лето шло уже на исход. После Ильина дня добрые люди считают уже осень. Солнышко поднимается позднее и ложится раньше. В горах начинают перепадать холодные утренники. Летние алые цветки поблекли, а трава под ногой шелестит по-мертвому... Лесная птица давно уже птенцов вывела на ягоду. На Мохнатенькой много было таких выводков. Одних поляшей[21] гнезд больше десяти. Непуганная птица подпускала близко, и Аглаида по целым часам любовалась, как старые польшошки ходили с гнездом по ягодам. Ведь птица, а только-только не скажет... По-своему-то между собой тоже говорят, особенно мать с детьми. Рано по утрам два выводка приходили пить к святому ключу. Впереди бегут птенцы, а мать за ними. Таково-то все хорошо да умненько у этих птиц... Наблюдая птичью жизнь, Аглаида невольно завидовала им, — никакому творению так хорошо не живется. Которая птица перелетная, так той и того лучше: сегодня здесь, завтра там. Прямо сказать: господняя тварь. Утром еще солнышко не взошло, а птичка уж проснулась и славит... И никакого греха у птицы нет: корм она у других не

---

[21] Поляш — косач. (Прим. Д.Н.Мамина-Сибиряка.)

отнимает, деточек воспитывает, а самая чистая птица все парами — лебедь с лебедушкой, журавль с журавлихой, голубь с голубкой, скворчик с скворчихой. Зверь — тот хуже, а человек хуже всех зверей. Недаром, когда человек идет по лесу, всякая тварь от него прячется, и даже лютый медведь уходит. Любила Аглаида ходить по лесу одна и раздумывать свои думы. Так-то это хорошо, когда один останешься...

Раз после первого спаса шла Аглаида по Мохнатенькой, чтобы набрать травки-каменки для матери Пульхерии. Старушка недомогала, а самой силы нет подняться на гору. Идет Аглаида по лесу, собирает траву и тихонько напевает раскольничий стих. У самого святого ключика она чуть не наступила на лежавшего на земле мужика. Она хотела убежать, но потом разглядела, что это инок Кирилл.

— Что ты тут делаешь? — спросила Аглаида.

— Проходи дальше... — грубо ответил Кирилл и отвернулся.

Аглаиде показалось, что он плакал. О чем же мог убиваться беззаботный скитский инок? Аглаида отошла несколько шагов и остановилась.

— Чего встала-то? — точно зарычал инок. — Сказано — проходи.

Сделав несколько шагов вперед, Аглаида остановилась за деревом и стала смотреть, что будет делать Кирилл. Он лежал попрежнему, и только было заметно, как вздрагивало все его тело от подавленных рыданий. Какая-то непонятная сила так и подталкивала Аглаиду подойти поближе к Кириллу. Шаг за шагом она опять была у ключа.

— Кирилл...

Старец быстро сел и удивленными глазами посмотрел на Аглаиду, точно не узнал ее. Все лицо у него опухло от слез, но он не прятал его, а только смотрел на непрошенную гостью исподлобья.

— Не подходи, говорю... — проговорил Кирилл, не спуская глаз с Аглаиды. — Не человек, а зверь перед тобой, преисполненный скверны. И в тебе все скверна, и подошла ты ко мне не сама, а бес тебя толкнул... Хочешь, чтобы зверь пожрал тебя?

Аглаида давно уже не боялась Кирилла и спокойно села на траву рядом с ним.

— О чем ты плакал? — спросила она тихим голосом, глядя ему прямо в глаза.

— Я?.. Как мне не плакать, ежели у меня смертный час приближается?.. Скоро помру. Сердце чует... А потом-то што будет? У вас, у баб, всего один грех, да и с тем вы не подсобились, а у нашего брата мужика грехов-то тьма... Вот ты пожалела меня и подошла, а я што думаю о тебе сейчас?.. Помру скоро, Аглаида, а зверь-то останется... Может, я видеть не могу тебя!..

— Перестань ты, Кирилл, неподобные слова говорить, — спокойно уговаривала его Аглаида. — Иночество скоро приму, и нечего мне тебя бояться.

— Да ведь мне-то обидно: лежал я здесь и о смертном часе сокрушался, а ты подошла — у меня все нутро точно перевернулось...

206

Какой же я после этого человек есть, что душа у меня коромыслом? И весь-то грех в мир идет единственно через вас, баб, значит... Как оно зачалось, так, видно, и кончится. Адам начал, а антихрист кончит. Правильно я говорю?.. И с этакою-то нечистою душой должен я скоро предстать туда, где и ангелы не смеют взирати... Этакая нечисть, погань, скверность, — вот што я такое!

Старец Кирилл опять упал на траву и зарыдал "истошным голосом". Аглаида сидела неподвижно, точно прислушиваясь к тому, что у ней самой делалось на душе. Ведь и она то же самое думала про себя, что говорил ей сейчас плакавший инок.

— Ты еще все не ушла? — удивился Кирилл, поднимаясь.

— Нет.

— Так ты вот какая... Мало тебе того, что я сказал? Мало? Хочешь знать и то, чего тебе не следует знать?.. Два года боялась меня, а теперь не боишься? Так я же тебе все скажу... Мастерицу Таисью помнишь: я жил с ней, когда она исправу принимала в скитах. Мать Енафа жила со мной в то же время, а потом я с Федосьей, да с Акулиной запутался... Мало тебе этого?.. У меня в Мурмосе есть одна вдова-солдатка, на Анбаше — головщица Капитолина, в Красном Яру — целых три сестры... Лютый я зверь, — вот что я тебе скажу!.. Не страшно тебе глядеть-то на меня?

Аглаида молчала, опустив голову. После этого приступа старец Кирилл точно изнемог и несколько времени тоже молчал, а потом начал говорить, не обращаясь ни к кому, точно Аглаиды и не было совсем. Он рассказывал ей всю свою жизнь, все грехи, все помыслы и тайные желания, точно на исповеди. Да, он искал истины, а находил везде один только грех. Душа изболела в грехе, изнемогло тело, а впереди страх и скрежет зубовный. Близится день судный, народится льстец всескверный, а спасения нет. И в лесу не уйдешь от греха, потому что мы его с собой в лес-то приносим.

— Два года я тебя подстерегал, Аглаида, чтобы сотворить страм, — каялся Кирилл. — Ни молитва, ни крест, ни слезы, ничто бы не удержало... Вот и теперь ты сидишь рядом со мной, а я... нет, я не могу... Рука у меня не поднимается на тебя!.. Как взглянешь мне прямо в глаза, так я и изнемогу, а отойду — ненависть у меня к тебе. Точно так бы и разорвал тебя на мелкие части... Помнишь, как я тогда тебя в первый-то раз с Самосадки слепую вез в скиты? Нарочно в балаган на Бастрык завез, и господь тебя сохранил от моей лютости... Везу тебя тогда, а у самого сердце огнем горит. А заговорила, взглянула — сердце и упало... Проклятый я человек, Аглаида! Нет мне прощения...

— Не ладно ты говоришь, Кирилл, — ответила Аглаида, качая головой. — Не пойму я тебя што-то... Лишнее на себя наговариваешь. Не сужу я тебя, а к слову сказала...

— Мало тебе, значит, и этого? А видела тогда на росстани старца Гермогена?

— Видела.

— Ну, так я от него сейчас... В большое он сомнение меня привел.

207

Чуть-чуть в свою веру меня не повернул... Помнишь, как он тогда сказал: "слепые вы все"? Слепые и выходит!

Этого Аглаида уже не могла вынести: вскочила и ушла, и даже ни разу не оглянулась на старца.

208

ЧАСТЬ ПЯТАЯ

I

Вместо Палача управителем на Крутяше был назначен меднорудянский смотритель Ефим Андреич. Он жил в Пеньковке, где у него был выстроен собственный деревянный домик на пять окон. В своей новой должности Ефим Андреич имел право занять казенную квартиру Палача на самом руднике, что он и сделал. Правда, жаль было оставлять свой домишко, но, с другой стороны, примиряющим обстоятельством являлась квартирная плата, которую Ефим Андреич будет получать за свой дом, да и новому рудничному смотрителю где-нибудь надо же приютиться.

— Ну, мать, как ты полагаешь своим бабьим умом? — спрашивал Ефим Андреич свою старушку жену.

— Уж и не знаю, Ефим Андреич...

Парасковья Ивановна была почтенная старушка раскольничьего склада, очень строгая и домовитая. Детей у них не было, и старики жили как-то особенно дружно, точно сироты, что иногда бывает с бездетными парами. Высокая и плотная, Парасковья Ивановна сохранилась не по годам и держалась в сторонке от жен других заводских служащих. Она была из богатой купеческой семьи с Мурмоса и крепко держалась своей старой веры.

— Ну, так как, мать? — спрашивал Ефим Андреич. — За квартиру будем получать пять цалковых, а в год-то ведь это все шестьдесят. Ежели и четыре, так и то сорок восемь рубликов... Не баран чихал, а голенькие денежки!

Раскинули старики умом и порешили переехать на казенную квартиру. Главное затруднение представлялось в разной домашности: и корова Пестренка, и старый слуга Гнедко, и курочки, — всех нужно было тащить за собой да устраивать на новом месте. Да и гнезда своего старого жаль... Тоже двадцать лет прожито, и вдруг переезжай. Но желание получить четыре рубля в месяц за квартиру пересилило все остальные соображения. Когда таким образом вопрос был решен, у Ефима Андреича точно что повихнулось на душе, — старик вдруг затосковал... Но дело сделано, и ворочаться не приходилось. Старики скрепя сердце переехали из Пеньковки на самый рудник и поселились в господской квартире.

Случилось странное дело. Ефим Андреич выслужил на медном руднике тридцать пять лет и был для рудниковой вольницы настоящею грозой. "Уж Ефима Андреича не обманешь, Ефим Андреич достигнет, потому как на два аршина под землей видит", — таково было общественное мнение подчиненной массы. Работал старик, как машина, с аккуратностью хорошей работы старинных часов: в известный час он уже будет там, где ему следует быть, хоть камни с неба вались. Рудничное дело не заводское: не остановишь. Крутяш и праздников не знал, как не знал их и Ефим Андреич: он в светлый день спускался два раза в шахту, как в будни, и в рождество, и в свои именины. Сохрани бог упустить шахту, да тогда вся бы Пеньковка по миру пошла, пока "отводились" бы с упущенною шахтой. Вон на Кукарских заводах этак-то "ушла шахта", так девять человек рабочих утонуло, да воду паровыми машинами полгода отливали. Больших тысяч стоило, чтобы "отводиться" с шахтой. Когда Ефим Андреич был простым смотрителем, он знал только свое дело и не боялся за шахту: осмотрит все работы, задаст "уроки", и чист молодец. Сделавшись меднорудянским управителем, старик точно что потерял, а прежде всего потерял собственный покой. Дело велось, как и раньше, а Ефим Андреич не доверял даже собственной работе: так, да не так. Обходя подземные галереи, старик косился на каждую стойку, поддерживавшую своды, подолгу прислушивался к работе паровой машины, откачивавшей воду, к далекому гулу подземной работы и уходил расстроенный. Случись что — он один в ответе... И рабочие стали относиться к нему как-то иначе, не так, как прежде, точно не доверяли ему, а в таком ответственном деле именно доверие прежде всего. Ночью Ефим Андреич лежит на кровати и одним ухом все прислушивается, как пыхтит паровая машина, и все ему кажется что-то не так и чего-то вообще недостает. В конце концов старик начал просто бояться неизвестной, но неминуемой грозы, похудел, осунулся и сделался крайне раздражительным и недоверчивым. Парасковья Ивановна тоже тяжело вздыхала, глядя на мужа. Что же дальше-то будет, ежели он и сейчас места себе не находит?

Дело кончилось тем, что Ефим Андреич раз за вечерним чаем сказал жене:

— Паша, давно я тебе хочу сказать... одним словом, наплевать!

Парасковья Ивановна с полуслова знала, в чем дело, и даже перекрестилась. В самом-то деле, ведь этак и жизни можно решиться, а им двоим много ли надо?.. Глядеть жаль на Ефима Андреича, как он убивается. Участие жены тронуло старика до слез, но он сейчас же повеселел.

— Ну его к ляду, управительское-то место! — говорил он. — Конечно, жалованья больше, ну, и господская квартира, а промежду прочим наплевать... Не могу, Паша, не могу своего характера переломить!.. Точно вот я другой человек, и свои же рабочие по-другому на меня смотрят. Вижу я их всех наскрозь, а сам как связанный.

— Штой-то, Ефим Андреич, не на пасынков нам добра-то копить. Слава богу, хватит и смотрительского жалованья... Да и по чужим углам на старости лет муторно жить. Вон курицы у нас, и те точно сироты бродят... Переехали бы к себе в дом, я телочку бы стала выкармливать... На тебя-то глядеть, так сердечушко все изболелось! Сам не свой ходишь, по ночам вздыхаешь... Долго ли человеку известись!

210

Старики тут же за чаем и решили, что Ефим Андреич откажется от управительства. Ну его к ляду и с господскою квартирой вместе!

— Знаешь, Паша, что я сделаю? — говорил развеселившийся Ефим Андреич. — Поеду к Петру Елисеичу и попрошу, штобы он на мое место управителем заступил.

— Не пойдет он, Ефим Андреич, — обидел его Лука Назарыч, да и место рудникового управителя ниже заводского.

— А вот и пойдет... Заводская косточка, не утерпит: только помани. А что касаемо обиды, так опять свои люди и счеты свои... Еще в силе человек, без дела сидеть обидно, а главное — свое ведь кровное заводское-то дело! Пошлют кого другого — хуже будет... Сам поеду к Петру Елисеичу и буду слезно просить. А уж я-то за ним — как таракан за печкой.

Ехать на Самосадку для Ефима Андреича было чем-то вроде экспедиции к северному полюсу. Дело в том, что Ефим Андреич только раз в жизни выезжал с Ключевского завода, и то по случаю женитьбы, когда нужно было отправиться к невесте в Мурмос. Дальше Мурмоса старик не ездил и даже не бывал на Самосадке, до которой всего было два часа езды. И рудник не приходилось оставлять, да и сам по себе Ефим Андреич был большой домосед. Понятно, какой для него предстоял подвиг, и он собирался целый месяц. Несколько раз с вечера он заказывал, что выедет завтра поутру, наступало утро — и поездка откладывалась. Легко сказать — уехать, а тут без тебя и шахта уйдет, и Парасковья Ивановна захворает, и всякая другая беда приключится.

Великое событие отъезда Ефима Андреича совершилось по последнему санному пути. Он прощался с женой, точно ехал на медвежью охоту или на дуэль. Мало ли что дорогой может приключиться!

— Ну, Паша, ежели я завтра утром не вернусь, так уж ты тово... — наказывал старик упавшим голосом. — Эх, до чего дожил: вот тебе и господская квартира!

Расстроенная прощаньем, Парасковья Ивановна даже всплакнула и сейчас же послала за мастерицей Таисьей: на людях все же веселее скоротать свое одиночество. Сама Парасковья Ивановна придерживалась поповщины, — вся у них семья были поповцы, — а беспоповщинскую мастерицу Таисью любила и частенько привечала. Таисья всегда шла по первому зову, как и теперь.

— Проводила я своего-то Ефима Андреича, — торжественно заявила Парасковья Ивановна. — На Самосадку укатил... Не знаю, вернется жив, не знаю — не жив. Тоже не близкое место.

За чаем старушка рассказала Таисье все свое горе, а Таисья долго и участливо качала головой.

— Ну, а ты как думаешь? — пытала ее Парасковья Ивановна. — Правильно он рассудил, Ефим-то Андреич?

— В самый раз, Парасковья Ивановна! — поддакивала Таисья.

— Уж мы всяко думали, Таисьюшка... И своего-то старика мне жаль. Стал садиться в долгушку, чтобы ехать, и чуть не вылез:

211

вспомнил про Груздева. Пожалуй, говорит, он там, Груздев-то, подумает, что я к нему приехал.

У Парасковьи Ивановны были старые счеты с Груздевыми, которых она вообще недолюбливала и даже избегала о них говорить. Причина этой неприязни таилась в семейной истории. Дело в том, что отец Парасковьи Ивановны вел торговлю в Мурмосе, имел небольшие деньги и жил, "не задевая ноги за ногу", как говорят на заводах. Семья слыла за богатую, тоже по заводским расчетам. Но под старость отец Парасковьи Ивановны проторговался, и вся семья это несчастие объясняла конкуренцией пробойного самосадского мужика Груздева, который настоящим коренным торговцам встал костью в горле. Так это дело и тянулось: Груздев разорил — и все тут. Груздев считал себя обиженным этими наговорами и сторонился от старинного заводского полукупечества.

— Распыхался уж очень Самойло-то Евтихыч, — прибавила Парасковья Ивановна точно в свое оправдание. — Не под силу дерево заломил.

Таисья не возражала, а только, благочестиво опустив глаза, легонько вздохнула.

А Ефим Андреич ехал да ехал. Отъедет с версту и оглянется: что-то теперь Парасковья Ивановна поделывает? Поди, уж самовар наставила и одна у самовара посиживает... Дорога ему казалась невыносимо длинной.

— Дожил, нечего сказать, — ворчал он, кутаясь в шубу. — На старости лет довелось мыкаться по свету.

Петр Елисеич, конечно, был дома и обрадовался старому сослуживцу, которого не знал куда и посадить. Нюрочка тоже ластилась к гостю и все заглядывала на него. Но Ефим Андреич находился в самом угнетенном состоянии духа, как колесо, с которого сорвался привод и которое вертелось поэтому зря.

— По делу приехал, по самому казусному делу, — коротко объяснил он, занятый своими мыслями.

— Дело не уйдет, а вот сначала чайку напьемся.

Но и чай не пился Ефиму Андреичу, а после чая он сейчас же увел Петра Елисеича в кабинет и там объяснил все дело. Петр Елисеич задумался и не решался дать окончательный ответ.

— И думать нечего, — настаивал Ефим Андреич. — Ведь мы не чужие, Петр Елисеич... Ежели разобрать, так и я-то не о себе хлопочу: рудника жаль, если в чужие руки попадет. Чужой человек, чужой и есть... Сегодня здесь, завтра там, а мы, заводские, уж никуда не уйдем. Свое лихо... Как пошлют какого-нибудь инженера на рудник-то, так я тогда что буду делать?

После долгих переговоров Петр Елисеич условно согласился, и Ефим Андреич несколько успокоился.

— Теперь Парасковья Ивановна спать, поди, уж легла... — говорил за ужином Ефим Андреич с какою-то детскою наивностью. — А я утром пораньше уеду, чтобы прямо к самовару подкатить.

Но старик не вытерпел: когда после ужина он улегся в хозяйском кабинете, его охватила такая тоска, что он потихоньку пробрался в кухню и велел закладывать лошадей. Так он и уехал в ночь, не простившись с хозяином, и успокоился только тогда, когда очутился у себя дома и нашел все в порядке.

II

Дело с переездом Петра Елисеича в Крутяш устроилось как-то само собой, так что даже Ефим Андреич удивился такому быстрому выполнению своего плана. Главная сила заключалась в Луке Назарыче, но сердитый старик, видимо, даже обрадовался благоприятному случаю, чтобы помириться с "французом". Палач, сделавшись заводским управителем, начал кутить все чаще и вообще огорчал Луку Назарыча своим поведением. С другой стороны, и Петр Елисеич был рад избавиться от своего вынужденного безделья, а всякое заводское дело он любил душой. Одним словом, все были довольны, и Петр Елисеич переехал в Крутяш сейчас же. Между прочим, живя на Самосадке, он узнал, что в раскольничьей среде продолжают циркулировать самые упорные слухи о своей земле и что одним из главных действующих лиц здесь является его брат Мосей. Пропаганда шла какими-то подземными путями, причем оказались запутанными в это дело и старик Основа и выкрест Гермоген, а главным образом самосадчане. Выходило так, что Петр Елисеич как будто являлся здесь подстрекателем и, как ловкий человек, действовал через брата Мосея. Молва видела в этом только месть заводскому управлению, отказавшему ему от службы. Иначе зачем ему было переезжать на пристань? Попытка разговорить пристанских не заводить смуты кончилась для него ничем.

— Самосадка-то пораньше и Ключевского и Мурмоса стояла, — повторяли старички коноводы. — Деды-то вольные были у нас, на своей земле сидели, а Устюжанинов потом неправильно записал Самосадку к своим заводам.

В сущности никто ничего не знал, и заводское землевладение является сомнительным вопросом в юридическом смысле, но за ним стояла громадная давность. Старики уверяли, что у них есть "верная бумага", где все показано, но Петр Елисеич так и не мог добиться увидеть этот таинственный документ. Очевидно, ему свои самосадские не доверяли, действовала какая-то невидимая рука, и действовала очень настойчиво. Прямым следствием этого невыяснившегося еще движения являлось то, что ни на Ключевском заводе, ни в Мурмосе уставной грамоты население еще не подписывало до сих пор, и вопрос о земле оставался открытым.

Переезд с Самосадки совершился очень быстро, — Петр Елисеич ужасно торопился, точно боялся, что эта новая должность убежит от него. Устраиваться в Крутяше помогали Ефим Андреич и Таисья.

Нюрочка здесь в первый раз познакомилась с Парасковьей Ивановной и каждый день уходила к ней. Старушка с первого раза привязалась к девочке, как к родной. Раз Ефим Андреич, вернувшись с рудника, нашел жену в слезах. Она открыла свое тайное горе только после усиленных просьб.

— Не могу я жить без этой Нюрочки, — шептала старушка, закрывая лицо руками. — Точно вот она моя дочь. Даже вздрогну, как она войдет в комнату, и все ее жду.

Это был святой порыв неудовлетворенного материнства, и старики поплакали о своем горе вместе.

Весна в этом году вышла ранняя, и караваны на Самосадке отправлялись "спешкой". Один караван шел заводский "с металлом", а другой груздевский с хлебом. У Груздева строилось с зимы шесть коломенок под пшеницу да две под овес, — в России, на Волге, был неурожай, и Груздев рассчитывал сплавить свой хлеб к самой высокой цене, какая установляется весной. Обыкновенно караваны отваливали "близ Егория вешнего", то есть около 23 апреля, а нынче дружная весна подхватила целою неделей раньше. Заводский караван все-таки поспел во-время нагрузиться, а хлебный дня на два запоздал, — грузить хлеб труднее, чем железо да чугун. Впрочем, главною причиной здесь служило и то обстоятельство, что самому Груздеву приходилось бывать на Самосадке только наездом, а его заменял Вася. В великое говенье разнемоглась Анфиса Егоровна и теперь лежала пластом. Груздев боялся оставить ее, потому что, того гляди, она кончится. Больная тосковала о Самосадке, в которой прожила почти всю жизнь, а Мурмос ей не нравился.

— Поезжай ты, Самойло Евтихыч, на пристань, — упрашивала больная мужа. — Какое теперь время: работа, как пожар, а Вася еще не дошел до настоящей точки.

— Успеется, — отвечал Груздев. — Не первый караван отправляем. Васе показано все, как и што...

— Свой-то глаз не заменишь, Самойло Евтихыч... Я и без тебя поправилась бы. Не первой хворать-то: бог милости пошлет, так и без тебя встану.

У Анфисы Егоровны была одна из тех таинственных болезней, которые начинаются с пустяков. На первой неделе поста она солила рыбу впрок и застудила ноги на погребу. Сначала появился легкий кашель, потом лихорадка и общее недомоганье. В Мурмосе жил свой заводский врач, но Груздевы, придерживаясь старинки, не обратились к нему в свое время, тем более что вначале Анфисе Егоровне как будто полегчало. Впрочем, этот светлый промежуток продолжался очень недолго, и к пасхе больная лежала уже крепко, — кашель, лихорадка, бессонница, плохой аппетит. Лечили ее разными домашними средствами свои же старушки.

— Надо доктора позвать, — предлагал Груздев, — как быть-то, ежели нельзя без него?

— Нет, ты уж не обижай меня, — просила больная.

Так дело и тянулось день за днем, а к каравану больная уже

214

чувствовала, что она не жилец на белом свете, хотя этого и не говорила мужу, чтобы напрасно не тревожить его в самую рабочую пору. Анфису Егоровну охватило то предсмертное равнодушие, какое бывает при затянувшихся хронических болезнях. О себе самой она как-то даже и не думала, а заботилась больше всего о сыне: как-то он будет жить без нее?.. Вот и женить его не привел господь, — когда еще в настоящие-то годы войдет? Другою заботой был караван, — ведь чего будет стоить неудачный сплав, когда одной пшеницы нагружено девяносто тысяч пудов да овса тысяч тридцать? На худой конец тысяч на семьдесят в караване-то... Только под конец больной удалось уговорить мужа отправиться на пристань, а вместо себя послать в Мурмос Васю. Груздеву казалось, что жене лучше, и он отправился на Самосадку с облегченным сердцем.

Заводский караван уже отвалил, а груздевские коломенки еще стояли в прилуке, когда приехал сам хозяин.

— Как вода? — спрашивал Груздев, еще не вылезая из экипажа.

— Высоконько стоит, Самойло Евтихыч, — объяснял главный сплавщик. — С Кукарских заводов подпирают Каменку-то... Ну, да господь милостив!..

— Я сам поплыву... — решил Груздев.

Вася был отправлен сейчас же к матери в Мурмос, а Груздев занялся караваном с своею обычною энергией. Во время сплава он иногда целую неделю "ходил с теми же глазами", то есть совсем не спал, а теперь ему приходилось наверстывать пропущенное время. Нужно было повернуть дело дня в два. Нанятые для сплава рабочие роптали, ссылаясь на отваливший заводский караван. Задержка у Груздева вышла в одной коломенке, которую при спуске на воду "избочило", — надо было ее поправлять, чтобы получилась правильная осадка.

В то самое утро, когда караван должен был отвалить, с Мурмоса прискакал нарочный: это было известие о смерти Анфисы Егоровны... Груздев рассчитывал рабочих на берегу, когда обережной Матюшка подал ему небольшую записочку от Васи. Пробежав глазами несколько строк, набросанных второпях карандашом, Груздев что-то хотел сказать, но только махнул рукой и зашатался на месте, точно его кто ударил.

— Лошадей, — хрипло сказал он Матюшке, чувствуя, как все у него темнеет в глазах.

Так караван и отвалил без хозяина, а Груздев полетел в Мурмос. Сидя в экипаже, он рыдал, как ребенок... Черт с ним и с караваном!.. Целую жизнь прожили вместе душа в душу, а тут не привел бог и глаза закрыть. И как все это вдруг... Где у него ум-то был?

По дороге Груздев завернул в Крутяш, чтобы поделиться своим горем с Петром Елисеичем. Мухин уже знал все и только что собрался ехать в Мурмос вместе с Нюрочкой.

— Поедем вместе со мной, — упрашивал Груздев со слезами на глазах. — Ничего я не понимаю: темно в глазах...

— Как же я с Нюрочкой буду? — думал вслух Петр Елисеич. — Троим в твоем экипаже тесно... Дома оставить ее одну... гм...

— Скорее, скорее! — торопил Груздев.

Петра Елисеича поразило неприятно то, что Нюрочка с видимым удовольствием согласилась остаться у Парасковьи Ивановны, — девочка, видимо, начинала чуждаться его, что отозвалось в его душе больною ноткой. Дорога в Мурмос шла через Пеньковку, поэтому Нюрочку довезли в том же экипаже до избушки Ефима Андреича, и она сама потянула за веревочку у ворот, а потом быстро скрылась в распахнувшейся калитке.

Всю дорогу до Мурмоса Груздев страшно неистовствовал и совсем не слушал утешений своего старого друга, повторявшего обычные для такого случая фразы.

— А может быть, она не умерла? — повторял Груздев, ожидая подтверждения этой мысли. — Ведь бывают глубокие обмороки... Я читал в газете про одну девушку, которая четырнадцать дней лежала мертвая и потом очнулась.

Когда Мухин начинал соглашаться относительно обморока, Груздев спорил, что все это пустяки и что смешно утешать его, как маленького ребенка.

— Как несправедливо устроена вся наша жизнь, Петр Елисеич! — сетовал Груздев, несколько успокоившись. — Живешь-живешь, хлопочешь, все чего-то ждешь, а тут трах — и нет ничего... Который-нибудь должен раньше умереть: или муж, или жена, а для чего, спрашивается, столько лет прожили вместе?

— Как же ты рассуждаешь так? — удивлялся Мухин. — Ведь ты человек религиозный...

— Какая наша религия: какая-нибудь старуха почитает да ладаном покурит — вот и все. Ведь как не хотела Анфиса Егоровна переезжать в Мурмос, чуяло сердце, что помрет, а я точно ослеп и на своем поставил.

В доме Груздева уже хозяйничали мастерица Таисья и смиренный заболотский инок Кирилл. По покойнице попеременно читали лучшие скитские головщицы: Капитолина с Анбаша и Аглаида из Заболотья. Из уважения к хозяину заводское начальство делало вид, что ничего не видит и не слышит, а то скитниц давно выпроводили бы. Исправник Иван Семеныч тоже махнул рукой: "Пусть их читают, ангел мой".

В самый день похорон, — хоронили покойницу ночью, чтобы не производить соблазна, — прискакал с Самосадки нарочный с известием, что груздевский караван разбился. Это грозило полным разорением, а между тем Груздев отнесся к этому несчастию совершенно спокойно, точно дело шло о десятке рублей.

— Деньги — дело наживное, — с грустью ответил он на немой вопрос Петра Елисеича. — На наш век хватит... Для кого мне копить-то их теперь? Вместе с Анфисой Егоровной наживали, а теперь мне все равно...

III

Мужики, привозившие перед рождеством хлеб, рассказывали на базаре, что знают переселившихся в "орду" ключевлян и даже видели их перед отъездом. Дальше шли разноречивые показания: один говорил, что переселенцы живут ничего, привыкли, а другой — что им плохо приходится и что поговаривают об обратном переселении. Этот слух встревожил родных, и бабы заголосили на все лады про "проклятущую орду". Но потом все стихло, и стали ждать повестки: легкое место сказать, два года с лишним как уехали и точно в воду канули, — должна быть повестка.

Около Николина дня в кабак Рачителихи пришел Морок и заявил:

— Выворотились наши из орды...

— Перестань врать, непутевая башка!

— Верно говорю... И потеха только, што теперь у Горбатых в дому творится!.. Сам-то Тит выворотился "ни с чем пирог"... Дом сыновьям запродал, всякое обзаведенье тоже, а теперь оглобли и повернул. Больно не хвалят орду...

— Да кто не хвалит-то? — накинулась на него Рачителиха. — Ты сам, што ли, видел Тита-то?.. Ну, говори толком!

— Видеть сам не видел, а только верно это самое дело, Дунюшка... Сейчас провалиться, верно!.. Отощали, слышь, все, обносились, обветряли, — супротив заводских страм глядеть.

Все кабацкие завсегдатаи пришли в неописуемое волнение, и Рачителиха торговала особенно бойко, точно на празднике. Все ждали, не подойдет ли кто из Туляцкого конца, или, может, завернет старый Коваль.

Тит Горбатый действительно вернулся, и вернулся не один, а вывел почти всю семью, кроме безответного большака Федора, который пока остался с женой в орде. Старая Палагея, державшая весь дом железною рукой, умерла по зиме, и Тит вывел пока меньшака Фрола с женой Агафьей да Пашку; они приехали на одной телеге сам-четверт, не считая двух Агафьиных погодков-ребятишек. Это был тяжелый момент, когда Тит ночью постучал кнутиком в окно собственной избы, — днем он не желал ехать по заводу в настоящем своем виде. На стук показалась Татьяна; она не узнала грозного свекра, и он не узнал забитую сноху.

— Кого тебе, крещеный? — спросила Татьяна, разглядывая плохую лошаденку. — Может, Макара, так ево нету дома...

— Отворяй ворота, Татьяна, — ответила Агафья с телеги, и Татьяна узнала ее голос.

— Батюшки-светы, да ведь это ты, свекор-батюшко!.. — заголосила она, по старой привычке бросаясь опрометью к воротам. — Ах, родимые вы мои...

На шум выскочил солдат Артем, а за ним Домнушка. По

217

туляцкому обычаю и сын и обе снохи повалились старику в ноги тут же на дворе, а потом начали здороваться.

— Ну, этово-тово, принимайте гостей, — печально проговорил Тит, входя в переднюю избу. — Мать Палагея приказала долго жить...

Домнушка и Татьяна сейчас же подняли приличный случаю вой, но Тит оговорил их и велел замолчать. Он все оглядывался кругом, точно боялся чего. С одной стороны, он был рад, что Макар уехал куда-то на лесной пожар: не все зараз увидят его убожество... Обстановка всего двора подействовала на старика самым успокаивающим образом. Братья, видимо, жили справно и не сорили отцовского добра. Что же, дай бог всякому так-то... Вон и Татьяна выправилась, даже не узнал было по первоначалу, а солдат со своею солдаткой тоже как следует быть мужу с женой. Конечно, Домнушка поспала с рожицы, а все-таки за настоящую бабу сойдет, одна спина чего стоит.

— А ты давно из службы выворотился, Артем? — спрашивал старик для разговора.

— Да уж этак примерно второй год пошел, родитель, — вежливо отвечал солдат, вытягиваясь в струнку. — Этак по осени, значит, я на Ключевском очутился...

— Так, так... — рассеянно соглашался Тит, оглядывая избу. — А теперь, значит, этово-тово, при брате состоишь?

— Это вы касательно Макара, родитель? Нет, это вы напрасно, потому как у брата Макара, напримерно, своя часть, а у меня своя... Ничего, живем, ногой за ногу не задеваем.

— Робишь где-нибудь?

— Так вообче... своим средствием пока, а что касаемо предбудущих времен, так имеем свою осторожность.

Фрол смотрел на брата, как на чужого человека, а вытянувшийся за два года Пашка совсем не узнавал его. Да и солдат был одет так чисто, а они приехали в лаптях, в рубахах из домашней пестрядины и вообще мужланами. Сноха Агафья тоже смущалась за свой деревенский синий "дубас" и простую холщовую рубашку, в каких на Ключевском ходили только самые древние старухи. Заводское щегольство больно отозвалось на душе Агафьи, и она потихоньку заплакала. Половину века унесла эта проклятущая орда... Теперь на улицу стыдно будет глаза показать, — свои заводские проходу не дадут.

Как человек бывалый, солдат спросил только про дорогу, давно ли выехали, благополучно ли доследовали, а об орде ни гугу. Пусть старик сам заговорит, а то еще не во-время спросишь.

— Да ведь они, гли, совсем наехали, — шепнула ему Домнушка на ухо, соображая свои бабьи дела.

— Не наше дело, — цыкнул на нее Артем.

Никаких разговоров по первоначалу не было, как не было их потом, когда на другой день приехал с пожара Макар. Старик отмалчивался, а сыновья не спрашивали. Зато Домнушка в первую же ночь через Агафью вызнала всю подноготную: совсем "выворотились"

218

из орды, а по осени выедет и большак Федор с женой. Неловко было выезжать всем зараз, тоже совестно супротив других, которым не на что было пошевельнуться: уехали вместе, а назад повернули первыми Горбатые.

— Погибель, а не житье в этой самой орде, — рассказывала Домнушка мужу и Макару. — Старики-то, слышь, укрепились, а молодяжник да бабы взбунтовались... В голос, сказывают, ревели. Самое гиблое место эта орда, особливо для баб, — ну, бабы наши подняли бунт. Как огляделись, так и зачали донимать мужиков... Мужики их бить, а бабы все свое толмят, ну, и достигли-таки мужиков.

— Обнаковенно, все через вас, через баб, — глубокомысленно заметил солдат. — А все-таки как же родителя-то обернули, не таковский он человек...

— И не обернуть бы, кабы не померла матушка Палагея. Тошнехонько стало ему в орде, родителю-то, — ну, бабы и зачали его сомущать да разговаривать. Агафью-то он любит, а Агафья ему: "Батюшко, вот скоро женить Пашку надо будет, а какие здесь в орде невесты?.. Народ какой-то морный, обличьем в татар, а то ли дело наши девки на Ключевском?" Побил, слышь, ее за эти слова раза два, а потом, после святой, вдруг и склался.

Возвращение Горбатых подняло на ноги оба мочеганских конца. У каждого был кто-нибудь свой в орде, и поэтому все хотели узнать, что и как. А между тем старый Тит никуда глаз не показывал. Свои сказывали его больным, — разбило старика с дороги. Самые любопытные по вечерам нарочно проходили под окнами горбатовского двора и ничего не могли заметить. Бабенки побойчее завертывали с разным бездельем то к Домнушке, то к Татьяне и все-таки не видали Тита; старик действительно лежал на печке и только вздыхал. Первый выход он сделал в воскресенье к заутрене. Народ уже ждал его и встретил глухим ропотом. Усердно молился старый Тит, и все видели, как он плакал. После заутрени вышел о.Сергей и долго беседовал с ним. Из пятого в десятое слышали эту беседу только самые почтенные старики и разные старушки, которые между заутреней и обедней обыкновенно осаждали о.Сергея разными просьбами и просто разговорами. Священник любил подолгу разговаривать, особенно со старушками, так что последние души в нем не чаяли. Из разговора с о.Сергеем старики только и слышали, как Тит рассказывал о смерти своей старухи, а о.Сергей утешал его.

После обедни за Титом из церкви вышла целая толпа, остановившая его на базаре.

— Эй, Тит, расскажи-ко, как ты из орды убёг! — крикнул неизвестный голос в толпе. — Разорил до ста семей, засадил их в орде, а сам убёг...

Старик даже головы не повернул на дерзкий вызов и хотел уйти, но его не пустили. Толпа все росла. Пока ее сдерживали только старики, окружавшие Тита. Они видели, что дело принимает скверный оборот, и потихоньку проталкивались к волости, которая

219

стояла на горке сейчас за базаром. Дело праздничное, народ подгуляет, долго ли до греха, а на Тита так и напирали, особенно молодые.

— Богатым везде житье! — кричало уже несколько голосов. — А зачем других было зорить?

— Да я... ах, боже мой, этово-тово!.. — бормотал Тит, не зная, кому отвечать. — Неужели же я себе-то ворог? Ну, этово-тово, ошибочка маленькая вышла... неустойка... А вы чего горло-то дерете, дайте слово сказать.

— И то, ребята, не приставайте, — заступились за Тита старики.

— Ладно, знаем мы его разговоры!.. Небось сам убёг, а других засадил в орде своей.

Напирали особенно хохлы, а туляки сдержанно молчали, хотя должно было быть как раз наоборот, потому что большинство переселенцев было из Туляцкого конца.

Под прикрытием стариков Тит был, наконец, доставлен в волость, где кстати случился налицо и сам старшина, старик Основа.

— Ну что, дедушка, скажешь? — спросил Основа.

От волнения Тит в первую минуту не мог сказать слова, а только тяжело дышал. Его худенькое старческое лицо было покрыто потом, а маленькие глазки глядели с усталою покорностью. Народ набился в волость, но, к счастью Тита, большинство здесь составляли кержаки.

— А ничего не скажу, этово-тово... — проговорил Тит, продышавшись, и отмахнулся рукой, точно отгонял невидимых комаров.

— Совсем приехал или на побывку? — спрашивал Основа, степенно разглаживая свою седую голову.

— А, видно, совсем... Сила не взяла, этово-тово, — бормотал виновато Тит. — Своя неустойка вышла... Старики и старухи хвалят житье, а молодяжник забунтовал... Главная причина в молодяжнике... Набаловался народ на фабрике, этово-тово. Бабам ситцу подавай, а другие бабы чаю требуют... По крестьянству бабе много работы, вот снохи и подняли смуту. Правильная жисть им не по нутру, потому как крестьянская баба настоящий воз везет, а заводская баба набалованная... Вся неустойка от молодых снох, этово-тово. Они и мужиков подбивали. Способу с емя не стало, с бабами...

— Это ты правильно, дедушка, — поддерживал его Основа. — Слышите, что старик-то говорит?

Все молчали и только переминались с ноги на ногу. Дерзкие на язык хохлы не смели в волости напирать на Тита, как на базаре, и только глухо ворчали.

— Что же ты теперь думаешь делать, дедушка? — спрашивал Основа.

— А не знаю... Старуху похоронил, а снохи от рук отбиваются — ну, этово-тово, и выворотился.

— А другие как: тоже воротятся?

— Надо полагать, что так... На заводе-то одни мужики робят, а бабы шишляются только по-домашнему, а в крестьянах баба-то наравне с мужиком: она и дома, и в поле, и за робятами, и за скотиной, и она же всю семью обряжает. Наварлыжились наши заводские бабы к легкому житью, ну, им и не стало ходу. Вся причина в бабах...

Волостное правление помещалось всего в двух комнатах, и от набившегося народа сделалось душно. В окружавшей волость толпе пронесся слух, что ходока Тита судят волостным судом. Народ бросился к окнам, так что в волости сделалось совсем темно. Основа понял неловкое положение старика Горбатого и пригласил его сесть к столу и расспрашивал его обо всем, как хороший знакомый... Этот маневр успокаивающим образом подействовал на толпу, и она мало-помалу поредела. Одни ушли на базар, другие под гору к Рачителихе, третьи домой.

— Ну, а ты как жить-то думаешь? — спрашивал Основа. — Хозяйство позорил, снова начинать придется... Углепоставщиком сколько лет был?

— Да лет с двадцать уголь жег, это точно... Теперь вот ни к чему приехал. Макар, этово-тово, в большаках остался и выход заплатил, ну, теперь уж от ево вся причина... Может, не выгонит, а может, и выгонит. Не знаю сам, этово-тово.

Тит тяжело замолчал, а потом вдруг точно просветлел, поднял голову и с уверенностью проговорил:

— А бог-то на што? Я на правильную жисть добрых людей наводил, нет моего ответу... На легкое житье польстились бабенки, ну, им же и хуже будет. Это уж верно, этово-тово.

— Не поглянулся, видно, свой-то хлеб? — пошутил Основа и, когда другие засмеялись, сердито добавил: — А вы чему обрадовались? Правильно старик-то говорит... Право, галманы!.. Ты, дедушка, ужо как-нибудь заверни ко мне на заимку, покалякаем от свободности, а будут к тебе приставать — ущитим как ни на есть. Народ неправильный, это ты верно говоришь.

От этих приветливых слов старый Тит даже заплакал. Очень уж тяжело ему было сегодня.

Из волости Тит пошел домой. По дороге его так и тянуло завернуть к Рачителихе, чтобы повидаться с своими, но в кабаке уж очень много набилось народу. Пожалуй, еще какого-нибудь дурна не вышло бы, как говорил старый Коваль. Когда Тит проходил мимо кабака, в открытую дверь кто-то крикнул:

— Эй, свой хлеб, куда пошел?

Тит остановился, горько усмехнулся и, сгорбившись, побрел к своему Туляцкому концу. Тяжело ему было идти к собственному двору. Сыновья хоть и не гнали, а оба молчали. Особенно не понравился Титу солдат Артем, как хитрый человек, из которого правды топором не вырубишь. Макар был и на язык дерзок, а все-таки с ним Тит чувствовал себя легче. Идти мимо пустовавших в Туляцком конце изб переселенцев для старика был нож острый, но другой дороги не существовало. Как на грех навстречу Титу попался Полуэхт Самоварник. Он шел навеселе, перекинув халат через левую

221

руку. Завидев Тита, Самоварник еще издали снял шляпу, остановился и заговорил:

— Старику сорок одно с кисточкой...

— Здравствуй, — сухо поздоровался Тит.

— А я теперь в туляки к вам записался, — болтал Самоварник. — Заходи ко мне в избу... Раздавим четвертушку с вином.

— Ужо в другой раз как-нибудь, — отнекивался Тит. — Не до водки мне, Полуэхт Меркулыч.

— Здоровенько ли поживаешь? А мы тут без тебя во как живем, в два кваса: один как вода, а другой пожиже воды.

Тит едва отвязался от подгулявшего дозорного и вернулся домой темнее ночи. Всего места оставалась печь, на которой старик чувствовал себя почти дома.

IV

Когда старая Ганна Ковалиха узнала о возвращении разбитой семьи Горбатых, она ужасно всполошилась. Грозный призрак жениха-туляка для Федорки опять явился перед ней, и она опять оплакивала свою "крашанку", как мертвую. Пока еще, конечно, ничего не было, и сват Тит еще носу не показывал в хату к Ковалям, ни в кабак к Рачителихе, но все равно — сваты где-нибудь встретятся и еще раз пропьют Федорку.

— У, пранцеватый, размордовал Туляцкий конец, — ворчала Ганна про свата Тита, — а теперь и до нас доберется... Оце лихо почиплялось!

Федорка за эти годы совсем выровнялась и почти "заневестилась". "Ласые" темные глаза уже подманивали парубков. Гладкая вообще девка выросла, и нашлось бы женихов, кроме Пашки Горбатого. Старый Коваль упорно молчал, и Ганна теперь преследовала его с особенным ожесточением, предчувствуя беду. Конечно, сейчас Титу совестно глаза показать на мир, а вот будет страда, и сваты непременно снюхаются. Ковалиха боялась этой страды до смерти.

Действительно, вплоть до страды Тит Горбатый, кроме церкви, решительно никуда не показывался. Макар обыкновенно был в лесу, солдат Артем ходил по гостям или сидел на базаре, в волости и в кабаке, так что с домашностью раньше управлялись одни бабы. Но теперь старый Тит опять наложил свою железную руку на все хозяйство, хотя уж прежней силы у него и не было: взять подряд на куренную работу было не с чем — и вся снасть позорена, и своей живой силы не хватило бы. Вообще старик заметно опустился и безмолвно подчинился Макару и Артему. Сыновья хотя ни в чем не перечили отцу, но и воли особенной не давали. Это была глухая подземная борьба, для которой не требовалось слов, а между тем

222

старый Тит переживал ужасное состояние "лишнего человека". Каждый кусок хлеба вставал у него поперек горла. Положение выведенных из орды сыновей Фрола и Пашки было не лучше. Пока Фрол пристроился в подсыпки на домну, где прежде работал большак Федор, а Пашка оставался без дела.

— Вон Илюшка как торгует на базаре, — несколько раз со вздохом говорил Пашка, — плисовые шаровары на ем, суконную фуражку завел... Тоже вот Тараско, брат Окулка, сказывают, на Мурмосе у Груздева в мальчиках служит. Тишка-казачок, который раньше у Петра Елисеича был, тоже торгует... До Илюшки им далеко, а все-таки...

Пашка, Илюшка и Тишка-казачок были погодки и раньше дружили, а теперь Пашка являлся пред ними уже смешным мужиком-челдоном. За два года крестьянства в орде Пашка изменился на крестьянскую руку, и его поднимали на смех свои же девки-тулянки, когда он начинал говорить "по-челдонски". Любимец старика Тита начинал испытывать к отцу глухую ненависть, как и сноха Агафья, подурневшая и состарившаяся от "своего хлеба". Вообще кругом вырастали неприятности, и старый Тит только вздыхал. Не раз он думал, что уж лучше ему было бы помереть в орде, — по крайней мере похоронили бы "рядышком" с Палагеей.

Старый Тит вздохнул свободнее, когда наступила, наконец, страда и он мог выехать со всею семьей на покос. Весело закурились покосные огоньки на Сойге, но и здесь неприятности не оставляли Тита. На деяновском покосе, лучшем из всех, теперь страдовал кержак Никитич. "Хозяйка" Никитича закашляла, как он говорил про свою доменную печь, и ее весной "выдули" для необходимых поправок. Таким образом, Никитич освободился на всю страду и вывел на свой покос доменных летухов, свою сестру Таисью и, конечно, дочь Оленку, с которой вообще не расставался. Урвался даже Тишка-казачок и тоже болтался на покосе. Кержаки работали дружно, любо-дорого смотреть, а по вечерам у Никитича весело заливались старинные кержацкие песни. Оленка уже была по пятнадцатому году, и ее голос резко выделялся высокими переливами, — хохлушки и тулянки пели контральтовыми голосами, а кержанки сопрано. Сам Никитич всегда был рад случаю погулять и, смастерив из бересты волынку, подтягивал Оленке. Это кержацкое веселье было нож вострый тулякам, особенно Титу Горбатому, которому кержак Никитич сел, как бельмо на глазу. Да и Деян Попорешный не удержался и попрекнул Тита своим проданным покосом.

— Твоя работа, старый черт! — обругал Деян старика Горбатого, тыкая пальцем на покос Никитича. — Ишь как песни наигрывают кержаки на моем покосе.

— Сам продавал, никто не неволил, — оправдывался хмуро Тит. — Свой ум где был?

— А все от тебя, Тит... Теперь вот рендую покос у Мавры, значит, у Окулкиной матери. Самой-то ей, значит, не управиться, Окулко в остроге, Наташка не к шубе рукав — загуляла девка, а сынишка меньшой в мальчиках у Самойла Евтихыча. Достиг ты меня, Тит, вот как достиг... Какой я человек без покосу-то?..

— А такой... Дурашлив уродился, значит, а моей причины тут нет, — огрызался Тит, выведенный из терпения. — Руки бы вам отрубить, лежебокам... Нашли виноватого!.. Вон у Морока покос по людям гуляет, его бы взял. Из пятой копны сдает Морок покос-то, шальная голова, этово-тово...

— Это мы и без тебя знаем, дедушка. А все-таки достиг ты нас всех, — ох, как еще достиг-то!.. Сказывают, и другие прочие из орды-то твоей выворотятся по осени.

Единственный человек, который не корил и не попрекал Тита, был Филипп Чеботарев, страдовавший со своими девками. Он частенько завертывал к Титу покалякать, и старики отдыхали вместе. Положение Филиппа ухудшалось с каждым годом: он оставался единственным работником-мужиком в семье и совсем "изробился". Пора было и отдохнуть, а замениться некем. Еще в страду девки за людей шли, все же подмога, а в остальное время все-то они вместе расколотого гроша не стоили и едва себе на одежду заробливали. Безвыходное положение чеботаревской семьи являлось лучшим утешением для старого Тита: трудно ему сейчас, а все-таки два сына под рукой, и мало-помалу семья справится и войдет в силу. Если старшие сыны в отдел уйдут, так с него будет и этих двоих, все-таки лучше, чем у Филиппа. Жена Филиппа, худая Дарья, и на человека не походила. А солдатка Аннушка совсем замоталась: зимой им ворота дегтем вымазали, а потом повадились ходить кержаки с фабрики в гости. Одна худая слава чего стоит, а тут еще полон дом девок. Всем им загородила дорогу беспутная Аннушка. Про Феклисту тоже неладно начинают поговаривать, хоть в глазах девка и смирная — воды не замутит. Да и взыскивать не с кого: попала на фабрику — все одно пропала. Еще ни одна поденщица не вышла замуж, как стоит эта проклятая фабрика. Все сердце изболелось у Дарьи, глядючи на своих девок, да и муж-старик захирел совсем. Очень уж он добрый да жальливый до всех: в семье худого слова от него не слыхивали. Жаловаться другим Филипп тоже не любил и нес свою тяжелую долю скрепя сердце. В страду Аннушка завела шашни с кержаками, работавшими на покосе у Никитича, и только срамила всю семью. Приметила Дарья, что и Феклиста тоже не совсем чиста, — пока на фабрике робила, так грех на стороне оставался, а тут каждая малость наверх плыла. Летухи Никитича хоть в балаган к Филиппу не лезли, а кругом да около похаживали. Горько плакала Дарья, когда на покосе Никитича кержаки "играли" свои старинные кержацкие песни.

На беду, в покос, когда подваливали траву, подъехал Морок. Зачем он шатался — Дарья и ума не могла приложить. Приехал этот Морок, остановился у них и целых три дня работал, как настоящий мужик. Один он подвалил копен пятьдесят и заменил недомогавшего Филиппа. Все-таки мужик, хоть и не настоящий. Сначала Дарья подумала, что Морок для Аннушки приехал, и нехорошо подумала про него, но это оказалось неверным: Морок чуть не поколотил Аннушку, так, за здорово живешь, да и Аннушка грызлась с ним, как хорошая цепная собака. Чудной человек этот Морок: работает, ни с кем ничего не говорит, а потом вдруг свернулся, сел на свою сивую кобылу и был таков.

— Это он к тебе приезжал! — накинулась Дарья на младшую дочь, Феклисту. — Все я вижу... Мало вам с Аннушкой фабрики, так вы в глазах страмите отца с матерью.

— Мамынька, вот те Христос, ничего не знаю! — отпиралась Феклиста. — Ничего не знаю, чего ему, омморошному, надо от меня... Он и на фабрику ходит: сядет на свалку дров и глядит на меня, как я дрова ношу. Я уж и то жаловалась на него уставщику Корниле... Корнило-то раза три выгонял Морока с фабрики.

— Ладно, бесстыжие глаза, разговаривай!.. Всем-то вам на фабрике одна цена...

— Мамынька, да я...

Дарья ни за что ни про что прибила Феклисту, прибила на единственном основании, чтобы хоть на ком-нибудь сорвать свое расходившееся материнское сердце. Виновником падения Феклисты был старик уставщик Корнило, которому Аннушка подвела сестру за грошовый подарок, как подводила и других из любви к искусству. Феклиста отдалась старику из расчета иметь в нем влиятельного покровителя, который при случае и заступится, когда будут обижать свои фабричные.

Старый Дорох Коваль страдал верстах в двух от Горбатых, вверх по р.Сойге. Скотины у них было всего одна лошадь да корова с телочкой, поэтому и работали не торопясь, как все хохлы. Надрываться над работой Коваль не любил: "А ну ее, у лис не убигнет тая работа..." Будет, старый Коваль поробил на пана. Покос у Ковалей тоже был незавидный, в сырые лета совсем мокрый, да и подчистить его не догадывался никто. Работали из мужиков сам Дорох с Терешкой да бабы — старая Ганна, вдовая дочь Матрена да сердитая тулянка сноха Лукерья. Федорка еще в первый раз вышла "с косой на траву" и заменила матку.

— А кто же меня заменит? — смеялся старый Коваль над женой Ганной. — Терешка за себя робит... Ну, я возьму зятя в дом — будет мне спину гнуть.

— Глиндру возьмешь, — ворчала Ганна. — В кабаке у Рачителихи в вине жениха Федорке Ваньку Голого выхлебаешь.

"Выхлебать Ваньку Голого" значило иносказательно разориться. Это выражение часто употреблялось в Хохлацком конце.

Чего старая Ганна боялась, то и случилось. Она с своей стороны употребляла все меры, чтобы удержать Дороха около себя, а когда он порывался уйти к кому-нибудь на покос, она пускала в ход последнее средство — угощала своего пьяницу водкой, и Коваль оставался. Конечно, эти уловки ничего не значили, но сваты сами почему-то избегали встреч, помня свои раздоры относительно орды. Но в одно воскресенье, когда Ганна после раннего покосного обеда прикорнула

225

в балагане, старый Коваль вдруг исчез. Он явился только к вечеру, навеселе, и вместе с Титом. Сваты приехали верхом на одной лошади. Коваль сидел к хвосту, болтал босыми ногами и даже "голосил" какую-то песню. Тит ехал без шапки и в такт песни размахивал правою рукой.

— Геть, стара! — кричал еще издали Коваль. — Принимай гостей... Слухай, сват:

> Старый боярин, як болван,
> Вытаращив очи, як баран.
> На ем свита соломою шита...
> На ем каптан соломою напхан,
> Лычком подперевязався,
> По-боярски прибрався...
> А старша светилица — черви в потылице[22],
> А на свахе-то да чепец скаче!..

У старой Ганны даже ноги подкосились, когда она увидела сватов в таком виде, а пьяница Коваль так и голосил свадебные песни.

— Геть, стара! Свата из орды привез тоби... Сватались да рассватались, а потом опять сватались. Кажи свату Федорку, бо мы ее в горилке со сватом выхлебали... Оттак!

— А ты здравствуй, Анна, — здоровался Тит немного прилипавшим языком. — Мы, этово-тово, ударили по рукам. Видно, от суженого не уйдешь...

— Пьяницы вы, вот что! — ругалась Ганна. — Ишь чего придумали! Не отдам Федорки... Помру, а не отдам.

Все это были одни слова, и ночью Ганна опять оплакивала свою крашанку.

V

Отдохнувший на покосе Тит начал забирать семью опять в свои руки и прежде всего, конечно, ухватил баб. Особенно доставалось Домнушке, которая совсем отвыкла от страды.

— Надо с тебя помаленьку приказчичий-то жир снимать, — ворчал на нее Тит. — С осени, видно, была закормлена, этово-тово...

— Вы много жиру-то привезли с своего хлеба, — огрызалась Домнушка. — Тоже нашел чем укорить!

Солдат Артем хоть и выехал на покос, но работал мало, а больше бродил по чужим балаганам: то у Деяна, то у Никитича, то у Ковалей.

---

[22] На свадьбе светилицами называли в Хохлацком конце девушек со стороны жениха; потылица — затылок. (Прим. Д.Н.Мамина-Сибиряка.)

Сильно налегать на него старый Тит не смел, а больше донимал стороной.

— К чему тебя и применить, Артем, — удивлялся Тит вслух, — ни ты мужик, ни ты барин... Ходишь как маятник — только твоего и дела. Этово-тово, не укладешь тебя никуда, как козьи рога.

— Ломаный я человек, родитель, — отвечал Артем без запинки. — Ты думаешь, мне это приятно без дела слоняться? Может, я в другой раз и жисти своей не рад... Поработаю — спина отымается, руки заболят, ноги точно чужие сделаются. Завидно на других глядеть, как добрые люди над работой убиваются.

— Все-то ты врешь, Артем! — корил его Тит.

В середине страды Артем и совсем пропал. Нет его день, нет два, нет три, а на четвертый приехал в телеге.

— Где пропадал-то, этово-тово? — спрашивал Тит.

— А в Мурмос ездил, родитель... Позаимствовал вот лошадку и съездил, слава богу. Дельце одно обмозговал.

На этот раз солдат действительно "обыскал работу". В Мурмосе он был у Груздева и нанялся сушить пшеницу из разбитых весной коломенок. Работа началась, как только спала вода, а к страде народ и разбежался. Да и много ли народу в глухих деревушках по Каменке? Работали больше самосадчане, а к страде и те ушли.

— Баб наймовать приехал, — объяснял солдат родителю, — по цалковому поденщину буду платить, потому никак невозможно — горит пшеница у Груздева. Надо будет ему подсобить.

— Какие же дуры бабы пойдут к тебе с покоса? — удивлялся Тит, разводя руками.

— А цалковый-то, по-твоему, што он означает? На сигнацию попрежнему три рубля с полтиной... Может это чувствовать баба али нет?

Из работавших на покосе баб Артем соблазнил своим цалковым только одну гулящую Аннушку, а других набрал в Ключевском, из дровосушек, а в том числе Наташку, сестру Окулка. Свою жену Домну солдат оставил страдовать.

— Зачем ее трогать с места? — объяснял Артем. — У меня жена женщина сырая, в воду ее не пошлешь... Пусть за меня остается в семье, все же родителю нашему подмога.

Всех баб Артем набрал до десятка и повел их через Самосадку к месту крушения коломенок, под боец Горюн. От Самосадки нужно было пройти тропами верст пятьдесят, и в проводники Артем взял Мосея Мухина, который сейчас на пристани болтался без дела, — страдовал в горах брат Егор, куренные дрова только еще рубили, и жигаль Мосей отдыхал. Его страда была осенью, когда складывали кучонки и жгли уголь. Места Мосей знал по всей Каменке верст на двести и повел "сушилок" никому не известными тропами.

— Прямым трактом проведу, — коротко объяснил он. — Самойло-то Евтихыч вечор на косной уплыл под Горюн... Пожалуй, кабы мы не опередили его.

Дорогой Мосей объяснял Артему, по каким местам они шли,

227

какие где речки выпали, какие ключики, лога, кедровники. Дремучий глухой лес для Мосея представлял лучшую географическую карту. Другим, пожалуй, и жутко, когда тропа уводила в темный ельник, в котором глухо и тихо, как в могиле, а Мосей счастлив. Настоящий лесовик был... Солдата больше всего интересовали рассказы Мосея про скиты, которые в прежние времена были здесь, — они и шли по старой скитской дороге.

— А теперь их нету, скитов-то? — пытал Артем к разговору.

— Здесь, значит, скиты кончились, а выше по Каменке еще есть, к Заболотью.

— Почему же их здесь не стало?

— А потому... Известно, позорили. Лесообъездчики с Кукарских заводов наехали этак на один скит и позорили. Меду одного, слышь, пудов с пять увезли, воску, крупчатки, денег... Много добра в скитах лежит, вот и покорыстовались. Ну, поглянулось им, лесообъездчикам, они и давай другие скиты зорить... Большие деньги, сказывают, добыли и теперь в купцы вышли. Дома какие понастроили, одежу завели, коней...

— Но-но-о?

— Верно говорю... Первые люди стали, а раньше вровень с мужиками жили.

— А как же старцы-то: их, напримерно, зорят, а они отдают?

— Как бы не так!.. Тоже и старцы ущитились, ну, да в лесу, известно, один Микола бог... Троих, сказывают, старичков порешили лесообъездчики, а потом стащили в один скиток и скиток подпалили. Одни угольки остались... Кто их в лесу-то видел? Да и народ все такой, за которого и ответу нет: бродяги, беглые солдаты, поселенцы. Какой за них ответ? Все равно как лесной зверь, так и они.

Эти разговоры глубоко запали в душу Артема, и он осторожно расспрашивал Мосея про разные скиты. Так незаметно в разговорах и время прошло. Шестьдесят верст прошли без малого в сутки: утром рано вышли с Самосадки, шли целый день, а на другое утро были уже под Горюном. По реке нужно было проплыть верст двести.

Картина, которую представлял берег Каменки, заставила ахнуть даже Артема. Боец Горюн, высокая известковая скала, выдававшаяся в реку грудью, стоял на правом берегу Каменки, в излучине, под самым прибоем; левый берег выдавался низкою песчаною отмелью. Теперь вся эта отмель была завалена обломками убившихся о Горюн коломенок, кулями и какими-то черными кучами.

— Вон она, пшеничка-то груздевская, как преет! — говорил Мосей, указывая на черные кучи. — Большие тыщи Самойло Евтихыч посадил здесь.

На мысу из барочного леса кое-как были сгорожены несколько балаганов, в которых жил старик сторож, а раньше бабы-сушилки. Сейчас из сушилок оставалось всего три старухи, которые разгребали превшее на солнце зерно.

Приведенная Артемом артель действительно опередила Груздева на целых полдня, — его косная привалила сверху только под вечер.

228

— Спасибо, служба, — поблагодарил он, когда Артем представил ему приведенных баб.

— Одна другой лучше, Самойло Евтихыч... — хвастался солдат. — Которая больше поглянется, ту и отдам.

Осмотрев работу, Груздев остался на несколько дней, чтобы лично следить за делом. До ближайшей деревни было верст одиннадцать, да и та из четырех дворов, так что сначала Груздев устроился было на своей лодке, а потом перешел на берег. Угодливый и разбитной солдат ему нравился.

— Уж я из кожи вылезу, да услужу, — уверял Артем. — Давно бы вам сказать мне, Самойло Евтихыч... Этих самых баб мы бы нагнали целый табун.

— Да кто тебя раньше-то знал? — говорил Груздев. — Всех знаю на сто верст кругом, а тебя не знал.

Работы у "убитых коломенок" было по горло. Мужики вытаскивали из воды кули с разбухшим зерном, а бабы расшивали кули и рассыпали зерно на берегу, чтобы его охватывало ветром и сушило солнышком. Но зерно уже осолодело и от него несло затхлым духом. Мыс сразу оживился. Бойкие заводские бабы работали с песнями, точно на помочи. Конечно, в первую голову везде пошла развертная солдатка Аннушка, а за ней Наташка. Они и работали везде рядом, как привыкли на фабрике.

— Веселей похаживай! — командовал Артем, довольный своею новою службой, на которой можно было ничего не делать.

Он сам назвал себя десятником и даже ходил по берегу с палкой, как заводские уставщики.

Груздев осмотрел все подробно, пересчитал кули и прикинул на глазомер лежавшее в кучах зерно. Убыток был страшный. Овес уйдет на солод, а гнилую пшеницу с величайшим трудом можно было сбыть куда-нибудь в острог или в местную воинскую команду. Если бы получить четверть своей цены, и то слава богу. Во всяком случае убыток страшный, тысяч в пятьдесят. День проходил в хлопотах незаметно, а когда наступал вечер, Груздева охватывала страшная тоска. Тихо кругом. Чуть слышно бурлит Каменка. На берегу огни. Наработавшиеся за день бабы отдыхали в балаганах, или починивались у огня. Около Груздева вертелся больше всех солдат Артем. Он и приходил тогда, когда Груздеву делалось скучно.

— Ну, что скажешь, Артем? — спрашивал Груздев.

— А ничего, все, слава богу, идет своим чередом... — по-солдатски бойко отвечал Артем. — Ужо к осени управимся, нагрузим хлеб на полубарки и сгоним книзу. Все будет форменно, Самойло Евтихыч!

В несколько дней Артем сумел сделаться необходимым для Груздева, — который теперь ездил уже без обережного — и денег у него не было, да и Матюшка Гущин очень уж стал зашибать вином.

— Скучно вам, Самойло Евтихыч, — повторял Артем, надрываясь от усердия. — Человек вы еще в полной силе, могутный из себя... Кругом вас темнота и никакого развлечения. Вот вы теперь меня слушаете, а я весьма это чувствую, где мое-то место.

Подметил Артем, что Груздев как будто начал забываться. Выйдет утром на берег, походит около пшеницы, надает приказаний, как будто у него двести человек рабочих, а потом и забудет все. Солдат только поддакивал, как малому ребенку, и соображал свое. Чаще всего Груздев торопится-торопится, а потом вдруг сядет куда-нибудь на доску, опустит голову и сидит до тех пор, пока его не позовут. Любил по вечерам Груздев слушать, как Ключевские тулянки пели свои невеселые туляцкие песни. По реке так и отдает эхом, а Горюн повторяет каждое слово. Раз Груздев слушал-слушал и спрашивает солдата:

— Это которая так ловко выводит?

— А вон толстая, с кумачным подзором... Значит, солдатка Аннушка.

— Нет, не она... — заметил Груздев, прислушиваясь. — А рядом с ней чья? Вот еще спиной повернулась...

— Это-с?.. Это будет Наташка, сестра разбойника Окулка... Да. Еще ейный брат Тарас у вас, Самойло Евтихыч, в мальчиках служит. Конечно, сиротство ихнее, а то разе пошла бы в сушилки?

— Гм... да. То-то я смотрю на нее: лицо как будто знакомое, а хорошенько не упомню. Да и видел я ее всего раз, когда она просила насчет брата.

С этого разговора песни Наташки полились каждый вечер, а днем она то и дело попадала Груздеву на глаза. Встретится, глаза опустит и даже покраснеет. Сейчас видно, что очестливая девка, не халда какая-нибудь. Раз вечерком Груздев сказал Артему, чтобы он позвал Наташку к нему в балаган: надо же ее хоть чаем напоить, а то что девка задарма горло дерет?

"Эх, кабы все это да до убившего каравана! — думал Артем, как-то по-волчьи глядя на Груздева. — А то и взять-то сейчас с тебя нечего... Все одно, что проколотый пузырь. Не стоит с тобой и бобы разводить, ежели сказать по-настоящему".

По вечерам солдат любил посидеть где-нибудь у огонька и подумать про себя. Нейдут у него с ума скиты и — кончено, а Мосей еще подбавляет — и о Заболотье рассказал, и об Анбаше, и о Красном Яре. Много добра по скитам попрятано...

VI

Семья Груздева "рушилась" как-то сразу, вместе с груздевским благосостоянием. Не было никаких переходных ступеней, как это обыкновенно случается. Анфиса Егоровна точно унесла с собой все груздевское счастье. Повидимому, эта скромная женщина решительно ничего не делала, а жила себе на купеческую руку и только, а всеми делами заправлял один Самойло Евтихыч, — он являлся настоящим главой дома. Между тем стоило только умереть

Анфисе Егоровне, как у Груздева все пошло вверх дном. Собственно громадные убытки от "убившего каравана" не могли здесь идти в счет: они подорвали груздевские дела очень серьезно, но за ним оставалась еще репутация деятельного, оборотистого человека, известное доверие и, наконец, кредит. Мало-помалу он мог опять подняться на прежнюю высоту. Но вся беда заключалась в том, что Груздев как-то сразу опустился. Прежняя энергия и деловитость проявлялись только вспышками, а затем наступали широкие полосы безделья, апатии и равнодушия, — вообще человек повихнулся. Где-то в глубоких и неведомых тайниках души происходил невидимый процесс разложения нравственного человека.

На Крутяш Груздев больше не заглядывал, а, бывая в Ключевском заводе, останавливался в господском доме у Палача. Это обижало Петра Елисеича: Груздев точно избегал его. Старик Ефим Андреич тоже тайно вздыхал: по женам они хоть и разошлись, а все-таки на глазах человек гибнет. В маленьком домике Ефима Андреича теперь особенно часто появлялась мастерица Таисья и под рукой сообщала Парасковье Ивановне разные новости о Груздеве.

— Рехнулся человек, — качая головой, раскольничьим полушепотом рассказывала Таисья. — Легкое место сказать, по весне жену похоронил, а летом эту мочеганку Наташку приспособил... Страм один.

— Это под Горюном проклятый солдат ему подвел девку, — объясняла Парасковья Ивановна, знавшая решительно все, не выходя из комнаты. — Выискался пес... А еще как тосковал-то Самойло Евтихыч, вчуже жаль, а тут вон на какое художество повернул. Верь им, мужчинам, после этого. С Анфисой-то Егоровной душа в душу всю жизнь прожил, а тут сразу обернул на другое... Все мужики-то, видно, на одну колодку. Я вот про своего Ефима Андреича так же думаю: помри я, и...

— Што ты, матушка, Парасковья Ивановна, и скажешь! — совестила ее Таисья. — Тебе-то грешно... Слава богу, живете да радуетесь.

— Все до время, Таисьюшка... Враг силен.

Парасковья Ивановна была особенная женщина, с тем грустным раскольничьим складом души, который придавал совершенно особую окраску всей жизни. Жизнь она видела в каких-то темных цветах и вечно кого-нибудь жалела. Правда, что зла кругом было достаточно, но другие больше думали о себе, а старушка Парасковья Ивановна скорбела о других. Мир перед ее глазами расстилался в грехе и несовершенствах, как библейская юдоль плача, а на себя она смотрела как на гостью, которая пришла, повернулась и должна уже думать о возвращении в неизвестное и таинственное "домой". Каждый новый печальный факт только усугублял это грустное настроение. Была и специальная точка для таких невеселых мыслей — это свои бесконечные женские незадачи. Нет счастья на земле, нет справедливости, нет покоя... Разложение груздевской семьи служило только лишним доказательством этой теории.

— А приказчики-то как зорят Самойла Евтихыча, — повествовала мастерица Таисья, качая головой. — Тошнехонько глядеть... Набрал он приказчиков-то себе с бору да с сосенки, ну, они его и доезжают теперь. Жареным и вареным волокут... Ведь еще мальчишки которые, а как обирают его. Рачителихин Илюшка так прямо разбойником и глядит... Ну, и Тишка, племянничек-то мой, тоже хорош, да и другие все. А Рачители так в две руки и хапают: мать-то, Дунька, в кабаке давно утвердилась, а сын Илюшка по лавке... Станут говорить Самойлу Евтихычу люди со стороны, так он не верит им: обошли его кругом свои же приказчики. Навязался теперь еще этот солдат Артем, настоящий губитель. Он больше через Наташку действует...

— Стыд-то где у Самойла Евтихыча? — возмущалась Парасковья Ивановна. — Сказывают, куды сам поедет, и Наташку с собой в повозку... В Мурмосе у него она в дому и живет. Анфиса Егоровна устраивала дом, а теперь там Наташка расширилась. Хоть бы сына-то Васи постыдился... Ох, и говорить-то, так один срам!.. Да и другие хороши, ежели разобрать: взять этого же Петра Елисеича или Палача... Свое-то лакомство, видно, дороже всего.

Нюрочка бывала у Парасковьи Ивановны почти каждый день и делалась невольною свидетельницей тайных разговоров и сокрушений. Сначала ее остерегались, а потом как-то совсем привыкли к молчаливому присутствию скромной девушки. Таким образом Нюрочка сразу была посвящена в темные стороны жизни. К Парасковье Ивановне она относилась с каким-то благоговением и каждому ее слову верила, как непреложной истине. Мир раскрывался перед ее полудетскими глазами во всей своей непривлекательной наготе, и она, как молодое растение, впитывала в себя окружающие ее мысли и чувства. Из детства Нюрочка шагнула прямо к какой-то старческой зрелости. Грустная нотка чувствовалась и раньше в ее характере, а теперь именно она и получала развитие. Процесс формирования внутреннего человека шел с поразительною быстротой, и детское личико Нюрочки часто смотрело недетским взглядом. Многого она, конечно, не понимала, как все дети, а о многом уже начинала догадываться. Теория греховности мира проходила перед ее детскими глазами в живых и ярких образах. Противовесом этому настроению являлась религия, та практическая и скорбная религия, какая создавалась словами, поступками и чувствами Парасковьи Ивановны и мастерицы Таисьи.

В свою очередь Ефим Андреич по вечерам частенько завертывал к Петру Елисеичу, чтобы потолковать от свободности о разных разностях. Конечно, история Груздева в этих вечерних беседах занимала не последнее место, хотя старики говорили очень сдержанно, не пускаясь в излишние откровенности. Петр Елисеич по поводу груздевской истории чувствовал себя особенно скверно, точно сам он в чем-то был очень виноват. Беседы с Ефимом Андреичем доставляли Петру Елисеичу большое удовольствие и как-то успокаивали его. Ефим Андреич вносил с собой такую широкую струю какого-то делового добродушия. Кровною связью для стариков

232

служило свое родное заводское дело. Оно сейчас совсем охватило Петра Елисеича. После вынужденного безделья на Самосадке работа на Крутяше являлась праздником, и Петр Елисеич заметно помолодел. Даже самый рудник точно повеселел и казался гораздо оживленнее. Просыпаясь по ночам, Петр Елисеич с удовольствием прислушивался к неугомонной работе главной шахты: вечно отпыхивали паровые машины, хрипели штанги, с лязгом катились по рельсам откатные тележки и весело гудела неустанная работа. Медная шахта походила на улей, где жизнь творилась в таинственной глубине. Собственно заводская работа была бы больше по душе Петру Елисеичу, но пока приходилось удовлетворяться и этим.

Ефим Андреич знал о деньгах, которые были отданы Петром Елисеичем Груздеву на честное слово, как знал и то, что это было все состояние Петра Елисеича. Этим и объяснялось то, что Груздев как будто избегал Крутяша. После долгих размышлений Ефим Андреич решился действовать энергично, потому что, очевидно, Петр Елисеич был очень прост, а Груздев совсем сбесился. Улучив свободную минутку, когда Груздев приехал в Ключевской завод, Ефим Андреич отправился в господский дом. Старик недолюбливал молодого Палача, хотя тот и приходился ему родственником. В господский дом Ефим Андреич пришел как раз к завтраку, когда Палач и Груздев благодушествовали за бутылкой водки.

— Ты зачем это пожаловал? — спрашивал Палач, уже пьяный, несмотря на раннее время: он сильно пьянствовал в последнее время.

— А я к Самойлу Евтихычу, — уклончиво ответил Ефим Андреич. — Дельце есть небольшое.

— Говори.

— И скажу, когда придется.

Груздев заметно был хмелен, хотя и бодрился. Он сразу понял, зачем приплелся Ефим Андреич, и, не дожидаясь приглашения, взял шапку и покорно пошел за ним.

— Куда вы? — удивлялся Палач. — Самойло, так нельзя ломать компанию... Выпей посошок!

Груздев даже не оглянулся, а только отмахнулся рукой. Вообще он имел виноватый и жалкий вид.

— Эх, Самойло Евтихыч, Самойло Евтихыч! — повторял Ефим Андреич, когда они шли по плотине. — Нет, не ладно...

— А я разве сам-то не понимаю, что нехорошо? — спрашивал Груздев, останавливаясь. — Может быть, я сам-то получше других вижу свое свинство... Стыдно мне. Ну, доволен теперь?

— Эх, Самойло Евтихыч, Самойло Евтихыч!.. Ждали мы вас, когда вы на Крутяш завернете, да так и не дождались...

— И это понимаю! Что я пойду с пустыми-то руками к твоему Петру Елисеичу? Кругом моя вина, а меня бог убил.

Свидание старых друзей произошло при самой грустной обстановке. Сделав свое дело, Ефим Андреич постарался скрыться незаметным образом. Петр Елисеич ужасно смутился и не знал, с чего начать.

233

— Вот что, Петя, давай водки, — объявил, наконец, Груздев. — Тошно мне.

Он сел к столу, закрыл лицо руками и забормотал:

— Не стало голубушки моей Анфисы Егоровны... не стало Анфисы Егоровны... Пропащий я человек, Петя!

Крупные слезы так и посыпались сквозь пальцы. Эта сцена тяжело подействовала на Петра Елисеича, и он быстро ходил по конторе, размахивая платком. Что он мог сказать своему другу?

— Ты думаешь, что я потому не иду к тебе, что совестно за долг? — спросил Груздев, выпив водки. — Конечно, совестно... Только я тут не виноват, — божья воля. Бог дал, бог и взял... А тяжело было мне просто видеть тебя, потому как ты мне больше всех Анфису Егоровну напоминаешь. Как вспомню про тебя, так кровью сердце и обольется.

Эта откровенность сразу уничтожила взаимную неловкость. Петр Елисеич спокойно и просто стал уговаривать Груздева оставить глупости и приняться за свое дело. Все мы делаем ошибки, но не следует падать духом. Груздев слушал, опустив голову, и в такт речи грустно улыбался. Когда Петр Елисеич истощил весь запас своих нравоучений, хороших слов и утешающих соображений, Груздев сказал всего одну фразу:

— А если у меня, Петя, в душе-то пусто? Понимаешь: пусто... Вот как в дому, когда жильцы выедут и ставни закроют.

В результате этой беседы было то, что Груздев разбил даже рюмку, из которой пил водку, и дал самое торжественное обещание исправиться. При прощанье, оглянувшись, он шепотом прибавил:

— А девку я, тово, по шее...

— Какую девку?

— Ну, Наташку свою...

VII

Познакомившись с Таисьей давно, Нюрочка стала бывать у ней только с переездом на Крутяш, благо от Пеньковки до Кержацкого конца было рукой подать. В первый раз в Таисьиной избушке Нюрочка была с покойною Анфисой Егоровной, потом бывала с Парасковьей Ивановной, а сейчас ходила уже одна. Ей нравилось все в этом маленьком домике, от которого веяло молитвенною тишиной и неустанным пчелиным трудом. Сама мастерица Таисья походила больше всего именно на пчелу, лепившую невидимый сот. Это был совершенно особенный мир, который неудержимо тянул к себе детскую душу Нюрочки своею убежденною цельностью, таинственною обстановкой и вечным сокрушением о грехах мира. Таисья говорила с ней, как с большой, и Нюрочка вырастала в собственных глазах, а с этим вместе росло и сознание какой-то громадной ответственности. Настоящий мир с его горем и радостью

234

уходил все дальше и дальше, превращаясь постепенно в грозный призрак.

— Ох, горе душам нашим! — повторяла сокрушенно Таисья. — Все-то мы в потемках ходим, как слепцы... Все-то нам мало, всё о земном хлопочем, а с собой ничего не возьмем: все останется на земле, кроме душеньки.

Мысль о смерти покрывала траурным флером все миросозерцание Таисьи и вместе служила исходною точкой всех ее рассуждений. Она так и жила, что каждую минуту готова была к этому переселению из временного мира в вечный, и любила называть себя божьею странницей. В подкрепление своих мыслей Таисья приводила житие какого-нибудь раскольничьего подвижника, и это было самою интересною частью ее бесед. Нюрочка слушала, затаив дыхание, чтобы не проронить ни одного святого слова, и не чувствовала, как у ней по лицу катились слезы; ей делалось и страшно и хорошо от этих разговоров, но дома она по какому-то инстинкту ничего не говорила отцу.

— А ты видала святых людей? — спрашивала Нюрочка мастерицу.

— Святыми бывают после смерти, когда чудеса явятся, а живых подвижников видывала... Удостоилась видеть схимника Паисия, который спасался на горе Нудихе. Я тогда в скитах жила... Ну, в лесу его и встретила: прошел от меня этак будет как через улицу. Борода уж не седая, а совсем желтая, глаза опущены, — идет и молитву творит. Потом уж он в затвор сел и не показывался никому до самой смерти... Как я его увидела, так со страху чуть не умерла.

— Чего же ты испугалась?

— А как же: грешный я человек, может, хуже всех, а тут святость. Как бы он глянул на меня, так бы я и померла... Был такой-то случай с Пафнутием болящим. Вот так же встретила его одна женщина и по своему женскому малодушию заговорила с ним, а он только поглядел на нее — она языка и решилась.

Под влиянием Таисьи в Нюрочкиной голове крепко сложилась своеобразная космогония: земля основана на трех китах, питающихся райским благоуханием; тело человека сотворено из семи частей: от камня — кости, от Черного моря — кровь, от солнца — очи, от облака — мысли, от ветра — дыхание, теплота — от духа; Адам "начертан" богом пятого марта в шестом часу дня; без души он пролетал тридцать лет, без Евы жил тридцать дней, а в раю всего был от шестого часу до девятого; сатана зародился на море Тивериадском, в девятом валу, а на небе он был не более получаса; болезни в человеке оттого, что диавол "истыкал тело Адама" в то время, когда господь уходил на небо за душой, и т.д., и т.д. Дальше Нюрочка получила самые точные сведения о "чеpнодневии" и о почитании двенадцати пятниц, прочитала несколько раз "Сон богородицы" и целый курс о "всескверном льстеце", то есть об антихристе. Раскольничье учение об антихристе являлось кульминационною точкой и раскольничьей космогонии, и этики, и повседневной морали, как обобществление скорбной идеи единичного уничтожения в форме смерти телесного человека. Фантазия создала здесь ряд потрясающих картин разрушения видимого мира и очищения царящего зла огнем и всевозможными муками. По учению беспоповцев, "льстец" уже народился и царствует духовно с 1666 года, чему подтверждением служат многие знамения: прежде всего "новшества", введенные Никоном патриархом, а затем разные знаки, выраженные "властными литтеры" и фигурами — двуглавый орел, паспорты, клейма, карты, ликописание (портреты), присяга, печать и т.д. Дальше следовали ношение иноземной "пестрины", "власы женски на челе ежом подклейны по-бесовски и галстусы удавления вместо", "женск пол пологрудом и простоволосо" стоят в церкви и, поклонясь, "оглядываются, как козы", и мужчины и женщины по-татарски молятся на коленках и т.д. Табак, чай и кофе — три адских зелья, которыми сатана окончательно погубит человеческий род. Но это все частности и мелочи, а общее представление о последних днях складывалось в широкую картину. Горячая фантазия нагромоздила здесь последовательными степенями ряд величайших бедствий и безысходных страданий, какие только в состоянии был придумать человеческий мозг. "Воскипит земля кровию и смесятся реки с кровию; шесть поль останется, а седьмое будут сеять; не воспоет ратай в поле и из седьми сел людие соберутся во едино село, из седьми деревень во едину деревню, из седьми городов во един город". Запечатает антихрист всех "печатью чувственною", и не будет того храма, где не было бы мертвеца. Увянет лепота женская, отлетит мужское желание и "тако возжелают седьм жен единова мужа", но в это время "изомрут младенцы в лонех матернех" и некому будет хоронить мертвых. Затворится небо, и земля не даст плода; под конец небо сделается медным, а земля железной, и "по аэру" пронесется антихрист на коне с огненною шерстью. Главная сила антихриста будет в том, что он всех "изоймет гладом", пока все не покорятся ему и не примут его печать. Все эти несчастия совершатся постепенно, по мере того как будут "возглашать" восемь труб, а когда возгласит последняя, восьмая труба, "вся тварь страхом всколеблется и преисподняя вострепещет", а земля выгорит огнем на девять локтей. Только тогда наступит второе пришествие и последний страшный суд.

Все это было так просто и ясно, что Нюрочка только удивлялась, как другие ничего не хотят замечать и живут изо дня в день слепцами. Разные умные книжки, которые она читала раньше с отцом, казались ей теперь детскою сказкой. Они ничего не объясняли ей, а мастерица Таисья открыла все тайны жизни. Каждый шаг и каждое слово получало теперь определенный смысл, глубокое внутреннее содержание. В душе Нюрочки поднималась смутная жажда подвига, стремление к совершенству. Она точно проснулась и с удивлением смотрела на самое себя. Да, все они жили в темноте, а где-то по лесным трущобам совершалась великая тайна спасения погибшей души. Это последнее интересовало Нюрочку больше всего, и она постоянно приставала к Таисье с расспросами о пустынножителях и скитских.

— Ужо вот, погоди, как-нибудь на Святое озеро сходим, — говорила Таисья.

— А папа? Он не позволит.

— Ничего, устроим так, что позволит... Парасковья-то Ивановна на што?

У мастерицы Таисьи быстро созрел план, каким образом уговорить Петра Елисеича. С нею одной он не отпустил бы Нюрочку на богомолье, а с Парасковьей Ивановной отпустит. Можно проехать сначала в Мурмос, а там озером и тропами. Парасковья Ивановна долго не соглашалась, пока Таисья не уломала ее со слезами на глазах. Старушка сама отправилась на рудник, и Петр Елисеич, к удивлению, согласился с первого слова.

— Что же, пусть съездит, — задумчиво проговорил он. — Ей полезно будет проветриться... Только одно условие: я отпускаю ее на вашу ответственность, Парасковья Ивановна.

— Как свою родную дочь буду беречь, Петр Елисеич... Сама помру, а ее не дам в обиду.

— То-то, смотрите... Одна она у меня.

— Да уж будьте спокойны! Как свой глаз сберегу.

Нюрочка бросилась Парасковье Ивановне на шею и целовала ее со слезами на глазах. Один Ефим Андреич был недоволен, когда узнал о готовившейся экспедиции. Ему еще не случалось оставаться одному. А вдруг что-нибудь случится с Парасковьей Ивановной? И все это придумала проклятая Таисья, чтобы ей ни дна ни покрышки... У ней там свои дела с скитскими старцами и старицами, а зачем Парасковью Ивановну с Нюрочкой волокет за собой? Ох, неладно удумала святая душа на костылях!

Неделя промелькнула в разных сборах. Нюрочка ходила точно в тумане и считала часы. Петр Елисеич дал свой экипаж, в котором они могли доехать до Мурмоса. Занятые предстоящим подвигом, все трое в душе были против такой роскоши, но не желали отказом обижать Петра Елисеича.

— Ну, там еще по тропам-то успеем все ноги оттоптать, — утешала Таисья. — Оно, пожалуй, и лучше, потому как ваше дело непривычное.

Никогда еще Нюрочка так не волновалась, как в этот день отъезда. Минуты превращались в часы.

— Ты что это, хочешь без шляпки ехать? — удивлялся Петр Елисеич.

— В платке удобнее, папа.

Нюрочка добыла себе у Таисьи какой-то старушечий бумажный платок и надела его по-раскольничьи, надвинув на лоб. Свежее, почти детское личико выглядывало из желтой рамы с сосредоточенною важностью, и Петр Елисеич в первый еще раз заметил, что Нюрочка почти большая. Он долго провожал глазами укатившийся экипаж и грустно вздохнул: Нюрочка даже не оглянулась на него... Грустное настроение Петра Елисеича рассеял Ефим Андреич: старик пришел к нему размыкать свое горе и не мог от слез выговорить ни слова.

— Перестаньте, Ефим Андреич, что вы...

— А ежели она умрет дорогой-то?.. Я теперь и домой не пойду: пусто там, как после покойника. А все Таисья... Расказню я ее!

Дорога до Мурмоса для Нюрочки промелькнула, как светлый, молодой сон. В Мурмос приехали к самому обеду и остановились у каких-то родственников Парасковьи Ивановны. Из Мурмоса нужно было переехать в лодке озеро Октыл к Еловой горе, а там уже идти тропами. И лодка, и гребцы, и проводник были приготовлены заранее. Оказалось, что Парасковья Ивановна ужасно боялась воды, хотя озеро и было спокойно. Переезд по озеру верст в шесть занял с час, и Парасковья Ивановна все время охала и стонала.

— Укрепись, матушка, — уговаривала ее Таисья. — Твори про себя молитву, она и облегчит.

Красивое это озеро Октыл в ясную погоду. Вода прозрачная, с зеленоватым оттенком. Видно, как по дну рыба ходит. С запада озеро обступили синею стеной высокие горы, а на восток шел низкий степной берег, затянутый камышами. Над лодкой-шитиком все время с криком носились белые чайки-красноножки. Нюрочка была в восторге, и Парасковья Ивановна все время держала ее за руку, точно боялась, что она от радости выскочит в воду. На озере их обогнало несколько лодок-душегубок с богомольцами.

— На Крестовые острова народ собирается, — объясняла Таисья. — Со всех сторон боголюбивые народы идут: из-под Москвы, с Нижнего, с Поволжья.

Наконец, шитик пристал к берегу, где курился огонек, — это ждал подряженный Таисьей проводник, молодой парень с подстриженными в скобку волосами. Парасковья Ивановна как-то сразу обессилела и даже изменилась в лице.

— Ну, теперь уж пешком пойдем, милые вы мои трудницы, — наговаривала Таисья. — По первоначалу-то оно будет и трудненько, а потом обойдется... Да и то сказать, никто ведь не гонит нас: пойдем-пойдем и отдохнем.

На берегу опнулись чуть-чуть и пошли прямо в гору по едва заметной тропинке. Предстояло сделать пешком верст двадцать. Проводник шел впереди, размахивая длинною палкой. Парасковья Ивановна едва поднялась на первую гору и села на камень. Она чувствовала, что дальше не может идти: и одышка ее донимала и какая-то смертная истома во всем теле. Нет, не дойти ей до озера, хоть убей на месте... Таисья ужасно всполошилась. Нюрочка любовалась открывавшимся с вершины горы видом на два озера — Октыл, а за ним Черчеж. Мурмос точно стоял на воде, а заводские церкви ярко белели на солнце, точно свечи. Господи, как хорошо!.. Оглянувшись, Нюрочка только теперь заметила, что Парасковья Ивановна сидела на камне и горько плакала.

— Не сподобил господь, — шептала она, не вытирая слез.

— Как же быть-то? — недоумевала Таисья. — Может, обойдешься, Парасковья Ивановна.

— Нет, вы не дожидайтесь меня. Я назад уйду. В Мурмосе ужо дождусь вас.

Эта разлука очень огорчила Нюрочку, но некогда было ждать: к вечеру приходилось поспевать к Святому озеру, чтобы не "затемнать" где-нибудь в лесу. Так Парасковья Ивановна и осталась на своем камушке, провожая заплаканными глазами быстро уходивших товарок.

— Это ее они не допустили, — проговорила Таисья, оглядываясь в последний раз.

— Кто они-то?

— А угодники божий: Пахомий постник, Пафнутий болящий, Порфирий страстотерпец... Поповщины она придерживается, вот они ее и не допустили до себя. Не любят они, миленькие, кто сладко-то ест да долго спит.

Тропинка вела с горы на гору то лесом, то болотами. На Таисью напало какое-то восторженное настроение. Она смотрела на Нюрочку какими-то жадными глазами и все говорила, рассказывая о великих трудниках, почивавших на Крестовых островах, о скитском житии, о скитницах, у которых отрастали ангельские крылья. Самой Таисье казалось, что она ведет прямо в небо эту чистую детскую душу, слушавшую ее с замирающим сердцем. Она и плакала, и смеялась, и целовала Нюрочку, и пела заунывные скитские стихи, и опять рассказывала.

— Ох, грешный я человек! — каялась она вслух в порыве своего восторженного настроения. — Недостойная раба... Все равно, как собака, которая сорвалась с цепи: сама бежит, а цепь за ней волочится, так и мое дело. Страшно, голубушка, и подумать-то, што там будет, на том свете.

Никогда Нюрочка еще не видала мастерицу Таисью такою и даже испугалась, а та ничего не замечала и продолжала говорить без конца. Этот лесной воздух, окружавшая их глушь и собственное молитвенное настроение точно опьяняли ее. Когда в стороне встречались отдыхавшие партии богомольцев, Таисья низко кланялась трудничкам и говорила:

— Как пчелки к улью летят грешные мирские душеньки.

На половине дороги они сделали привал. Нюрочка прошла целых десять верст, но пока особенной усталости не чувствовала.

— Ужо Аглаиду увидим, — говорила Таисья. — Помнишь, поди, как баушку Василису хоронили? Она наша, ключевлянка. На могилке отца Спиридония о Петров день анбашскую головщицу Капитолину под голик загнала.

VIII

Косые тени уже крестили тропинку, когда из-за леса белою полосой мелькнуло Святое озеро. Нюрочка только теперь почувствовала, как она устала. Глубокое горное озеро залегло в синей раме обступивших его лесистых круч. Тропинка вывела на мысок, где курились огни и богомольцы ждали перевоза. Крестовые острова залегли в версте от берега, точно зеленые шапки. Десяток лодок-душегубок и паром из бревен не успевали перевозить прибывавших богомольцев. Вода в озере стояла, как зеркало. С низких мест уже наносило вечернею сыростью, пропитанною запахом свежей травы и лесных цветов. Таисья сразу разыскала несколько знакомых мужиков с котомками и женщин-богомолок, — народ набрался со всех сторон.

— Да это никак ключевская Таисья, — весело говорила громадная женщина, проталкиваясь к мастерице. — Она и есть... Здравствуй, матка-свет.

— Здравствуй, матушка Маремьяна.

— Ну, каково прыгаешь, Таисьюшка?

— Вашими молитвами, родимая.

Матушку Маремьяну за глаза называли полумужичьем. Высокая, рослая, широкая, загорелая, потная, она походила на ломовую лошадь. Таисья знала ее целых тридцать лет, и матушка Маремьяна оставалась все такой же. Одним словом, богатырь-баба и голос, как хорошая труба. Проживала она где-то под Златоустом, по зимам разъезжала на своей лошадке по всему Уралу и, как рассказывали, занималась всякими делами: укрывала беглых, меняла лошадей, провозила краденое золото и вообще умела хоронить концы. Она дружила и с поповщиной, и с беспоповщиной, и с поморцами, и с православными попами. Где собирался народ — без матушки Маремьяны дело не обходилось. Таисья не совсем долюбливала ее и называла переметною сумой, но без матушки Маремьяны тоже не обойдешься, — она развозила вести обо всем, всех знала и все могла разведать.

— Словечко есть у меня до тебя, Таисьюшка, — гудела матушка Маремьяна, трепля могучею рукой худенькую мастерицу. — И не маленькое словечко... Нарочно хотела ехать к тебе в Ключевской с Крестовых-то островов.

Матушка Маремьяна отвела Таисью в сторону и принялась ей быстро наговаривать что-то, вероятно, очень интересное, потому что Таисья в первый момент даже отшатнулась от нее, а потом в такт рассказа грустно покачивала головой. Они проговорили так вплоть до того, как подошел плот, и расстроенная Таисья чуть не забыла дожидавшейся ее на берегу Нюрочки.

— Ах, ласточка ты моя, забыла про тебя!.. — причитала она, лаская притихшую девочку. — Совсем оговорила меня матушка Маремьяна.

На плоту поместилось человек двадцать богомольцев, и матушка

Маремьяна встала у кормового правила. Нюрочка так устала, что даже не боялась плескавшейся между бревнами воды. Плот был связан ивовыми прутьями кое-как, и бревна шевелились, как живые. Издали можно было разглядеть на Крестовых островах поднимавшийся дым костров и какое-то белое пятно, точно сидела громадная бабочка. Какой-то лысый старик стоял на коленях и громко молился. Две лодки обогнали плот. На одной из них Нюрочка узнала старика Основу и радостно вскрикнула: это был еще первый свой человек.

Когда плот тяжело подвалил к берегу, было почти уже совсем темно. В горах ночь наступает быстро. Острова были густо запушены смотревшеюся в воду зеленью, а огни дымились дальше. Нюрочка вместе с другими шагала по болоту, прежде чем выбралась на сухой берег. То, что она увидела, казалось ей каким-то сном: громадная поляна была охвачена живым кольцом из огней, а за ними поднималась зубчатая стена векового бора. Святые могилки занимали центр поляны, и около них теперь горели тысячи свеч. Пред своими аналоями кучками толпились богомольцы одного согласия: поповцы у своих исправленных попов, беспоповцы у стариков и стариц, поморцы у наставников. Около огней деление шло по месту жительства: екатеринбургские, златоустовские, невьянские, шарташские, мурмосские, самосадские, кукарские, — все сбились отдельными кучками. Скитские тоже разделились на артельки: анбашские особо, заболотские и красноярские особо. Кроме своих уральских, сошлись сюда и "чужестранные" — из-под Москвы, с Поволжья, из дальних сибирских городов. Белое пятно оказалось большою палаткой, в которой засел какой-то начетчик с Иргиза. Слышалось протяжное пение, а скитские головщицы вычитывали наперебой.

Таисья переходила от одной кучки к другой и напрасно кого-то хотела отыскать, а спросить прямо стеснялась. Нюрочка крепко уцепилась ей за руку, — она едва держалась на ногах от усталости.

— Погоди, милушка, погоди, касаточка, — уговаривала ее Таисья шепотом. — Вон сколько народу, не скоро разыщешь своих-то.

Их догнал старик Основа и, показав головой на Нюрочку, проговорил:

— Айда ко мне в балаган, Таисьюшка... Вот и девушка твоя тоже пристала, а у нас место найдется.

Таисья без слова пошла за Основой, который не подал и вида, что узнал Нюрочку еще на плоту. Он привел их к одному из огней у опушки леса, где на живую руку был сделан балаган из березовых веток, еловой коры и хвои. Около огня сидели две девушки-подростки, дочери Основы, обе крупные, обе кровь с молоком.

— Ну, теперь можно тебя и признать, барышня, — пошутил Основа, когда подошли к огню. — Я еще даве, на плоту, тебя приметил... Неужто пешком прошла экое место?

— А мы через Мурмос, — объясняла Таисья. — Парасковья Ивановна было увязалась с нами, да только обезножила.

241

Нюрочка познакомилась с обеими девушками, — одну звали Парасковьей, другую Анисьей. Они с удивлением оглядывали ее и улыбались.

— Нет, я не устала, — точно оправдывалась Нюрочка. — А вы?

— Мы со вчерашнего дня здесь, — объяснила старшая, Парасковья. — Успели отдохнуть.

От балагана Основы вид на всю поляну был еще лучше, чем с берега. Нюрочке казалось, что она в какой-то громадной церкви, сводом для которой служило усеянное звездами небо. Восторженно-благоговейное чувство охватило ее с новою силой, и слезы навертывались на глаза от неиспытанного еще счастья, точно она переселилась в какой-то новый мир, а зло осталось там, далеко позади. Эта народная молитва под открытым небом являлась своего рода торжеством света, правды и духовной радости. Старик Основа так любовно смотрел на Нюрочку и все беспокоился, чем ее угостить. Одна Таисья сидела на земле, печально опустив голову, — ее расстроили наговоры матушки Маремьяны. Время от времени она что-то шептала, тяжело вздыхала и качала головой.

Молились всю ночь напролет. Не успевала кончить у могилок свой канун одна партия, как ее сейчас же сменяла другая. Подождав, когда Нюрочка заснула, Таисья потихоньку вышла из балагана и отправилась в сопровождении Основы к дальнему концу горевшей линии огоньков.

— Соблазн, Таисья... — повторял Основа.

— Ох, и не говори, Аника Парфеныч!.. Кабы знатье, так и глаз сюда не показала бы...

— Мать Енафа совсем разнемоглась от огорчения, а та хоть бы глазом повела: точно и дело не ее... Видел я ее издальки, ровно еще краше стала.

— А он тут?

— Как волк посреди овец бродит... К златоустовским пристал и все с Гермогеном, все с Гермогеном. Два сапога — пара.

Они нашли мать Енафу в крайнем балагане. Она действительно сказывалась больной и никого не принимала, кроме самых близких. Ухаживала за ней Аглаида.

— Змея... змея... змея!.. — зашипела мать Енафа, указывая Таисье глазами на Аглаиду. — Не кормя, не поя, видно, ворога не наживешь.

Аглаида молчала, как убитая, и даже не взглянула на Таисью. Основа посидел для видимости и незаметно ушел.

— Аглаидушка, што же это такое и в сам-то деле? — заговорила, наконец, Таисья дрогнувшим от волнения голосом. — Раньше телом согрешила, а теперь душу загубить хочешь...

Аглаида молчала, опустив глаза.

— Да ты што с ней разговариваешь-то? — накинулась мать Енафа. — Ее надо в воду бросить — вот и весь разговор... Ишь, точно окаменела вся!.. Огнем ее палить, на мелкие части изрезать... Уж пытала я ее усовещивать да молить, так куды, приступу нет! Обошел ее тот, змей-то...

242

Тут случилось что-то необыкновенное, что Таисья сообразила только потом, когда опомнилась и пришла в себя. Одно слово о "змее" точно ужалило Аглаиду. Она накинулась на Енафу с целым градом упреков, высчитывая по пальцам все скитские порядки. Мать Енафа слушала ее с раскрытым ртом, точно чем подавилась.

— Вы все такие, скитские матери! — со слезами повторяла Аглаида. — Не меня, а вас всех надо утопить... С вами и говорить-то грешно. Одна Пульхерия только и есть, да и та давно из ума выжила. В мире грех, а по скитам-то в десять раз больше греха. А еще туда же про Кирилла судачите... И он грешный человек, только все через вас же, скитских матерей. На вас его грехи и взыщутся... Знаю я все!..

— Ну, ну, говори... Пусть Таисья послушает! — подзадоривала мать Енафа.

— И скажу... всем скажу!.. не спасенье у вас, а пагуба... А Кирилла не трогайте... он, может, побольше нас всех о грехах своих сокрушается, да и о ваших тоже. Слабый он человек, а душа в ем живая...

— Ты бы у красноярских девок спросила, какая у него душа! — резала мать Енафа, злобно сверкая глазами. — Нашла тоже кого пожалеть... Змей он лютый!

Мать Енафа разгорячилась, а в горячности она была скора на руку. Поэтому Таисья сделала ей знак, чтобы она вышла из балагана. Аглаида стояла на одном месте и молчала.

— Что же ты молчишь, милушка? — глухо спросила Таисья. — Все мы худы, одна ты хороша... Ну, говори.

— И скажу, все скажу... Зачем ты меня в скиты отправляла, матушка Таисья? Тогда у меня один был грех, а здесь я их, может, нажила сотни... Все тут обманом живем. Это хорошо, по-твоему? Вот и сейчас добрые люди со всех сторон на Крестовые острова собрались души спасти, а мы перед ними как представленные... Вон Капитолина с вечера на все голоса голосит, штоб меня острамить. Соблазн один...

— Так, так... Ах, великий соблазн, Аглаида, когда хвост попереди головы очутится. Верное ты слово сказала... Ты вот все вызнала, живучи в скитах, а то тебе неизвестно, что домашнюю беду в люди не носят. Успели бы и после разобрать, кто у вас правее, а зачем других, сторонних смущать?.. Да и говоришь-то ты совсем не то, о чем мысли держишь, скитскими-то грехами ты глаза отводишь. Молода еще, голубушка, концы хоронить не умеешь, а вот я тебе скажу побольше того, што ты и сама знаешь. Да... Кирилл-то по своему малодушию к поморцам перекинулся, ну, и тебя в свою веру оборотит. Теперь ты Аглаида, а он тебя перекрестит Аглаей, по-поморскому все грехи на том свете с Аглаиды будут взыскиваться, а Аглая стеклышком останется... Аглая нагрешит, тогда в Агнию перевернется и опять горошком покатилась. И еще тебе скажу, затаилась ты и, как змея, хочешь старую кожу с себя снять, а того не подумала, што всем отпустятся грехи, кроме Июды-христопродавца. И сейчас в тебе женская твоя слабость говорит... Ну-ко, погляди мне прямо в глаза, бесстыдница!.. Какие ты слова сейчас Енафе-то выговаривала? И статочное ли нам с тобой дело чужие грехи разбирать, когда в своих тонем?.. Ну, что молчишь?

— Матушка! — взмолилась Аглаида, ломая руки.

— Нет, нет... — сурово ответила Таисья, отстраняя ее движением руки. — Не подходи и близко! И слов-то подходящих нет у меня для тебя... На кого ты руку подняла, бесстыдница? Чужие-то грехи мы все видим, а чужие слезы в тайне проходят... Последнее мое слово это тебе!

Таисья кликнула стоявшую за балаганом мать Енафу, и Аглаида, как сноп, повалилась ей в ноги. Это смирение еще больше взорвало мать Енафу, и она несколько раз ударила ползавшую у ее ног девушку.

— Свою скитскую змею вырастила! — шипела мать Енафа. — Ну, ползай, подколодная душа!

— Прости ты ее, матушка, — молила Таисья, кланяясь Енафе в пояс. — Не от ума вышло это самое дело... Да и канун надо начинать, а то анбашские, гляди, кончат.

— А из-за кого мы всю ночь пропустили? — жаловалась мать Енафа упавшим голосом. — Вот из-за нее: уперлась, и конец тому делу.

— Прости, матушка, и благослови, — молила Аглаида.

Нюрочка проснулась утром от ужасного, нечеловеческого крика, пронесшегося над поляной. Она без памяти выскочила из балагана.

— Это красноярская кликуша Глафира, — объяснила ей дочь Основы, выбежавшая вслед за ней. — Теперь все кликуши учнут кликать... Страсть господня!

Перед могилкой Порфирия страстотерпца в ужасных конвульсиях каталась худая и длинная женщина, которую напрасно старались удержать десятки рук. Народ обступил ее живою стеной. Никто и голоса не подавал, и в воздухе неслось мерное чтение Аглаиды, точно звенела туго натянутая серебряная струна. Не успела Глафира успокоиться, как застонал кто-то у могилки Пахомия постника, и вся толпа вздрогнула от истерического плача, причитаний и неистовых воплей. Через полчаса у могилок билось с пеной у рта до десятка кликуш. Это было так ужасно, что Нюрочка забежала в чей-то чужой балаган и натолкнулась на дядю Мосея, которого и не узнала сгоряча. Он спокойно сидел у балагана и сумрачно смотрел куда-то вдаль.

— Зачем их бьют? — стонала Нюрочка, закрыв глаза от страха.

— Перестань дурить! — закликнул ее Мосей строго. — Бес их бьет.

Тускло горели тысячи свеч, клубами валил синий кадильный дым из кацей, в нескольких местах пели гнусавыми голосами скитские иноки, а над всем этим чистою нотой звучал все тот же чудный голос Аглаиды! За ней стояла мастерица Таисья и плакала... Не было сердца у нее на Аглаиду, и она оплакивала свою собственную слабость. Но что это такое? Голос Аглаиды дрогнул и точно порвался. Она делала видимое усилие, чтобы "договорить" канун до конца, но не могла, — лицо побледнело, на лбу выступил холодный пот, и ангельский голос погас так же, как гаснет догорающая свеча. Мастерица Таисья инстинктивно оглянулась назад, увидела стоявших рядом смиренного Кирилла и старика Гермогена и сразу все поняла: проклятые поморские волки заели лучшую овцу в беспоповщинском стаде... На них же смотрел жигаль Мосей от своего балагана, и горело огнем его самосадское сердце. На Крестовых островах набралось много поморцев, которые признавали почивших здесь угодников. Гермогена избили на богомолье у могилки о.Спиридония именно за то, что поморцы не признавали его, а здесь они расхаживали, как у себя дома, и никто не смел их тронуть пальцем.

Вечером в Петров день мастерица Таисья с Нюрочкой потихоньку убралась с островов, точно она скрывалась от какой неминучей беды.

IX

После страды семья Горбатых устроилась по-новому: в передней избе жил Макар с женой и ребятишками, а заднюю занял старик Тит с женатым сыном Фролом да с Пашкой. Домнушка очутилась, как говорила сама, ни на дворе, ни на улице и пока устроилась в прежней избе вместе с Татьяной, благо мужья у них дома появлялись только наездом. Между бабами, сбегавшимися опять на одном дворе, постоянно возникали мелкие ссоришки, тем более что над ними не было железной руки свекровушки Палагеи и они могли вздорить и перекоряться от свободности. Татьяна все-таки отмалчивалась, а вздорила Домнушка с Агафьей. Старик Тит не вмешивался в эти бабьи дела, потому что до поры до времени не считал себя хозяином. Вместе с покосом кончилась и его работа, и он опять почувствовал себя лишним человеком. Впрочем, у старика завелась одна мысль, которая ему не давала покоя: нужно было завести помаленьку коней, выправить разную куренную снасть — дровни, коробья, топоры; лопаты, а там, благословясь, опять углепоставщиком сделаться. Работа своя, привычная, а по первопутку, гляди, большак Федор из орды воротится, тогда бы Тит сам-четверт в курень выехал: сам еще в силах, да три сына, да две снохи. А в дому пусть Макар с Артемом остаются. Мало-замало можно бы в Туляцком конце дворишко-другой присмотреть, чтобы в отдел уйти. У добрых людей сыновей выделяют, а тут самому приходится уходить.

Основанием для всех этих соображений служило заготовленное в страду сено. По хозяйству Макара его хватит с лишком, — всего одна коровенка, две лошади да пять овец. Одна лошадь у Макара устарела для езды по лесу, и он все хотел променять ее, чтобы добыть получше, — вот бы и лошадь осталась, кабы Макар прямо купил себе новую. Другую бы можно было справить из задатка, когда стали бы в конторе подряд брать, а третью прихватили бы в долг. На трех-то лошадях

245

можно вывезти коробьев двести угля. Теперь Тит берег сено, как зеницу ока, — в нем схоронено было все будущее разоренной переселением в орду семьи. Кстати у свата Коваля жеребенок по третьему году есть — поверит сват и в долг. Пока Фрол робил на домне, но все это было не настоящее, не то, чего хотелось Титу. Главное, жаль было Титу отпускать на фабрику Пашку: малыш как раз набалуется.

Своих хозяйственных соображений старый Тит, конечно, не доверял никому, но о них чутьем догадалась Татьяна, сгоревшая на домашней работе. Она с первого разу приметила, как жадничал на сене старик и как он заглядывал на состарившуюся лошадь Макара, и даже испугалась возможности того, что опять восстановится горбатовская семья в прежней силе. Ведь старому Титу только бы уйти в курень, а там он всех заморит на работе: мужики будут рубить дрова, а бабы окапывать землей и дернать кученки. А как поднимется Тит, тогда опять загонит всех снох под голик, а Татьяну и совсем сморит.

— Ишь, старый пес, чего удумал! — удивлялась Домнушка, когда Татьяна объяснила ей затаенные планы батюшки-свекра. — Ловок тоже... Надо будет его укоротить.

— И то надо, а то съест он нас потом обеих с тобой... Ужо как-нибудь поговори своему солдату, к слову замолви, а Макар-то прост, его старик как раз обойдет. Я бы сказала Макару, да не стоит.

Подстроив Домнушку, Татьяна при случае закинула словечко и младшей снохе Агафье, которая раньше над ней форсила. С ней ссорилась Домнушка, а Татьяна дружила, точно раньше ничего и не было.

— Вот погляди, старик-то в курень собирается вас везти, — говорила Татьяна молодой Агафье. — Своего хлеба в орде ты отведала, а в курене почище будет: все равно, как в трубе будешь сидеть. Одной сажи куренной не проглотаешься... Я восемь зим изжила на Бастрыке да на Талом, так знаю. А теперь-то тебе с полугоря житья: муж на фабрике, а ты посиживай дома.

Вышедшая из богатой семьи, Агафья испугалась серьезно и потихоньку принялась расстраивать своего мужа Фрола, смирного мужика, походившего характером на большака Федора. Вся беда была в том, что Фрол по старой памяти боялся отца, как огня, и не смел сказать поперек слова.

— Ты и молчи, — говорила Агафья. — Солдат-то наш на што? Как какой лютой змей... Мы его и напустим на батюшку-свекра, а ты только молчи. А я в куренную работу не пойду... Зачем брали сноху из богатого дому? Будет с меня и орды: напринималась горя.

Одним словом, бабы приготовили глухой отпор замыслам грозного батюшки-свекра. Ждали только Артема, чтобы объяснить все. Артем приехал с Мурмоса около Дмитриевой субботы, когда уже порошил снег. Макар тоже навернулся домой, — капканы на волков исправлял. Но бабьи замыслы пока остались в голове, потому что появился в горбатовском дому новый человек: кержак Мосей с Самосадки. Его зазвал Артем и устроил в передней избе.

— Вместе под Горюном робили, — говорил Артем. — Нашего хлеба-соли отведай, Мосей. Что мочегане, что кержаки — всё одно... Нечего нам друг с дружкой делить.

Артем точно обошел кержака Мосея, который даже и про свой Кержацкий конец забыл. Сидит в избе да с солдатом разговоры разговаривает, а солдат перед ним мелким бесом рассыпается. Обошел он и брата Макара, который тоже все по его делает. Что нужно было Артему от кержака — бабы ума не могли приложить. Одно оставалось: видно, Артем вместе с Мосеем мокрую пшеницу у Груздева с убившего каравана под Горюном воровали, не иначе. Домнушка проболталась, что муж привез много денег, а где их взять? Уж это верно, что вместе ихнее дело было, а вот теперь солдат и компанится с кержаком. Раза два солдат водки покупал и угощал Мосея.

— Вот в гости к твоему братцу, к Петру Елисеичу в Крутяш пойдем, — шутил Артем.

— Отрезанный ломоть он, вот што, — угрюмо отвечал Мосей. — Он на господскую руку гнет.

Макар тоже заметно припадал к Мосею, особенно когда разговор заходил о земле. Мосей не вдруг распоясывался, как все раскольники, и сначала даже косился на Макара, памятуя двойную обиду, нанесенную им кержакам: первая обида — круг унес на Самосадке, а вторая — испортил девку Аграфену.

— Ваши-то мочегане пошли свою землю в орде искать, — говорил Мосей убежденным тоном, — потому как народ пригонный, с расейской стороны... А наше дело особенное: наши деды на Самосадке еще до Устюжанинова жили. Нас неправильно к заводам приписали в казенное время... И бумага у нас есть, штобы обернуть на старое. Который год теперь собираемся выправлять эту самую бумагу, да только согласиться не можем промежду себя. Тоже у нас этих разговоров весьма достаточно, а розним...

— Значит, обнадеживают, которые есть знающие? — спрашивал Макар.

— Правильная бумага, как следует... Так и прозванье ей: ак. У Устюжанинова свой ак, у нас свой. Беспременно землю оборотим на себя, а с землей-то можно жить: и пашенку распахал, и покос расчистил, и репы насеял... Ежели, напримерно, выжечь лес и по горелому месту эту самую репу посеять, так урождай страшенные бывают, — по шляпе репа родится и слатимая такая репа. По скитам завсегда так репу сеют... По старым-то репищам и сейчас знать, где эти скиты стояли.

— А мочеганам уж, значит, насчет земли шабаш? — любопытствовал Макар.

— Окончательно, потому народ пригонный.

— Ежели бы мы и свой ак добыли?

— Все единственно... Уставную грамоту только не подписывайте,

247

штобы надел получить, как в крестьянах. Мастеровым надела не должно быть, а которые обращались на вспомогательных работах, тем выйдет надел. Куренным, кто перевозкой займовался, кто дрова рубил, — всем должен выйти надел. На Кукарских заводах тоже уставную-то грамоту не подписывают.

В голове Макара эта мысль о земле засела клином. Смутно сказался тот великорусский пахарь, который еще жил в заводском лесообъездчике. Это была темная тяга к своей земле, которая прошла стихийною силой через всю русскую историю.

Солдат Артем только слушал эти толки о земле, а сам в разговоры не вступался. Он думал свое и при случае расспрашивал Мосея о скитах. Уляжется вечером на полати с Мосеем и заведет речь.

— И в скитах так же живут, — неохотно отвечал Мосей. — Те же люди, как и в миру, а только название одно: скит... Другие скитские-то, пожалуй, и похуже будут мирских. Этак вон сибирские старцы проезжали как-то по зиме... С Москвы они, значит, ехали, от боголюбивых народов, и денег везли с собой уйму.

— А много денег?

— Большие тысячи, сказывают... Ну, их, значит, старцев, и порешили в лесу наши скитские, а деньги себе забрали. Есть тут один такой-то инок... Волк он, а не инок. Теперь уж он откололся от скитов и свою веру объявил. Скитницу еще за собой увел... Вот про него и сказывают, что не миновали его рук убитые-то сибирские старцы.

— А как его звать, убивца-то?

— Кириллом прежде звали, а ноне он перекрестился и свою полюбовницу тоже перекрестил. В лесу с ей и живет... Робенка, сказывают, прижил. Да тебе-то какая печаль? Вот еще пристал человек, как банный лист.

— А может, я сам тоже хочу в скиты уйти? — отшучивался солдат, ворочаясь с боку на бок. — Вот Домна помрет, ну, я тогда и уйду в лес...

— Перестань зря молоть, — оговаривал его степенный Мосей, не любивший напрасных слов. — Одно дело сказать, а другое и помолчать.

Старый Тит прислушивался к разговорам кержака издали, а потом начал подходить все ближе и ближе. Что же, хоть он и кержак, а говорит правильные слова. Солдат Артем поглядывал на родителя и только усмехался. По куренной работе Тит давно знал Мосея, как и других жителей, но близких сношений с кержаками старательно избегал. Титу нравилось то, что Макар как будто гнет тоже к своей земле, к наделу. Только вот проклятый солдат замешался совсем не к числу. Раз, когда было выпито малым делом, Тит вмешался и в разговор:

— Ты, этово-тово, Мосей, правильно, хоть и оборачиваешь на кержацкую руку. Нельзя по-ихнему-то, по-заводскому, думать... Хозяйством надо жить: тут тебе телушка подросла, там — жеребенок, здесь — ярочка. А первое дело — лошадь. Какой мужик, этово-тово, без лошади?

— Лошадь, говоришь, родитель, нужно? — подзадоривал солдат, подмигивая Макару.

— Обнакновенно... Да ты чего, этово-тово, зубы-то скалишь, шишига? Тебе дело говорят... Вот и Мосей то же скажет.

— Ишь, как расстарался-то! — поддразнивал Артем. — Туда же, кричит...

— Да ты с кем разговариваешь-то? — накинулся на него Тит с внезапным ожесточением. — Я не погляжу, што ты солдат...

Рассвирепевший старик даже замахнулся на солдата, но тот спокойно отвел грозную родительскую руку и заговорил:

— Родитель ты наш любезный, и што это какая в тебе злость? Вот сядем рядком да поговорим ладком... У тебя на уме опять курень, — я, родитель, все могу понимать. Ты еще, может, не успел и подумать, а я уж вперед тебя понимаю. Так ведь я говорю? Ну, сделаем мы тебе удовольствие, заведем коней, всю куренную снасть, и пойдет опять каторжная работа, а толку-то никакого. Одна маета... И брательников замотаешь, и снох тоже. Тебя же бабы и учнут корить. И чего тебе, родитель, надо? Пока живи, а вперед увидим. Погоди малость, заживем и почище... Так я говорю? Тебя же жалею, родитель наш любезный!

— Не ладно ты, этово-тово, — бормотал Тит, качая своею упрямою маленькою головкой. — Обижаешь ты меня, Артем.

— Будет, родитель, достаточно поработано, а тебе пора и отдохнуть. Больно уж ты жаден у нас на работу-то... Не такие твои года, штобы по куреням маяться.

Тит понимал, что все его расчеты и соображения разлетелись прахом и что он так и останется лишним человеком. Опустив голову, старик грустно умолк, и по его сморщенному лицу скатилась непрошенная старческая слезинка. Ушиб его солдат одним словом, точно камнем придавил.

X

Гуляет холодный зимний ветер по Чистому болоту, взметает снег, с визгом и стоном катится по открытым местам, а в кустах да в сухой болотной траве долго шелестит и шепчется, точно чего ищет и не находит. Волки, и те обходят Чистое болото: нечего взять здесь острому волчьему зубу. А между тем по суметам идет осторожный легкий след, точно прошел сам леший: вместо ног на снегу отпечатались какие-то ветвистые лапы. Непривычный глаз и не заметит, пожалуй, ничего. След путается, делает петли, а потом и приведет на островок, заросший гнилым болотным березняком, сосной-карлицей, кривыми горными елочками. Издали островок не отличишь в болотной заросли, а ближе в снегу чернеет что-то, не то волчье логово, не то яма, в какой сидят смолу и деготь. Под саженным сугробом снега спряталась избушка-землянка, в которой перебивается теперь бывший заболотский инок Кирилл, а теперь Конон. С ним живет в избушке сестра Авгарь, бывшая заболотская скитница Аглаида, а в мире Аграфена Гущина. С ними в избушке живет маленький сын Глеб, которому пошел уже второй год. Кирилла перекрестил старик Гермоген на Святом озере, а потом Кирилл перекрестил скитницу Аглаиду и сына Глеба.

— Отметаются все твои старые грехи, Конон, — сказал Гермоген, кладя руку на голову новообращенного. — Взыщутся старые грехи на иноке Кирилле, а раб божий Конон светлеет душой перед господом.

Крестился инок Кирилл на озере в самый день крещения, прямо в проруби. Едва не замерз в ледяной воде. Сестру Авгарь окрестил он раннею весной в том же озере, когда еще оставались забереги и лед рассыпался сосульками.

— Будь ты мне сестрой, Авгарь, — говорил Конон. — С женой великий грех жить... Адам погиб от жены Евы, а от сестры никто еще не погибал. И на том свете не будет ни мужей, ни жен, а будут только братья и сестры. В писании сказано: имущие жены в последнее время будут яко неимущие; значит, жена грех, а про сестру ничего в писании не сказано. Твои грехи остались на рабе божией Аграфене, а раба божия Авгарь тоже светлеет душой, как и раб божий Конон. Водой и духом мы возродились от прежнего греха, а сейчас я тебе духовный брат. Одна наша вера правая, а остальные все блуждают, как стадо без пастыря.

— А мать Пульхерия? — нерешительно спрашивала Авгарь.

— И Пульхерия постит и девствует напрасно... Я ужо и ее перекрещу в нашу веру, ежели захочет настоящего спасенья. Будет моя вторая духовная сестра.

Авгарь подчинялась своему духовному брату во всем и слушала каждое его слово, как откровение. Когда на нее накатывался тяжелый стих, духовный брат Конон распевал псалмы или читал от писания. Это успокаивало духовную сестру, и ее молодое лицо точно светлело. Остальное время уходило на маленького Глеба, который уже начинал бодро ходить около лавки и детским лепетом называл мать сестрой.

— На том свете не будет ни родителей, ни детей, — объяснял Конон. — Глеб тебе такой же духовный брат, как и я... Не мы с тобой дали ему душу.

На Чистом болоте духовный брат Конон спасался с духовкою сестрой Авгарью только пока, — оставаться вблизи беспоповщинских скитов ему было небезопасно. Лучше бы всего уехать именно зимой, когда во все концы скатертью дорога, но куда поволокешься с ребенком на руках? Нужно было "сождать", пока малыш подрастет, а тогда и в дорогу. Собственно говоря, сейчас Конон чувствовал себя прекрасно. С ним не было припадков прежнего религиозного отчаяния, и часто, сидя перед огоньком в каменке, он сам удивлялся себе.

— Каков я был человек, сестра Авгарь? — спрашивал он и только качал головой. — Зверь я был, вот что...

— И то зверь, — соглашалась сестра Авгарь. — Помнишь, как завез было меня на Бастрык-то?

— Да это што: сущие пустяки! То ли бывало... Как-то сидел я одно время в замке, в Златоусте. За беспаспортность меня усадили, ну, потом беглого солдата во мне признал один ундер... Хорошо. Сижу я в таком разе под подозрением, а со мной в камере другой бродяга сидит, Спиридон звать. Он из Шадринского уезда... То, се, разговорились. Тоже, значит, в бегах состоял из-за расколу: бросил молодую жену, а сам в лес да в пещере целый год высидел. Голодом хотел себя уморить... Ну, сидим мы, а Спиридон мне рассказывает про все — и про жену, и про родню, и про деревню. Запала тогда мне мысль превращенная... Как бежал из замка, сейчас в Шадринский уезд и прямо в ту деревню, из которой Спиридон. Пожил там с неделю, вызнал и сейчас к жене Спиридона вечерком прихожу: "Я и есть твой самый муж Спиридон". Бабенка молодая, красивая из себя, а как увидела меня, так вся и помушнела. Жила-то она с матерью да с ребятами и себя содержала честно, а тут вдруг чужой человек мужем называется. Ну, всполошилась моя баба, а я робят ласкаю и совсем, значит, по-домашнему, как настоящий муж... Бабенка-то головой только вертит, не муж и кончено, а старуха мать по древности лет совсем помутилась в разуме и признала меня за Спиридона. Дело к ночи пришло, бабенка моя уж прямо на дыбы... Боится тоже за свою женскую честь. Мать ее уговаривает, а она свое толмит. Тогда на меня отчаянность напала: "Пойдем, говорю, в волость, там старички меня признают..." Пошли в волость, народ сбежался, глядят на меня. Есть во мне Спиридоновы приметы, а все-таки сумлеваются. Тогда я водки выставил старикам, а жене при всех и говорю такую примету, про которую только старухи знали. Ну, тут она уж не вытерпела, упала мне в ноги и повинилась, что вполне подвержена мужу... И старички присудили ее мне: волей не пойдет, силом уводи и што хошь делай. А я еще днем наказал старухе истопить баню; все, значит, честь-честью, как заправский муж. Пошли мы в баню с женой... Притихла и только вздыхает. И после бани ничего, молчит. Хорошо... Только утром моя любезная жена на дыбы: "Нет, не муж ты мне, не Спиридон!.." Я ее за волосы, а она простоволосая на улицу и ревет, как зарезанная. Сбежался народ, оцепили избу и меня, раба божия, в волость да в темную. Едва на четвертый день я бежал из волости-то... Спроси ты меня сейчас, Авгарь, для чего я это делал?.. Вот какой лютой зверь был смиренный Заболотский инок Кирилл!.. Страха во мне не было, а одна дерзость: мало своих-то баб, — нет, да дай обесчещу у всех на глазах честную мужнюю жену.

— А настоятеля, отца Гурия, ты убил? — тихо спрашивает Авгарь.

— Нет, не я...

— Знаю, что не ты, а заболотский инок Кирилл.

Не один раз спрашивала Авгарь про убийство отца Гурия, и каждый раз духовный брат Конон отпирался. Всю жизнь свою рассказывал, а этого не признавал, потому что очень уж приставала к

251

нему духовная сестра с этим Гурием. Да и дело было давно, лет десять тому назад.

— Я еще подростком была, как про отца Гурия на Ключевском у нас рассказывали, — говорила сестра Авгарь. — Мучили его, бедного, а потом уж убили. Серою горючей капали по живому телу: зажгли серу да ей и капали на отца Гурия, а он истошным голосом молил, штобы поскорее убили.

— Вот и врут всё ваши ключевские! — не утерпел духовный брат Конон. — Это самое дело знает одна мать Енафа да...

— Да смиренный инок Кирилл.

— Ну, он знает, а ключевские все-таки врут... Совсем дело не так было.

— А как?

— А я почем знаю?

— Ежели говоришь, што не так, значит знаешь как. Серою зажженной капали вы с Енафой на отца Гурия, а он слезно о смерти своей молил.

— Вот и врешь, сестра! Отец-то Гурий сам бы всякого убил... Росту он был высокого, в плечах — косая сажень, а рука — пудовая гиря. Сказывали про него, что он с каторги бежал, а потом уж поселился у нас. Я с ним познакомился в скиту у Енафы. Здоровенный старичище, даром что седой весь, как лунь. Слабость у него большая была к женскому полу... С него Енафа и в дело пошла: он ее и выучил всему, значит, Гурий. Жил с ней... Федосья-то у Енафы от Гурия. Ну, а потом промежду них вздор пошел, тоже из-за баб... Уедет Гурий и кантует где-нибудь на стороне, а Енафа в скиту его грехи замаливает да свою душу спасает. Конечно, баба она была в соку, бес ее смущает, а тут смиренный заболотский инок Кирилл подвернулся. Гурий-то пронюхал да инока Кирилла за честные власы. До полусмерти уходил... Затаил смиренный Кирилл смертную злобу на отца Гурия и три года оную воспитывал в себе. Все ждал случая... Случилось им пойти вместе в лес за дровами. Пришли. Подходит инок Кирилл с топором к отцу Гурию и говорит: "Отче, благослови!" Только поднял отец Гурий правую руку с крестом, а Кирилл его топором прямо по лбу и благословил. Даже не дохнул старик, точно его молоньей ушибло. Только и всего дела было, сестра моя духовная. А потом Кирилл привязал камень отцу Гурию на шею да в окно на Чистом болоте и спустил...

— Так это верно, что ты его убил? — в ужасе спрашивала Авгарь.

— Не я, сестра, а заблудший инок Кирилл... зверь был в образе человека. А только серой отца Гурия не пытали... Это уж врут.

Убитый о.Гурий так и засел в голове сестры Авгари, и никак она не могла выкинуть его из своих мыслей. Несколько раз она принималась расспрашивать духовного брата про этого старика, но духовный брат отперся от своих слов начисто, а когда Авгарь стала его уличать, больно ее поколотил.

Особенно по ночам мучилась Авгарь. Все ей казалось, что кто-то ходит около избушки, а вдали раздаются и стоны, и плач, и дикий хохот. Ей делалось вдруг так страшно, что она не смела дохнуть. Ведь это он, о.Гурий, ходит. Его душа тоскует. Не успел он и покаяться перед смертью, да и похоронить его никто не похоронил. Вот он и бродит по ночам, ищет свою могилку. Странное что-то делалось с Авгарью: она по целым неделям точно застывала и ничего не думала, то не находила места от какого-то смутного и тяжелого раздумья. Новое согласие духовных братьев и сестер несколько ее успокоило, но оставалась неопределенная тоска. Скитская жизнь ей опротивела, как и жизнь в миру. Везде грех, человеконенавистничество и неправда. Друг дружку обманывают. А всех несчастнее бабы. Куда баба ни повернется, тут ей и грех. Только и спасенья, когда состарится. Духовный брат Конон порассказал про скитниц: ни одной-то нет праведной, кроме самых древних старушек. На что крепкая мастерица Таисья, а и та приняла всякого греха на душу, когда слепой жила в скитах. С тем же Кириллом грешила. Какое-то отчаяние охватывало душу Авгари, и она начинала ненавидеть и свою молодость, и свою красоту, и свой голос. Еще на богомольях она замечала, как все заглядывались на нее, а стоило ей самой взглянуть ласковее — грех и тут.

Маленький духовный брат Глеб рос каким-то хилым и молчаливым, как осенняя поздняя травка. Мать часто подолгу вглядывалась в него, точно старалась узнать в нем другого ребенка, того несчастного первенца, которого она даже и не видала. Тогда скитницы не дали ей и взглянуть на него, а сейчас же отправили в Мурмос. Куда он девался, Авгарь так и не могла допытаться. Она не могла его забыть, а маленького духовного брата совсем не любила. Особенно сильно стала задумываться Авгарь, когда узнала, как ее духовный брат Конон убил о.Гурия. Все тосковала Авгарь, убивалась и плакала потихоньку, а наконец не вытерпела и накинулась на Конона:

— Это ты, змей, убил его...

— Кого убил? — удивился Конон.

— Моего сына убил... Того, первого... — шептала Авгарь, с яростью глядя на духовного брата. — И отца Гурия убил и моего сына... Ты его тогда увозил в Мурмос и где-нибудь бросил по дороге в болото, как Гурия.

Это был какой-то приступ ярости, и Авгарь так и лезла к духовному брату с кулаками. А когда это не помогло, она горько заплакала и кинулась ему в ноги.

— Успокой ты мою душу, скажи... — молила она, ползая за ним по избушке на коленях. — Ведь я каждую ночь слышу, как ребеночек плачет... Я это сначала на отца Гурия думала, а потом уж догадалась. Кононушко, братец, скажи только одно слово: ты его убил? Ах, нет, и не говори лучше, все равно не поверю... ни одному твоему слову не поверю, потому что вынял ты из меня душу.

— Бес смущает... бес смущает... — бормотал Конон, начиная креститься. — Ребенка я в Мурмос свез, как и других. Все знают, и Таисья знает на Ключевском...

253

Ночь. Низкие зимние тучи беспрерывною грядой несутся так близко к земле, что точно задевают верхушки деревьев. Сыплется откуда-то сухой, как толченое стекло, снег, порой со стоном вырвется холодный ветер и глухо замрет, точно дохнет какая-то страшная пасть, которую сейчас же и закроет невидимая могучая рука. Авгарь лежит в своей избушке и чутко прислушивается к каждому шороху, как насторожившаяся птица. Вот храпит на печке духовный брат Конон, вот ровное дыхание маленького брата Глеба, а за избушкой гуляет по Чистому болоту зимний буран.

— Конон, слышишь?.. — шепчет Авгарь, затаив дыхание.

— А, что?.. — бормочет сквозь сон духовный брат; он спит чутко, как заяц.

— Опять стонет кто-то в болоте.

— Пусть его стонет. Сотвори молитву и спи.

— И ребеночек плачет... Слышишь? Нет, это стонет отец Гурий.

Духовный брат Конон просыпается. Ему так и хочется обругать, а то и побить духовную сестру, да рука не поднимается: жаль тоже бабенку. Очень уж сумлительна стала. Да и то сказать, хоть кого боязнь возьмет в этакую ночь. Эх, только бы малость Глеб подрос, а тогда скатертью дорога на все четыре стороны.

— А ты голову заверни, да и спи, — советует Конон, зевая так, что челюсти у него хрустят. — Как же иноки по скитам в одиночку живут? Право, глупая.

— Ежели меня блазнит...

— Читай Исусову молитву... Ну, уж и ночь, прямо сказать: волчья... Уйдем мы с тобой из этих самых мест, беспременно уйдем. В теплую сторону проберемся, к теплому морю. Верно тебе говорю! Один человек с Кавказу проходил, тоже из наших, так весьма одобрял тамошние места. Первая причина, говорит, там зимы окончательно не полагается: у нас вот метель, а там, поди, цветы цветут. А вторая причина — произрастание там очень уж чудное. Грецкий орех растет, виноград, разное чудное былие... Наших туда ссылали еще в допрежние времена, и древлее благочестие утверждено во многих местах.

— А турки где живут?

— Турки — другое. Сначала жиды пойдут, потом белая арапия, а потом уж турки.

— А до Беловодья далеко будет?

— Эк куда махнула: Беловодье в сибирской стороне будет, а турки совсем наоборот.

— Пульхерия сказывала, што в Беловодье на велик день под землей колокольный звон слышен и церковное четье-петье.

— Ну, это не в Беловодье, а на расейской стороне. Такое озеро есть, а на берегу стоял святый град Китиш. И жители в нем были все благочестивые, а когда началась никонианская пестрота — святой град и ушел в воду. Слышен и звон и церковная служба. А мы уйдем на Кавказ, сестрица. Там места нежилые и всякое приволье. Всякая гонимая вера там сошлась: и молоканы, и субботники, и хлысты... Тепло там круглый год, произрастание всякое, наших братьев и сестер найдется тоже достаточно... виноград...

Последние слова духовный брат проговорил уже сквозь сон и сейчас же захрапел. Авгарь опять прислушивалась к завыванию ветра и опять слышала детский плач, стоны о.Гурия и чьи-то безответные жалобы. Видно, так и не уснуть ей, пока не займется серое зимнее утро. Но что это такое?.. В полосу затишья, между двумя порывами ветра, она ясно расслышала скрип осторожных шагов. Кто-то невидимый приближался к избушке, и Авгарь похолодела от охватившего ее ужаса. Она хотела крикнуть и разбудить Конона, но голос замер в груди. А шаги были все ближе... Авгарь бросилась к печи и растолкала Конона.

— Ну тебя!.. — бормотал духовный брат.

— Идут сюда! — не своим голосом шептала Авгарь, прислушиваясь к скрипу снега. — Слышишь? Уж близко...

— И то идут, — согласился Конон. — Надо полагать, кто-нибудь из скитских заплутался.

Шаги уж были совсем близко. Все затихло. Потом донесся сдержанный говор нескольких голосов.

— Ужо вздуй-ко огня, — шепнул Конон, быстро вскакивая.

Пока Авгарь возилась у печки, добывая из загнеты угля, чтобы зажечь самодельщину спичку-серянку, чьи-то тяжелые шаги подошли прямо к двери.

— Кто там крещеный? — окликнул Конон, вставая за косяк в угол, — на всякий случай он держал за спиной топор.

— Свои скитские, — послышался мужской голос за дверью. — Заплутались в болоте. Пустите погреться.

— А сколько вас?

— Сам-друг.

— Што больно далеко заехали?

Авгарь, побелевшая от ужаса, делала знаки, чтобы Конон не отворял двери, но он только махнул на нее рукой. Дверь была без крючка и распахнулась сама, впустив большого мужика в собачьей яге[23]. За ним вошел другой, поменьше, и заметно старался спрятаться за первым.

— Мир на стану, — проговорил первый и, не снимая шапки, кинулся на Конона.

Завязалась отчаянная борьба. Конон едва успел взмахнуть своим топором, как его правая рука очутилась точно в железных клещах. Его повалили на землю и скрутили руки назад. Стоявшая у печки Авгарь с криком бросилась на выручку, но вошел третий мужик и, схватив ее в охапку, оттащил в передний угол.

— Ты покеда тут со старицей побеседуй, — проговорил большой

---

[23] Яга — шуба вверх мехом. (Прим. Д.Н.Мамина-Сибиряка.)

мужик, — а нам надо со старцем поговорить малость... Эй ты, волчья сыть, не шеперься!

Двое мужиков схватили Конона и поволокли из избушки. Авгарь с невероятною для бабы силой вырвалась из рук державшего ее мужика, схватила топор и, не глядя, ударила им большого мужика прямо по спине. Тот вскинулся, как ошпаренный, повалил ее на пол и уже схватил за горло.

— Не тронь, Артем! — крикнул мужик, державший Авгарь в углу. — Оставь...

— Она меня чуть не зарубила! — сказал солдат, с ворчаньем оставляя свою жертву.

Авгарь узнала Макара и вся точно оцепенела. Она так и осталась на полу.

— Вставай, Аграфена, — говорил Макар, стараясь ее поднять.

— Они его убьют... — шептала Авгарь в ужасе. — Зачем вы пришли, душегубы? Ты уж раз убил меня, а теперь пришел убивать во второй... Аграфены нет здесь... она умерла давно.

Макар ничего не отвечал, а только загородил своею фигурой дверь, когда Авгарь поднялась и сделала попытку вырваться из избушки. Она остановилась против него и быстро посмотрела прямо в глаза каким-то остановившимся взглядом, точно хотела еще раз убедиться, что это он.

— Макарушка, голубчик... — ласково зашептала она, стараясь отвести его руку от дверной скобы. — Ведь его убьют... Макарушка, ради истинного Христа... в ножки тебе поклонюсь...

— И пусть убьют: собаке собачья и смерть, — грубо ответил Макар. — Затем пришли.

Деланая ласковость Авгари сейчас же сменилась приступом настоящей ярости. Она бросилась на Макара, как бешеная, и повисла на его руке, стараясь укусить. Он опять схватил ее в охапку и снес в передний угол.

— Ребенка задавишь! — кричала Авгарь, барахтаясь.

Это слово точно придавило Макара, и он бессильно опустился на лавку около стола. Да, он теперь только разглядел спавшего на лавке маленького духовного брата, — ребенок спал, укрытый заячьей шубкой. У Макара заходили в глазах красные круги, точно его ударили обухом по голове. Авгарь, воспользовавшись этим моментом, выскользнула из избы, но Макар даже не пошевелился на лавке и смотрел на спавшего ребенка, один вид которого повернул всю его душу.

— Змея! — прошептал он и замахнулся на ребенка кулаком.

Один момент — и детская душа улетела бы из маленького тельца, как легкий вздох, но в эту самую минуту за избушкой раздался отчаянный, нечеловеческий крик. Макар бросился из избушки, как был без шапки. Саженях в двадцати от избушки, в мелкой березовой поросли копошились в снегу три человеческих фигуры. Подбежав к ним, Макар увидел, как солдат Артем одною рукой старался оттащить

256

голосившую Аграфену с лежавшего ничком в снегу Кирилла, а другою рукой ощупывал убитого, отыскивая что-то еще на теплом трупе.

— Што вы делаете, душегубы? — крикнул Макар, отталкивая Артема. — Креста на вас нет!

— Порешили! — спокойно ответил Мосей, стараясь затоптать капли крови на снегу. — Волка убили, Макар. Сорок грехов с души сняли.

— Братик миленький! голубчик! — причитала Авгарь, вцепившись руками в убитого духовного брата.

— Перестань выть! — крикнул на нее Мосей и замахнулся. — Одного волка порешили, и тебе туда же дорога.

Его удержал Макар. Он опять взял Аграфену в охапку и унес в избушку. Мосей проводил его глазами и только сердито сплюнул. Сейчас лицо у него было страшное, и он в сердцах пнул ногой Артема, продолжавшего обыскивать убитого Кирилла.

— Вот она где... — шепотом говорил Артем, срывая с убитого кожаную сумку, которую тот носил под рубахой.

Эта жадность возмутила Мосея до глубины души, и он с удовольствием порешил бы и солдата вместе с вероотступником Кириллом. Два сапога — пара... И Макар тоже хорош: этакое дело сделали, а он за бабенкой увязался! Непременно и ее убить надо, а то еще объявит после. Все эти мысли пронеслись в голове Мосея с быстротой молнии, точно там бушевала такая же метель, как и на Чистом болоте.

— Ну, а теперь куды мы его денем? — спрашивал Артем, запрятывая кожаную сумку за пазуху. — Здесь не годится оставлять... Та же Аграфена пойдет да на нас и докажет.

— Увезем, видно, с собой мертвяка, — решил Мосей, раздумывая. — Тут от Бастрыка есть повертка к старому медному руднику, там на ём есть одна обвалившаяся шахта, ну, мы его туды и спустим. Не стоит провозу-то, гадина!

Убитый Кирилл лежал попрежнему в снегу ничком. Он был в одной рубахе и в валенках. Длинные темные волосы разметались в снегу, как крыло подстреленной птицы. Около головы снег был окрашен кровью. Лошадь была оставлена версты за две, в береговом ситнике, и Мосей соображал, что им придется нести убитого на руках. Эх, неладно, что он связался с этими мочеганами: не то у них было на уме... Один за бабой погнался, другой за деньгами. Того гляди, разболтают еще.

В избушке в это время происходила тяжелая сцена. Авгарь сидела на лавке и остановившимся мутным взглядом смотрела на одну точку.

— Груня, Грунюшка, опомнись... — шептал Макар, стоя перед ней. — Ворога твоего мы порешили... Иди и объяви начальству, што это я сделал: уйду в каторгу... Легче мне будет!.. Ведь три года я муку-мученическую принимал из-за тебя... душу ты из меня выняла, Груня. А что касаемо Кирилла, так слухи о нем пали до меня давно, и я еще по весне с Гермогеном тогда на могилку к отцу Спиридонию выезжал, чтобы его достигнуть.

— Уйди... Я тебя не знаю, — отвечала Авгарь. — Аграфены давно нет... Зачем вы сюда пришли?

— Груня, опомнись...

Авгарь поднялась, посмотрела на Макара страшными глазами и проговорила:

— Будь ты от меня проклят, убивец!..

ЧАСТЬ ШЕСТАЯ

I

Луку Назарыча, служившего главным управляющим всех мурмосских заводов в течение тридцати лет, внезапно уволили. Для заводов это было громадным событием, особенно в мире заводских служащих. Когда эта весть разнеслась, старики служаки только качали головами: что же может быть без Луки Назарыча? Он являлся для заводов чем-то вроде грозной и роковой судьбы, от которой все исходит и к которой все приходит. И вдруг Луки Назарыча не стало... Новость была ошеломляющая, а впереди совершенно неизвестное будущее... Что касается причин такого переворота, то о них только могли догадываться, потому что инициатива шла из Петербурга, из таинственных глубин главного столичного правления. Невидимая рука свергла Луку Назарыча, и новый главный управляющий вставал грозным призраком. Насколько догадывался сам Лука Назарыч, вся катастрофа разразилась благодаря уменьшению дивидендов. Наследники Устюжанинова не хотели ничего знать о новых условиях заводского труда, — им нужны были только доходы.

Свергнутый главный управляющий оставался по-прежнему в Мурмосе, где у него был выстроен свой дом. Расстаться с Мурмосом Лука Назарыч был не в силах. Все дело повернули так круто, что заводы остались на некоторое время совсем без головы. Работа все-таки шла своим обычным ходом, по раз заведенному порядку, хотя это было только одною внешностью: душа отлетела... По наружному виду все осталось по-прежнему, но это была иллюзия: рабочие опаздывали, подряды не исполнялись, машины останавливались. Не было того грозного взгляда, который все видел и перед которым все трепетало. Даже дым, и тот валил из высоких заводских труб как-то вяло, точно удивлялся сам, что он еще может выходить без Луки Назарыча.

Так прошел август и наступил сентябрь. Прохарчившееся в страду население роптало. Мастеровые каждый день собирались около заводской конторы и подолгу галдели. Контора сама ничего не знала, и канцелярская сложная машина так же бездействовала, как и фабрика. Даже на базаре остановилась всякая продажа, и только бойко торговали одни груздевские кабаки.

Новый главный управляющий приехал в конце октября, когда его никто и не ожидал. Он приехал на почтовых, как самый обыкновенный проезжающий, и даже спросил вежливо разбуженного Аристашку, может ли он остановиться в господском доме?

— Да вы-то кто такие будете? — дерзко спрашивал Аристашка, оглядывая дорожный полушубок незваного гостя.

— Я-то? Я — главный управляющий Голиковский, — спокойно отрекомендовался гость.

Аристашка оцепенел, как дупель, над которым охотничья собака сделала стойку. Он заметил всего одно: новый главный управляющий был кос на левый глаз, тогда как он, Аристашка, имел косой правый глаз. Управляющий бойко взбежал во второй этаж, осмотрел все комнаты и коротко приказал оставить себе всего две — кабинет и приемную, а остальные затворить.

— А как же спальная, например? — полюбопытствовал Аристашка.

— Я буду спать в кабинете... Да. А топить целую анфиладу не нужных никому комнат очень дорого... Завтра утром в шесть часов подашь мне самовар.

Багаж главного управляющего заключался всего в одном чемоданчике, что уже окончательно сконфузило Аристашку. Верный слуга настолько растерялся, что даже забыл предупредить конторских служителей о налетевшей грозе, и сам чуть не проспал назначенные шесть часов. Когда он подал самовар прямо в кабинет, Голиковский вынул из кармана дешевенькие серебряные часы с копеечною стальною цепочкой и, показывая их Аристашке, заметил:

— Ты опоздал на целых шесть минут... Если еще раз повторится подобная вещь, можешь искать себе другое место. Я человек аккуратный... Можешь уходить.

Аристашка только замычал, с удивлением разглядывая новое начальство. Это был небольшого роста господин, неопределенных лет, с солдатскою физиономией; тусклый глаз неопределенного цвета суетливо ерзал по сторонам. Дорожный костюм был сменен горно-инженерским мундиром. Все движения отличались порывистостью. В общем ничего запугивающего, как у крепостных управляющих, вроде Луки Назарыча, умевших наводить панику одним своим видом.

В семь часов новый управляющий уже был в заводской конторе. Служащих, конечно, налицо не оказалось, и он немедленно потребовал бухгалтера, с которым без дальних разговоров и приступил к делам.

— У Луки Назарыча был свой секретарь, — заикнулся было бухгалтер, — так вы, может быть...

— Нет, я сам, слава богу, грамоте немного учился и привык все делать своими руками.

"Ну, ты, брат, видно, из молодых да ранний!" — с грустью подумал бухгалтер, растворяя шкафы с делами.

Общее впечатление главный управляющий произвел на своих будущих сослуживцев неблагоприятное. Не успел человек приехать и сейчас к делам бросился. "Погоди, брат, упыхаешься, а новая метла только сначала чисто метет". Наружность тоже не понравилась, особенно правый глаз... Старик бухгалтер, когда начальство ушло, заявил, что "в царствии святых несть рыжих, а косых, а кривых и подавно".

В то же утро в Ключевской завод летел нарочный к Мухину с

маленькою запиской от "самого", в которой выражалось любезное желание познакомиться лично с уважаемым Петром Елисеичем, и чем скорее, тем лучше. Мухин не заставил себя ждать и тотчас же отправился в Мурмос. Это обращение Голиковского польстило ему, как выражение известного внимания. Он остановился в доме Груздева, где царил страшный беспорядок: хозяйничала одна Наташка, а Самойло Евтихыч "объезжал кабаки".

Голиковский встретил гостя очень любезною фразой:

— Я много слышал о вас, дорогой Петр Елисеич, и поэтому решился прежде всего обратиться к вам, как к будущему сотруднику по управлению заводами.

Мухину ничего не оставалось, как только кланяться и благодарить. Беседа происходила в кабинете, куда Аристашка подал самовар.

— Считаю долгом предупредить, что я прежде всего человек последовательный и могу показаться в этом отношении даже придирчивым, — говорил Голиковский, расхаживая по кабинету. — Характер в каждом деле прежде всего, а остальное уже пойдет само собой... Я знаю, что заводское хозяйство запущено, в чем и не обвиняю своего предшественника, как человека, не получившего специального образования. Было бы несправедливостью требовать от него невозможного... А с вашими взглядами я познакомился по вашему проекту необходимых реформ, который валялся в петербургской конторе. Кроме того, я имею самые подробные сведения о своих теперешних сослуживцах и должен буду начать свою деятельность с очистки. Печальная и неприятная необходимость... Знаю и о вашем годовом изгнании. Вы получили образование за границей?

— Да... Но это было так давно, и я успел состариться еще при крепостном режиме...

— Да, да, понимаю... У нас везде так: нет людей, а деловые люди не у дел. Важен дух, душа, а остальное само собой.

Слишком быстрая откровенность и торопливость мысли не понравились Петру Елисеичу, хотя он и не любил делать заключений по первому впечатлению.

Беседа затянулась на несколько часов, причем Голиковский засыпал нового друга вопросами. Петра Елисеича неприятно удивило то, что новый управляющий главное внимание обращал больше всего на формальную сторону дела, в частности — на канцелярские тонкости. Мимоходом он дал понять, что это уже не первый случай, когда ему приходится отваживаться с обессиленным заводом, как доктору с больным.

— Ведь я знаю главную язву, с которой придется бороться, — говорил Голиковский на прощанье, — с одной стороны, мелкое взяточничество мелких служащих, а с другой — поблажка рабочим в той или другой форме... Каждый должен исполнять свои обязанности неуклонно — это мой девиз.

261

II

Первою жертвой нового главного управляющего сделался Палач, чего и нужно было ожидать. С назначением в заводские управители Палач пьянствовал безобразно и оставался на месте только благодаря покровительству Луки Назарыча. Железное здоровье Палача еще выдерживало невозможную жизнь, хотя по наружности он уже сильно изменился — обрюзг, потолстел, вообще опустился. Из красавца мужчины он с поразительною быстротой превращался в пропойцу. Отставка не образумила его, а, как все безнадежно погибшие люди, он обвинил в случившемся других и прежде всего Петра Елисеича, который назначен был вместо него управителем завода и, кроме того, оставлен в прежней должности рудникового управителя. Палач полетел в Мурмос для личных объяснений с Голиковским, но даже не был принят. Оставалось утешаться вместе с Лукой Назарычем. Пока с горя Палач закутил "во вся тяжкие", как умеет это делать только замотавшийся русский человек. Он по-приятельски остановился в груздевском доме и чувствовал себя здесь прекрасно.

Петр Елисеич, прежде чем переехать в господский дом, должен был переделывать его почти заново, чтобы уничтожить в нем все следы палачиного безобразия. Нюрочка была чрезмерно рада, что опять будет жить в своей маленькой комнате, что у них будет сарайная, свой огород, — все это было так ей дорого по ранним детским впечатлениям.

— А Домнушка не будет у нас жить? — спрашивала она отца с детской наивностью. — И казачка Тишки не будет?.. Ах, если бы к нам переехала Парасковья Ивановна, папа!

— Нельзя же всех собрать в один дом, — ласково отвечал Петр Елисеич. — Ты теперь большая и можешь ходить или ездить к Парасковье Ивановне хоть каждый день.

Нюрочке было пятнадцать лет, но смотрела она совсем большою, не по годам. Высокая, стройная, с красивым и выразительным личиком, она хотя и не была записною красавицей, но казалась такою миловидной, как молодое растение. Особенно хороши были глаза, когда Нюрочка о чем-нибудь задумывалась. Парасковья Ивановна лелеяла и холила развертывавшуюся на ее глазах девичью красу с каким-то восторженным чувством, как редкую и дорогую гостью. Нюрочке делалось даже совестно, когда добрая старушка ухаживала за ней и любовными глазами провожала каждое ее движение. Живя на руднике, она бывала у Парасковьи Ивановны по нескольку раз в день, поэтому переезд с Крутяша в завод ей казался таким далеким путешествием, точно она переселялась по меньшей мере на край света. В свою очередь Парасковья Ивановна уже несколько раз принималась оплакивать свою любимицу, точно хоронила ее. Ефим Андреич тоже морщился и тихонько вздыхал про себя.

262

— Я приду проститься с вами, Парасковья Ивановна, — предупреждала Нюрочка заранее.

Это была еще первая тяжелая разлука в жизни Нюрочки. До этого времени для нее люди приблизительно были одинаковы, а все привязанности сосредоточивались дома. Чтобы отдалить прощание с Парасковьей Ивановной, Нюрочка упросила отца отложить переезд хоть на один день.

Прощаться к Парасковье Ивановне пошла Нюрочка пораньше утром, когда Ефима Андреича не было дома. В это время старушка обыкновенно пила чай. Нюрочку охватило сильное волнение, когда она дернула за веревочку у калитки. В окне сейчас же мелькнуло лицо Парасковьи Ивановны, и калитка распахнулась. Нюрочка торопливо вбежала на крыльцо, прошла темные сени и, отворив двери, хотела броситься прямо на шею старушке, но в горнице сидела мастерица Таисья и еще какая-то незнакомая молодая женщина вся в темном. Весь план прощанья с Парасковьей Ивановной расстроился сразу.

— Все свои, — успокаивала ее Парасковья Ивановна. — Это сестра Авгарь, — объяснила она, указывая на сидевшую в уголке незнакомую женщину. — Из наших тоже.

Нюрочка заметила только бледное лицо и глубоко надвинутый на глаза темный платок.

— Не признала, видно, сестру-то? — с обычней" ласковостью спрашивала Таисья, целуя Нюрочку. — А помнишь, как на Самосадке баушку Василису хоронили? Ну, так мать Енафа привезла тогда из скитов головщицу... Она самая и есть. Тоже на Крестовых видела...

Нюрочка сильно смутилась, — у ней в голове мелькнул образ того черного ангела, который запечатлелся в детской памяти с особенною рельефностью. Она припомнила дальше, как ей сделалось больно, когда она увидела этого черного ангела разговаривающим у ворот с обережным Матюшкой. И теперь на нее смотрели те же удивительные, глубокие серые глаза, так что ей сделалось жутко. Да, эта была она, Аглаида, а Парасковья Ивановна называет ее Авгарью.

— А я пришла прощаться с вами, Парасковья Ивановна, — заговорила Нюрочка. — Сегодня вечером мы переезжаем.

— Какое прощаться, голубчик: не на век расстаемся, — оговорила ее Парасковья Ивановна, стеснявшаяся при посторонних. — Невелико место от Крутяша до господского дома в заводе.

По неловкому молчанию сидевших гостей Нюрочка поняла, что она помешала какому-то разговору и что стесняет всех своим присутствием. Посидев для приличия минут десять, она начала прощаться. Сцена расставанья прошла довольно холодно, а Парасковья Ивановна догнала Нюрочку уже в сенях, крепко обняла и торопливо перекрестила несколько раз. Когда Нюрочка выходила из горницы, Таисья сказала ей:

— А ты, барышня, заезжай ужо ко мне-то в гости... Не побрезгуй нашим убожеством. Што-то давненько не бывала у меня.

Вообще все случилось не так, как ожидала Нюрочка. Она даже была несколько обижена за собственное волнение, разрешившееся ничем. Впрочем, это чувство недовольства быстро исчезло в суматохе переезда, и Нюрочка думала о разных хозяйственных комбинациях. Например, Сидор Карпыч, — где он будет жить? Впрочем, он, наверное, поместится в сарайной, как раньше, а Катря будет жить в кухне. Весной она будет разводить сад, а в саду устроит цветник. В огороде еще сохранилась старая оранжерея — ее нужно будет возобновить. Вообще все отлично, по крайней мере лучше в десять раз, чем в Крутяше или на Самосадке.

В господском доме встретила Домнушка хлебом-солью. Она всплакнула от радости, целуя Нюрочку.

— Где ты нынче живешь, Домнушка? — спрашивала ее Нюрочка.

— Я, барышня, нынче по-богатому живу, — объясняла Домнушка шепотом. — Мой-то солдат свою избу купил... Отделились из родительского дома. Торговать хочет мой солдат... Даже как-то совестно перед другими-то!

— Значит, ты совсем богатая?

— Купчихой буду, Нюрочка... Слава богу, вот и Палача выгнали, а вы опять в старое гнездышко. Какая вы большая, барышня, стали... Совсем невеста. Ужо, того гляди, жених подкатит...

— Какой жених?

— А такой... Не нами это заведено, не нами и кончится. Все живет девушка, ничего не знает, а тут и свои крылышки отрастут. Не век вековать с отцом-то... Был у меня и женишок для вас на примете, да только не стоит он красоты вашей. Балуется очень... По крышам вместе, бывало, лазили ребячьим делом.

Нюрочка даже покраснела от этой бабьей болтовни. Она хорошо поняла, о ком говорила Домнушка. И о Васе Груздеве она слышала, бывая у Парасковьи Ивановны. Старушка заметно ревновала ее и при случае, стороной, рассказывала о Васе ужасные вещи. Совсем мальчишка, а уж водку сосет. Отец-то на старости лет совсем сбесился, — ну, и сынок за ним. Видно, яблоко недалеко от яблони падает. Вася как-то забрался к Палачу, да вместе целых два дня и пьянствовали. Хорош молодец, нечего сказать!

Переезд в господский дом являлся для Нюрочки чем-то особенным, а не просто переменой одной квартиры на другую. Она предчувствовала, что случится с ней что-то необыкновенное именно в этом старом господском доме, и волновалась смутным предчувствием этого таинственного будущего. И отец относился к ней теперь иначе. Он уже говорил с ней как с большой и в трудных случаях даже советовался, как поступить лучше.

Из прежней прислуги в господском доме оставался один сторож Антип, для которого время, кажется, не существовало. Он попрежнему стучал по ночам в свою чугунную доску, а целые дни спал в караулке, как старый кот. Для развлечения старик отправлялся на плотину к Слепню, сидел у него по целым часам, нюхал табак, а по праздникам они вместе ходили в кабак к Рачителихе. Он встретил старых господ совершенно равнодушно, точно так все и должно быть, а вечером пришел поздравить с

264

новосельем. Нюрочка вынесла ему стакан водки, и старик, глядя на нее, в раздумье проговорил:

— Однако, тово... большая стала наша барышня.

Сидор Карпыч был доволен, кажется, больше всех, особенно когда устроился в сарайной. Он терпеть не мог переездов с места на место, а сейчас ворчал себе под нос, что в переводе означало довольство. Нюрочка сама устроила ему комнату, расставила мебель, повесила занавески.

— Теперь хорошо? — спрашивала она, счастливая своими хлопотами.

— Пожалуй...

За этою работой застал Нюрочку о.Сергей, который нарочно поднялся в сарайную. Петр Елисеич ушел на фабрику.

— Вот это хорошо, — похвалил он немного смутившуюся девушку. — Вдвойне хорошо, потому что и дело, и доброе дело.

В последние годы Нюрочка видала о.Сергея крайне редко и только в церкви. Но виной здесь было не расстояние от Крутяша, а влияние Парасковьи Ивановны, не любившей никонианских попов. Прямо она ничего не говорила против о.Сергея, а выражалась вообще в антипоповском духе. У Нюрочки сказалась смутная антипатия к православному духовенству, хотя лично о.Сергея она любила еще по детским воспоминаниям. Теперь, под влиянием этого двойственного чувства, она смотрела на о.Сергея смущенным взглядом, точно была в чем-то виновата перед ним.

— Батюшка, пойдемте в комнаты туда... — приглашала Нюрочка. — Папа скоро вернется с фабрики.

— Я подожду. Продолжайте свое дело, а я посижу.

Он так пытливо и проницательно смотрел, что Нюрочка даже покраснела. Ей вдруг сделалось неловко. А о.Сергей все сидел и, не торопясь, расспрашивал ее о разных разностях, как старый и хороший друг.

— Давненько мы с вами не видались, Анна Петровна... Много воды утекло: вы вот выросли, а я начинаю стариться. Да... Теперь поближе будем жить, так и встречаться чаще придется.

Нюрочка ответила несколько раз совсем невпопад, так что о.Сергей посмотрел на нее какими-то печальными глазами.

— Да, большая, совсем большая девица, — вслух думал он. — А чем больше человек, тем и ответственность больше.

III

Напротив базара, на самом видном месте, строился новый двухэтажный дом, вызывавший общие толки и пересуды. Дело в том, что он строился совсем на господскую руку — с фундаментом, подвалом, печкой-голландкой и другими затеями.

— Ай да солдат! ай да Артем!.. — повторял каждый, невольно останавливаясь перед постройкой. — Этакую махину заворотил, подумаешь... Ну и солдат, а?

Солдат "сидел на базаре" уже близко года. Сначала он выехал на саночках: поставил зеленый тагальский сундук и привез его на базар. Это знаменательное событие произошло в воскресенье, когда на базаре толчется от нечего делать много народа. Все обступили солдата и ждали, что из этого будет. "Гли, робята, торговать хочет солдат-от!" — крикнул какой-то бойкий голос в толпе. Действительно, все поступки солдата обличали приступ к чему-то необыкновенному. Он прежде всего снял шапку, помолился на церковь, потом раскланялся на четыре стороны, раскрыл сундук и крикнул:

— Эй, у кого рука легкая: покупай... магазин открываю!

В сундуке оказалась всевозможная дрянь, начиная с пряников и орехов и кончая дешевыми платками, тесемками, нитками, пуговками. Первою покупательницей явилась отпетая дровосушка Марька, позарившаяся на кумачный платок с желтыми разводами. Солдат отдал ей платок чуть не даром, как делают настоящие торговые. Около солдата собралась целая толпа, галдевшая и вышучивавшая нового купца. Сбежались даже старые заводские торгаши, обросшие в своих деревянных лавчонках мохом, старуха Анкудиниха, торговавшая разною мелочью, хромой и кривой старик Желтухин, сидевший с крестьянским товаром, лысый Вилок, продававший мочала, деревянную посуду, горшки и гвозди, и т.д. Усидели на местах только груздевские приказчики — Илюшка, торговавший красным товаром, бывший казачок Тишка и старший сын Основы, степенный и молчаливый мужик Степан, промышлявший разным харчем, мукой и солью.

— Эй ты, новый торговый — старый нищий! — крикнул Илюшка из-за прилавка солдату. — С прибылью торговать...

Так открыл торговлю солдат, выезжая по воскресеньям с своим зеленым сундуком. А потом он сколотил из досок балаган и разложил товар по прилавку. Дальше явилась лавчонка вроде хлевушка. Торговля шла у солдата хорошо, потому что он стал давать поденщицам в долг под двухнедельную выписку, а получать деньги ходил прямо в контору. Через два месяца зеленый сундук явился уж с крупой, солью и разным приварком.

— На два магазина расторговался наш солдат, — смеялись старые базарные сидельцы. — Что хочешь — того просишь.

К весне солдат купил место у самого базара и начал строиться, а в лавчонку посадил Домнушку, которая в первое время не знала, куда ей девать глаза. И совестно ей было, и мужа она боялась. Эта выставка у всех на виду для нее была настоящею казнью, особенно по праздникам, когда на базар набирался народ со всех трех концов, и чуткое ухо Домнушки ловило смешки и шутки над ее старыми грехами. Особенно доставалось ей от отчаянной заводской поденщицы Марьки.

266

— У, толсторылая! — ругали Домнушку бабы. — Раньше-то в машинной торговала, а теперь на базар выехала.

Ничего хуже солдат не мог придумать, если бы желал извести жену. Каждое утро Домнушка отправлялась на базар, как на пытку. И бабы ее донимали, и сидельцы, и бывшие дружки, как Спирька Гущин. На Домнушку нападало какое-то отчаяние, то тупое отчаяние, когда человек наслаждается собственными муками. "Хоть бы помереть", — часто думала несчастная, изнывая смертною тоской. А солдат точно ничего не замечает и похаживает по базару гоголем. Он больше всего любил подсесть к кому-нибудь за прилавок и играть в шашки, а то возьмет у Илюшки Рачителя гармонику и наигрывает без конца. Домнушка стала примечать, что груздевские приказчики незаметно подчиняются Артему, а он наговаривает им свои мудреные слова. Все говорит, а сам смеется. Как засмеется Артем, так у Домнушки и упадет бабье сердце, и чувствует, что вся она точно чужая и что все она сделает по-солдатову, только поведет он пальцем.

Из знакомых у Домнушки оставалась одна Дунька Рачителиха, к которой ей приходилось завертывать все реже. И некогда бабьим делом, да и Рачителиха стала нос задирать перед другими бабами. Благодаря пьянству Груздева она теперь хозяйничала в кабаке по-своему и, как знала Домнушка, загребала хозяйскую выручку. Да и змееныш Илюшка охулки на руку не клал и тоже тащил из своей лавки жареным и вареным. Только еще молод был Илюшка и не знал, как быть с наворованным. До поры до времени он припрятывал товар у матери, а у себя оставлял только деньги.

— В двои руки с матерью-то Илюшка грабит Груздева, — кричал на весь базар Полуэхт Самоварник. — В острог бы их обоих!

Рачителиха относилась к Домнушке свысока и, кроме того, недолюбливала ее за подходы Артема к Илюшке. Недаром льнет проклятущий солдат к парню, такому научит, что и не расхлебаешь после. Ничего спроста не сделает Артем... Чтобы обидеть Домнушку, Рачителиха несколько раз спрашивала ее:

— А скажи, бабонька, много тогда брательники добра вывезли, когда ездили скиты зорить и старца Кирилла зарезали?

— Ничего я не знаю, Дунюшка... Не моего это ума дело. Про солдата не поручусь — темный человек, — а Макар не из таковских, чтобы душу загубить.

— Сказывай... Вместе с солдатом, поди, скитское-то добро прятала.

— И ничего я не знаю, Дунюшка.

— Дом теперь на убитые денежки ставите, — язвила Рачителиха. — С чего это распыхался-то так твой солдат? От ниток да от пряников расторговался... Уж не морочили бы лучше добрых людей, пряменько сказать.

— Мало ли, Дунюшка, и про тебя разного болтают, — корила Домнушка в свою очередь. — Всего не переслушаешь.

Сначала эти разговоры об убийстве старца очень волновали Домнушку, а потом она как-то привыкла к ним и сама начала

267

подозревать, что дело нечисто и что от Артема все станется. Но как ни кричали об этом почти открыто, при старом Тите никто не решался ни слова пикнуть. Старик, конечно, кое-что слышал стороной, но относился к разговорам совершенно безучастно, точно дело шло о чужих людях. Артем теперь ухаживал за отцом и даже вел бесконечные разговоры на тему о своей земле. Не веривший ни одному слову вертоватого солдата старик на время как будто отмякал и оживлялся.

— Погоди, родитель, будет и на нашей улице праздник, — уверял Артем. — Вот торговлишку мало-мало обмыслил, а там избушку поставлю, штобы тебя не стеснять... Ну, ты и живи, где хошь: хоть в передней избе с Макаром, хоть в задней с Фролом, а то и ко мне милости просим. Найдем и тебе уголок потеплее. Нам-то с Домной двоим не на пасынков копить. Так я говорю, родитель?

— Спасибо на добром слове, Артем... Родителев и закон велит воспитывать, этово-тово. Закон такой обозначен... Вон ноне молодятник-то как балуется: совсем стариков не слушает. В кабаке у Рачителихи с сватом Ковалем сидим на той неделе, а туда кержачонок Тишка с моим Пашкой и пришли да прямо полштофа водки и спрашивают... Материно молоко на губах не обсохло, а они в кабак. Ну, я на Пашку, за волосья его, а он на меня же, на родителя... А Тишка его подущает. Страм, этово-тово, хоть в кабак не ходи. Прежде-то этого не было... Кержачата балуются, а за ними и наши мочегане тянут.

— Ужо надо Пашку постращать, — грозился Артем для успокоения отца. — Распоследнее это дело... Отодрать его, подлеца, первым делом!

— Поучил я его малым делом тогда дома, а он как расстервенится, этово-тово... То-то змееныш!

— А мы его в волости отдерем, ежели што... Не моги перечить родителю, и конец тому делу.

— Страм, этово-тово, ежели в волости...

Единственным утешением для Тита было сходить к свату Ковалю и поболтать с ним, а от свата пройти к Рачителихе.

— Ну, што кажешь, сват Тит? — спрашивал каждый раз Коваль.

— А ничего...

— Дуже скверно, сват... Пранцеватые хлопцы роблят з нами лихо. Оттак!

Придут сваты в кабак, выпьют горилки, сядут куда-нибудь в уголок да так и сидят молча, точно пришибленные. И в кабаке все новый народ пошел, и все больше молодые, кержачата да хохлы, а с ними и туляки, которые посмелее.

— Оттак! — ворчит старый Коваль, посасывая свою люльку. — За чубы их, пранцеватых, да батогом.

— Этово-тово, в волости драть, — подтверждал Тит.

Макар в кабаке совсем не показывался и дома бывал мало. Он живмя жил в лесу. Но служба была только предлогом, и старый Тит давно приметил, что с Макаром творится что-то неладное. Крепкий человек Макар, не будет рассказывать, о чем думает. А задумывался он совсем заметно. Приедет домой и сидит в избе, как гость. Прежде с кержаками любил пировать, а теперь отстал. Разве когда Мосей с Самосадки завернет, да и то редко. Тит, конечно, знал про историю с Аграфеной Гущиной и страшно испугался, когда она вернулась из скитов. Объявила ему об этом сноха Татьяна, перепугавшаяся насмерть.

— Опять он будет, Макар-то, со свету меня сживать, — жаловалась она. — Только успела вздохнуть, а эта змея из скитов и выползла. Приворожила она его чем ни на есть... Люты на привороты все кержанки!

Тит только качал головой. Татьяна теперь была в доме большухой и всем заправляла. Помаленьку и Тит привык к этому и даже слушался Татьяны, когда речь шла о хозяйстве. Прежней забитой бабы точно не бывало. Со страхом ждала Татьяна момента, когда Макар узнает, что Аграфена опять поселилась в Кержацком конце. Когда Макар вернулся из лесу, она сама первая сказала ему это. Макар не пошевелился, а только сдвинул сердито брови.

— Тебе-то какая печаль до Аграфены? — ответил он после короткого раздумья. — Где хочет, там и живет.

Наутро Макар опять уехал в лес и не показывался домой целый месяц. Татьяна вздохнула свободнее. Да и Аграфена проживала совсем тайно в избушке мастерицы Таисьи вместе с своим сынишкой Глебом. Ее редко кто видел, и то больше из своих же кержаков, как жигаль Мосей или старик Основа.

IV

Наступила страда, но и она не принесла старикам обычного рабочего счастья. Виной всему был покос Никитича, на котором доменный мастер страдовал вместе с племянником Тишкой и дочерью Оленкой. Недавние ребята успели сделаться большими и помогали Никитичу в настоящую силу. Оленка щеголяла в кумачном сарафане, и ее голос не умолкал с утра до ночи, — такая уж голосистая девка издалась. Пашка Горбатый, страдовавший с отцом, потихоньку каждый вечер удирал к Тишке и вместе с ним веселился на кержацкую руку.

— Эге, твой хлопец по-кержацки виворачивае! — говорил старый Коваль свату Титу. — Слухай, як вон песни играе с Никитичем.

Старый Тит поникал головой и ничего не отвечал, — он чувствовал себя бессильным.

Покос старого Коваля одним боком сошелся совсем близко с покосом Никитича, так что, когда Федорка косила здесь траву, то могла видеть все, что делается у кержаков, и втайне завидовала их веселью. Она иногда останавливалась и подолгу слушала кержацкие песни, нагонявшие на нее непонятную тоску. По вечерам, сидя у огонька перед своим балаганом, она тоже заводила свою хохлацкую песню, но никто ее не поддерживал, и песня замирала в бессилии собственного одиночества. Иногда только подтянет старый Коваль охрипшим голосом, и только всего. Так было с неделю, а потом на Федоркин голос стала откликаться песня с покоса Никитича. Это чувствовала одна Федорка, — запоет она, и там запоет мужской голос. Если она вечером молчит, мужской голос сам начинал заунывную проголосную песню.

— Лютой кержачонок песни играть, — задумчиво говорил старый Коваль своей старухе Ганне. — Бачь, як заливается.

Ганна только тяжело вздыхала. Федорка была совсем большая, и осенью сваты решили сыграть свадьбу. Ни Пашка, ни Федорка этого, конечно, не знали, и сердце Ганны обливалось кровью. Лучше бы отдать Федорку за своего хохла: по-небогатому-то лучше прожить, чем выходить на большую семью, где своих три снохи. Да и какое теперь горбатовское богатство? С другой стороны, Ганна стала примечать, что кержачонок Тишка стал как будто бродить около их покоса: то скажет, что лошадь ищет, то с другим каким задельем прикинется. Раз Ганна накрыла его на месте преступления: Тишка с уздой в руках стоял около Федорки и о чем-то разговаривал. Ганна налетела на него кошкой и чуть не вцепилась прямо в глаза.

— Геть, щидрик! — ругалась она, размахивая руками. — Не туда пришел... А свою лошадь поищи в Кержацком конце.

Тишка только посмотрел на нее, ничего не ответил и пошел к себе на покос, размахивая уздой. Ганна набросилась тогда на Федорку и даже потеребила ее за косу, чтобы не заводила шашней с кержачатами. В пылу гнева она пригрозила ей свадьбой с Пашкой Горбатым и сказала, что осенью в заморозки окрутят их. Так решили старики и так должно быть. Федорка не проронила ни слова, а только побелела, так что Ганне стало ее жаль, и старуха горько заплакала.

Однажды, проснувшись ночью, Ганна окликнула Федорку, но она ей не ответила. В балагане, где старуха спала с снохой и с дочерью, было темно. Ужас охватил Ганну при одной мысли, что Федорка могла куда-нибудь уйти. Она обшарила место, где та спала, — пусто, оползла весь балаган — пусто, вылезла из балагана — нет Федорки. У потухшего огня, завернувшись в чекмени, спали оба Коваля, а Федорки не было. Пахучая летняя ночь скрыла все. Месяц еще не родился, со стороны Култыма надвигался густой туман, где-то в болоте резко скрипел коростель. В первую минуту у Ганны подкосились ноги от ужаса, а потом она инстинктивно побежала по направлению к покосу Никитича. Ноги сами несли ее с невероятною для ее старости быстротой. Оставалось всего несколько шагов до избушки Никитича, и уже брехнула спавшая у огонька собака, как Ганна остановилась. Зачем она идет к кержаку? Только славу худую пустит про Федорку, а делу не подсобит. Да если Федорка и убежала к Тишке, так не в балагане же они у Никитича, а, наверное, шляются где-нибудь в лесу. Ганна повернула назад и пошла домой расслабленною походкой, точно пьяная. Горе было так велико, что она даже не могла плакать. Мысли кружились в голове, как спугнутая стая птиц.

Обратно Ганна прошла берегом Култыма и напала на след по мокрой траве, который вел к ним на покос. Ганна остановилась в раздумье. Занималась уже заря, и она побрела к своему балагану. Федорка спала на своем месте, как зарезанная, и только мокрый подол сарафана говорил об ее ночном путешествии. Ганна заплакала бессильными старческими слезами. Ей даже побить Федорку сейчас было нельзя: и Лукерья проснется и мужики тоже. Зачем срамить девку прежде времени! Развела огонь Ганна, села на валявшийся обрубок смолевого дерева и задумалась. Конечно, Федорка глупа и бежит на кержацкие песни, как коза, вылупив очи. Если бы не было покоса Никитича, не было бы и греха. А кто все устроил? Конечно, сват Тит. Кабы не его проклятая орда, Деян не продал бы покоса Никитичу и Ганна не бегала бы за Федоркой ночью.

Выждав, когда мужики с Лукерьей ушли на работу, Ганна без слова схватила Федорку за косу и принялась бить. Федорка не защищалась, а только покорно болтала головой, как выдернутая из гряды репа.

— Задушу, своими руками задушу... — хрипела Ганна, из последних сил таская Федорку за волосы. — Я тебя народила, я тебя и задушу... Знаю, куда ты по ночам шляешься! Ну, чего ты молчишь?

Федорка все-таки молчала и только старалась не смотреть в глаза матери. Да и что она могла сказать? Ганна опять набросилась на нее с кулаками, чувствуя, что она бессильна перед этим молодым, точно сколоченным телом. И здоровая же девка эта Федорка, как выточенная. В отца, видно, уродилась. Мать ее бьет, а она хоть бы пикнула. Дело кончилось тем, что Ганна плюнула на нее, пала на землю и горько зарыдала. Слезы тронули Федорку более материнских побоев, и она откровенно призналась, что ходила к Тишке уже не первую ночь. Нет слов, чтобы описать охватившее Ганну отчаянье. Она опять впала в какое-то неистовство и кинулась на Федорку с поленом.

— Ой, лишечко! — стонала Ганна, когда Федорка ловко увернулась от удара.

То, что некогда было с Аграфеной, повторилось сейчас с Федоркой, с тою разницей, что Ганна "покрыла" глупую девку и не сказала никому об ее грехе. О будущем она боялась и подумать. Ясно было пока одно, что Федорке не бывать за Пашкой. А Федорка укрепилась дня на три, а потом опять сбежала, да и к утру не пришла, так что ее хватился и сам старый Коваль.

— А где Федорка, бисова девка? — спрашивал он грозно.

— А пошла...

— Да куда же вона пошла? — допытывался упрямый старик.

— А до Горбатых...

Ганна соврала, сама не зная для чего. Дальше покрывать Федорку было совершенно бесполезно. Хуже будет, если Коваль дознается обо

271

всем через других людей. Как ни плакалась Ганна, уговаривая Федорку, как ни молила, — ничего не помогало. Федорка точно одеревенела. Днем работала, а ночью уходила неизвестно куда. Лукерья тоже догадалась, но молчала, показывая вид, что не ее дело. Ей первой Ганна призналась во всем и просила совета, как быть. Лукерья посоветовала рассказать все мужикам, чего Ганна боялась до смерти.

— Так я сперва скажу Терешке, а он скажет отцу, — говорила Лукерья.

— Нет, уж лучше я сама.

Это было вечером, когда Ганна, наконец, открыла свое горе мужу. Коваль в первую минуту не мог вымолвить ни слова, а только хлопал глазами, как оглушенный бык. Когда Ганна тихо заплакала, он понял все.

— Где бисова дочь? — спросил он, закипая яростью.

Федорка предчувствовала беду и заблаговременно исчезла. Старик Коваль без шапки побежал прямо на покос к Никитичу. За ним бежала Ганна, боявшаяся, что в сердцах старик изувечит Федорку. Но она задохлась на полдороге. Коваль прибежал к Никитичу, как сумасшедший.

— Подавай Федорку! — орал он, накидываясь на оторопевшего Никитича. — Где моя Федорка?

— Да ты ошалел, старый хрен? — огрызнулся Никитич. — На што нам твоя Федорка? Ступай домой да поищи хорошенько около себя.

Единственною свидетельницей этой горячей сцены была Оленка, которая равнодушно оставалась у огонька, над которым был повешен чугунный котелок с варевом. Коваль совсем одурел. Он так кричал и ругался, что Никитич, наконец, вытолкал его в шею и только потом догадался спросить, где же в самом деле мошенник Тишка?

— Был, да весь вышел, — равнодушно ответила Оленка. — У Чеботаревых с Пашкой хороводятся... Там девок целый табун.

Наступила ночь, а Федорки все не было. Старый Коваль три раза приходил в балаган к Никитичу и начинал ругаться с ним. Обезумевший от горя старик бродил с покоса на покос и кричал своим зычным голосом: "Федорка!.. Федо-орка!.." Крикнет и слушает, не откликнется ли где-нибудь звонкий, молодой голос. Но немая ночь не откликалась, и Коваль бежал в лес и опять кликал дочь. Он плохо помнил, как перед самым утром очутился на покосе у Горбатых. Когда сват Тит проснулся, он увидел старого Коваля, который сидел у потухшего огня, упершись глазами в землю.

— Это ты, Дорох? — окликнул его Тит, не веря собственным глазам.

Коваль ничего не отвечал и, кажется, не слышал оклика. Тит подошел к нему и начал трясти за плечо.

— Сват, да ты это как сюда попал, этово-тово?

— Який я тоби сват! — глухо ответил старик и заплакал. — Черт мене сват... в чертову родню попал!

Федорка так и пропала с покоса, а потом оказалась в Кержацком конце, в избе Никитича. Выручать ее поехал Терешка-казак, но она наотрез отказалась идти к отцу.

— Да ты никак сбесилась, — усовещивал ее Терешка. — Виданное ли это дело, штобы православная за кержака убегала?..

— Не пойду домой, — твердила Федорка. — Нечего мне там делать.

Терешка вернулся домой ни с чем, и Федорку пришлось добывать через волостное правление. Она спряталась на сарай, а когда ее там нашли, отчаянно защищалась. Дома сам Коваль запер ее в заднюю избу и ключ от замка повесил себе на пояс. Федорка не подавала голосу, точно оглушенная. Она сидела в углу, как затравленный зверь, и не хотела ни есть, ни пить. Пробовали с ней заговаривать, — Федорка не отвечала. Сам Коваль даже ночью несколько раз подходил к двери и прислушивался, что делает Федорка. Стариков мучила мысль о том, как бы она не наложила на себя рук. Старая Ганна потихоньку от старого Коваля прокрадывалась к окошку избы и начинала кликать дочь, называя ее прежними ласковыми словами, но Федорка молчала.

— Заговорена вона кержаками, — решил Коваль. — Надо ее будет отчитать... Ужо пойду до попа.

Когда пришел о.Сергей, чтобы сделать пастырское увещание заблудшей овце, задняя изба оказалась пустой: Федорка бежала в окно, вынутое снаружи.

V

Мастерица Таисья частенько теперь завертывала в господский дом и любила потолковать с молодою барышней о разных разностях. Через нее Нюрочка мало-помалу разузнала всю подноготную заводской жизни, а в том числе и трагическую историю Аграфены до убийства духовного брата Конона включительно. Конечно, главным образом Таисья рассказывала о своем Кержацком конце, Самосадке и скитах. О мочеганских концах говорилось только к слову, когда речь заходила о таких крупных событиях, как выход замуж Федорки Ковалихи или позорная свадьба старой Рачителихи, которую мочегане водили в хомуте по всему заводу. Таисья знала решительно все на свете, и ее рассказам не было конца краю. Слушавшая ее девушка с головой уходила в этот мир разных жестокостей, неправды, крови и слез, и ее сердце содрогалось от ужаса. Господи, как страшно жить на свете, особенно несчастным женщинам! Действительность проходила перед ее глазами в ярких картинах греха, человеконенавистничества и крови.

— Мы из миру-то в леса да в горы бежим спасаться, — повествовала Таисья своим ласковым речитативом, — а грех-то уж поперед нас забежал... Неочерпаемая сила этого греха! На што крепка была наша старая вера, а и та пошатилась.

В избушке Таисьи Нюрочка познакомилась и с сестрой Авгарью, которая редко говорила, а обыкновенно сидела, опустив глаза. Нюрочку так и тянуло к этой застывшей женской красоте, витавшей умом в неведомом для нее мире. Когда Нюрочка сделала попытку разговориться с этою таинственною духовною сестрой, та взглянула на нее какими-то испуганными глазами и отодвинулась, точно боялась осквернить своим прикосновением еще нетронутую чистоту.

— Уж больно ты зачастила к Таисье-то, — попрекнула раз Парасковья Ивановна завернувшую к ней Нюрочку. — Сладко она поет, да только... Мальчика-то видела ты у ней?

— Какого мальчика?

— Значит, хоронится от тебя... Тоже совестно. А есть у них такой духовный брат, трехлеточек-мальчик. Глебом звать... Авгарь-то матерью ему родной приходится, а зовет духовным братом. В скитах его еще прижила, а здесь-то ей как будто совестно с ребенком объявиться, потому как название ей девица, да еще духовная сестра. Ну, Таисья-то к себе и укрыла мальчонка... Прячет, говорю, от тебя-то!

Парасковья Ивановна в последнее время стала заметно коситься на Таисью, а при Нюрочке не стеснялась рассказать про нее что-нибудь обидное. Это очень огорчало Нюрочку, потому что она всех любила — и Парасковью Ивановну, и Таисью, и Авгарь. Она чувствовала, что Парасковья Ивановна не досказывает, хотя не раз уже издалека подводила речь к чему-то, что ее, видимо, очень огорчало и мучило.

Другой враг у Таисьи, которого Нюрочка тоже очень любила, был о.Сергей.

Она каждый праздник ходила в церковь. О.Сергей так хорошо служил. Церковь была небольшая и старая, но в ней так хорошо было молиться. Иногда о.Сергей говорил небольшие поучения, применяясь к пониманию слушателей, и, как казалось Нюрочке, он часто говорил именно для нее. Между утреней и обедней, а также после обедни о.Сергей оставался в церкви, чтобы побеседовать с старушками, которые через силу набирались сюда из обоих мочеганских концов. Они ужасно любили о.Сергея и несли к нему свои последние земные заботы, огорчения и напасти. Нюрочка несколько раз была свидетельницей этих бесед и могла только удивляться терпению священника, который по целым часам толковал с этими человеческими обносками и лохмотьями. Раз она откровенно высказала ему это.

— А кто же их утешит, этих старушек? — просто ответил о.Сергей. — Ведь у них никого не осталось, решительно никого и ничего, кроме церкви... Молодые, сильные и счастливые люди поэтому и забывают церковь, что увлекаются жизнью и ее радостями, а когда придет настоящее горе, тяжелые утраты и вообще испытания, тогда и они вернутся к церкви.

— Это показывает, отец Сергей, что есть много людей бесхарактерных...

— Все мы бесхарактерные люди, Анна Петровна... Я никого не осуждаю, а говорю для примера.

И этот добрейший человек, каким был о.Сергей в глазах Нюрочки, относился так неприязненно к мастерице Таисье. В господском доме о.Сергей бывал, главным образом, по вечерам, поэтому и не встречался с Таисьей, но раз он завернул утром и столкнулся в дверях с ней носом к носу. Произошла неловкая немая сцена, пока не явилась на выручку Нюрочка. Вдобавок и Петра Елисеича не случилось дома. Обыкновенно о.Сергей удалялся при такой оказии домой, а тут остался, чтобы не показаться перед раскольничьей начетчицей трусом и "хворнякой". Нюрочка очутилась между двух огней, потому что и Таисья не уходила по той же причине.

— Вы знакомы? — нерешительно спрашивала Нюрочка покашливавшего о.Сергея.

— Весьма наслышан о них, Анна Петровна, — степенно ответил о.Сергей, подбирая губы. — Слухом земля полнится... Одним словом, про нашу ключевскую мастерицу Таисью везде знают.

— А ровно бы и знать-то нечего, духовный отец, — не без достоинства ответила Таисья. — Живу, как таракан за печкой...

— Как слышно, вы и требы исправляете? Окрестить младенца можете, хороните умерших... Впрочем, это не мое дело. Я не вмешиваюсь, а только высказал то, что говорят иные.

— У нас требы исправляют по древлеотеческому чину старцы, духовный отец... Не женское это дело. А молиться никому нельзя воспретить: и за живых молимся и за умерших. По своей силе душу свою спасаем.

Разговор вообще плохо вязался, и Нюрочка выбивалась из сил, чтобы занять чем-нибудь мудреных гостей. Прежде всего, конечно, явился чай, но Таисья отказалась. О.Сергей все покашливал. Нюрочка предчувствовала, что вся эта сцена разрешится какою-нибудь неприятностью, — так и случилось. Выпив свой стакан, о.Сергей обратился к Таисье с таким вопросом:

— А как вы полагаете относительно Федоры Коваль, которая убежала к вам в Кержацкий конец?

— Ничего я не знаю, отец духовный, а если что и случается, так меня не спрашивают...

— Так-с... А я вам скажу, что это нехорошо. Совращать моих прихожан я не могу позволить... Один пример поведет за собой десять других. Это называется совращением в раскол, и я должен поступить по закону... Кроме этого, я знаю, что завелась у вас новая секта духовных братьев и сестер и что главная зачинщица Аграфена Гущина под именем Авгари распространяет это лжеучение при покровительстве хорошо известных мне лиц. Это будет еще похуже совращения в раскол, и относительно этого тоже есть свой закон... Да-с.

— Ничего я не знаю... — упрямо повторяла Таисья. — Наше дело

275

маленькое. Со своею одною головой не знаешь куда деваться, а куда уж других судить!

Когда мастерица Таисья ушла, о.Сергей несколько времени молчал, а потом тихим голосом проговорил:

— Извините меня, Анна Петровна, если я сказал что лишнее в вашем доме. Но это долг пастыря, который отвечает за каждую погибшую овцу. Многое вижу и молчу. Сокрушаюсь и молчу... да. Вот и вы очень огорчали меня, когда ходили на богомолье на Крестовые острова. Конечно, бог везде один, но заблуждения разделяют людей. Петр Елисеич держится относительно веры свободных мыслей, но я считаю своим долгом предостеречь вас от ошибок и увлечений.

Нюрочка покорно молчала, чувствуя себя виноватой. Ее выручил отец: при нем о.Сергей неловко умолк.

VI

Новый управляющий сначала не ездил в Ключевской завод около полугода. Он был занят приведением в порядок дел главной конторы и разными реформами преимущественно канцелярского характера. Это был заводский делец совершенно нового типа, еще неизвестный на Урале, где до сих пор вершили заводские дела свои крепостные, доморощенные управители, питавшие органическое отвращение к писаной бумаге вообще. По крайней мере половина служащих была сменена за ненадобностью, а на их место поступили новые, выписанные новым главным управляющим. Оставшиеся без куска заводские служащие были обречены на голодную смерть, потому что, выращенные на заводском деле рядом поколений, они не могли помириться с какою-нибудь другою службой. Другою причиной недовольства новым управляющим являлось строгое отношение к рабочим и мелочные урезки в заработке. Собственно говоря, счет шел на гроши, но в крупных предприятиях именно из таких грошей и создаются крупные цифры.

— Если рабочим не нравятся новые порядки, то могут уходить на все четыре стороны, — повторял Голиковский направо и налево, чем еще более восстановлял против себя. — Я силой никого не заставляю работать, а если свои не захотят работать, так выпишем рабочих из других заводов, а в случае чего даже из России.

Это было кровною обидой для всего сплоченного заводского люда, не отделявшего себя до сих пор от заводского дела. Являлось какою-то нелепостью, что вдруг в Мурмос наедут рабочие с других заводов или даже расейские. Да и куда пойдет коренной заводский человек из своего насиженного гнезда?.. Просто новый управляющий бахвалится, чтобы сделать прижимку. Даже Лука Назарыч, державший всех в ежовых рукавицах, и тот не говорил никогда ничего подобного, а в случае неурядиц обходился своими домашними средствами. И служащие и рабочие почуяли в Голиковском чужого человека, которому все трын-трава, потому что сегодня он здесь, а завтра неизвестно где.

Петр Елисеич тоже не мог согласиться с Голиковским.

— Рабочие прежде всего люди, — говорил он новому начальству. — У них есть свое самолюбие, известные традиции, наконец простое человеческое достоинство... По моему мнению, именно этих сторон и не следует трогать.

— Это все сентиментализм, — возражал Голиковский. — Я смотрю на рабочую силу, как на всякую машину, — и только. Ни больше, ни меньше. Каждая машина стоит столько-то и должна давать такой-то процент выгодной работы, а раз этого нет — я выкидываю ее за борт. Разве может быть самолюбие у паровой машины?.. Извините меня, Петр Елисеич, но вы отстали от современных взглядов на крупную промышленность... Лучший пример для нас — Европа, в особенности Англия. У нас рабочие массы страшно распущены, и необходимо их субординировать. Будем учиться у Европы.

— Как мне кажется, нам не следовало бы перенимать именно больные места европейской промышленности, тем более что и условия производства у нас несколько иные.

Голиковский откладывал целых полгода свою поездку по другим заводам из-за необходимых реформ в центре, а когда дело было уже обставлено, он "позволил себе это удовольствие" и прежде всего отправился в Ключевской завод. Приехал он на паре, как самый обыкновенный проезжающий, а не на пятерке с "фалетуром", как ездил Лука Назарыч. Он рассеянно вбежал в переднюю и, не раздеваясь, вошел в зал, где и столкнулся лицом к лицу с Нюрочкой. Перед ним точно в тумане мелькнуло это милое девичье лицо, а большие серые глаза глянули прямо в душу, полную холостого одиночества и житейского холода.

— Петр Елисеич, надеюсь, дома? — заговорил гость, останавливаясь в нерешительной позе.

— Папа ушел на фабрику, — ответила Нюрочка, свободно и просто смотревшая на гостя.

Голиковский молча сел на ближайший стул и в каком-то смущенном восторге смотрел на незнакомку. Он даже и не подозревал, что у Петра Елисеича есть взрослая дочь. Эта приятная неожиданность точно ошеломила его.

Потом он что-то такое спросил ее, вероятно невпопад, потому что она посмотрела на него удивленными глазами. Что она ответила, он не понимал, а только видел, как она вышла из комнаты грациозною походкой, как те редкие сновидения, какие заставляют молодеть. Голиковский сидел несколько времени один и старался припомнить, зачем он приехал сюда и как вообще очутился в этой комнате. Из раздумья вывел его Петр Елисеич, за которым уже успели послать на фабрику.

Все время, пока ходили по фабрике, Голиковский был очень

рассеян, так что даже Петр Елисеич под конец не знал, как держать себя и зачем собственно Голиковский приехал. С фабрики он повез гостя в медный рудник, но и там он ходил точно во сне. С рудника на обратном пути завернули в контору, и Голиковский как будто немного пришел в себя: канцелярия была его родною стихией. Бедные служащие пришли в ужас, когда главный управляющий потребовал для ревизии некоторые книги. Гроза накатилась вдруг. Многие уже читали себе отходную: на Ключевском, конечно, будет то же, что было в Мурмосе. Но и книги не помогли. Цифры прыгали в глазах Голиковского, и он не мог ничего сообразить. Рассматривая какую-то ведомость, он, обращаясь к Петру Елисеичу, заметил:

— А я не знал, что у вас есть дочь, Петр Елисеич.

— Где дочь? — удивился в свою очередь Петр Елисеич, думавший о другом.

— А я давеча видел ее.

За обедом Голиковский тоже держался крайне рассеянно, но Нюрочка не показалась, и он уехал сейчас же после обеда. Петр Елисеич только пожимал плечами. В следующий раз Голиковский приехал через две недели, потом стал ездить каждую неделю и, наконец, по два раза в неделю.

— Знаете, я отдыхаю у вас, — откровенно объяснил он Петру Елисеичу, точно извиняясь за свои слишком частые визиты.

Сначала Нюрочка совсем не показывалась гостю, потом стала показываться из вежливости, чтобы разливать чай, и, наконец, привыкла к новому человеку. Голиковский умел держать себя с большим тактом и постепенно сблизился. Он знал еще больше, чем Петр Елисеич, и просто поражал Нюрочку своею ученостью. Каждый раз он привозил с собой какую-нибудь новую интересную книгу и требовал, чтобы Нюрочка читала ее. Голиковский и сам недурно читал вслух и знакомил Нюрочку с выдающимися произведениями иностранной литературы, как Диккенс или Шпильгаген. Петр Елисеич не читал романов, и для Нюрочки раскрывался шаг за шагом совершенно неведомый мир, куда вводил ее этот странный человек, возбуждавший всеобщую ненависть. Девушка знала о подвигах нового главного управляющего в Мурмосе и часто подолгу задумчиво смотрела прямо ему в лицо: некрасивый, пожилой человек, почти старик — и больше ничего. А между тем сколько семей проклинают его... Нюрочке он казался таким добрым, и ей не хотелось верить в сделанное им зло.

Когда заходил о.Сергей, они втроем садились за преферанс и играли за полночь, причем Голиковский непременно выигрывал. Нюрочка любила сидеть около него и смотреть в карты.

— Вы приносите мне счастье, Анна Петровна, — пошутил однажды Голиковский, показывая ей свои карты.

Нюрочке это не понравилось. Что он хотел сказать этим? Наконец, она совсем не подавала ни малейшего повода для этого фамильярного тона. Она молча ушла к себе в комнату и не показывалась к ужину. Катря довершила остальное. Она пришла в комнату Нюрочки, присела на кровать и, мотнув головой в сторону столовой, проговорила:

— А жених-то сегодня рассердится.

— Какой жених? Да ты с ума сошла, Катря.

— Барышня притворяется, а я усе вижу, хоть и неученая... Пан с Мурмоса женится на нашей Нюрочке!

Это предположение показалось Нюрочке до того обидным, что она прогнала Катрю, заперла дверь своей комнаты на крючок и кончила слезами. Успокоившись, она должна была согласиться, что Катря, пожалуй, и права... Перед ней прошел целый ряд маленьких и ничтожных в отдельности сцен и разговоров, ярко осветившихся теперь одним словом: жених. Она даже старалась представить себя m-me Голиковской и громко расхохоталась. Он годится ей в отцы, этот косой жених. Понятие о женихе носилось в ее воображении как что-то необыкновенное, сказочное и роковое и совсем уж непохожее на г.Голиковского.

Странная вещь: проснувшись на другой день, Нюрочка в предположении Катри не нашла решительно ничего ужасного, а даже весело улыбнулась. В ней откликнулось неудержимое женское любопытство: ее любили еще в первый раз. А что будет дальше?..

Человек, наводивший трепет на тысячи людей, ездит специально для нее из Мурмоса через каждые три дня. Это суетное чувство, мелькнувшее в душе девушки, сменилось сейчас же угрызением совести, и она с горечью подумала: "Какая я дрянная девчонка!.." Все-таки она утром оделась тщательнее обыкновенного и вышла к чаю такая розовая и улыбающаяся. Голиковский с заметным смущением пожал ей руку и неловко пробормотал какой-то комплимент. Подогретая этой робостью, Нюрочка чувствовала себя необыкновенно весело, так что даже Петр Елисеич посмотрел на нее с удивлением. А Голиковский совсем не походил на влюбленного человека: он почти все время молчал и смотрел куда-то в сторону, но для Нюрочки это молчание было красноречивее всяких слов. Какой он смешной, и притом это совсем другой человек, а не тот главный управляющий Голиковский, о котором Нюрочка слышала раньше так много дурного, наконец, не тот Голиковский, который ездил к ним через три дня.

— Интересно, когда он сделает мне признание?.. — соображала Нюрочка, увлекаемая вихрем молодого легкомыслия. — Может быть, сегодня же... Если бы у него не был один глаз косой и если бы вместо сорока лет ему было двадцать пять...

Но Голиковский и не думал делать признания, даже когда они остались в гостиной вдвоем. Он чувствовал, что девушка угадала его тайну, и как-то весь съежился. Неестественное возбуждение Нюрочки ему тоже не нравилось: он желал видеть ее всегда такою, какою она была раньше. Нюрочка могла только удивляться, что он при отъезде простился с ней так сухо. Ей вдруг сделалось безотчетно скучно. Впрочем, она вышла на подъезд, когда Голиковский садился в экипаж.

— Это что там за народ? — спрашивал Петр Елисеич стоявшего у ворот Антипа. — Вон у конторы.

— А это тово... парнишку несут... убился с лошади.

— Какого парнишку?

— Ну, пристанского... значит, Василия Самойлыча... С Самосадки ехал верхом и убился... В лазарет понесли к фершалу.

Петр Елисеич без шапки бегом бросился к конторе и издали еще махал руками мужикам, чтобы несли больного в господский дом. Голиковский дождался, пока принесли "убившегося" в сарайную к Сидору Карпычу, и с удивлением посмотрел на побелевшую от страха Нюрочку.

— Он умер... — шептала она со слезами на глазах. — Папочка, неужели он умер?

— Я пошлю вам своего доктора, Анна Петровна, — ответил Голиковский, подавая знак трогать.

Нюрочка ничего не слышала и не видела, ошеломленная пронесшимся перед ее глазами призраком смерти. Господи, неужели Вася умрет?

— Левая рука вывихнута, а одна нога, кажется, сломана, — сообщил ей отец, бегом возвращаясь из сарайной. — Где у нас свинцовая примочка? нашатырный спирт? Он лежит в обмороке.

VII

Во всех трудных случаях обыкновенно появлялась мастерица Таисья, как было и теперь. Она уже была в сарайной, когда поднимали туда на руках Васю. Откуда взялась Таисья, как она проскользнула в сарайную раньше всех, осталось неизвестным, да никто про это и не спрашивал. Таисья своими руками уложила Васю на кровать Сидора Карпыча, раздела, всего ощупала и сразу решила, что на молодом теле и не это износится.

— Первое дело, надо руку вправить, — советовала она фельдшеру Хитрову. — Затекет плечо, тогда не пособишь, а нога подождет.

Как он кричал, этот Вася, когда фельдшер с Таисьей принялись вправлять вывихнутую руку! Эти крики были слышны в господском доме, так что Нюрочка сначала заперлась в своей комнате, а потом закрыла голову подушкой. Вообще происходило что-то ужасное, чего еще не случалось в господском доме. Петр Елисеич тоже помогал производить мучительную операцию, сам бледный как полотно. Безучастным оставался один Сидор Карпыч, который преспокойно расхаживал по конторе и даже что-то мурлыкал себе под нос.

Когда рука была вправлена, все вздохнули свободно. Срастить сломанную левую ногу — дело пустое. Фельдшеру постоянно приходилось возиться с переломами, и он принялся за работу уже с равнодушным лицом.

280

— Лошадь испугалась... понесла... — объяснял Вася, точно извиняясь за причиненное всем беспокойство. — Вышибла из седла, а я в стреме версты две без памяти тащился.

К удивлению, голова Васи пострадала незначительно.

— Ну, а как теперь себя чувствуешь? — спрашивал Петр Елисеич.

— Ничего, до свадьбы заживет, — ответила за него Таисья, а Вася только устало закрыл глаза.

Молодое лицо, едва тронутое первым пухом волос, дышало завидным здоровьем, а недавняя мертвенная бледность сменилась горячим молодым румянцем. Петр Елисеич невольно залюбовался этим русским молодцом и даже вздохнул, припомнив беспутную жизнь Васи. В последнее время он очень кутил и вообще держал себя настоящим саврасом.

— Какой ты молодец вырос, Вася! — проговорил вслух Петр Елисеич.

— Груздевская порода, — объяснила Таисья с гордостью. — В родителя издался.

Привели и верховую лошадь, которая пробежала в Туляцкий конец с оборванными поводьями. Она вся дрожала и пугливо вздрагивала от малейшего шороха, косясь горячим глазом. Это был великолепный караковый киргизский иноходец, костлявый и горбоносый, с поротыми ушами. Нюрочка нарочно выходила посмотреть красавицу лошадь и долго гладила бархатную морду с раздувавшимися ноздрями.

— Я на ней покатаюсь, папа, — говорила она отцу за обедом.

— Она и тебя выбьет из седла.

— А я не боюсь!.. Из дамского седла легче выскочить, чем из мужского.

— Пусть она успокоится сначала, а впрочем, как знаешь...

После короткого раздумья Петр Елисеич прибавил:

— А какой красавец этот Вася... да. Жаль, что он испортился так рано.

Нюрочка посмотрела на отца и опустила глаза. Ей ужасно хотелось посмотреть, какой стал теперь Вася, и вместе с тем она понимала, что такое любопытство в настоящую минуту просто неприлично. Человек болен, а она пойдет смотреть на него, как на редкого зверя. Когда после обеда отец лег в кабинете отдохнуть, Нюрочка дождалась появления Таисьи. Мастерица прошла на цыпочках и сообщила шепотом:

— Уснул, голубчик... Намаялся до смерти, а тут вдруг точно весь распустился. Горячий такой лежит, как уголек... Завтра, говорит, фершал-то в гипс ногу ему заливать будет, а сегодня устал. Вот бы мать-то, Анфиса Егоровна, кабы жива была, так напринималась бы страсти с детищем, а отец-то и ухом не поведет... Известно, материнское сердце: умного-то сына жаль, а дурака вдвое. Ну, да еще Васин ум впереди... Перемелется — мука будет. Добрый он, в отца изгадал... У мужчин это бывает, што продурится и человеком станет. Сила в ём ходит, а девать ее некуда.

Разговорившись, Таисья даже всплакнула о Васе, и о покойнице Анфисе Егоровне, и просто так, от своей бабьей жалости. На Нюрочку разговор с Таисьей подействовал сокрушающим образом, и она как-то вся притихла. В самом деле, может быть, Вася оттого и испортился, что у него нет матери. У ней тоже нет матери... Нюрочке вдруг сделалось совестно за свое поведение с Голиковским, так хорошо, по-молодому, совестно. Пустая она и дрянная девчонка, если разобрать. Готова была кокетничать со стариком. Это похуже баловства брошенного на произвол судьбы Васи. Он ничему не учился и ничего не читал, а она сколько умных книжек перечитала. Нет, решительно негодная девчонка... На Нюрочку напало что-то вроде отчаяния, и она даже не вышла к ужину. Лежа в постели, она все думала и думала. Жизнь — серьезная и строгая вещь. А тут какой-нибудь удар копытом по голове, и человека не стало на свете. Это может случиться со всяким человеком, а что может быть обиднее такой глупой смерти? Вася делал глупости по-своему, а она по-своему.

Целую ночь Нюрочка спала очень скверно и все думала о Васе. Она даже видела его, только не того забияку мальчишку, который колотил ее и водил по крышам, а совсем другого — бледного, страдающего, беспомощного. Она поднялась утром очень рано, оделась на скорую руку и отправилась во флигель. Кухарка только еще затопила печь. В сарайной было тихо. Нюрочка осторожными шагами поднялась по лестнице, в передней перевела дух и осторожно приотворила дверь в комнату Сидора Карпыча. Она увидала следующее: Таисья спала прямо на голом полу у самой кровати, свернувшись клубочком, а на кровати под байковым одеялом лежал совсем большой мужчина. Именно впечатление большого прежде всего и бросилось в глаза Нюрочке, так что она даже немного отступила, точно пришла не туда. Это был не тот Вася, которого она знала, а чужой, большой человек. Она так и подумала: "Ах, какой большой!" Лицо она рассмотрела потом и крайне смутилась, заметив, что Вася пристально глядит на нее большими темными глазами с поволокой.

— Зайдите, — пригласил больной.

Нюрочка смущенно вошла и остановилась у кровати. Вася с трудом выпростал правую руку из-под одеяла и нерешительно протянул ее гостье.

— Вам очень тяжело? — спрашивала Нюрочка уже смелее. — Может быть, вы хотите чаю? Я сейчас принесу.

— Нет, я ничего не хочу... спасибо.

Наступила неловкая пауза. Вася с трудом перекатил по подушке отяжелевшую голову и взглянул на Нюрочку такими покорными глазами, точно просил в чем-то извинения. Она принесла стул и села около кровати.

— И папа и я — все так вчера испугались, — заговорила Нюрочка, подбирая слова. — Лошадь могла вас убить...

Вася молчал и упорно смотрел на Нюрочку, точно стараясь что-то припомнить. Этот взгляд ее смутил, и она замолчала.

282

— Анна Петровна, — проговорил он вполголоса, оглядываясь на спавшую Таисью. — Вы... вы меня презираете...

— Я? Я, право, не знаю...

— Нет, я знаю, что презираете... и другие тоже. Да и сам я себя презираю... Вот лежу и думаю, какой я скверный человек, Анна Петровна... Ведь и я тоже понимаю.

— Сейчас об этом не следует думать, — серьезно ответила Нюрочка. — Волнение повредит... Вы еще так молоды, вся жизнь впереди, и только явилось бы желание исправиться! Сознание — уже половина исправления, как говорит папа.

— Петр Елисеич меня презирает, — уныло заметил Вася. — Уж я знаю, что презирает.

— Папа добрый.

Нюрочка припомнила, как вчера отец сказал за обедом: "Какой молодец этот Вася...", и внимательно посмотрела на больного. Действительно, молодец и какой сильный да красивый. Особенно хороша была эта кудрявая голова с темными глазами и решительный, вызывающий склад рта. Теперешнее беспомощное состояние еще больше оттеняло молодую силу. У Нюрочки явилось страстное желание чем-нибудь облегчить положение больного, помочь ему и просто утешить, вроде того как нянчатся с маленькими детьми. Притом он сам сознает, что необходимо исправиться и жить иначе. Ведь она то же самое думала, что он ей сказал. Нюрочке вдруг сделалось весело, и она проговорила совсем просто, по-детски:

— А помните, как мы по крышам лазили?

Она даже засмеялась, весело блеснув глазами. Вася вздохнул и благодарно взглянул на нее. Она припомнила все, до мельчайших подробностей, и опять весело смеялась. Какая она тогда была глупая, а он обижал ее.

— Я ужасно боялась вас тогда, — болтала Нюрочка уж совсем беззаботно. — Да и вообще все мальчишки ужасные драчуны... и все злые... да...

— А помните, как вы приезжали с Петром Елисеичем к нам в Мурмос? — в свою очередь вспоминал Вася. — Еще я вам тогда показывал памятник...

— Пильщика?

Нюрочка чуть не расхохоталась, но Вася сдвинул брови и показал глазами на Таисью. Пусть ее спит, святая душа на костылях. Нюрочка почувствовала, что Вася именно так и подумал, как называл Таисью развеселившийся Самойло Евтихыч. Ей теперь ужасно захотелось рассказать про Голиковского, какой это смешной человек, но Таисья пошевелилась, и Нюрочка вспорхнула, как птичка.

— Ты это с кем здесь шушукался? — спрашивала Таисья, продирая глаза.

— Я?.. У меня, должно быть, бред... — сонно отвечал Вася, закрывая глаза в блаженной истоме.

Таисья подозрительно посмотрела на него, подозрительно

покачала головой и даже понюхала воздух, а потом принялась зевать, креститься и творить молитву, отгоняя "наваждение".

Утром же приехал из Мурмоса посланный Голиковским доктор, совсем еще молодой человек, недавно кончивший курс. Это был среднего роста господин с пушистою бородкой и добрыми серыми глазами. Держался он крайне просто и ходил в плисовой поддевке, благо на заводах можно было держать себя по-домашнему. И фамилия у него тоже была простая: Ковылин, Иван Петрович. Он осмотрел руку и сделал гипсовую повязку переломленной ноги, а потом сейчас же и уехал: в Мурмосе ждали свои больные. Через две недели доктор обещал навестить больного. Всего же лежать в постели Васе назначено было ровно шесть недель.

— Вот тебе, Васенька, и великий пост, — пошутила Таисья.

Для Васи эти шесть недель были тяжелым испытанием, но он покорился своей участи с удивившим Таисью спокойствием и только попросил почитать какую-нибудь книгу.

— Небойсь гражданской печати захотел? — корила Таисья. — Так и есть. Нет, чтобы псалтырь читать.

Самойло Евтихыч приехал проведать сына только через неделю и отнесся к этому несчастию довольно безучастно: у него своих забот было по горло. Полное разорение сидело на носу, и дела шли хуже день ото дня. Петра Елисеича неприятно поразило такое отношение старого приятеля к сыну, и он однажды вечером за чаем сказал Нюрочке:

— Нюрочка, ты взяла бы какую-нибудь книжку и почитала вслух больному, а то ведь можно с ума сойти от этого дурацкого лежанья... Конечно, тебе одной ходить в сарайную неудобно, а будешь читать, когда там Таисья бывает.

Желание отца было приведено в исполнение в тот же день. Нюрочка потащила в сарайную целый ворох книг и торжественно приготовилась к своей обязанности чтицы. Она читала вслух недурно, и, кроме Васи, ее внимательно слушали Таисья и Сидор Карпыч. Выбор статей был самый разнообразный, но Васе больше всего нравились повести и романы из русской жизни. В каждой героине он видел Нюрочку и в каждом герое себя, а пока только не спускал глаз с своей сиделки.

VIII

В жизни Ключевского завода происходили те внутренние перевороты, о которых можно было только догадываться. Прежде население подводилось под один общий уровень, из которого выделялись редкие семьи, как Горбатые или брательники Гущины. Богатство замечалось в рабочей силе и крепком строе семьи. Отдельные лица не имели значения, за самыми редкими исключениями. С "волей" влилась широкая струя новых условий, и сейчас же начали складываться новые бытовые формы и выступали новые люди, быстро входившие в силу. Глухо говорили о нарастравшем богатстве таких выходцев, как солдат Артем или Дунька Рачителиха. Конечно, в том и другом случае источник богатства являлся крайне сомнительным, но важно было то, что новые люди сумели воспользоваться богатством уже по-новому. Из зеленого солдатского сундука вырос настоящий магазин, в котором можно было найти решительно все, чего только могли пожелать ключевляне. Дунька Рачителиха тоже полезла в гору, хотя и не так явно. Она прибрала Груздева в свои руки и мечтала только о том, чтобы развязаться с кабаком, где ей, пожалуй, уж не под силу было управляться. Если бы не пьяница-муж, она давно бы жила пан-паном. Рачитель был в загоне, и Дунька, в случае его провинностей, тузила его чем попадя, как раньше тузил он ее, — роли переменились. Забрал силу также и старик Основа, открывший свою лавку в Кержацком конце и в Пеньковке. Поговаривали, что есть деньжонки у Макара Горбатого, у доменного мастера Никитича, у Ковалей, у мастерицы Таисьи, у бывшего груздевского обережного Матюшки Гущина, который с Самосадки переселился в Кержацкий конец. Но все они еще не решались показать свои карты и жили по-старому — ни шатко, ни валко, ни на сторону.

Рачителиха мечтала открыть лавку в Туляцком конце и даже выбрала место под нее, именно — избенку пропойцы Морока, стоявшую как раз на росстани, между обоими мочеганскими концами. Несколько раз Рачителиха стороной заводила речь с Мороком на эту тему, но Морок только ругался.

— На што тебе изба, непутевому? — убеждала Рачителиха. — Все равно живешь где день, где ночь...

— Ишь, гладкая, тоже и придумала! — ворчал Морок. — Какой же мужик без избы?.. У меня хозяйство...

— Пастуший хлыст?

— А лошадь? Нет, брат, отваливай в палевом, приходи в голубом... Вызолоти меня, а я избы не уступлю.

— Дурак ты, Морок, коли своего счастья не хочешь чувствовать: может, деньги бы дали за избу-то...

— Все одно пропью, а куды лошадь денется? Не с деньгами жить, а с добрыми людьми.

Много было перемен в Ключевском заводе, и только один Морок оставался прежним Мороком: так же лето он ходил в конных пастухах, а всю зиму околачивался в кабаке, и так же его били время от времени за разные мелкие кражи. Попрежнему воевал он с своим соседом Полуэхтом Самоварником. Впрочем, сейчас ненависть Морока расчленялась: он преследовал по пятам соседа Артема, куда бы тот ни показался. Крепок был солдат, но и тот делал уже несколько попыток умиротворить Морока, именно — давал ему денег в долг, поил водкой и т.д. Успехи солдата просто отравляли

285

существование Морока, и он измышлял каверзу за каверзой. Придет прямо в магазин к Артему и начнет приставать к Домнушке.

— Вашему степенству сорок одно с кисточкой... Нет ли у вас подходящего товару: полфунта комариного сала да фунт тараканьего мозгу?

У магазина собиралась кучка любопытных, жаждавшая посмотреть, как Морок "травит" Домнушку.

Но наступил тяжелый день и для Морока, когда он должен был расплатиться за свои художества. Уже несколько лет Морок выслеживал Феклисту, дочь Филиппа Чеботарева. Приходил он и на фабрику посмотреть, как Феклиста работает у дровосушных печей, и на покос к Чеботаревым являлся, и вообще проходу не давал девке. Это было чувство глубокой любви, выражавшейся иногда в крайне экстравагантных формах. На покосе Морок косил за Феклисту, на фабрике ругал ее нехорошими словами, а встречаясь с ней на улице, переходил на другую сторону. Вообще при людях обходился с ней крайне дерзко, а с глазу на глаз робел и смущался. Это давало постоянный повод к откровенным шуточкам и насмешкам, особенно в праздники на базаре. Выведенный из терпения, Морок дрался с обидчиками и раз на базаре ни с того ни с сего отколотил Феклисту. Но, к общему удивлению, вышло так, что в одно прекрасное утро Феклиста очутилась в избе у Морока. Это возмутило всех до последней степени... Солдат Артем и дозорный Полуэхт воспользовались слабостью Морока и подняли на ноги весь Туляцкий конец. Первым делом они обратились к старику Чеботареву и принялись его расспрашивать: мало ли девки балуются, да не на виду у всех, а тут в глазах у всех Феклиста поселилась у Морока. Срам на весь завод, да и другим девкам большой соблазн. Одним словом, дело загорелось, и в одно прекрасное утро перед избушкой Морока собралась целая куча народа.

— Эй ты, заворуй, выходи, — кричал Полуэхт Самоварник, выступая храбро вперед. — Вот он, Филипп-то, сам пришел за дочерью... Отдавай с добра, коли не хочешь отведать горячих в волости.

В избушке никто не откликался.

— Что с ним разговаривать, с иродом! — кричал солдат Артем. — Вали, ребята, ломай дверь...

Началась настоящая атака избы Морока. Двери оказались запертыми, и камни полетели прямо в окна. В ответ из избушки полетели поленья, кирпичи и доски: Морок разломал печь и защищался отчаянно... Феклиста забралась на полати и лежала там ни жива ни мертва. Зачем она пришла жить к Мороку, трудно сказать. Любить его она не любила, а сдалась на ласковое слово: один Морок пожалел ее беззащитную девичью голову. Так в первый день ничего и не могли поделать с Мороком, — он отсиделся в избушке, как еж в норе. Раньше, когда приходили брать его за какое-нибудь воровство, он покорялся беспрекословно и сам шел в волость, чтобы получить соответствующую порцию горячих, а теперь защищался из принципа,

— он чувствовал за собой право на существование, — да и защищал он, главным образом, не себя, а Феклисту.

Сколько ни галдели солдат Артем с Полуэхтом, так ничего и не могли поделать с Мороком. На другой день они явились уже с начальством во главе, то есть привели из волости старосту.

— Эй ты, ежовая голова, выходи! — заявлял староста, постукивая палкой в оконную раму без стекол. — Добром тебе говорят...

— Не подходи, убью! — рычал Морок.

Опять полетели камни в избушку, а из нее кирпичи, точно происходила настоящая бомбардировка неприступной крепости. Полуэхт в азарте забрался на крышу избушки и принялся разбирать тесницы. Этот маневр достиг цели: Морок выскочил из избы в одной рубахе и с пастушьим хлыстом бросился на крышу, но тут его и накрыли. Произошла ужасная свалка, причем Морока били поленьями, топтали ногами и под конец связали его же хлыстом и поволокли в волость, как стяг говядины. Феклисты в избе не оказалось: она еще ночью исчезла неизвестно куда. Все это происходило в отсутствие старшины Основы, который по делам уезжал на Самосадку. Когда он узнал о всем случившемся, то велел сейчас же выпустить Морока и дал жестокий нагоняй превысившему власть старосте.

— Што, подлецы, взяли? — ругался Морок, выходя из волости, и показал собравшимся кукиш. — Не отдам Феклисту, и конец тому делу...

— Выпороть бы его, стервеца, — советовал солдат Артем.

— Молите бога, что Морок не догадается пожаловаться на вас начальству, — проговорил Основа. — Сами бесчинствовали, а он имеет полное свое право...

В этих походах против Морока главное участие принимали старики, а молодежь оставалась в стороне, — у ней было свое на уме. Так, в семье Горбатых происходила полная нескладица. Пашка был уже совсем большой и не хотел знать старика отца. Домой он приносил только половину заработка, а другую половину пропивал на стороне в обществе приятелей, как Илюшка Рачитель и казачок Тишка. По праздникам Пашка уходил в Кержацкий конец и там проводил все время в избе Никитича. Сам Никитич обыкновенно сидел под домной и даже спал там, а дома управлялись теперь Федорка да Оленка, девка на возрасте и настоящая красавица на кержацкую руку. Федорка и Оленка тянули к себе молодятник. Сам Никитич знал о молодом веселье, кипевшем в его доме, только стороной, больше через сестру Таисью, и каждый раз удивлялся самым искренним образом.

— Нно-о? Так они, мошенники, ко мне в избу повадились? — спрашивал он. — Ужо я доберусь до этих мочеганишек и Оленку произведу! Только вот мне домну свою в праздник-то нельзя оставить, потому какой ноне народ — как праздник, все и разбегутся, а я Оленку произведу, шельму.

Действительно, в одно воскресенье Никитич нежданно-негаданно заявился домой и застал всю компанию в сборе. Он, не говоря худого слова, схватил Илюшку Рачителя за ворот и поволок из избы. Потом принялся за Пашку.

— Я вам покажу, молокососы, как страмить отецкую дочь! — орал Никитич, разделываясь с Пашкой. — Я произведу...

Но в самый горячий момент этой отеческой расправы за Пашку вступилась Оленка, и у Никитича опустились руки. Он обругал дочь и только пробормотал:

— Ах ты, бесстыдница Оленка... Ну-ко, погляди мне в глаза!

Вечером Никитич сидел в избе у Тита Горбатого и жаловался на озорника Пашку, который "омманул" его Оленку.

— Как же теперь этому самому делу быть? — спрашивал он, беспомощно разводя руками.

Тит по туляцкой хитрости прикинулся, что не понимает ничего, и только качал головой.

— Нет, што я теперь с дочерью-то буду делать? — приставал Никитич, входя в азарт все больше, — а? Слава-то какая про девку пройдет...

Когда Тит уж не мог больше притворяться, то обещал отдуть Пашку черемуховою палкой, что нисколько не удовлетворило Никитича. Старики долго перекорялись и спорили, а потом отправились решать свое дело в кабак к Рачителихе. У стойки сидел старый Коваль, такой грустный и невеселый.

— Што мы теперь будем делать? — спрашивал Никитич старого хохла, который через Федорку должен был знать все. — Слава-то, слава-то какая!..

Коваль только покрутил своею сивою головой и вздохнул.

— Нечего вам мудрить-то, старые черти! — огрызнулась на всех троих Рачителиха. — Не вашего это ума дело... Видно, брать тебе, Никитич, Пашку к себе в дом зятем. Федорку принял, а теперь бери Пашку... Парень отличный.

IX

Лето было дождливое, и сена поставили сравнительно немного. Особенно неудачная вышла страда на Самосадке, где почти все сено сгнило. В горах это случается: заберется ненастье и кружится на одном месте. И в Мурмосе "сена не издались", так что негде было и купить его ближе ста верст, да и в сторону орды тоже на траву вышел большой "неурожай". Об овсах ходили нехорошие слухи.

— Дело скверное, Леонид Федорыч, — предупреждал Петр Елисеич еще летом нового главного управляющего.

— А нам-то какая печаль? Мы ни овсом, ни сеном не торгуем. Подряды на дрова, уголь и транспорт сданы с торгов еще весной по средним ценам. Мы исполним то, что обещали, и потребуем того же и от других. Я понимаю, что год будет тяжелый, но важен принцип. Да...

— С формальной стороны вы правы, но бывают обстоятельства, когда приходится поступиться даже своим принципом.

— Все это сентиментальности, Петр Елисеич! — смеялся Голиковский. — В доброе старое время так и делали: то шкуру с человека спустят, то по головке погладят. А нужно смотреть на дело трезво, и прежде всего принцип.

— Знаю, знаю. Вы смотрите на людей, как на машину.

— Как и на самого себя. Милый Петр Елисеич, нельзя иначе в таком деле, где все держится принципом.

Споры на эту тему продолжались все лето, а осенью в Мурмос к главному управляющему явились первыми углепоставщики с Самосадки и заявили, что по взятым ценам они не могут выполнить своих подрядов. Голиковский ответил, что ничего не может сделать для них, а в случае неисполнения поставок они (вынудят его обратиться к закону. Да, их заставят сделать то, что они должны. Он не кричал на мужиков, не топал ногами, не приходил в неистовство, как, бывало, Лука Назарыч, а держал себя совершенно бесстрастно, как доктор с пациентами. Самосадчане три раза пытались уговорить начальство и ушли ни с чем. Та же участь постигла ключевлян, а затем и мурмосских подрядчиков, перевозивших руду, железо и чугун.

Наступила голодная зима, самое ужасное время, какое посылается только в наказание. Предсказания Петра Елисеича начали сбываться, да и не трудно было предвидеть последствия недостатка корма. До первого снега скотина еще кое-как околачивалась, наполовину в лесу, наполовину дома. Богатые мужики успели приколоть лишних коров еще в промежговенье, после филипповок, когда они еще были нагулянные с лета; мясо съели, а кожа осталась в барышах. Бедные тянулись из последнего, жалеючи ребятишек. В заводе не было даже тех запасов старогодней соломы, которая спасает от голодовок деревню. Между мужиками и бабами началась жестокая война из-за каждого клочка сена: мужики берегли сено лошадям, бабы — коровам и овцам. Голодная скотина ревела "истошным" голосом, и ее выгоняли на улицу, чтобы промышляла еду сама по старым назьмам и около чужих дворов. Коровы сейчас же сбавили молоко, а в Хохлацком конце начался голодный падеж. Не запасливый был народ хохлы на сено, а туляки берегли корм для себя, как и кержаки.

Когда началась вывозка угля и дров, заготовленных в куренях с лета, недокормленные лошади быстро выбились из сил, особенно лошади из дальних мест, как Самосадка. Жаль было смотреть, как голодная скотина валилась с ног. По дороге из Ключевского завода в Самосадку в стороне валялись уже десятки палых лошадей. Мужики крепились до последнего, а потом Самосадка забастовала вся разом, как один человек. Это было сигналом для Ключевского завода и Мурмоса, где углепоставщики и подрядчики тоже забастовали.

Целый заводский округ очутился в самом критическом положении: если по зимнему пути не вывезти древесного топлива, то заводы должны приостановить свое действие на целый год, а это грозило убытками в сотни тысяч рублей. Голиковский прискакал в Ключевской завод в сопровождении уездного исправника; горных исправников уже не существовало, и добряк Иван Семеныч давно удалился на покой в свою Малороссию.

— Это бунт, — заявил Голиковский, входя в комнату. — Очевидно, зачинщики всего дела скрываются в Самосадке. Да, я имею некоторые сведения.

Петр Елисеич отмалчивался, что еще больше раздражало Голиковского. Старик исправник тоже молча курил сигару; это был администратор нового типа, который понимал, что самое лучшее положение дел в уезде то, когда нет никаких дел. Создавать такие бунты просто невыгодно: в случае чего, он же и останется в ответе, а пусть Голиковский сам расхлебывает кашу, благо получает ровно в пять раз больше жалованья.

— Что же вы молчите, Петр Елисеич? — накинулся Голиковский на своего приятеля.

— Что же я могу вам оказать, Леонид Федорович, кроме того, что уже высказал раньше, за полгода вперед?

— Следовательно, по-вашему, виноват во всем один я? Благодарю. Именно этого я не ожидал от вас!

— Виновато дождливое лето, Леонид Федорович. Я вас предупреждал.

— Да. Но ведь заводы не богоугодное заведение. Прежде всего принцип. Я последовательный человек. Необходимо съездить на Самосадку и в корне вырвать смуту.

Поездка на Самосадку, однако, не привела ни к чему. Остовы палых лошадей по всей дороге иллюстрировали дело лучше всего. В редком дворе находился полный комплект рабочих лошадей: часть вывалилась, а другая обессилела. Если углевозу выгодно было производить поставку, работая на трех лошадях, то работать на одной не было никакого расчета. Переговоры с мужиками окончательно выяснили положение дела. Исправник слушал и отмалчивался, а для острастки велел взять Мосея Мухина и препроводить его в Мурмос. Собственно, у исправника была своя цель: произвести негласное дознание относительно агитации о своей земле и о новой секте "духовных братьев". Бунт углепоставщиков служил только прикрытием. Пользуясь случаем, он имел несколько объяснений со стариком Основой, а потом просил Петра Елисеича вызвать лесообъездчика Макара Горбатого. Это было легкое предварительное дознание, пока ничего не выяснившее.

— Хорошо, идите домой, — закончил исправник. — После поговорим...

Голиковский заметно испытывал угнетенное состояние духа и по возвращении с Самосадки долго разговаривал с Нюрочкой, горячо интересовавшейся ходом всего дела. Он мог только удивляться, что эта барышня, выросшая в четырех стенах, так много знает.

Голиковский как-то особенно внимательно смотрел все время на Нюрочку, а потом с грустью в голосе заметил:

— Да, я теперь понимаю вас... У вас есть свой мирок, в котором вы живете. Понимаю и то, почему вы в последнее время заметно отвернулись от меня.

Нюрочка хотела что-то ответить, но Голиковский быстро поцеловал у нее руку и вышел. Ей вдруг сделалось его жаль, и она со слезами на глазах убежала к себе в комнату.

Отъезд Голиковского из Ключевского завода сопровождался трагикомическою сценой. В господский дом явился Морок и, когда Голиковский усаживался уже в экипаж, приступил к нему:

— Вашескородие, явите божескую милость...

— Что тебе нужно, любезный?

— Кобыла издыхает, вашескородие... Какой же я буду человек без кобылы?.. Явите...

— В холодную! — коротко ответил за Голиковского исправник, указывая стоявшему без шапки Основе на бунтаря.

Экипаж уехал, и Основа, подхватив Морока под локоть, шутя проговорил:

— Ну, айда на даровую квартиру!

— Сам приду... — сумрачно ответил Морок, вырываясь. — Еще успеешь.

Он крупно зашагал домой, удрученный горем. Знаменитая кобыла действительно издыхала. Она лежала пластом и не могла подняться даже на передние ноги. Морок сбегал к Домнушке и выпросил несколько ломтей черствого ржаного хлеба. Но кобыла великодушно отказалась от еды, а только посмотрела на хозяина потухавшим большим глазом. Морок не мог даже мысли допустить, что его единственное достояние вдруг превратится в ничто, и послал Феклисту к Рачителихе за косушкой водки, — он, как коновал, пускался на последние средства. Принесенная водка была вылита в рот кобыле, но она уже не могла проглотить живительной влаги и издохла на глазах собравшихся соседей. Морок пришел в какое-то неистовство: рвал на себе волосы, ругался, грозил неизвестно кому кулаком, а слезы так и катились по его лицу.

— Матушка ты моя... кормилица! — причитал заворуй Морок и в порыве охватившей его нежности при всем честном народе поклонился мертвой кобыле в ноги. — Кости твои похороню!..

Сбежавшиеся бабы ревели навзрыд, глядя на убивавшегося Морока.

X

Голиковский решился действовать энергично. Он сейчас же послал в степь закупить овса, сена и соломы на тридцать тысяч рублей и распределил этот корм по заводам. Конные рабочие могли забирать доставленные из орды припасы по особым книжкам, как долгосрочную и беспроцентную ссуду. Будь принята эта мера с осени, тысячи лошадей были бы спасены, а теперь скотина уже обессилела, и, как говорили старики, "корм ее ел, а не она корм". Таким образом, только половина ежегодной поставки древесного топлива кое-как была исполнена, и сообразно с этим приходилось соразмерять всякое заводское действие. По закону завод не имел права оставлять население без работы, поэтому заведены были "половинные выписки" — одну неделю работает, а другую гуляет, потом стали работать одну "третью неделю" и т.д. Заработная плата, таким образом, понизилась до невозможного minimum'a, а тут еще введена была новая система штрафов, вычетов и просто мелких недоплат. Это последнее касалось ближе всего коренного фабричного люда, которого лошадиный мор не тронул. Общий ропот поднимался со всех сторон.

— Что же я могу сделать? Я не бог, — повторял Голиковский. — Вот только бы отправить весенний караван, а там увидим...

Весенний караван являлся и для заводов и для Голиковского единственным спасением: во-время будет отправлен караван, во-время продастся железо — и заводский год обеспечен средствами, а, главное, владельцы получат установленный дивиденд "по примеру прошлых лет". На Самосадке работа кипела. Благодаря голодовке Голиковский рассчитывал выиграть на караване те убытки, которые понесли заводы на перевозках: можно было подтянуть голодавших рабочих по известному правилу: хлеб дорог — руки дешевы. Все шло отлично: и опять главная поддержка шла от молодых, которым выгодно было работать и за малые платы. Так бы все хорошо и кончилось, не случись дружная весна, — тепло ударило двумя неделями раньше. Началась та спешка, когда пускаются в оборот все наличные силы, не исключая стариков и баб. Вообще дело получалось горячее, но с первых же шагов почувствовалась какая-то невидимая задержка, а потом перешла в открытый антагонизм. Нужно было устроить "спишку" совсем готовых коломенок в воду, что составляло обыкновенно на Самосадке что-то вроде праздника. Стар и млад сбегались к коломенкам и в свою силу помогали дружной работе. А на этот раз пришли старики в караванную контору и потребовали задаток.

— Это за што? — изумился служащий. — Да в уме ли вы, старички?

— Мы-то в уме, а вот как вы спихиваться будете с Леонидом-то Федоровичем... Он нас достиг, так теперь пусть сам управляется.

Когда еще чужестранный народ наберется, а полая вода сойдет. Как бы вы на сухом берегу не остались.

Начались переговоры; а горячее время шло и шло. Каждая минута была дорога. Старички заломили по рублю на человека, — цена неслыханная, чудовищная. Полетел нарочный в Мурмос, и Голиковский приехал сейчас же, опять с исправником. Появление начальства окончательно озлобило народ, и все засели по домам. Это было похуже бунта с лошадиным мором. Голиковский бесился, подозревая чье-то скрытое влияние, портившее ему все. Староста обегал все избы, сгоняя народ, но на работу вышли все те же молодые рабочие, а старики отсиживались и баб не пустили.

— Я им покажу! — ругался Голиковский, переживавший скверное положение. — Они узнают меня!

— Вода уйдет, Леонид Федорыч, — почтительно докладывая караванный. — Не успеем нагрузиться...

Кончилось тем, что Голиковский уехал, предоставив дело караванному. Он чувствовал, что своим присутствием только портит возможное соглашение: народ был против него. Сделка состоялась на "любой половине", то есть по полтине на брата. За нагрузку тоже пришлось платить усиленно. Одним словом, деньги пришлось отдать несчитанные да время пропустить дня четыре. Караван отвалил с грехом пополам на хвосте весеннего "паводка", рассчитывая обежать главный вал на пути, — коломенки бегут скорее воды. Но вышло несколько иначе благодаря новым случайностям. Паводок ушел, а весь караван обмелел немного пониже бойца Горюна, где раньше похоронил свое богатство Груздев. Голиковский рвал и метал, но дело было непоправимое. Оставалось ждать осени, когда можно будет разгружать весенние коломенки, поднимавшие до пятнадцати тысяч пудов, на полубарки по пяти тысяч. Вся эта операция учетверяла стоимость провоза, а главное — металл не поспеет к сроку ни в Лаишев, ни в Нижний, ни на Низ (низовья Волги). Самосадские старички устукали-таки ненавистного им главного управляющего, который в отместку отнял у них всякий выгон и уже неизвестно для чего закрыл медный рудник Крутяш, существование которого Петр Елисеич отстаивал всеми силами.

— А мне все равно, — повторял Голиковский, чувствовавший, что ему ничего не остается, как только бежать с заводов. — Один в поле не воин... А Самосадку я все-таки укомплектую: на войне как на войне. Мы сами виноваты, что распустили население.

В кабаке Рачителихи происходило невиданное еще оживление, какого не было даже при объявлении воли. Наехали самосадчане, и в кабаке шел стоном стон. Старики снаряжали ходоков в Петербург к самим владельцам, а вместе заводили дело о своей земле. Выискался и подходящий адвокат, который обещая "выправить землю". Мосей был выпущен и теперь орудовал с мрачною энергией, как обреченный человек. К самосадским старикам пристал Кержацкий конец и некоторые старички мочегане, как Тит Горбатый и Коваль. Молодяжник отмалчивался, обдумывая свое дело. Наступала летняя пора, и — во все стороны дорога скатертью. Кроме золотых промыслов, рабочие руки требовались на вновь строившуюся железную дорогу. Начались спешные сборы. Молодежь уходила с женами, а дома оставались одни старики с ребятишками. Некоторые избы заколачивались наглухо, потому что некому было в них жить.

Первыми двинулись самосадчане, не взявшие подрядов на куренную работу, за ними потянула Пеньковка, а потом тронулся и Кержацкий конец. Это происходило в начале мая, когда дорога попросохла.

Через Мурмос каждый день двигались целые обозы с уходившими на заработки. Ехали на телегах, нагруженных домашним скарбом и необходимыми для дальней дороги запасами разного провианта. Лука Назарыч, стоя у своего окна, каждое утро наблюдал вереницы двигавшихся подвод, и его старое крепостное сердце обливалось кровью: уходила та живая сила, которая складывалась сотнями лет. Это было все равно, если бы здоровому человеку "отворить кровь". А Голиковский и в ус не дул: выйдет на балкон, закурит сигару и смотрит, как мимо господского дома едут то самосадчане, то ключевляне, то свои мурмосские. Когда новый главный управляющий оставался совершенно спокойным, старый крепостной управляющий Лука Назарыч ужасно волновался и, как говорится, не находил себе места. Его волнение разделял только — "неизменное копье" — бывший личный секретарь Овсянников, высохший на канцелярской работе.

— Что же это такое, Лука Назарыч? — спрашивал Овсянников. — Ведь это без смерти смерть... Голиковский-то уедет, а мы останемся. Нам некуда идти.

Даже ночью не спится Луке Назарычу: все он слышит грохот телег и конский топот. А встанет утром и сейчас к окну: может быть, сегодня остановятся. Не все же уедут... Раза два из господского дома забегал к Луке Назарычу верный раб Аристашка, который тоже мучился переселением.

— Ну, что твой-то барин? — спрашивал нехотя Лука Назарыч.

— А ничего: сидит да свои цыгарки курит... Нехорошо, Лука Назарыч.

Наконец, старик не вытерпел. Однажды утром он оделся с особенною тщательностью, точно в христовскую заутреню: надел крахмальную манишку, пестрый бархатный жилет, старомодный сюртук синего аглицкого сукна и дареные часы-луковицу. Торжественно вышел он из дома и направился прямо в господский дом, в котором не бывал со времени своего изгнания. Голиковского он видел раза два только издали. Аристашка остолбенел, когда в переднюю вошел сам Лука Назарыч.

— Доложи барину, — коротко приказал Лука Назарыч.

Голиковский вышел встретить редкого гостя на верхнюю площадку лестницы.

— Я очень рад видеть вас, дорогой Лука Назарыч.

— Давно собираюсь, Леонид Федорыч, да все как-то не мог удосужиться. Да и вы — занятой человек... да...

Первый момент свидания вышел довольно натянутым, как Голиковский ни старался занять гостя. Лука Назарыч как-то все ежился, точно ему было холодно, и только кряхтел, хмуря седые брови. Наконец, он поднялся, застегнул сюртук на все пуговицы и проговорил:

— Леонид Федорыч, что же это такое?

— А что? — сухо спросил Голиковский, суживая косивший глаз.

— Да ведь весь народ разбежится с наших заводов! Значит, невтерпеж, если побросали и дома и всякое обзаведение и побрели куда глаза глядят.

— Ах, вы вот про что, дорогой Лука Назарыч... Да... К сожалению, вы беспокоитесь совершенно напрасно: без рабочих не останемся.

— Как без рабочих?

— Наймем из других мест; наконец, выпишем из России...

— Других? Нет, уж извините, Леонид Федорыч, других таких-то вы днем с огнем не сыщете... Помилуйте, взять хоть тех же ключевлян! Ах, Леонид Федорович, напрасно-с... даже весьма напрасно: ведь это полное разорение. Сила уходит, капитал, которого и не нажить... Послушайте меня, старика, опомнитесь. Ведь это похуже крепостного права, ежели уж никакого житья не стало... По душе надо сделать... Мы наказывали, мы и жалели при случае. Тоже в каждом своя совесть есть...

Голиковский не дал кончить, а, положив руку на плечо Луке Назарычу, сухо ответил:

— Я очень уважаю вас, Лука Назарыч, но не люблю, когда люди суются в чужие дела.

Он круто повернулся и ушел к себе в кабинет.

— Как в чужие? — крикнул ему вслед Лука Назарыч. — Ты здесь чужой, а мы-то свои все... Это наше кровное дело.

Постояв с минуту, старик махнул рукой и побрел к выходу. Аристашка потом уверял, что Лука Назарыч плакал. На площади у памятника старика дожидался Овсянников. Лука Назарыч шел без шапки, седые волосы развевались, а он ничего не чувствовал. Завидев верного крепостного слугу, он только махнул рукой: дескать, все кончено.

XI

Заводы остановились, "жила" опустели. Половина изб стояла с заколоченными окнами. Лето прошло невеселое: страдовали старики да бабы с подростками. Почти все мужское взрослое население разбрелось куда глаза глядят, побросав дома и семьи. Случилось что-то стихийно-ужасное, как поветрие или засуха. На покосах больше не пели веселых песен и не курились покосные огоньки, точно пронеслось мертвое дуновение. Раньше на время делалась мертвой только одна фабрика, а теперь замерло вместе с фабриками и все жилое. Картина получилась ужасная, точно после военного разгрома. Последним уехал сам Голиковский. Он поступил на другое место с еще большим жалованьем, как "человек твердого характера".

В Ключевском заводе безмолвствовали все три конца, как безмолвствовала фабрика и медный рудник. По праздникам на базаре не толпился народ, а вечером домой с пасева возвращалось всего десятка два коров. Не было жизни, не было движения, не было трудового шума, который поднимался вместе с зарей. Петр Елисеич попрежнему оставался в господском доме в ожидании назначения нового главного управляющего, а пока мог наблюдать только за сохранением пустовавшей фабрики и медного рудника. Он по привычке аккуратно поднимался в пять часов и отправлялся с деловым видам по знакомой дороге на фабрику. На плотине у спуска к доменному корпусу его уже ждал остававшийся попрежнему сторожем Слепень. Он стоял без шапки, молча кланялся и сейчас же отбивал на работу. Петр Елисеич спускался вниз и завертывал в доменный корпус, где теперь жил, как дома, остававшийся без дела мастер Никитич. Он сильно постарел, а борода сделалась совсем седой.

— Что новенького, Петр Елисеич? — спрашивал Никитич, вытягиваясь перед управителем в струнку.

— А скоро назначат нового управляющего, — отвечал Петр Елисеич. — Ну, а ты как тут живешь?

— Живу, родимый мой, как сизый голубь... День прошел, и слава богу.

Они вдвоем обходили все корпуса и подробно осматривали, все ли в порядке. Мертвым холодом веяло из каждого угла, точно они ходили по кладбищу. Петра Елисеича удивляло, что фабрика стоит пустая всего полгода, а между тем везде являлись новые изъяны, требовавшие ремонта и поправок. Когда фабрика была в полном действии, все казалось и крепче и лучше. Явились трещины в стенах, машины ржавели, печи и горны разваливались сами собой, водяной ларь дал течь, дерево гнило на глазах.

— Отчего это, Никитич, все рушится так скоро? — спрашивал Петр Елисеич, указывая на все эти признаки начинавшегося разложения. — Если бы фабрика была в полном ходу, этого бы не было...

— Не было бы, родимый мой... Все равно, как пустой дам: стоит и сам валится. Пока живут — держится, а запустел — и конец. Ежели здорового человека, напримерно, положить в лазарет, так он беспременно помрет... Так и это дело.

— Что же, правильно, — соглашался Петр Елисеич.

— Уж это завсегда так...

Бездействовавшая фабрика походила на парализованное сердце: она остановилась, и все кругом точно омертвело. Стоявшая молча фабрика походила на громадного покойника, лежавшего всеми своими железными членами в каменном гробу. Именно такое чувство испытывал Петр Елисеич каждый раз, когда обходил с Никитичем фабричные корпуса.

Никитич сторожил фабрику совершенно добровольно, как добровольно Петр Елисеич каждое утро делал свой обход, — оба отлично понимали друг друга. Однажды Никитич сообщил по секрету удивительную вещь.

— Этак вечерком лежу я в формовочной, — рассказывал Никитич таинственным полуголосом, — будто этак прикурнул малость... Лежу и слышу: кто-то как дохнет всею пастью! Ей-богу, Петр Елисеич... Ну, я выскочил в корпус, обошел все, сотворил молитву и опять спать. Только-только стану засыпать, и опять дохнет... Потом уж я догадался, что это моя-то старуха домна вздыхала. Вот сейчас провалиться...

С фабрики Петр Елисеич шел на медный рудник, где его ждал Ефим Андреич. Старый рудничный смотритель находился в ужасной тревоге: оставленная медная шахта разрушалась на глазах. Главное, одолевала жильная вода, подкапывавшаяся где-то там в таинственной глубине, как вор. Если Никитич слышал дыхание своей домны, то Ефим Андреич постоянно чувствовал, как его шахта напрасно борется с наступающим на нее врагам — водой. Это было ужасно, как ужасно видеть захлебывающегося человека. Припав ухом к земле, Ефим Андреич слышал журчание сочившейся воды, слышал, как обваливалась земля, а враг подходил все ближе и ближе. Рискуя собственною жизнью, он несколько раз один спускался по стремянке и ползал по безмолвным штольням и штрекам, как крот. Новые работы еще держались, но старые быстро наполнялись водой. Откуда только эта вода и бралась? И вода особенная: студеная, темная, тяжелая и зловещая, какая бывает только в рудниках. Холод смерти проникал все, как разлагавшийся труп. Ефим Андреич мог только вздыхать...

Иногда с рудника Петр Елисеич завертывал к Ефиму Андреичу напиться чаю, а главным образом, поговорить о разных разностях. Ефим Андреич выписывал "Сын отечества" и усиленно следил за политикой, так что тема для разговоров была неисчерпаема.

— Опять поговорили о политике? — говорила Нюрочка, если отец заставлял ее ждать с обедом.

— Да... немножко...

Нюрочка стала замечать, что вообще с Петром Елисеичем творится что-то неладное: он стал забываться, был ужасно рассеян и вообще изменялся на глазах. Нюрочка нарочно посылала за о.Сергеем, чтобы развлечь отца. Вася Груздев, живший теперь в Ключевском заводе, в счет не шел: он был своим человеком в доме. Дела у Груздева расстроились окончательно, так что всю торговлю в Ключевском заводе он передал сыну. Но это было немного поздно: приказчики успели растащить все, так что даже подсчитать их не было никакой возможности. Да и душа у Васи не лежала к торговле.

Он даже смущался тем, что сделался сидельцем. Передом ноги подействовал на него решающим образом: прежнего сорванца как не бывало. Конечно, дело тут было не в ноге, а в том влиянии, которое произвела на него Нюрочка. Вася только через нее увидел себя и неучем и дрянным человеком. Ему сделалось ужасно совестно за свою беспорядочную жизнь, и он потихоньку начал учиться, чтобы догнать Нюрочку хоть немного. Переезд в Ключевской завод окончательно переделал его, и Вася откровенно признался Нюрочке в своих недостатках, пороках и слабостях, а также и в том, что искренне желает исправиться и прежде всего учиться. Это духовное воскресение привело Нюрочку в восторг, и она предложила свои услуги по части занятий.

— Через год вы можете быть народным учителем, — с наивною серьезностью говорила она, как старшая сестра. — Не унывайте.

— Я буду стараться, Анна Петровна.

Ах, какое это было хорошее время, время розовых надежд, веры и счастливых молодых грез!.. Сознавая собственную неподготовку, Нюрочка сама училась с лихорадочною энергией. Раньше занятия шли только по обязанности, под влиянием отца, а теперь они получили самостоятельный и глубокий внутренний смысл. Заниматься Вася мог только по вечерам, когда кончал торговлю. Он обыкновенно приходил к вечернему чаю и терпеливо ждал, когда Нюрочка освободится. Занятия происходили в зале, а Петр Елисеич шагал по ней из угла в угол, заложив руки за спину. Он тоже занимался с Васей, но по своему методу, путем бесед и рассказов. Старик сам увлекался, когда начинал рассказывать о чудесах современной техники, о том страшном движении вперед, которое совершается сейчас на европейском Западе, о том, что должно сделать у нас. Ах, если бы можно было зажить сначала, — ведь теперь открыты все пути, не то что в глухое крепостное время. И сколько работы молодым поколениям, святой, необходимой работы!.. Потухавшие глаза старика разгорались, и он переживал каждый раз восторженное настроение, выкупавшееся потом старческою апатией и тоской.

— Я, папа, непременно поеду за границу, — мечтала вслух одушевлявшаяся Нюрочка. — Все увижу своими глазами.

— Следует съездить, — соглашался Петр Елисеич, — следует... Хотя бы для того одного, чтобы сделалось совестно за окружающую родную действительность.

Эти разговоры о поездке Нюрочки отзывались в душе Васи режущею болью, и на время эта чудная девушка точно умирала для него. Да, она уедет и не вернется, а он так и останется на всю жизнь сидельцем. Вася квартировал в новом доме солдата Артема и через Домнушку знал все заводские новости. Веселого в них ничего не было: всех начинала донимать быстро разраставшаяся нужда. Заработков не было, и проедали последнее. Солдат Артем сумел выжать деньги и из этой беды, выдавая харчи и разный лежалый товар под заклад одежи и разной другой домашности. Операция

298

оказалась чрезвычайно выгодною, и каждую неделю Артем отправлял несколько возов с одежей, конскою сбруей и разною рухлядью куда-то на золотые промыслы, где все это продавалось уже по настоящей цене. Другие торгаши сидели без дела, а солдат набивал мошну. По улицам стали бродить нищие десятками, чего раньше и "в заводе" не было. Да и семейные люди сидели впроголодь. Все надежды и упования увезли с собой по разным местам те, кто еще был в силах и надеялся найти работу. Особенно жутко приходилось разному сиротству, изработавшимся на огненной работе старикам и вообще всем тем, кто жил в семье из-за готового хлеба и промышлял по части разной домашности.

Даже такие семьи, как Горбатые, и те нуждались, хотя и крепились. Собственно говоря, единственную рабочую силу представлял Макар, который попрежнему оставался лесообъездчиком, хотя вот уже целых полгода не получал жалованья. Большак Федор по-прежнему оставался в орде, Фрол ушел на заработки, а жену Агафью с детьми бросил на произвол судьбы. Артем жил в отделе, как и Пашка, поселившийся у Никитича "влазнем". Впрочем, Пашка тоже ушел куда-то на железную дорогу и увел за собой Оленку. У Макара лежалых денег не было, и семья с трудом перебивалась изо дня в день. Старому Титу больше всего не хотелось "покориться солдату", который звал его жить к себе, а денег не давал.

— Лучше помру, этово-тово, а к солдату не пойду, — повторял упрямый Тит. — Вот ребятишек жаль... Эх, не надо было из орды выворачиваться. Кабы не проклятущие бабенки, жили бы, этово-тово...

Макар сделался задумчивым до суровости. Татьяна больше не боялась за него, хотя он и частенько похаживал в Кержацкий конец к мастерице Таисье. Аглаида тоже бывала у Таисьи, но она содержала себя строго: комар носу не подточит. У Таисьи шли какие-то таинственные беседы, в которых принимали участие старик Основа, Макар и еще кое-кто из мужиков. Пробовали они залучить к себе и Тита, но старик не пошел.

В Туляцком конце только две семьи поднялись на ноги: Филипп Чеботарев, у которого все девки, за исключением Феклисты, уходили на промысла, да старуха Мавра, мать разбойника Окулка. Чеботаревы девки выносили с промыслов и наряды и деньги, а Наташка, сестра Окулка, пожилась около Груздева, когда тот еще был в силе. У Мавры теперь была своя изба. В Хохлацком конце была сплошная нужда. Между прочим, быстро захудали Ковали, потому что Терешка-казак бросил семью и ушел вместе с другими куда-то на промысла. Разбогатевшая Рачителиха собиралась переезжать в Мурмос. Илюшка хотел открывать там свою торговлю и пока проживался в Ключевском только из-за того, что выжидал жениться на старшей дочери старика Основы. Поговаривали, что Спирька Гущин хочет жениться на Наташке, которая слыла теперь за богатую невесту. Все три конца срастались все больше. Первые свадьбы выходили убегом, вызывая родительские проклятия и неприятности, а теперь говорили о предполагавшихся свадьбах как о деле законном. Сама Рачителиха не перечила любимцу Илюшке, только бы сын был счастлив с кержанкой.

Действительно, после пасхи сыграли обе свадьбы в Кержацком конце совсем открыто. Мочегане и кержаки, наконец, сошлись за свадебным столом, что было крепче и крепостного права, и кабака Рачителихи, и огненной работы, и соединявшей всех нужды. Солдат Артем, как ни в чем не бывало, пировал на свадьбе у Спирьки Гущина, бывшего любовника своей жены, — он нарочно пошел на эту свадьбу, чтобы отомстить и Домнушке и показать всем, что он плевать хочет на пересуды да на бабьи сплетни. Он теперь каждый вечер уходил в господский дом и сидел в кухне до тех пор, пока Катря не выгоняла его. Говорили, что он ждет только смерти Домнушки, чтобы жениться на Катре.

Одни играли свадьбы, а другие тужили да горевали. Наступала страда, а запасов не хватало на покос. Старый Тит прикидывал и так и этак, — ничего не выходило. Макар не обращал внимания на хозяйственные недостатки, а только читал какие-то церковные книги да долго молился по ночам. "Ох, уйдет в кержаки!" — думал старый Тит в ужасе, хотя открыто и не смел сказать Макару своих стариковских мыслей. Татьяна тоже потихоньку плакала. Снохи вообще со всякою бедой шли к свекру и, наконец, доняли-таки его перед страдой, чтобы сходил к солдату Артему и перехватил деньжонок на страду. Тит ругался и даже замахивался на снох, а потом согласился.

Идти ему одному к солдату очень уж было муторно, и он завернул к свату Ковалю, — Ковали давно занимали деньги у Артема под разный заклад.

— И то пойдем, сват, — согласился Коваль. — Не помирать же с голода... Солдат на свадьбе у Спирьки пировал третьего дня, а с похмелья он добрее.

— Увидим, этово-тово...

— У магазин пойдем к бисову сыну!.. Отто выворотень!..

Старики отправились, подпираясь палками, — плохо уж ходили старые ноги. Проходя мимо кабака Рачителихи, старый Коваль остановился, покрутил своею сивою головой и вопросительно посмотрел на свата.

— А ну его, этово-тово, — ответил Тит на немое предложение старого пьяницы и благочестиво отплюнулся. — Добрым людям есть нечего, а тут кабак... тьфу!

Вплоть до дома Артема сваты шли молча, удрученные самыми разнообразными мыслями.

— Тебе, сват, попереду у магазин идти, — решил Коваль, останавливаясь перед стеклянными дверями солдатского магазина.

Дверь оказалась незапертой, как обыкновенно. Тит, поправив опояску, вошел первым, огляделся и вылетел назад, точно его сдуло из магазина ветром. Он чуть не сшиб с ног Коваля.

— А штоб тебя ущемило! — ругался Коваль.

Тит совершенно растерялся и не мог вымолвить ни одного слова. Он только показывал рукой в магазин... Там над прилавком, где в потолочине были на толстом железном крюке прилажены весы, теперь висела в петле Домнушка. Несчастная баба хоть своею смертью отомстила солдату за свой последний позор.

XII

Трагический конец Домнушки произвел на Петра Елисеича потрясающее впечатление. Он несколько раз ходил на место печального происшествия и возвращался точно в тумане. Катря заметила первая, что "с паном неладно" — и ходит не попрежнему и как будто заговаривается. Положим, он всегда отличался некоторыми странностями, но сейчас они обострились. Свои подозрения Катря сообщила Нюрочке, которая похолодела от ужаса. Действительно, во всем сказывался повихнувшийся человек, особенно в этих бесцельно-торопливых движениях и лихорадочно-бессвязной речи Нюрочка сейчас же послала за Таисьей.

— Поздравь меня, — говорил ей Петр Елисеич. — Меня назначили главным управляющим вместо Голиковского... Как это мне раньше не пришло в голову? Завтра же переезжаем в Мурмос... А главное: винокуренный завод, потому что пруд в Мурмосе мелкий и воды не хватает зимой.

Таисья только качала головой, слушая этот бред. Вечером завернул о.Сергей, уже слышавший о несчастии. Нюрочка встретила его с красными от слез глазами. Она догадалась, что о.Сергея пригласил Вася.

— Необходимо послать за доктором, — решил о.Сергей. — И чем скорее, тем лучше.

— Я сам съезжу, — вызвался Вася. — Ночью успею обернуться...

Какая это была ужасная ночь!.. Петр Елисеич уже давно страдал бессонницей, а теперь он всю ночь не сомкнул глаз и все ходил из комнаты в комнату своими торопливыми сумасшедшими шагами. Нюрочка тоже не спала. Она вдруг почувствовала себя такою одинокой, точно целый мир закрылся перед ней. Что-то бессмысленно-страшное неожиданно поднялось перед ней, и она почувствовала себя такою маленькой и беззащитной. У других есть хоть близкие родные, а у ней никого, никого... Куда она денется с сумасшедшим отцом и другим сумасшедшим, Сидором Карпычем?.. Утешителем явился Ефим Андреич, который прибежал чуть свет. Старик ужасно обиделся, что за ним не послали вчера же, как за о.Сергеем.

— Слава богу, не чужие, — повторял он и в порыве нежности по-отечески поцеловал Нюрочку в голову. — Умница вы моя, все мы так-

301

то... живем-живем, а потом господь и пошлет испытание... Не нужно падать духом.

Доктор приехал только к обеду вместе с Васей. Он осмотрел больного и только покачал головой: углы губ были опущены, зрачок не реагировал на свет. Одним словом, перед ним был прогрессивный паралич в самой яркой форме.

— Как вы нашли больного, доктор? — со страхом спрашивала Нюрочка. — Пожалуйста, говорите правду...

— Хорошего ничего нет, хотя, конечно, бывают случаи... Вообще не следует приходить в отчаяние.

Нюрочка горько зарыдала, охваченная отчаянием. Господи, за что же? Ведь живут же другие, тысячи и миллионы этих "других". Наконец, зачем такая страшная кара, как сумасшествие? Лучше было бы, если бы он умер, как все другие, а не оставался бессмысленным и жалким существом, как позор жалкой в своей немощи человеческой природы. Тысячи мыслей вихрем пронеслись в голове Нюрочки, и ей самой начинало казаться, что и она тоже сходит с ума. Она даже заметила по особой внимательности доктора, что и на нее смотрят как на кандидатку в сумасшедшие. Ее охватил смертельный ужас за самое себя, и она стала наблюдать за каждым своим шагом, за каждым словом и каждою мыслью, подмечая ненормальности и уклонения. Да, и она тоже сумасшедшая, и давно сумасшедшая, сумасшедшая дочь сумасшедшего отца! Наследственность не знает пощады, она в крови, в каждом волокне нервной ткани, в каждой органической клеточке, как отрава, как страшное проклятие, как постоянный свидетель ничтожества человека и всего человечества.

— Необходимо их разъединить, — посоветовал доктор Ефиму Андреичу, которого принимал за родственника. — Она еще молода и нервничает, но все-таки лучше изолировать ее... Главное, обратите внимание на развлечения. Кажется, она слишком много читала для своих лет и, может быть, пережила что-нибудь такое, что действует потрясающим образом на душу. Пусть развлекается чем-нибудь... маленькие удовольствия...

— Какие у нас удовольствия, господин доктор! — уныло отвечал Ефим Андреич, удрученный до глубины души. — Всего и развлечения, что по ягоды девушки сходят или праздничным делом песенку споют...

— Как уж там знаете... Мое дело — оказать. А больного необходимо отправить в больницу в Пермь... Там за ним будет и уход и лечение, а бывают случаи, что и выздоравливают. Вот все, что я могу сказать.

— Что же вы нас оставляете в такую минуту, доктор? — умоляюще заговорил Ефим Андреич. — Мы впотьмах живем, ничего не знаем, а вы — человек образованный... Помогите хоть чем-нибудь!

— Наука бессильна, наука сама ничего не знает в этой области, — с грустью ответил доктор. — Я остался бы, если бы мог принести хоть какую-нибудь пользу.

Доктор был хороший человек и говорил вполне искренне. Такие

случаи собственного бессилия на самого него нагоняли какую-то подавлявшую тоску, и он понимал состояние Нюрочки. После некоторого раздумья он прибавил:

— Все, что я могу сделать, это — самому проводить больного до Перми, если заводоуправление даст мне отпуск.

Доктор остался в Ключевском заводе на несколько дней, воспользовавшись предлогом привести в порядок заводскую больницу. Кстати ждали следователя по делу о повесившейся Домнушке, которую приходилось "потрошить" ему же. Он поселился в господском доме, в комнате Нюрочки, а сама Нюрочка на время переехала к Парасковье Ивановне. Катря пока ушла к своим, то есть в избу к Ковалям, благо там место теперь для нее нашлось. Каждый вечер доктор уходил в Пеньковку и подолгу сидел, разговаривая с Ефимом Андреичем или с Нюрочкой. Его заинтересовал этот изолированный мирок, где были свои интересы, свои взгляды, убеждения и вообще целый порядок неизвестной ему жизни. Нюрочка просто поражала его: как могла такая девушка родиться и вырасти в такой ветхозаветной обстановке? Нюрочка скоро привыкла к новому человеку, и только Парасковья Ивановна косилась на него. Вася тоже приходил по вечерам, скромно усаживался куда-нибудь в уголок и больше молчал, подавленный своею необразованностью, — он от всей души завидовал доктору, который вот так свободно может говорить с Нюрочкой обо всем, точно сам родился и вырос в Ключевском.

Вместо нескольких дней доктор зажился целых две недели, потому что задержал следователь, приехавший производить следствие по делу Домнушки. Парасковья Ивановна ужасно волновалась и зорко следила за каждым шагом Нюрочки. Старушке казалось, что девушка как будто начала "припадать" к доктору, день ходит, как в воду опущенная, и только ждет вечера. Конечно, доктор полюбопытнее Васи, а разговору сколько хочешь. Да и доктор тоже как будто припадал к Нюрочке, — так глазами и ищет ее. Долго крепилась Парасковья Ивановна и, наконец, не вытерпела. Раз вечером, оставшись в комнате с глазу на глаз с доктором, она с решительным видом проговорила:

— Вот что, Иван Петрович, давно я хочу сказать тебе одно словечко. Не обижайся на глупую старуху.

— Пожалуйста, говорите, Парасковья Ивановна.

— Уж как там знаешь, а скажу... Вот ты теперь Домнушку распотрошил и повезешь Петра Елисеича в умалишенную больницу.

— Да, повезу...

— Повезешь-то повезешь, дай тебе бог здоровья, а только назад-то уж к нам в Ключевской не ворочайся...

— Это почему?

— А вот по этому самому... Мы люди простые и живем попросту. Нюрочку я считаю вроде как за родную дочь, и жить она у нас же останется, потому что и деться-то ей некуда. Ученая она, а тоже простая... Девушка уж на возрасте, и пора ей свою судьбу устроить.

Ведь правильно я говорю? Есть у нас на примете для нее и подходящий человек... Простой он, невелико за ним ученье-то, а только, главное, душа в ём добрая и хороших родителей притом.

— Какое же это отношение имеет ко мне?

— Да уж такое... Все науки произошел, а тут и догадаться не можешь?.. Приехал ты к нам, Иван Петрович, незнаемо откуда и, может, совсем хороший человек, — тебе же лучше. А вот напрасно разговорами-то своими девушку смущаешь. Девичье дело, как невитое сено... Ты вот поговоришь-поговоришь, сел в повозку, да и был таков, поминай как звали, а нам-то здесь век вековать. Незавидно живем, а не плачем, пока бог грехам терпит...

— Понимаю, Парасковья Ивановна...

Доктор задумался и даже немного покраснел, проверяя самого себя. Да, самое лучшее будет ему не возвращаться в Ключевской завод, как говорит Парасковья Ивановна. Нюрочка ему нравилась, как редкий экземпляр — не больше, а она могла взглянуть на него другими глазами. Да и момент-то выдался такой, что она пойдет на каждое ласковое слово, на каждый участливый взгляд. Он не подумал об этом, потому что думал только об одном себе.

— Хорошо, я уеду, Парасковья Ивановна, — согласился он. — Спасибо за хороший совет...

— Уж не взыщи на глупом совете, голубчик!.. Я тебе ужо подорожников испеку: не поминай старуху лихом.

Доктор и Парасковья Ивановна расстались большими друзьями. Проводы Петра Елисеича всего больше походили на похороны. Нюрочка потеряла всю свою выдержку и навела тоску слезами на всех. Она прощалась с отцом навсегда и в последнюю минуту заявила, что непременно сама поедет.

— Мы с тобой потом съездим проведать его, — уговаривала ее Парасковья Ивановна. — Не женское это дело, а доктор управится и без нас. Только мешать ему будем.

По пути доктор захватил и Сидора Карпыча, которому теперь решительно негде было жить, да и его присутствие действовало на Петра Елисеича самым успокоительным образом. Вася проводил больных до Мурмоса и привез оттуда весточку, что все благополучно. Нюрочка выслушала его с особенным вниманием и все смотрела на него, смотрела не одними глазами, а всем существом: ведь это был свой, родной, любящий человек.

— Вася... Вася... — шептала она, протягивая руки.

— Нюрочка...

ЭПИЛОГ

По дороге из Мурмоса в Ключевской завод шли, не торопясь, два путника, одетые разночинцами. Стояло так называемое "отзимье", то есть та весенняя слякоть, когда ни с того ни с сего валится мокрый снег. Так было и теперь. Дорога пролегала по самому берегу озера Черчеж, с которого всегда дул ветер, а весенний ветер с озера особенно донимал.

— Эк его взяло! — ворчал высокий сгорбленный путник, корчившийся в дырявом дипломате. — Это от Рябиновых гор нашибает ветром-то... И только мокроть!.. Прежде, бывало, едешь в фаэтоне, так тут хоть лопни дуй...

— Ох, было поезжено, Никон Авдеич!.. А теперь вот на своих на двоих катим. Что же, я не ропщу, — бог дал, бог и взял. Даже это весьма необходимо для человека, чтобы его господь смирял. Человек превознесется, задурит, зафордыбачит, а тут ему вдруг крышка, — поневоле одумается.

— Правильно, Самойло Евтихыч.

Это были наши старые знакомые — Палач и старик Груздев. Груздев совсем был седой, но его грубое лицо точно просветлело и глаза смотрели с улыбающеюся кротостью. Одет он был в старый полушубок, видимо, с чужого плеча, и в выростковые крестьянские сапоги. Рядом с ним Палач казался гораздо старше: сгорбленный, худой, с потухшими глазами и неверною походкой. Сказывался старый пьяница, утоливший в водке всю свою богатырскую силу. Палача мучила одышка, и он через каждые две-три версты садился отдыхать. Груздев тоже присаживался рядом с ним и все что-нибудь говорил, точно старался развлечь своего спутника.

— Долги, поди, будешь собирать в Ключевском-то? — спрашивал Палач, раскуривая дорожную трубочку.

— Надо походить по добрым людям... Только это напрасно: бедным отдать нечего, а с богатых не возьмешь. Такой народ пошел нынче, что не сообразишь...

— А приказчими-то твои как разжились нынче... Илюшка Рачитель вон как в Мурмосе расторговался, Тишка в Ключевском, а про Артема Горбатого и говорить нечего... В купцы, слышь, записаться хочет. Он ведь на Катре женился, на хохлушке?

— На ей на самой.

— Ну, а как Вася?

— А мой-то Васька устроился совсем хорошо, как женился. Третий год пошел, как Петр-то Елисеич кончился в душевной больнице, а Нюрочка и вышла замуж за Васю через год.

— Хорошо живут?

— Лучше не надо... Она тут земскою учительшей, а Вася-то у ней в помощниках. Это он так, временно... Лавку открывает, потребительская называется, чтобы напротив солдату Артему: сами сложатся, кто хочет, накупят товару и продают. Везде по заводам эта самая мода прошла, а торгующим прямой зарез...

— Что же начальство смотрит? Ежели бы при мне начали устраивать таких потребителей, так я прописал бы им два неполных... До свежих веников не забыли бы!

В этих разговорах время шло незаметно. Палач сильно ослабел и едва волочил ноги. Его душил страшный кашель, какой бывает только у пропойц. Когда они уже подходили к Ключевскому заводу, Палач спросил:

— У сына остановишься, Самойло Евтихыч?

— А не знаю. Ближе бы к сыну, да беспокоить не хочется. Есть у меня дружки на Ключевском, у кого-нибудь пристану. А ты?

— Я-то? Уж, право, и не знаю... Да и иду-то я с тобой не знаю зачем. В кабак к Рачителихе сперва пройду.

Груздев только вздохнул и про себя пожалел совсем погибшего человека. Сам он чувствовал себя так хорошо и легко, точно снова родился. Палач все время проживал в Мурмосе, опускаясь все ниже и ниже. Сначала он кутил дома, потом ходил по знакомым, выжидая угощения, а кончал кабаком. В Ключевской завод, где он когда-то царил, его давно тянуло, но удерживала известная гордость, какая сохраняется и у пьяниц. Встретившись с Груздевым, он вдруг решил отправиться в Ключевской завод. Ему хотелось повидать Анисью, которая завела там какую-то торговлю и, как говорила молва, жила припеваючи. Он знал, что Анисья жила с бывшим груздевским обережным Матюшкой Гущиным, но это ничего не значит: неужели у них не найдется для него рюмки водки?

В Ключевском заводе путешественники распростились у кабака Рачителихи. Палач проводил глазами уходившего в гору Груздева, постоял и вошел в захваченную низкую дверь. Первое, что ему бросилось в глаза, — это Окулко, который сидел у стойки, опустив кудрявую голову. Палач даже попятился, но пересилил себя и храбро подошел прямо к стойке.

— Налей стаканчик... — хрипло проговорил он, бросая несколько медяков на стойку.

Рачителиха еще смотрела крепкою женщиной лет пятидесяти. Она даже не взглянула на нового гостя и машинально черпнула мерку прямо из открытой бочки. Только когда Палач с жадностью опрокинул стакан водки в свою пасть, она вгляделась в него и узнала. Не выдавая себя, она торопливо налила сейчас же второй стакан, что заставило Палача покраснеть.

— Что, признала? — спросил он, делая передышку.

— Как не признать, Никон Авдеич...

Окулко поднял голову и внимательно посмотрел на Палача. Их глаза встретились. Палач выпил второй стакан, вытер губы рукой и спросил Окулка:

— Что, узнал?

Не дожидаясь ответа, Палач хрипло засмеялся.

306

— Откуда бог несет? — спрашивала Рачителиха участливым тоном. — Вон какая непогодь.

— А пришел посмотреть, как вы тут живете... Давно не бывал. Вот к Анисье в гости пойду... Может, и не прогонит.

— Как будто оно неловко, Никон Авдеич, — заговорила Рачителиха, качая головой. — Оно, конечно, дело житейское, а все-таки Матюшка-то, пожалуй, остребенится...

— Да ведь я не к нему?

— Ты-то не к нему, да Анисья-то его, выходит... Как же этому делу быть, Никон Авдеич?

Палач только развел руками: дескать, что тут поделаешь? Молчаливый Окулко еще раз посмотрел на него и проговорил:

— Пойдем ко мне в волость ночевать, Никон Авдеич... Прежде-то мы с тобой ссорились, а теперь, пожалуй, и делить нам нечего.

— И в самом деле, — подхватила Рачителиха, — чего лучше! Тепло в волости-то, а поесть я ужо пришлю. К Анисье-то погоди ходить.

— Давай нам полуштоф, Дуня, — заявил Окулко. — Устроим мировую.

На стойке появилась опять водка. Бывший крепостной разбойник и крепостной управитель выпили вместе и заставили выпить Рачителиху, а потом, обнявшись, побрели из кабака в волость.

— Кто у вас старшиной-то нынче, Окулко? — спрашивал Палач.

— А Макар Горбатый... Прежде в лесообъездчиках ходил. Основа-то помер, так на его место он и поступил... Ничего, правильный мужик. В волости-то не житье, а масленица.

Так они подошли самым мирным образом к волости. Окулко вошел первым и принялся кого-то расталкивать в темной каморке, где спали днем и ночью волостные староста и сотские.

— Эй, вставай, голова малиновая! — будил Окулко лежавшего пластом на деревянном конике мужика. — Погляди-ко, какого я гостя приспособил.

С трудом поднялась мохнатая голова и посмотрела на вошедших. Это был заворуй Морок, служивший при волости сторожем. Окулко исправлял должность сотского. Долго он ходил из острога в острог, пока был не вырешен окончательно еще по старому судопроизводству: оставить в подозрении — и только. Пришел Окулко после двадцатилетнего скитальчества домой ни к чему, пожил в новой избе у старухи матери, а потом, когда выбрали в головы Макара Горбатого, выпросился на службу в сотские — такого верного слуги нужно было поискать. С Мороком они жили душа в душу и свою службу исправляли с такою ревностью, что ни одна кража и никакое баловство не могло укрыться. Прочухавшись, Морок вглядывался в Палача и потом ахнул от изумления.

— А ты вот што, Морок: соловья баснями не кормят... Айда к Рачителихе за полштофом! Душа разгорелась.

Вечером в волости все трое сидели обнявшись и горланили песни. Пьяный Палач плакал слезами умиления.

307

Расставшись с Палачом у кабака Рачителихи, Груздев бодро пошел к базару. Вон и магазин солдата Артема и лавка Тишки — все его разорители радуются. Ну, да бог с ними. Рядом с домом солдата Артема красовался низенький деревянный домик в шесть окон — это была новая земская школа. Нюрочка с мужем и жили в ней, — при школе полагалась квартира учителю. Груздева взяло сомнение, не завернуть ли к сыну, но он поборол это желание, вздохнул и пошел дальше. Господский дом был летом подновлен и в нем жил сейчас новый управитель "из поляков". Мурмосские заводы за долги ушли с молотка и достались какой-то безыменной кампании, которая приобрела их в рассрочку на тридцать девять лет и сейчас же заложила в земельный банк. Для видимости фабрики ремонтировали, и доменные печи пущены в действие. Даже на медном руднике дымилась паровая машина. Груздев еще раз вздохнул, — он в тонкости понимал крупную мошенническую аферу и то безвыходное положение, в каком находился один из лучших уральских горнозаводских округов.

Минуя заводскую контору, Груздев по заводской плотине направился в Кержацкий конец. У домны он остановился, чтобы поздороваться с Слепнем, который отказался узнавать его.

— А Никитич где? — спросил Груздев.

— Во, руководствует под домной, — указал Слепень на фабрику. — Груздева-то я хорошо знавал, только он не такой был.

Вот и Кержацкий конец. Много изб стояло еще заколоченными. Груздев прошел мимо двора брательников Гущиных, миновал избу Никитича и не без волнения подошел к избушке мастерицы Таисьи. Он постучал в оконце и помолитвовался: "Господи Исусе Христе, помилуй нас!" — "Аминь!" — ответил женский голос из избушки. Груздев больше всего боялся, что не застанет мастерицы дома, и теперь облегченно вздохнул. Выглянув в окошко, Таисья узнала гостя и бросилась навстречу.

— Здравствуй, сестрица, здравствуй, дорогая, — здоровался с ней Груздев.

— Да как это ты надумал-то ко мне зайти, Самойло Евтихыч? Ах, батюшки, неужели ты пешком?

— Будет, сестрица, поездил в свою долю, а теперь пешечком... Получше нас люди бывали да пешком ходили, а нам и бог велел.

Таисья правела гостя в заднюю избу и не знала, куда его усадить и чем угостить. В суете она не забыла послать какую-то девчонку в школу оповестить Нюрочку, — за быстроту в шутку Таисья называла эту слугу телеграммой.

— Вот ужо самоварчик поставлю, родимый мой, а то, может, водочки хочешь с дороги? — угощала Таисья.

— Ничего не нужно, мастерица: хлебца ржаного кусочек да водицы... Сладко ел, сладко пил, сладко жил, — пора и честь знать.

По разговору и по взгляду Таисья сразу догадалась, что Груздев пришел к ней неспроста. Пока "телеграмма" летала в школу, она успела кое-что выспросить и только качала головой.

— Все порешил, и будет, — рассказывал Груздев и улыбался. — И так-то мне легко сейчас, сестрица, точно я гору с себя снял. Будет... А все хватал, все было мало, — даже вспомнить-то смешно! Так ли я говорю?

— Куда же ты направился сейчас, Самойло Евтихыч?

— А в Заболотье, к матери Енафе.

Таисья опустила глаза и собрала губы оборочкой, а Груздев опять улыбнулся.

— Знаю, знаю, сестрица, что ты подумала: слабый человек мать Енафа... так?.. Знаю... Только я-то почитаю в ней не ее женскую слабость, а скитское иночество. Сам в скитах буду жить... Где сестрица-то Аглаида у тебя?

— Ужо пошлю и за ней, — растерянно ответила Таисья. — Трудно тебе будет, Самойло Евтихыч, с непривычки-то.

— Сперва я на Анбаш думал, к матери Фаине, да раздумал: ближе будет Енафа-то, да и строгая она нынче стала, как инока Кирилла убили.

"Телеграмма" вернулась, а за ней пришла и Нюрочка. Она бросилась на шею к Самойлу Евтихычу, да так и замерла, — очень уж обрадовалась старику, которого давно не видала. Свой, родной человек... Одета она была простенько, в ситцевую кофточку, на плечах простенький платок, волосы зачесаны гладко. Груздев долго гладил эту белокурую головку и прослезился: бог счастье послал Васе за родительские молитвы Анфисы Егоровны. Таисья отвернулась в уголок и тоже плакала.

— Слышал, как вы тут живете, Нюрочка, — говорил Груздев, усаживая сноху рядом с собой. — Дай бог и впереди мир да любовь... А я вот по дороге завернул к вам проститься.

— Как проститься? — удивилась Нюрочка.

— А так... Ухожу в лес, душу свою грешную спасать да чужие грехи замаливать.

Он рассказал то же, что говорил перед этим Таисье, и все смотрел на Нюрочку любящими, кроткими, просветленными глазами. Какая она славная, эта Нюрочка, — еще лучше стала, чем была в девушках. И глаза смотрят так строго-строго — строго и, вместе, любовно, как у мастерицы Таисьи.

— А у нас-то што тут делается, — рассказывала Таисья, чтобы успокоить взволнованных свиданием родственников. — И не разберешь ничего: перепутались концы-то наши... Мочеганка Федорка недавно мужа окрестила и закон с ним приняла у православного попа, мочеган Пашка Горбатый этак же жену Оленку окрестил... То же самое и про Илюшку Рачителя сказывают, — он у вас в Мурмосе торгует, а взял за себя сестру Аглаиды нашей. Другие опять в нашу веру уходят, хоть взять того же старшину Макара: он не по старой вере, а в духовных братьях. Аглаида его и в согласие принимала.

Вечерком завернул к Таисье новый старшина Макар, который пришел вместе с Васей, а потом пришла сестра Аглаида. Много было

309

разговоров о ключевском разоренье, о ключевской нужде, о старых знакомых. Груздев припомнил и мочеганских ходоков, которые искали свою землю в орде.

— А они в комарниках в церкви служат, — объяснил Макар. — Вместе и живут старички... Древние стали, слабые, а все вместе.

На другой день утром в избушке Таисьи еще раз собрались все вместе проводить Самойла Евтихыча. Нюрочка опять плакала, а Груздев ее утешал:

— Не плакать нужно, моя умница, а радоваться, что слеп был человек, всю жизнь слеп, и вдруг прозрел.

По обычаю, присели перед отходом, а потом началось прощанье. Груздев поклонился в ноги обеим "сестрам", и Таисье и Аглаиде.

— Не вам кланяюсь, а вашему женскому страданию, — шептал он умиленно. — Чужие грехи на себе несете...

У ворот избушки Таисьи долго стояла кучка провожавших Самойла Евтихыча, а он шел по дороге в Самосадку, шел и крестился.